金陵全書

丙編·檔案類

南京近代教育檔案

南京市私立育群中學／南京市立第一女子中學

南京市檔案館　編

南京出版傳媒集團
南京出版社

圖書在版編目（CIP）數據

南京近代教育檔案. 南京市私立育群中學 / 南京市立第一女子中學 / 南京市檔案館編
. -- 南京 : 南京出版社, 2021.6
（金陵全書）
ISBN 978-7-5533-3253-6

Ⅰ. ①南… Ⅱ. ①南… Ⅲ. ①地方教育—教育史—史料—南京—近代 Ⅳ. ①G527.531

中國版本圖書館CIP數據核字（2021）第067808號

書　　名　**【金陵全書】（丙編・檔案類）**
南京近代教育檔案・南京市私立育群中學 / 南京市立第一女子中學
編　　者　南京市檔案館
出版發行　南京出版傳媒集團
南 京 出 版 社

社址：南京市太平門街53號　　郵編：210016
網址：http://www.njcbs.cn　　電子信箱：njcbs1988@163.com
聯系電話：025-83283893、83283864（營銷）　025-83112257（編務）

出 版 人　項曉寧
出 品 人　盧海鳴
策　　劃　盧海鳴　朱天樂
責任編輯　胡孝佳　崔龍龍
裝幀設計　王　俊
責任印製　楊福彬

製　　版　上海雅昌藝術印刷有限公司
印　　刷　上海雅昌藝術印刷有限公司
開　　本　889毫米 × 1194毫米　1/16
印　　張　32
版　　次　2021年6月第1版
印　　次　2021年6月第1次印刷
書　　號　ISBN 978-7-5533-3253-6
定　　價　1000.00 元

用微信或京東APP掃碼購書　用淘寶APP掃碼購書

目録

南京市私立育群中學

爲準監察院教育委員會函囑檢寄調查表的一組文件

貳　教師聘用及名册

關于聘任趙澤芳先生的一組文件

關于劃撥分發學生的一組文件

肆 綜合

南京市私立育群中學

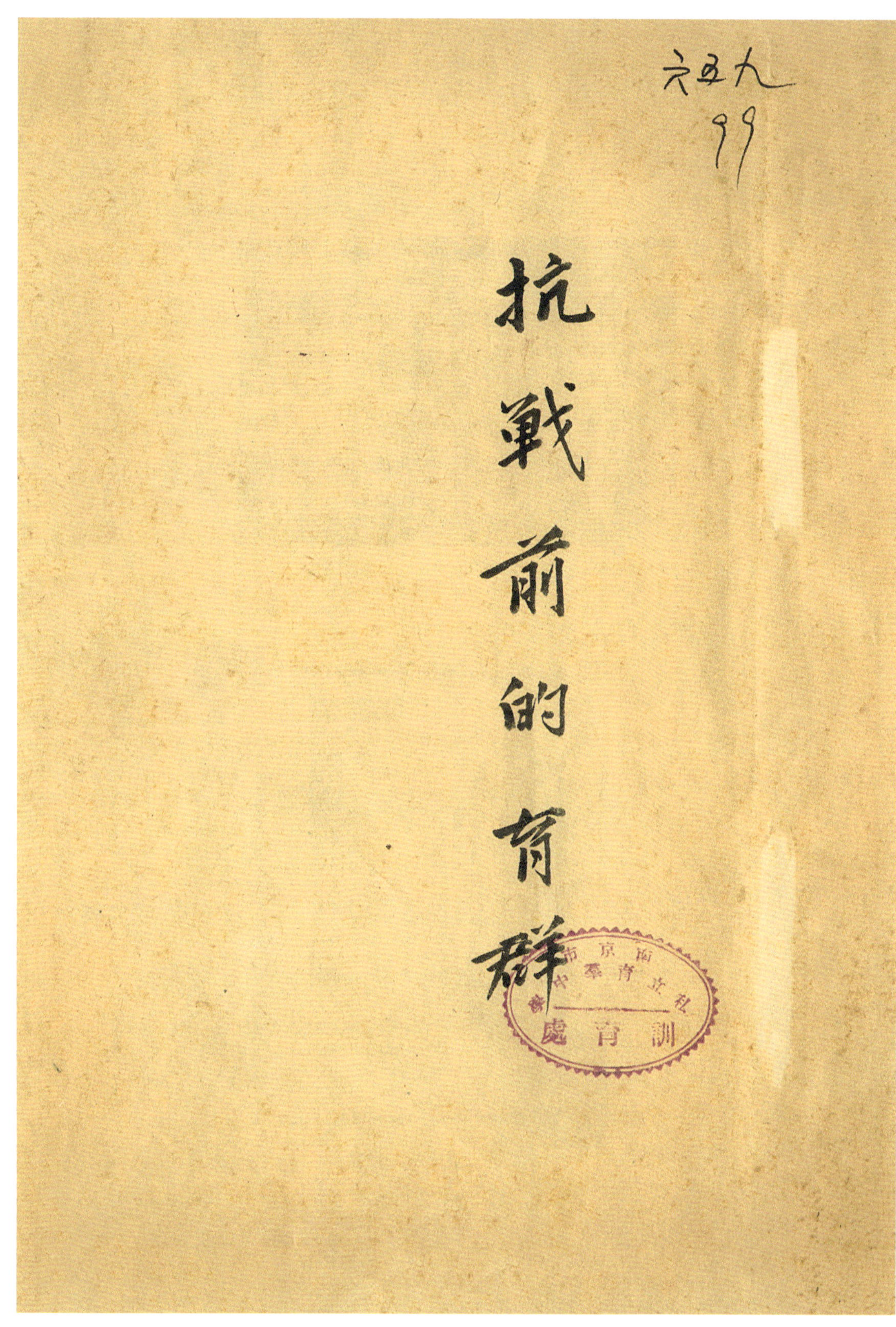

抗戰前的育群中學

檔號：1009-1-1402

全體教職員在棲霞山藏経楼前攝影

朝校全體教職員

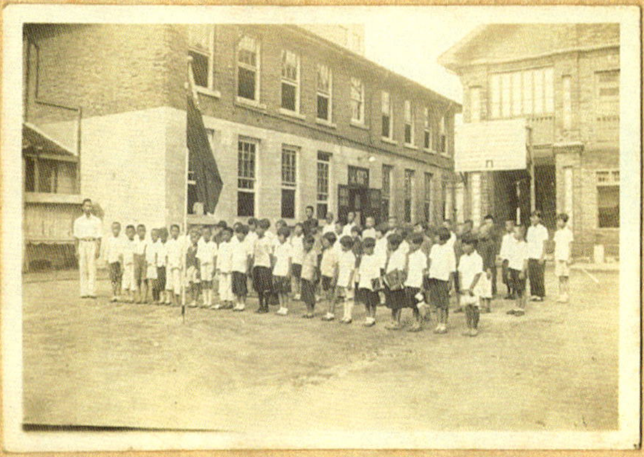

百戰
百勝

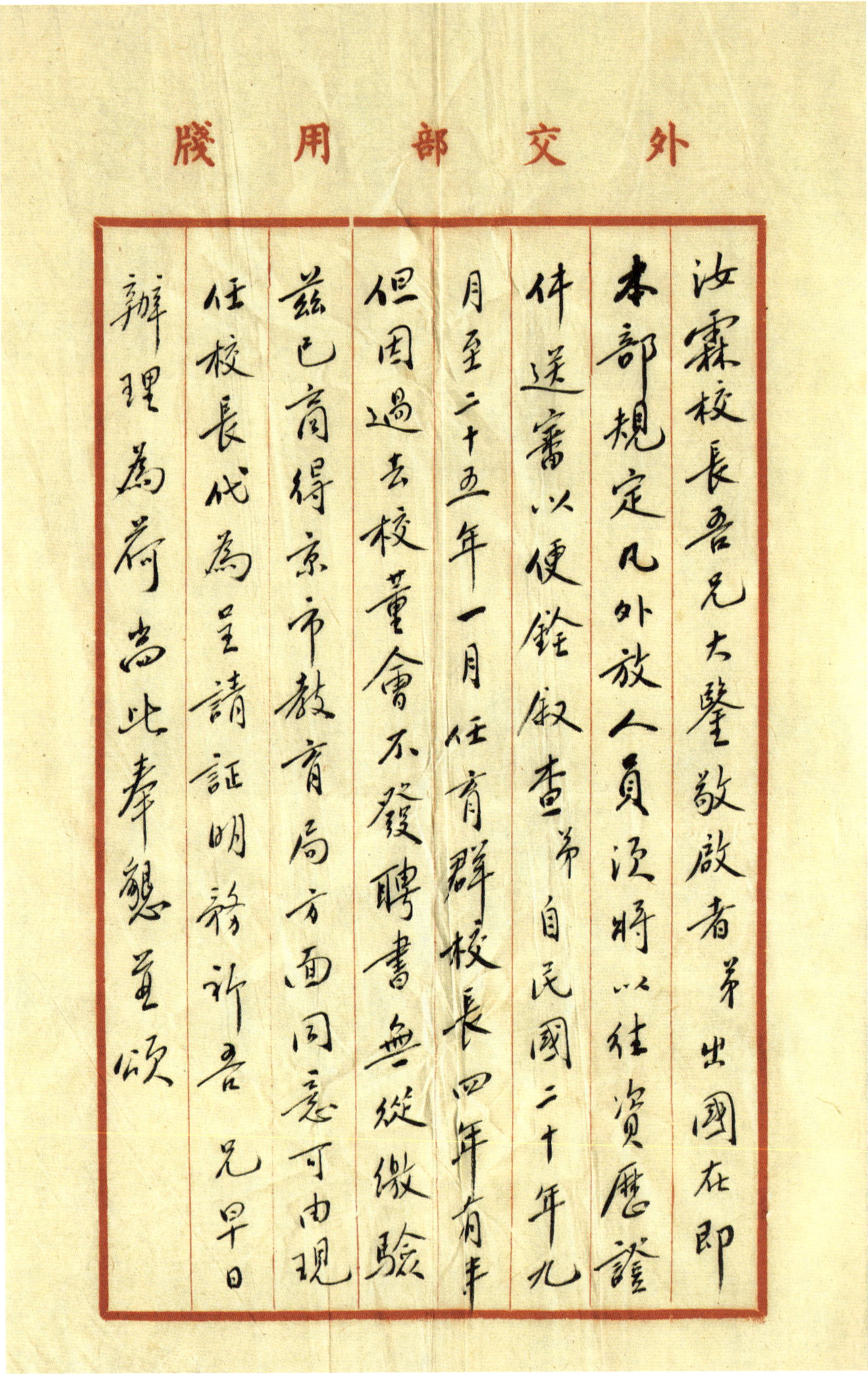

外交部用牋

汝霖校長吾兄大鑒敬啟者弟出國在即本部規定凡外放人員須將以往資歷證件送審以便銓敘查弟自民國二十年九月至二十五年一月任育群校長四年有半但因過去校董會不發聘書無從繳驗茲已商得京市教育局方面同意可由現任校長代為呈請証明務祈吾兄早日辦理為荷耑此奉懇並頌

關于發給前校長鮑文年服務證明書的一組文件

前校長鮑文年給蔡汝霖校長的信函（一九四六年十月一日）

檔號：1009-1-1002

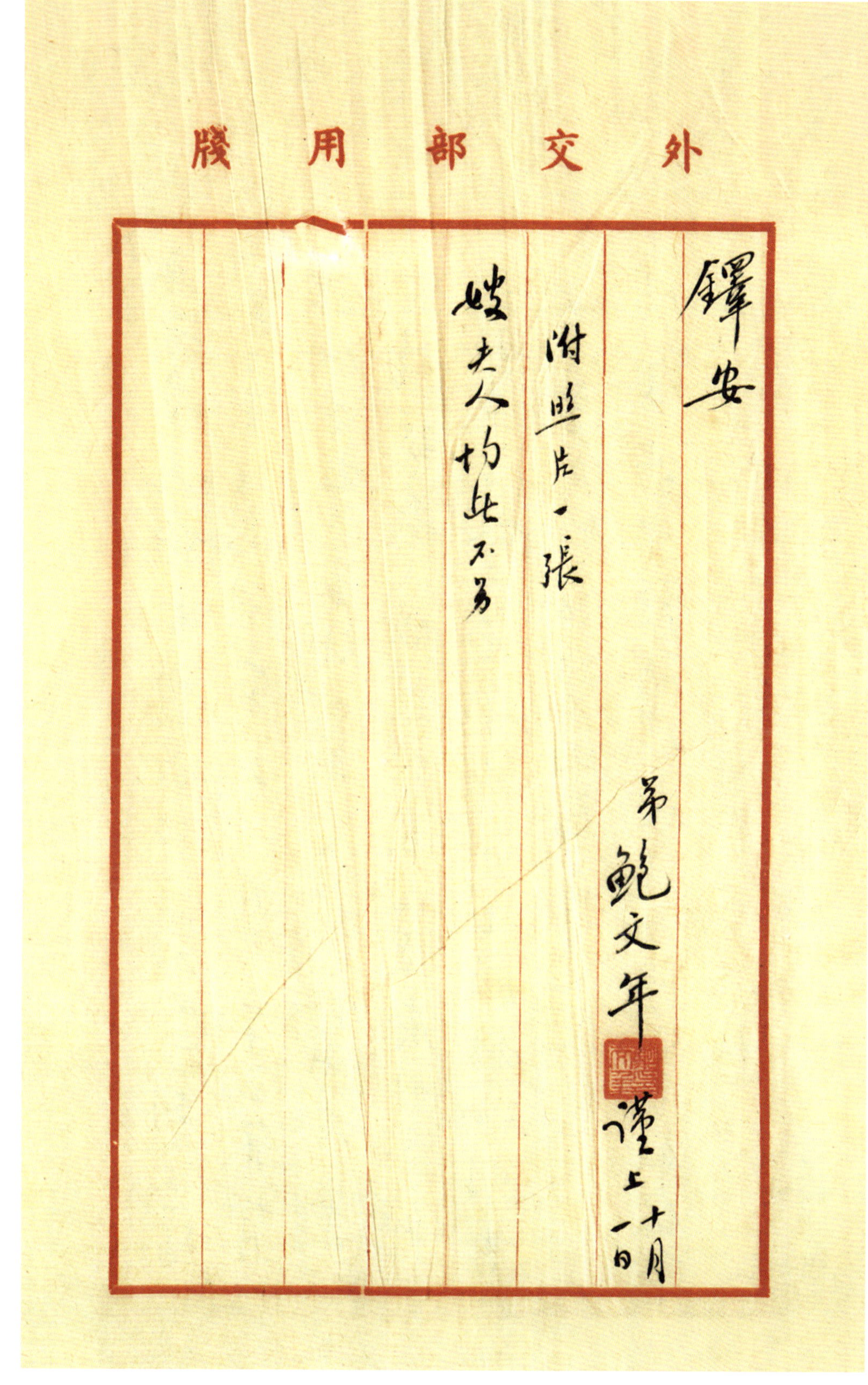
外交部用牋

鐸安
附照片一張
嫂夫人均此不另
弟鲍文年謹上 十一月一日

外交部用箋

再者吾兄擬稿時，最好請加入下列字樣：「某某曾於民國二十年九月至二十五年一月担任本校校長計四年有半，鈞局有案可稽。現某某服務於國民政府外交部，以私立學校校董會所發之服務證明書送審，奈銓敘部認為無效。擬懇鈞座賜予證明，俾便送審而利敘級」云云

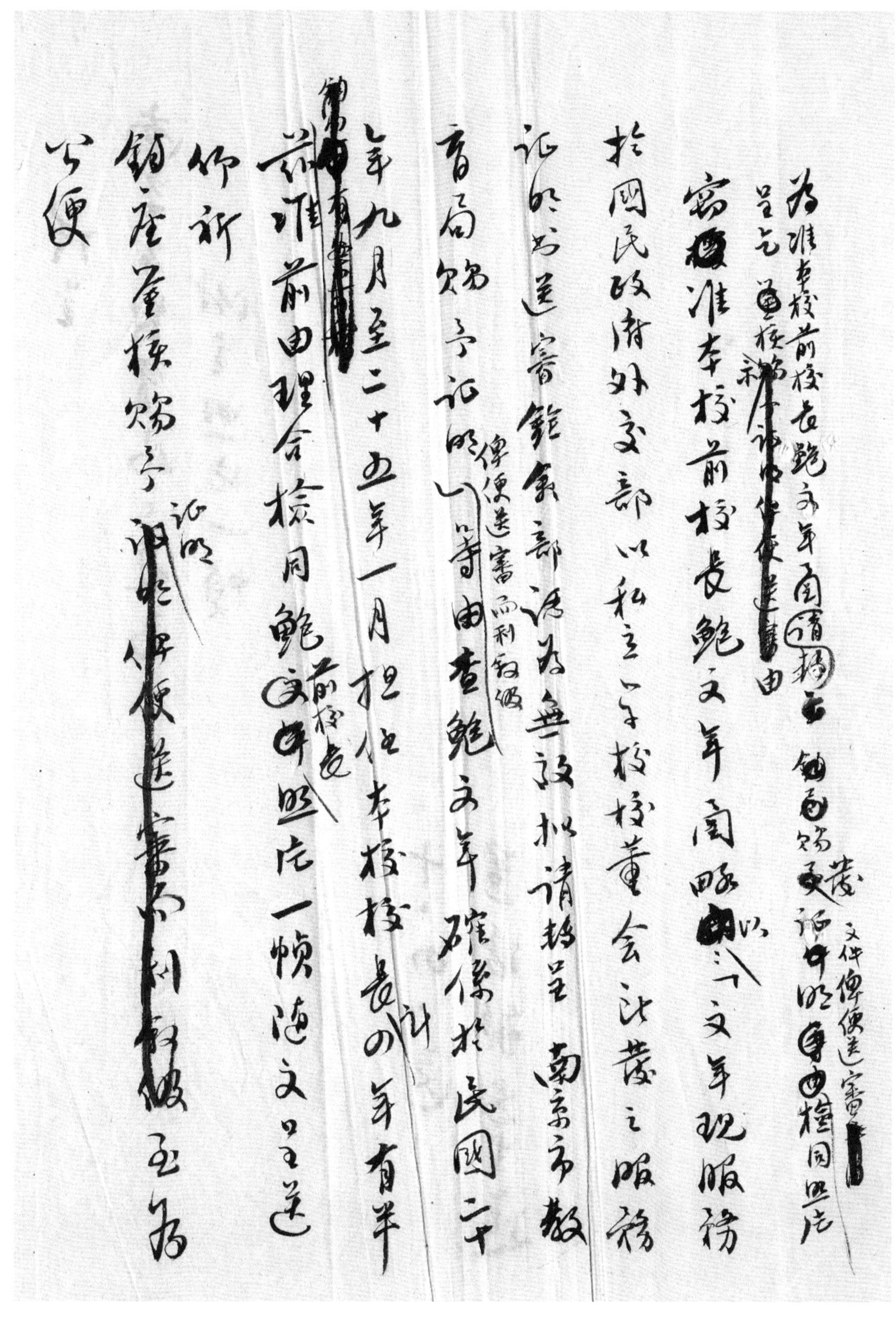

為准本校前校長鮑文年函請轉呈鈞局發給證明書俾便送審由

竊准本校前校長鮑文年函略以文年現服務於國民政府外交部以私立學校校董會證書之服務證明書送審銓敘部認為無效擬請轉呈南京市教育局發給證明書俾便送審而利敘級等由查鮑文年確係於民國二十年九月至二十五年一月担任本校校長計四年有半前准前由理合檢同鮑前校長文年照片一幀隨文呈送

鈞局

仰祈

鑒核發給證明俾便送審而利敘級至為

公便

南京市私立育群中學給市教育局的呈文（一九四六年十月四日）

檔號：1009-1-1002

謹呈

南京市教育局局長馬

附呈照片一幀

十、四、廿

黃質夔先生送

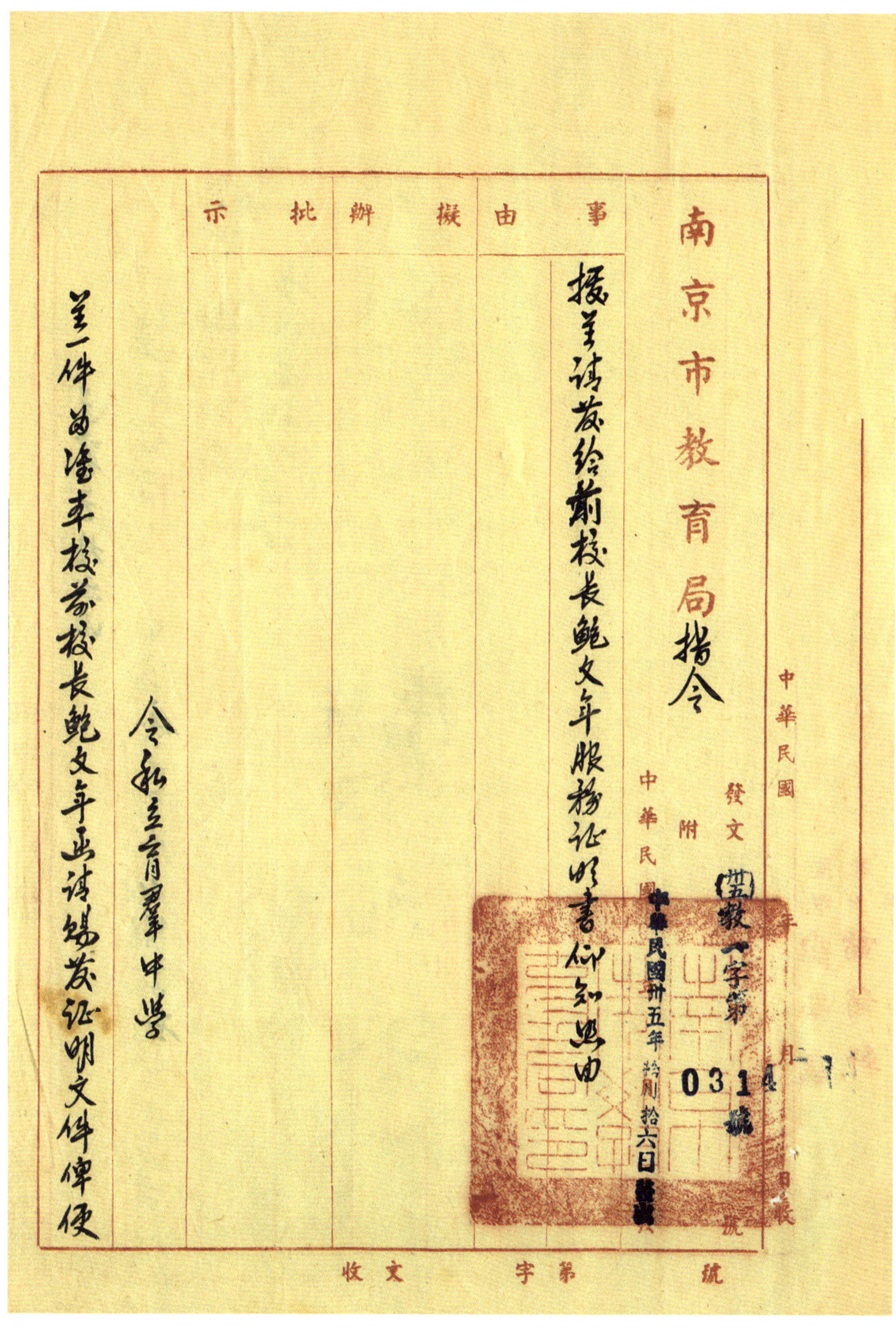

南京市教育局指令

事由：據呈請發給前校長鮑文年服務證明書仰知照由

擬辦

批示

發文（卅五）教（一）字第0314號

附

中華民國卅五年拾月拾六日發出

令私立育群中學

呈一件為達本校前校長鮑文年函請鑒發證明文件俾便

收文　字第　號

南京市教育局給市私立育群中學的指令（一九四六年十月十六日）

檔號：1009-1-1002

送審之校表由

呈悉所請發給該校前校長服務証明書應予照準茲隨

令附發仰即知照

此令 發証明書一件

兼局長馬元放

監印 陶學義

校對 諸韻軒

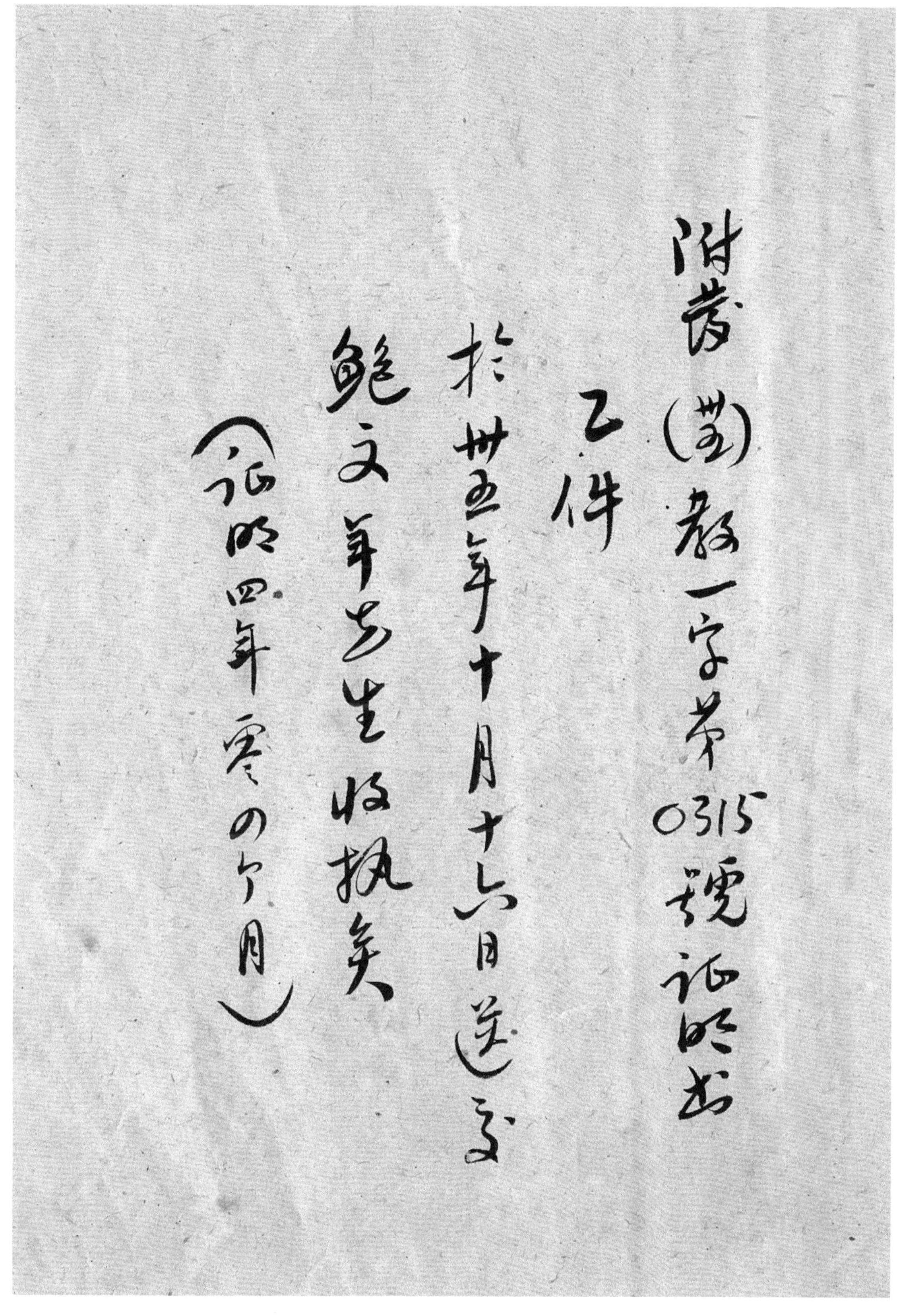

附發（學）教一字第0315號證明書乙件於卅五年十月十六日送交鮑文年先生收執矣（證明四年零四個月）

南京市私立育群中學已將證明書送交鮑文年先生的便箋（一九四六年十月十六日）

檔號：1009-1-1002

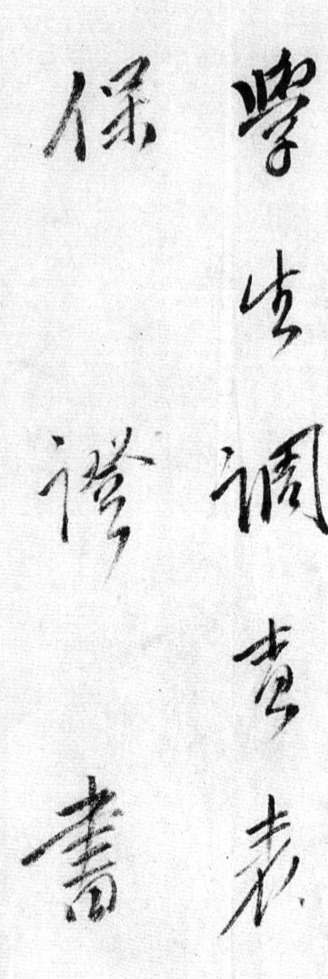

一組南京市私立育群中學學生調查表及保證書

一九四六年度第一學期高中二年級學生調查表及保證書（一九四六年十月）

檔號：1009-1-1420

育羣中學學生調查表

姓名		王岫雲
班級		女子部高中二年級二學期　組
籍貫		南京
年齡		十七歲（生日七月廿三日）
通訊處	永久	城西磨盤街50号
	臨時	
家長或監護人	姓名	王茂森　　印鑑
	別號	[illegible]城　　年齡 48
	職業	商 漢口永昌祥車站路[illegible]附[illegible]
	通訊處	仝上 城西磨盤街50号
	與學生之關係	父女
填表日期		民國卅五年七月六日
備註		

學生像片

保證書

今願保學生王屾雯入
貴校女子部高中二年級上學期組
肄業理應遵守一切校規一心向學如
有越軌行動概由保證人負完全責任
此致
南京市私立育羣中學校長
保證人趙志銓（簽名蓋章）
中華民國卅五年十月八日

保證人
年齡 四十 籍貫
職業 商永興祥綢緞業
住址 高管西街廿二號
通訊處
與學生之關係 親戚

附則
1. 保證人須住南京確有職業者
2. 保證人住址或通訊處有變更時須通知本校
3. 本校教職員及任何學校學生概不得做保證人
4. 學生父兄不得做保證人

育羣中學學生調查表

姓名		劉紹齡		
班級		女子部高中二年級上學期　組		
籍貫		南京		
年齡		十九歲（生日十一月二十日）		
通訊處	永久	長樂路三一七号		
	臨時	仝上		
家長或監護人	姓名	刘昌義	印鑑	（印）
	別號		年齡	五十四
	職業	商（大吉祥布店中華路617号）		
	通訊處	長樂路三一七		
	與學生之關係	父女		
填表日期		民國三十五年十月六日		
備註			學生像片	

保證書

今願保學生刘紹齡入
貴校女子部高中二年級上學期　組
肄業理應遵守一切校規一心向學如
有越軌行動概由保證人負完全責任
此致
南京市私立育羣中學校長
保證人刘樹卿（簽名蓋章）
中華民國三十五年十月六日

保證人
年齡 四六　籍貫 南京
職業 商
住址 中華路六一七
通訊處 仝
與學生之關係 親

附則
1. 保證人須住南京確有職業者
2. 保證人住址或通訊處有變更時須通知本校
3. 本校教職員及任何學校學生概不得做保證人
4. 學生父兄不得做保證人

育羣中學學生調查表

<table>
<tr><td colspan="2">姓名</td><td colspan="4">鄭純瑛</td></tr>
<tr><td colspan="2">班級</td><td colspan="4">女子部高中二年級一學期　組</td></tr>
<tr><td colspan="2">籍貫</td><td colspan="4">南京</td></tr>
<tr><td colspan="2">年齡</td><td colspan="4">十八歲（生日二月二十七日）</td></tr>
<tr><td rowspan="2">通訊處</td><td>永久</td><td colspan="4">皇冊庫10号</td></tr>
<tr><td>臨時</td><td colspan="4"></td></tr>
<tr><td rowspan="5">家長或監護人</td><td>姓名</td><td>鄭健民</td><td>印鑑</td><td colspan="2">（印）</td></tr>
<tr><td>別號</td><td>鄭修武</td><td>年齡</td><td colspan="2">四十三</td></tr>
<tr><td>職業</td><td colspan="4">進步袜廠</td></tr>
<tr><td>通訊處</td><td colspan="4">皇冊庫10号</td></tr>
<tr><td>與學生之關係</td><td colspan="4">父女</td></tr>
<tr><td colspan="2">填表日期</td><td colspan="4">民國卅五年十月四日</td></tr>
<tr><td colspan="2">備註</td><td colspan="3"></td><td>學生像片</td></tr>
</table>

保證書

今願保學生鄭純瑛入
貴校女子部高中二年級一學期組
肄業理應遵守一切校規一心向學如
有越軌行動概由保證人負完全責任
此致
南京市私立育羣中學校長
保證人曹玉林（簽名蓋章）

中華民國卅五年十月四日

保證人
年齡 五十五　籍貫 本京
職業 玉林電器公司
住址 南京門西五根巷十二號
通訊處
與學生之關係 親屬

附則
1.保證人須住南京確有職業者
2.保證人住址或通訊處有變更時須通知本校
3.本校教職員及任何學校學生概不得做保證人
4.學生父兄不得做保證人

育羣中學學生調查表

姓名		徐焱寿			
班級		女子部高中二年級上學期　組			
籍貫		南京			
年齡		十七歲（生日七月二十日）			
通訊處	永久	中華路三一九號			
	臨時	同上			
家長或監護人	姓名	徐竹銘	印鑑	徐竹銘章	
	別號	徐正鉞	年齡	五十八岁	
	職業	商（美倫紙號）			
	通訊處				
	與學生之關係	父女			
填表日期		民國三十五年十月七日			
備註			學生像片		

保證書

今願保學生徐徐寿入
貴校女子部高中二年級上學期　組
肄業理應尊遵守一切校規一心向學如
有越軌行動概由保證人負完全責任
此致
南京市私立育羣中學校長
保證人　　簽名蓋章
中華民國三十五年十月七日
保證人
年齡四十岁籍貫南京
職業商（紙）
住址
通訊處小彩霞街九號
與學生之關係親戚

附則
1.保證人須住南京確有職業者
2.保證人住址或通訊處有變更時須通知本校
3.本校教職員及任何學校學生概不得做保證人
4.學生父兄不得做保證人

育羣中學學生調查表

姓名		沈鞠如		
班級		女子部高中二年級一學期　組		
籍貫		南京市		
年齡		十八歲（生日九月十四日）		
通訊處	永久	長樂路117號		
	臨時	仝上		
家長或監護人	姓名	沈玉成	印鑑	
	別號		年齡	五十六
	職業	國藥　福康藥行		
	通訊處	仝上		
	與學生之關係	父女		
填表日期		民國35年10月22日		
備註			學生像片	

保證書

今願保學生沈搞如入
貴校女子部高中二年級上學期B組
肄業理應遵守一切校規一心向學如
有越軌行動概由保證人負完全責任
此致

南京市私立育羣中學校長

保證人汪大成（簽名蓋章）

保證人
年齡 三十九　籍貫 安徽
職業 學
住址 貢院街二一七號
通訊處 仝上
與學生之關係 父執

中華民國卅五年十月四日

附則
1. 保證人須住南京確有職業者
2. 保證人住址或通訊處有變更時須通知本校
3. 本校教職員及任何學校學生概不得做保證人
4. 學生父兄不得做保證人

育群中學學生調查表

姓名		高瑞蓮			
班級		女子部高中二年級上學期　組			
籍貫		南京市			
年齡		十七歲（生日四月八日）			
通訊處	永久	南京長樂路221號			
	臨時				
家長或監護人	姓名	高右銘		印鑑	
	別號			年齡	66歲
	職業	商（濟豐酒廠經理大光路180號）			
	通訊處	南京長樂路221號			
	與學生之關係	父女			
填	日期	民國卅五年九月十二日			
備註				學生像片	

保證書

今願保學生高瑞蓮入
貴校女子部高中二年級上學期　組
肄業理應遵守一切校規一心向學如
有越軌行動概由保證人負完全責任
此致
南京市私立育羣中學校長
保證人馮庚澂（簽名蓋章）
中華民國卅五年九月十二日

保證人
年齡　五十二　籍貫　南京
職業　商
住址　半邊營卅三号
通訊處　半邊營卅三号
與學生之關係　親戚

附則
1.保證人須住南京確有職業者
2.保證人住址或通訊處有變更時須通知本校
3.本校教職員及任何學校學生概不得做保證人
4.學生父兄不得做保證人

育羣中學學生調查表

姓名		劉大崙		
班級		女子部高中二年級上學期　組		
籍貫		南京		
年齡		十八歲（生日五月二十八日）		
通訊處	永久	南京長樂路213號		
	臨時	仝上		
家長或監護人	姓名	劉壽南	印鑑	
	別號	劉永昌	年齡	四十八
	職業	西醫，地址碑亭巷鳳祥診所		
	通訊處	南京長樂路213號		
	與學生之關係	父女		
填表日期		民國卅五年十月六日		
備註			學生像片	

保證書

今願保學生劉大崙入育羣
貴校女子部高中二年級上學期　組
肄業理應遵守一切校規一心向學如
有越軌行動概由保證人負完全責任

此致

南京市私立育羣中學校長

保證人　簽名蓋章

中華民國卅五年十月六日

保證人
年齡　四十　籍貫　南京
職業　衛生局
住址　德鄰村一號
通訊處　德鄰村一號
與學生之關係　親戚

附則
1.保證人須住南京確有職業者
2.保證人住址或通訊處有變更時須通知本校
3.本校教職員及任何學校學生概不得做保證人
4.學生父兄不得做保證人

育群中學學生調查表

姓名		陸舜華		
班級		女子部高中二年級上學期　組		
籍貫		安徽省定遠縣		
年齡		十九歲（生日十二月八日）		
通訊處	永久	南京延齡巷四十八號		
	臨時	仝上		
家長或監護人	姓名	陸錫廣	印鑑	
	別號		年齡	五十四歲
	職業	馬車行（陸同興）		
	通訊處	南京延齡巷四十八號		
	與學生之關係	父女		
填表日期		民國三十五年十月十日		
備註			學生像片	

保證書

今願保學生陸舜華入
貴校女子部高中二年級上學期　組
肄業理應遵守一切校規一心向學如
有越軌行動概由保證人負完全責任
此致
南京市私立育羣中學校長
保證人李錫純（簽名蓋章）
中華民國卅五年十月七日

保證人
年齡　三十二　籍貫　福建
職業　醫師
住址　南京延齡巷道濟診所
通訊處　同上
與學生之關係　友誼

附則
1.保證人須住南京確有職業者
2.保證人住址或通訊處有變更時須通知本校
3.本校教職員及任何學校學生概不得做保證人
4.學生父兄不得做保證人

育羣中學學生調查表

姓名		高文英			
班級		女子部高中二年級第一學期			
籍貫		南京			
年齡		十九歲（生日九月九日）			
通訊處	永久	內橋灣二十五號			
	臨時	仝上			
家長或監護人	姓名	高文煥		印鑑	
	別號			年齡	二十八
	職業	白鉄店（高祥泰）			
	通訊處	中華路十三號			
	與學生之關係	兄妹			
填表日期		民國三十五年十月五日			
備註				學生像片	

保證書

今願保學生高文英入
貴校女子部高中二年級第一學期組肄業理應尊遵守一切校規一心向學如有越軌行動概由保證人負完全責任
此致
南京市私立育羣中學校長

保證人陳鎔齋 簽名蓋章

中華民國卅五年十月六日

保證人
年齡 六十五 籍貫 南京
職業 紙
住址 中華路八○
通訊處
與學生之關係 隣

附則
1. 保證人須住南京確有職業者
2. 保證人住址或通訊處有變更時須通知本校
3. 本校教職員及任何學校學生概不得做保證人
4. 學生父兄不得做保證人

源和紙號

育群中學學生調查表

姓名		周淑媛			
班級		女子部高中弍年級上學期　組			
籍貫		南京			
年齡		十八歲（生日十月十日）			
通訊處	永久				
	臨時	上新河河南街三七号			
家長或監護人	姓名	周文福		印鑑	
	别號			年齡	四七歲
	職業	木業 上新河河南街卅七周福康木行			
	通訊處	上新河周福康木行			
	與學生之關係	父女			
填表日期		民國三十五年十月六日			
備註				學生像片	

保證書

今願保學生周淑媛入
貴校女子部高中弍年級上學期組肄業理應遵守一切校規一心向學如有越軌行動概由保證人負完全責任
此致
南京市私立育羣中學校長
保證人白坤玉 簽名蓋章
中華民國三十五年十月六日

保證人
年齡二十六 籍貫南京
職業木
住址上新河河南街卅七號
通訊處上新河白瑞記木行
與學生之關係鄰舍

附則
1.保證人須住南京確有職業者
2.保證人住址或通訊處有變更時須通知本校
3.本校教職員及任何學校學生概不得做保證人
4.學生父兄不得做保證人

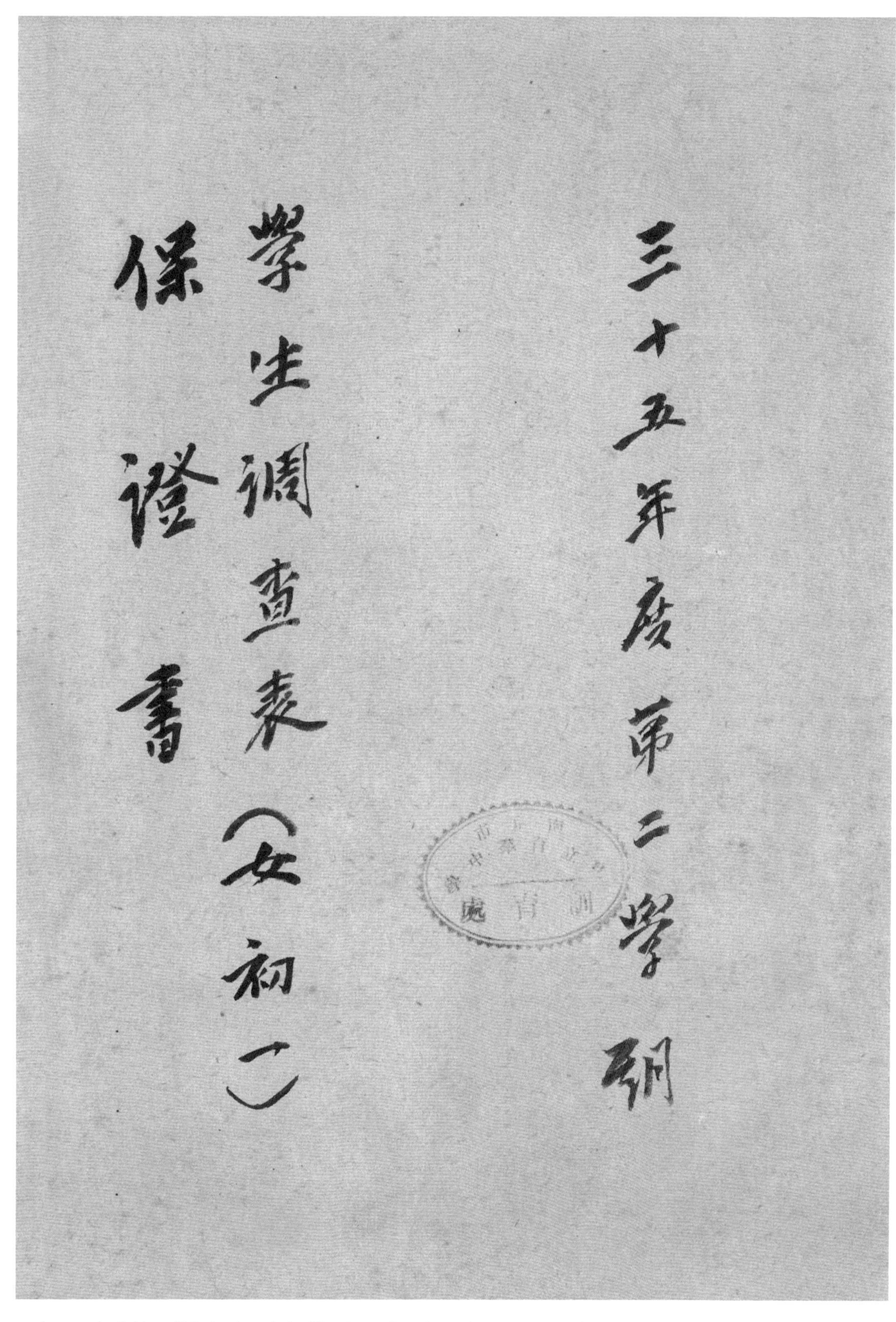
三十五年度第二學期

學生調查表（女初一）

保證書

一九四六年度第二學期初中一年級學生調查表及保證書（一九四七年三月）

檔號：1009-1-1414

育群中學學生調查表

姓名		俞維我		
班級		女子部初中一年級一學期　組		
籍貫		南京市		
年齡		十二歲(生日　七　月二十九日)		
通訊處	永久	中正路438號		
	臨時			
家長或監護人	姓名	俞時俊	印鑑	[印]
	別號	仁傑	年齡	三十五歲
	職業	商(運輸公司)		
	通訊處	中正路438號		
	與學生之關係	父女		
填表日期		民國三十六年三月十四日		
備註			學生像片	

訓(九)

保證書

今願保學生俞維我入
貴校女子部初中一年級一學期組肄
業理應遵守一切校規一心向學如有越軌
行動概由保證人負完全責任
此致
南京市私立育羣中學校長
保證人古模（印）
中華民國三十六年三月十四日

保證人
年齡三十七歲 籍貫南京
職業運輸公司
通訊處南捕廳30號
與學生之關係世誼

（印：南京大同公司）

訓（八）

附則
1. 保證人須住南京確有職業者
2. 保證人住址或通訊處有變更時須通知本校
3. 本校教職員及任何學校學生概不得做保證人
4. 學生父兄不得做保證人

育羣中學學生調查表

姓名		李熙齡		
班級		女子部初中一年級第一學期　組		
籍貫		南京市		
年齡		十三歲(生日十二月七日)		
通訊處	永久	本京三條營廿二號		
	臨時	同上		
家長或監護人	姓名	李澤如	印鑑	
	別號	李潤才	年齡	37
	職業	商、馬巷益記綿布號		
	通訊處	本京三條營廿二號		
	與學生之關係	父女		
填表日期		民國三十六年三月十五日		
備註			學生像片	

訓(九)

保證書

今願保學生李熙齡入
貴校女子部初中一年級第一學期組肄
業理應遵守一切校規一心向學如有越軌
行動概由保證人負完全責任
此致
南京市私立育羣中學校長
保證人傅梅庵
中華民國三十六年三月日

保證人
年齡三三 籍貫 南京
職業商錦號
通訊處中華路549
與學生之間係友誼

附則
1. 保證人須住南京確有職業者
2. 保證人住址或通訊處有變更時須通知本校
3. 本校教職員及任何學校學生概不得做保證人
4. 學生父兄不得做保證人

八

南華中學學生調查表

姓名		汪樹儀		
班級		女子部初中二年級一學期　組		
籍貫		安徽祁门縣		
年齡		十六歲(生日六　月二十　日)		
通訊處	永久	小党家巷八号		
	臨時	仝　　上		
家長或監護人	姓名	汪鼎	印鑑	（印章）
	別號	元鍾	年齡	四十五
	職業	工程師		
	通訊處	本宅		
	與學生之關係	父女		
填表日期		民國卅六　年三　月十一　日		
備註			學生像片	

訓(九)

保證書

今願保學生汪樹儀入
貴校女子部初中一上年級一學期　組肄
業理應遵守一切校規一心向學如有越軌
行動概由保證人負完全責任
此致
南京市私立育羣中學校長
保證人趙啟成
中華民國三十六年三月十一日
保證人
年齡五二　籍貫南京
職業緞業
通訊處門西營門口
與學生之關係親戚

附則
1. 保證人須住南京確有職業者
2. 保證人住址或通訊處有變更時須通知本校
3. 本校教職員及任何學校學生概不得做保證人
4. 學生父兄不得做保證人

育羣中學學生調查表

姓名		胡安春		
班級		女子部初中一年級上學期　組		
籍貫		安徽績溪		
年齡		15歲（生日 4月 1日）		
通訊處	永久	安徽績溪七溪鄉上村		
	臨時			
家長或監護人	姓名	胡瑟友	印鑑	（印：胡瑟友）
	別號	無	年齡	35
	職業	銀行		
	通訊處	本市中華路24號中國農民銀行總處		
	與學生之關係	父子		
填表日期		民國卅六年三月十一日		
備註			學生像片	

保證書

今願保學生胡吾春入

貴校女子部初中一年級上學期　組肄

業理應遵守一切校規一心向學如有越軌

行動概由保證人負完全責任

此致

南京市私立育羣中學校長

保證人嚴子澄

中華民國卅六年三月十一日

保證人
年齡卅七歲　籍貫
職業中國農民銀行
通訊處本京中山门外孝陵衛本行
與學生之關係友誼

訓（八）

附則
1. 保證人須住南京確有職業者
2. 保證人住址或通訊處有變更時須通知本校
3. 本校教職員及任何學校學生概不得做保證人
4. 學生父兄不得做保證人

育群中學學生調查表

姓名		陳佩珍		
班級		女子部初中一年級上學期　組		
籍貫		安徽當塗縣小丹鎮人		
年齡		十五歲（生日十一月十二日）		
通訊處	永久	小丹陽鎮當鋪巷交		
	臨時	南京箍桶巷35號		
家長或監護人	姓名	陳國熹	印鑑	〔印〕
	別號		年齡	30
	職業	商		
	通訊處	仝上		
	與學生之關係	兄妹		
填表日期		民國36年3月13日		
備註			學生像片	

訓（九）

保證書

今願保學生陳佩珍入

貴校女子部初中一年級上學期　組肄

業理應遵守一切校規一心向學如有越軌

行動概由保證人負完全責任

此致

南京市私立育羣中學校長

保證人　王孝達

中華民國卅八年三月十三日

保證人

年齡　五五　籍貫　南京

職業　開設王長興襍貨號

通訊處　南京箍桶巷三五號

與學生之關係　舅父之甥女陳佩珍

王長興

訓（六）

附則

1. 保證人須住南京確有職業者
2. 保證人住址或通訊處有變更時須通知本校
3. 本校教職員及任何學校學生概不得做保證人
4. 學生父兄不得做保證人

育羣中學學生調查表

姓名		王元		
班級		女子部初中一年級上學期　組		
籍貫		南京市		
年齡		十四歲（生日十一月廿〤日）		
通訊處	永久	南京小砂珠巷9号		
	臨時	仝上		
家長或監護人	姓名	王仲卿	印鑑	
	別號		年齡	四十三歲
	職業	棉紗		
	通訊處	昇州路廿四号		
	與學生之關係	父女		
填表日期		民國卅〤年三月十〤日		
備註			學生像片	

保證書

今願保學生王　元入
貴校女子部初中一年級上學期　組肄
業理應遵守一切校規一心向學如有越軌
行動概由保證人負完全責任
此致
南京市私立育羣中學校長

保證人王詠吾（印：王詠吾）

中華民國卅六年三月十六日

保證人
年齡三十四　籍貫南京市
職業棉貨
通訊處中正路五三八号
與學生之關係叔侄

訓（八）

附則
1. 保證人須住南京確有職業者
2. 保證人住址或通訊處有變更時須通知本校
3. 本校教職員及任何學校學生概不得做保證人
4. 學生父兄不得做保證人

育羣中學學生調查表

姓名		林春秀		
班級		女子部初中一年級一學期　組		
籍貫		南京市		
年齡		十三歲（生日 十二月十一日）		
通訊處	永久	朱雀路四二之一		
	臨時			
家長或監護人	姓名	林仰輝	印鑑	林仰輝章
	別號	園	年齡	五十一
	職業	新亞飯店店主		
	通訊處	朱雀路四二之一		
	與學生之關係	父女		
填表日期		民國三十六年三月十二日		
備註			學生像片	

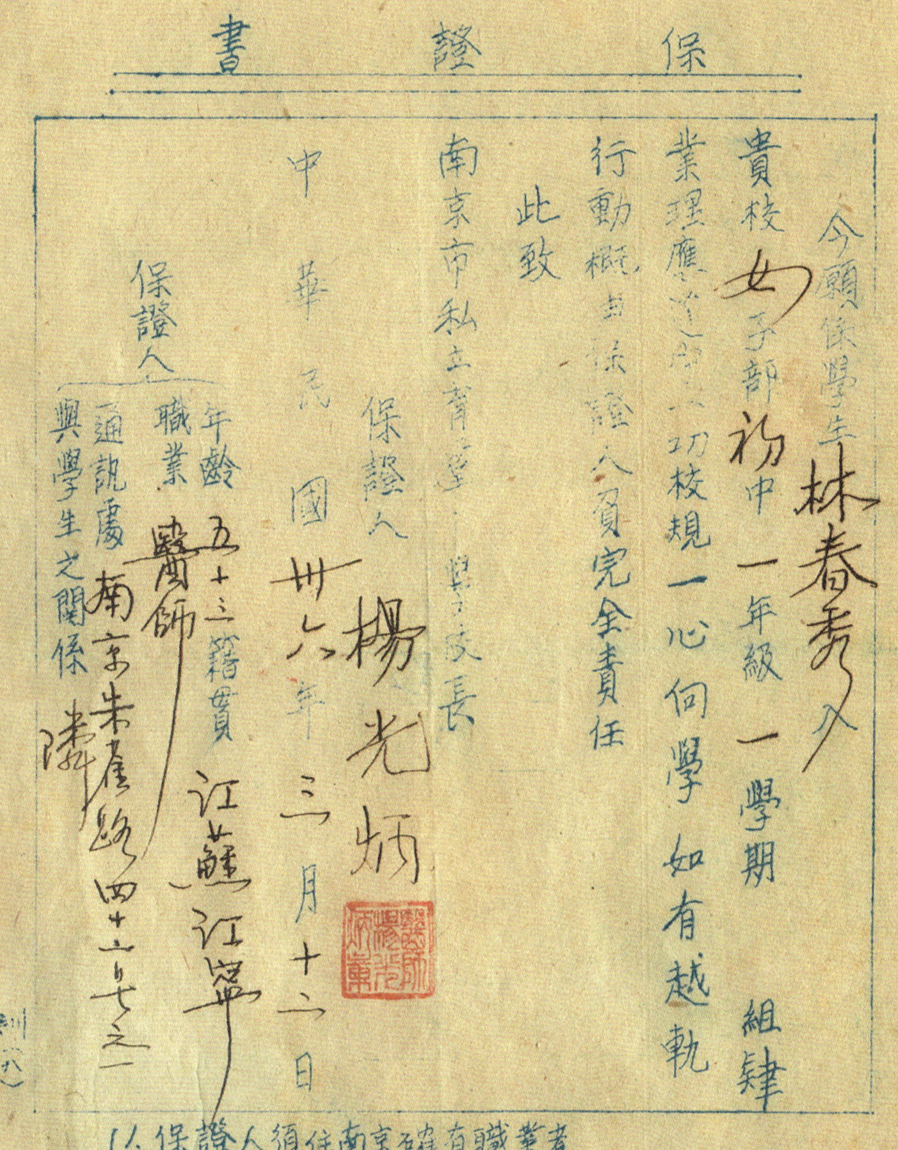

保證書

今願保學生林春秀入

貴校女子部初中一年級一學期 組肄

業理應遵守一切校規一心向學如有越軌

行動概由保證人負完全責任

此致

南京市私立育群中學校長

保證人 楊光炳（印）

中華民國卅六年二月十二日

保證人

年齡 五十三 籍貫 江蘇江寧

職業 醫師

通訊處 南京朱雀路四十二號七之一

與學生之關係 [illegible]

訓（八）

附則

1. 保證人須住南京確有職業者
2. 保證人住址或通訊處有變更時須通知本校
3. 本校教職員及任何學校學生概不得做保證人
4. 學生父兄不得做保證人

育羣中學學生調查表

姓名	王賢		
班級	女子部初中一年級下學期甲組		
籍貫	南京		
年齡	十四歲（生日一月六日）		
通訊處 永久	南京大砂珠巷十八号		
通訊處 臨時			
家長或監護人 姓名	王國瑜	印鑑	（印）
別號	王子青	年齡	四十七歲
職業	商 棉花		
通訊處	南京大砂珠巷十八号		
與學生之關係	父女		
填表日期	民國廿六年三月十六日		
備註		學生像片	

訓（九）

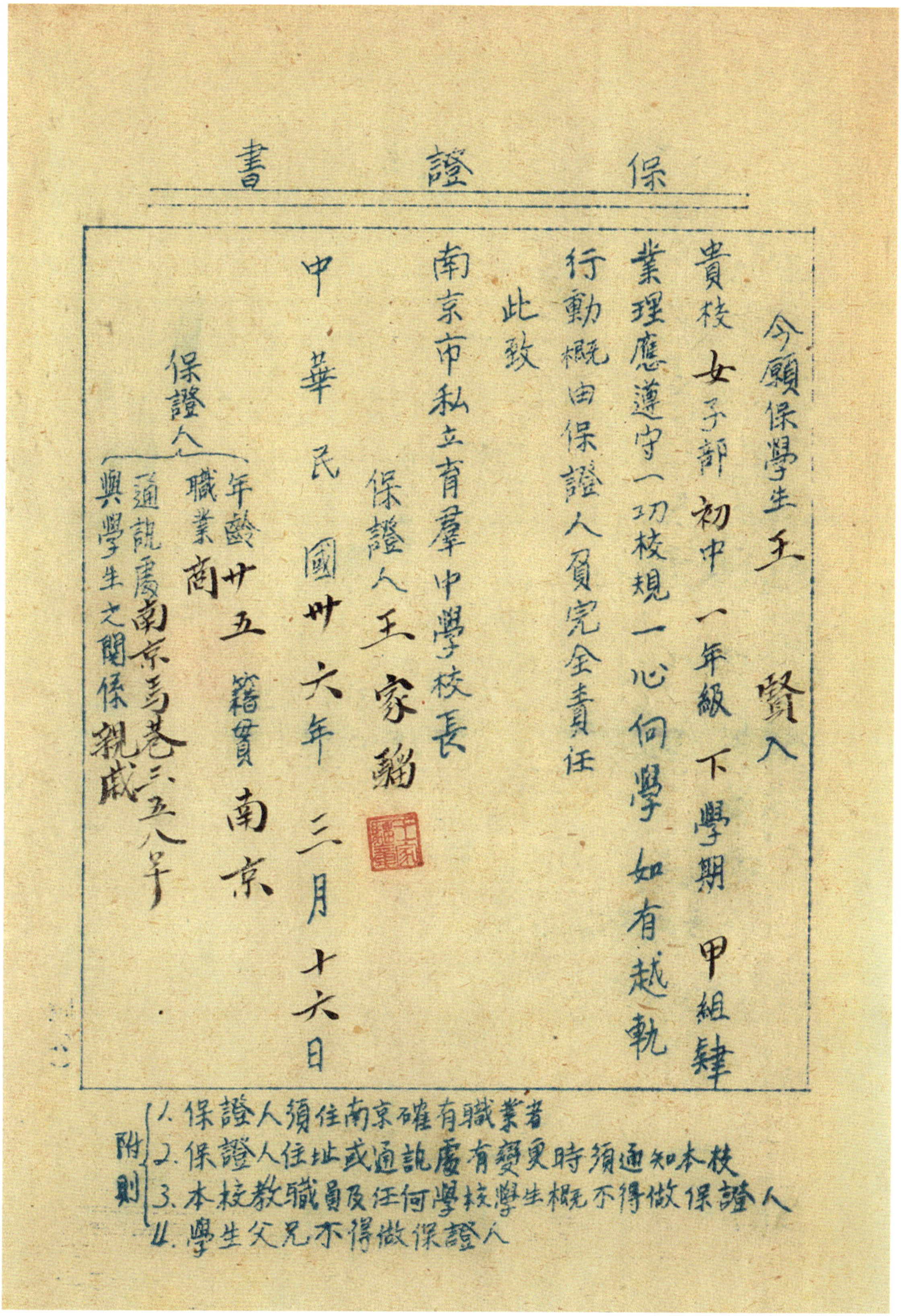

保證書

今願保學生王　賢入
貴校女子部初中一年級下學期甲組肄
業理應遵守一切校規一心向學如有越軌
行動概由保證人負完全責任
此致
南京市私立育羣中學校長
保證人王家翰
中華民國卅六年二月十六日
保證人
年齡卅五　籍貫南京
職業商
通訊處南京马巷三五八号
與學生之關係親戚

附則
1. 保證人須住南京確有職業者
2. 保證人住址或通訊處有變更時須通知本校
3. 本校教職員及任何學校學生概不得做保證人
4. 學生父兄不得做保證人

育群中學學生調查表

姓名		俞澤華		
班級		女子部初中一年級下學期甲組		
籍貫		本京		
年齡		14歲（生日5月3日）		
通訊處	永久	本京望鶴樓17		
	臨時			
家長或監護人	姓名	俞惠泉	印鑑	
	別號	恩沅	年齡	37
	職業	商		
	通訊處	同上		
	與學生之關係	父女		
填表日期		民國36年5月17日		
備註			學生像片	

訓（九）

保證書

今願保學生俞寧華入
貴校女子部初中二下年級下學期甲組肄
業理應遵守一切校規一心向學如有越軌
行動概由保證人負完全責任
此致
南京市私立育羣中學校長
保證人

中華民國36年7月17日

保證人
年齡
職業商
籍貫本京
通訊處建康路515
與學生之關係親

附則
1. 保證人須住南京確有職業者
2. 保證人住址或通訊處有變更時須通知本校
3. 本校教職員及任何學校學生概不得做保證人
4. 學生父兄不得做保證人

育羣中學學生調查表

姓名		張毓英		
班級		女子部初中一年級下學期甲組		
籍貫		江蘇省江陰縣		
年齡		十三歲（生日弍月十四日）		
通訊處	永久	評事街四十號		
	臨時	仝上		
家長或監護人	姓名	張鳴岐	印鑑	[印]
	別號	張麟	年齡	六十三
	職業	商橡膠業		
	通訊處	本京評事街四十號		
	與學生之關係	父女		
填表日期		民國三十六年三月十四日		
備註			學生像片	

訓（九）

保證書

今願保學生張毓英入
貴校女子部初中一年級下學期甲組肄
業理應遵守一切校規一心向學如有越軌
行動概由保證人負完全責任
此致
南京市私立育羣中學校長
保證人吴啟春
中華民國三十八年三月十四日
保證人
年齡三十七　籍貫江蘇省南京市
職業國民政府主計處
通訊處南京寶輝巷二十三號
與學生之關係師生

附則
1. 保證人須住南京確有職業者
2. 保證人住址或通訊處有變更時須通知本校
3. 本校教職員及任何學校學生概不得做保證人
4. 學生父兄不得做保證人

育群中學學生調查表

姓名		孫文萱		
班級		女子部初中一年級下學期甲組		
籍貫		南京		
年齡		15歲（生日 7月26日）		
通訊處	永久	南京评事街十四号		
	臨時	仝上		
家長或監護人	姓名	孫徐蓉卿	印鑑	
	別號		年齡	三十五岁
	職業	無		
	通訊處	评事街十四号		
	與學生之關係	母女		
填表日期		民國三十六年三月十八日		
備註			學生像片	

訓（九）

保證書

今願保學生孫文萱入
貴校女子部初中一年級下學期甲組肄
業理應遵守一切校規一心向學如有越軌
行動概由保證人負完全責任
此致
南京市私立育羣中學校長
保證人吴志清
中華民國三十六年三月十八日

保證人
年齡 三十一 籍貫 福建
職業 國防部圖書館
通訊處 玉帶巷二十一號
與學生之關係 親戚

附則
1. 保證人須住南京確有職業者
2. 保證人住址或通訊處有變更時須通知本校
3. 本校教職員及任何學校學生概不得做保證人
4. 學生父兄不得做保證人

育羣中學學生調查表

<table>
<tr><td colspan="2">姓名</td><td colspan="3">張馥華</td></tr>
<tr><td colspan="2">班級</td><td colspan="3">女子部初中一年級下學期甲組</td></tr>
<tr><td colspan="2">籍貫</td><td colspan="3">南京市</td></tr>
<tr><td colspan="2">年齡</td><td colspan="3">十三歲（生日　五　月　廿五　日）</td></tr>
<tr><td rowspan="2">通訊處</td><td>永久</td><td colspan="3">南京孝順里26号</td></tr>
<tr><td>臨時</td><td colspan="3">南京孝順里26号</td></tr>
<tr><td rowspan="5">家長或監護人</td><td>姓名</td><td>張甲庵</td><td>印鑑</td><td></td></tr>
<tr><td>別號</td><td>智孚</td><td>年齡</td><td>四十五岁</td></tr>
<tr><td>職業</td><td colspan="3">商</td></tr>
<tr><td>通訊處</td><td colspan="3">南京孝順里26号</td></tr>
<tr><td>與學生之關係</td><td colspan="3">父女</td></tr>
<tr><td colspan="2">填表日期</td><td colspan="3">民國　卅六　年　三　月　十二　日</td></tr>
<tr><td>備註</td><td colspan="2"></td><td>學生像片</td><td></td></tr>
</table>

訓（九）

保證書

今願保學生張毓華入
貴校女子部初中一年級下學期甲組肄
業理應遵守一切校規一心向學如有越軌
行動概由保證人負完全責任
此致
南京市私立育羣中學校長
保證人孫玉琳
中華民國卅六年三月十五日
保證人
年齡卅五歲籍貫南京市
職業參議員
通訊處金沙井四九號
與學生之關係舅父

附則
1. 保證人須住南京確有職業者
2. 保證人住址或通訊處有變更時須通知本校
3. 本校教職員及任何學校學生概不得做保證人
4. 學生父兄不得做保證人

育羣中學學生調查表

姓名		沈坤珠		
班級		女子部初中一年級下學期甲組		
籍貫		浙江绍興		
年齡		十四歲(生日 三 月初七 日)		
通訊處	永久	浙江绍興至大寺西十二號		
	臨時	南京評事街綾莊巷廿一號		
家長或監護人	姓名	楊眉蓀	印鑑	[印]
	别號		年齡	四十九歲
	職業	銀行(中國農民銀行監察人會)		
	通訊處	南京評事街綾莊巷廿一號		
	與學生之關係	父女		
填表日期		民國 36 年 3 月 15 日		
備註			學生像片	舊生

訓(九)

保證書

今願保學生沈坤珠入
貴校女子部初中一年級下學期甲組肄
業理應遵守一切校規一心向學如有越軌
行動概由保證人負完全責任
此致
南京市私立育羣中學校長

保證人王時懋（印：王時懋印）

中華民國三十六年三月十五日

保證人
年齡五十三　籍貫浙江奉化
職業銀行（中國農民銀行總管理處）
通訊處南京評事街手章巷十號
與學生之關係世誼

附則
1. 保證人須住南京確有職業者
2. 保證人住址或通訊處有變更時須通知本校
3. 本校教職員及任何學校學生概不得做保證人
4. 學生父兄不得做保證人

育群中學學生調查表

姓名	陶韻[illegible]		
班級	女子部初中一年級下學期甲組		
籍貫	南京		
年齡	14歲(生日 12月 29日)		
通訊處 永久	湖熟杜桂鎮		
通訊處 臨時	南京[illegible]坊八號		
家長或監護人 姓名	陶吟三	印鑑	陶吟三
別號		年齡	60
職業	商		
通訊處	常熟縣南街永興[illegible]		
與學生之關係	父女		
填表日期	民國36年3月18日		
備註		學生像片	

訓(九)

保證書

今願保學生陶敬[illegible]入
貴校女子部初中一年級下學期甲組肄
業理應遵守一切校規一心向學如有越軌
行動概由保證人負完全責任

此致

南京市私立育羣中學校長

保證人陳晃卿（印：陳晃卿印）

中華民國三十六年三月十八日

保證人
年齡 二十七 籍貫 南京
職業 [illegible]政
通訊處 傅[illegible]路[illegible]號
與學生之關係 親戚

附則
1. 保證人須住南京確有職業者
2. 保證人住址或通訊處有變更時須通知本校
3. 本校教職員及任何學校學生概不得做保證人
4. 學生父兄不得做保證人

育群中學學生調查表

姓名		張燕琴		
班級		女子部初中一年級下學期乙組		
籍貫		江蘇無錫		
年齡		十三歲（生日正月十日）		
通訊處	永久	無錫東大街六十號		
	臨時	南京銅作坊黑簪巷四號		
家長或監護人	姓名	張文湛	印鑑	張文湛印
	別號	翰波	年齡	四十二歲
	職業	交通部第二區電信管理局		
	通訊處	許家巷交通部第二區電信管理局		
	與學生之關係	父子		
填表日期		民國卅六年三月　日		
備註			學生像片	

訓（十）

保證書

今願保學生張燕琴入
貴校女子部初中一年級第二學期乙組肄
業理應遵守一切校規一心向學如有越軌
行動概由保證人負完全責任

此致

南京市私立育羣中學校長

保證人 沈樹藝（印）

中華民國卅六年三月　日

保證人
年齡 卅六歲 籍貫 浙江定海
職業 交通部第二區電信管理局
通訊處 南京中華路許家巷
與學生之關係 友

訓（八）

附則
1. 保證人須住南京確有職業者
2. 保證人住址或通訊處有變更時須通知本校
3. 本校教職員及任何學校學生概不得做保證人
4. 學生父兄不得做保證人

育群中學學生調查表

姓名		楊淑君		
班級		女子部初中一年級下學期乙組		
籍貫		江蘇武進		
年齡		十三歲（生日二月二日）		
通訊處	永久	江蘇武進半山亭十六号		
	臨時	南京新橋牛市62号		
家長或監護人	姓名	楊潤身	印鑑	（印）
	別號		年齡	45歲
	職業	中央銀行職員		
	通訊處	中央銀行		
	與學生之關係	父女		
填表日期		民國廿六年三月十六日		
備註			學生像片	

訓(九)

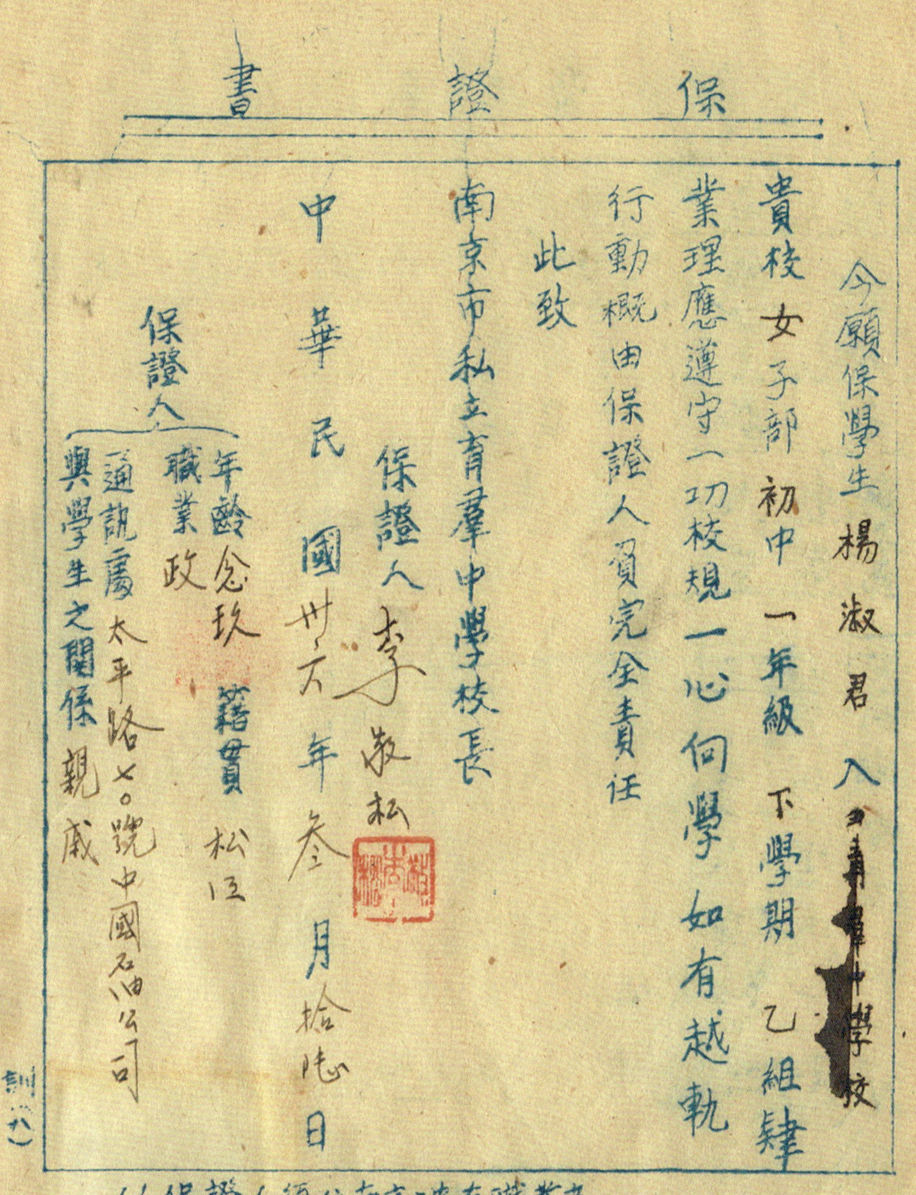
保證書

今願保學生楊淑君入南京私立育群中學校

貴校女子部初中一年級下學期乙組肄

業理應遵守一切校規一心向學如有越軌

行動概由保證人負完全責任

此致

南京市私立育羣中學校長

保證人李敬松

中華民國卅六年叁月拾陸日

保證人

年齡念玖　籍貫松江

職業政

通訊處太平路七〇號中國石油公司

與學生之關係親戚

附則

1. 保證人須住南京確有職業者

2. 保證人住址或通訊處有變更時須通知本校

3. 本校教職員及任何學校學生概不得做保證人

4. 學生父兄不得做保證人

育羣中學學生調查表

姓名		周靜宜		
班級		女子部初中一年級下學期乙組		
籍貫		河北天津		
年齡		十三歲（生日二月廿二日）		
通訊處	永久	南京淮海路九十七號鹽政總局		
	臨時	南京慧圓街慧圓里四十二號		
家長或監護人	姓名	周維瑾	印鑑	（印）
	別號	仲瑜	年齡	四十
	職業	鹽政總局科長		
	通訊處	南京淮海路九十七號		
	與學生之關係	父女		
填表日期		民國卅六年三月十五日		
備註			學生像片	

訓（九）

保證書

今願保學生周靜宜入
貴校女子部初中一年級下學期乙組肄
業理應遵守一切校規一心向學如有越軌
行動概由保證人負完全責任

此致

南京市私立育羣中學校長

保證人　吴紹燦

中華民國卅六年三月十五日

保證人
年齡　卅八　籍貫　福建福清
職業　鹽政總局科長
通訊處　南京淮海路九十七號
與學生之關係　友誼

訓（八）

附則

1. 保證人須住南京確有職業者
2. 保證人住址或通訊處有變更時須通知本校
3. 本校教職員及任何學校學生概不得做保證人
4. 學生父兄不得做保證人

育羣中學學生調查表

姓名		陈冰清		
班級		女子部初中一年級下學期乙組		
籍貫		江蘇省江陰縣		
年齡		十四歲（生日十一月初一日）		
通訊處	永久	彩霞街玉带巷二号後門		
	臨時			
家長或監護人	姓名	陈良	印鑑	
	別號		年齡	三十八
	職業	百貨商店職員		
	通訊處	上海四川路虬江路		
	與學生之關係	父女		
填表日期		民國卅六年三月十六日		
備註			學生像片	

訓（九）

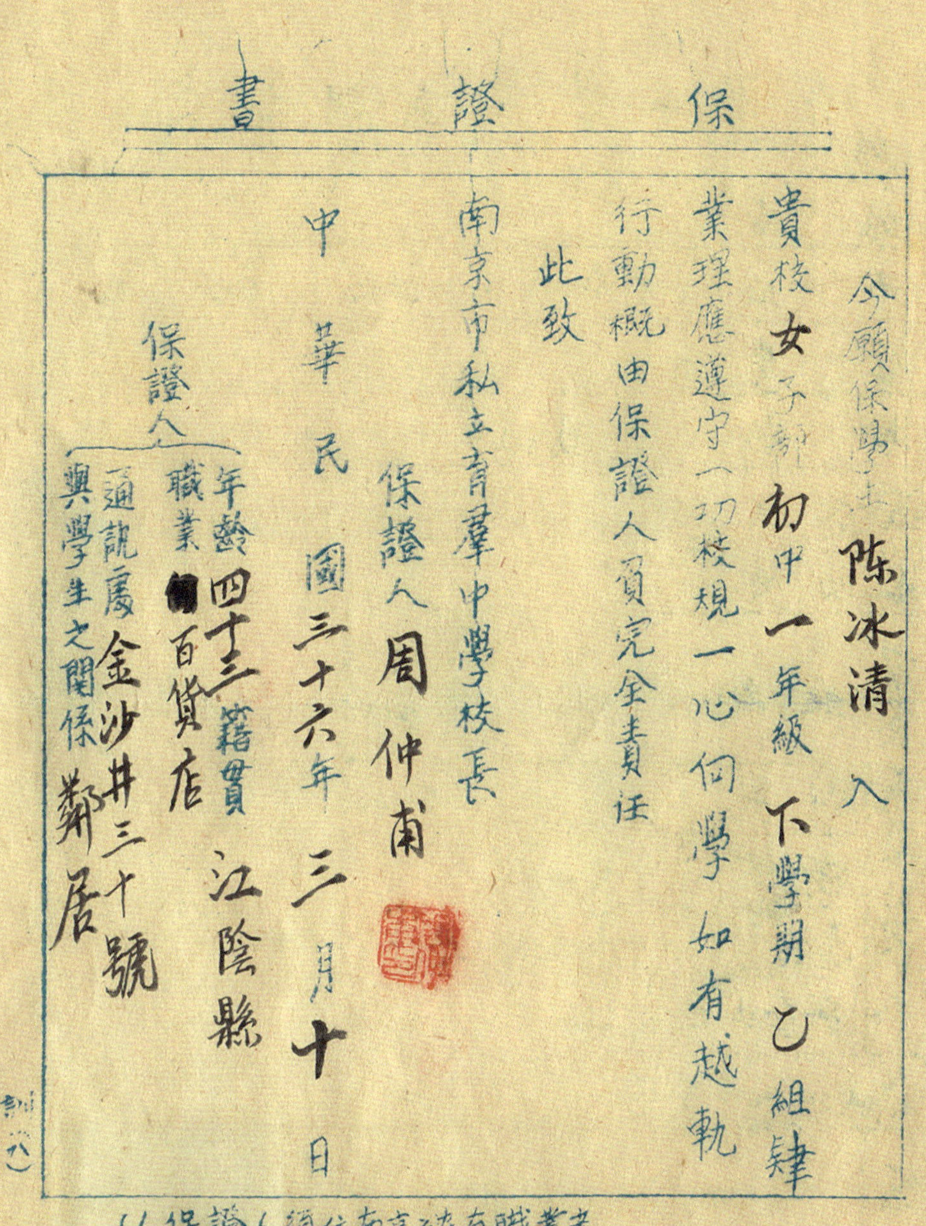

保證書

今願保學生陈冰清入
貴校女子部初中一年級下學期乙組肄
業理應遵守一切校規一心向學如有越軌
行動概由保證人負完全責任
此致
南京市私立育羣中學校長
保證人周仲甫
中華民國三十六年三月十日
保證人 年齡四十三 籍貫江陰縣
職業■百貨店
通訊處金沙井三十號
與學生之關係鄰居

附則
1. 保證人須住南京確有職業者
2. 保證人住址或通訊處有變更時須通知本校
3. 本校教職員及任何學校學生概不得做保證人
4. 學生父兄不得做保證人

育群中學學生調查表

姓名		吴義齡		
班級		女子部初中一年級二學期乙組		
籍貫		南京市		
年齡		十六歲（生日五月十九日）		
通訊處	永久			
	臨時	本市太平苑二號		
家長或監護人	姓名	吴樹棠	印鑑	（印）
	別號		年齡	四十八歲
	職業	中國旅行社		
	通訊處	太平苑二號		
	與學生之關係	父女		
填表日期		民國卅六年三月十八日		
備註			學生像片	（照片）

訓(九)

保證書

今願保學生吳義齡入
貴校女子部初中一年級二學期乙組肄
業理應遵守一切校規一心向學如有越軌
行動概由保證人負完全責任

此致

南京市私立育羣中學校長

保證人葉雲昇（印）

中華民國卅六年三月十八日

保證人
- 年齡四十　籍貫紹興
- 職業中國旅行社
- 通訊處朱雀路二一三號
- 與學生之關係友誼

訓（八）

附則
1. 保證人須住南京確有職業者
2. 保證人住址或通訊處有變更時須通知本校
3. 本校教職員及任何學校學生概不得做保證人
4. 學生父兄不得做保證人

育羣中學學生調查表

<table>
<tr><td colspan="2">姓名</td><td colspan="4">夏東屏</td></tr>
<tr><td colspan="2">班級</td><td colspan="4">女子部初中一年級二學期乙組</td></tr>
<tr><td colspan="2">籍貫</td><td colspan="4">南京</td></tr>
<tr><td colspan="2">年齡</td><td colspan="4">十四歲（生日十一月二十九日）</td></tr>
<tr><td rowspan="2">通訊處</td><td>永久</td><td colspan="4" rowspan="2">南京八條巷二十二號</td></tr>
<tr><td>臨時</td></tr>
<tr><td rowspan="5">家長或監護人</td><td>姓名</td><td>夏卿</td><td>印鑑</td><td colspan="2">（印）</td></tr>
<tr><td>別號</td><td>澤蓀</td><td>年齡</td><td colspan="2">四十</td></tr>
<tr><td>職業</td><td colspan="4">郵局職員</td></tr>
<tr><td>通訊處</td><td colspan="4">仝上</td></tr>
<tr><td>與學生之關係</td><td colspan="4">父女</td></tr>
<tr><td colspan="2">填表日期</td><td colspan="4">民國三十六年三月十六日</td></tr>
<tr><td colspan="2">備註</td><td colspan="2"></td><td>學生像片</td><td>（照片）</td></tr>
</table>

保證書

今願保學生夏東屏入
貴校女子部初中一年級二學期乙組肄
業擔應遵守一切校規一心向學如有越軌
行動概由保證人負完全責任
此致
南京市私立育羣中學校長
保證人高垣甫（簽名蓋章）
中華民國三十六年三月十六日

保證人：
年齡六十　籍貫南京
職業德司古公司職員
通訊處南京新橋照市口七三〇号
與學生之關係親戚

附則：
1. 保證人須住南京確有職業者
2. 保證人住址或通訊處有變更時須通知本校
3. 本校教職員及任何學校學生概不得做保證人
4. 學生父兄不得做保證人

育羣中學學生調查表

姓名	萬國芸		
班級	女子部初中一年級二學期乙組		
籍貫	南京		
年齡	十五歲（生日七月十四日）		
通訊處 永久 / 臨時	秦狀狀元巷七号		
家長或監護人 姓名	萬熏艮	印鑑	（印）
別號		年齡	48
職業	商，萬勲記綢布號		
通訊處	秦狀元巷7號		
與學生之關係	父女		
填表日期	民國36年二月十九日		
備註		學生像片	

訓(九)

保證書

今願保學生萬國世云入
貴校女子部·初中一年級二學期乙組肄
業理應遵守一切校規一心向學如有越軌
行動概由保證人負完全責任

此致

南京市私立育羣中學校長

保證人王東伯（簽名蓋章）

保證人 年齡 45 籍貫 南京
職業 教育
通訊處 糖坊巷里七號
與學生之關係 世誼

中華民國卅六年三月十九日

附則
1. 保證人須住南京確有職業者
2. 保證人住址或通訊處有變更時須通知本校
3. 本校教職員及任何學校學生概不得做保證人
4. 學生父兄不得做保證人

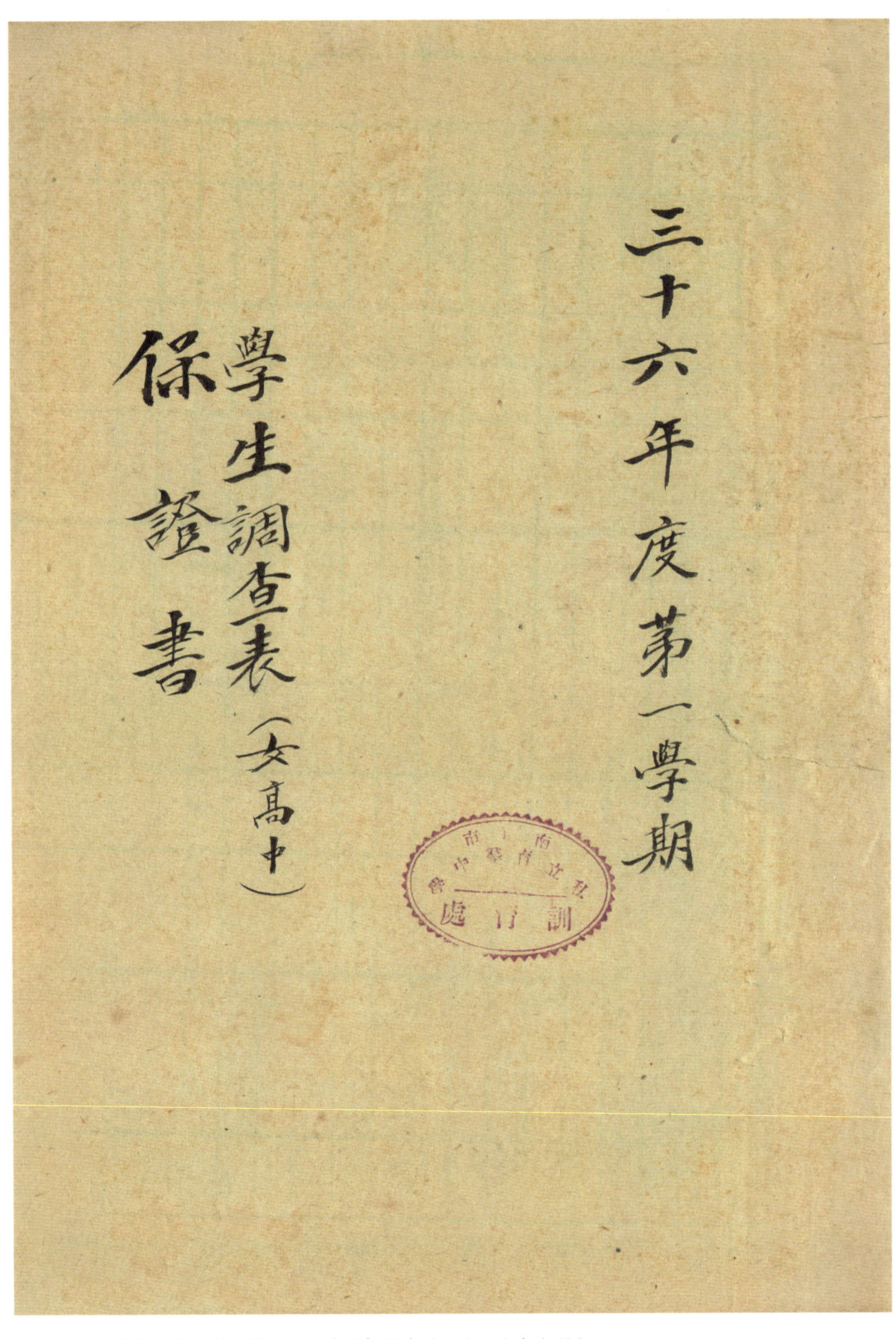
三十六年度第一學期
學生調查表（女高中）
保證書

一九四七年度第一學期高中學生調查表及保證書（一九四七年九月）

檔號：1009-1-1419

育羣中學學生調查表

姓名		劉馨		
班級		女子部高中一年級一學期　組		
籍貫		南京		
年齡		十四歲（生日四月十九日）		
通訊處	永久	中華路403号		
	臨時	仝上		
家長或監護人	姓名	劉王碧雲	印鑑	[印]
	別號		年齡	四十八
	職業	教育		
	通訊處	中華路403号		
	與學生之關係	母女		
填表日期		民國卅六年九月二十八日		
備註			學生像片	

保證書

今願保學生劉馨入

貴校女子部高中一年級一學期　組

肄業理應遵守一切校規一心向學如

有越軌行動概由保證人負完全責任

此致

南京市私立育羣中學校長

保證人　馬正義　簽名蓋章

中華民國卅六年九月二十八日

保證人　年齡　二十　籍貫　南京

職業　炒貨

通訊處　中華路382號

與學生之關係　鄰

附則

1.保證人須住南京確有職業者

2.保證人住址或通訊處有變更時須通知本校

3.本校教職員及任何學校學生概不得做保證人

4.學生父兄不得做保證人

育羣中學學生調查表

姓名		張開明		
班級		女子部高中一年級上學期　組		
籍貫		南京市		
年齡		十五歲（生日　十月二十二日）		
通訊處	永久	南京顏料坊六十二號		
	臨時	仝上		
家長或監護	姓名	張寶齋	印鑑	張寶齋
	別號	—	年齡	四十六歲
	職業	賦閒		
	通訊處	南京顏料坊六十二號		
	與學生之關係	父女		
填表日期		民國三十六年九月二十四日		
備註			學生像片	

保證書

今願保學生張開明　入
貴校女子部高中一年級上學期　組肄業
理應遵守一切校規一心向學如有越軌行動概
由保證人負完全責任
此致
南京市私立青年中學校長
中華民國三十六年九月二十四日
保證人　姚以誠（簽名蓋章）
保證人
職業　布商
年齡　四十七　籍貫　常州
通訊處　南京顏料坊六十三號
與學生之關係　朋友

附則
1. 保證人須住南京確有職業者
2. 保證人住址或通訊處有變更時須通知本校
3. 本校教職員及任何學校學生概不得做保證人
4. 學生父兄不得做保證人

育羣中學學生調查表

姓名		李23生		
班級		女子部高中一年級上學期　組		
籍貫		南京市		
年齡		十六歲　陰曆十月三日		
通訊處	永久	南京丁官營3号		
	臨時			
家長或監護人	姓名	李廷聖	印鑑	
	別號		年齡	42岁
	職業	郵界		
	通訊處	丁官營3号		
	與學生之關係	父女		
填表日期		民國36年9月29日		
備註			學生簽章	

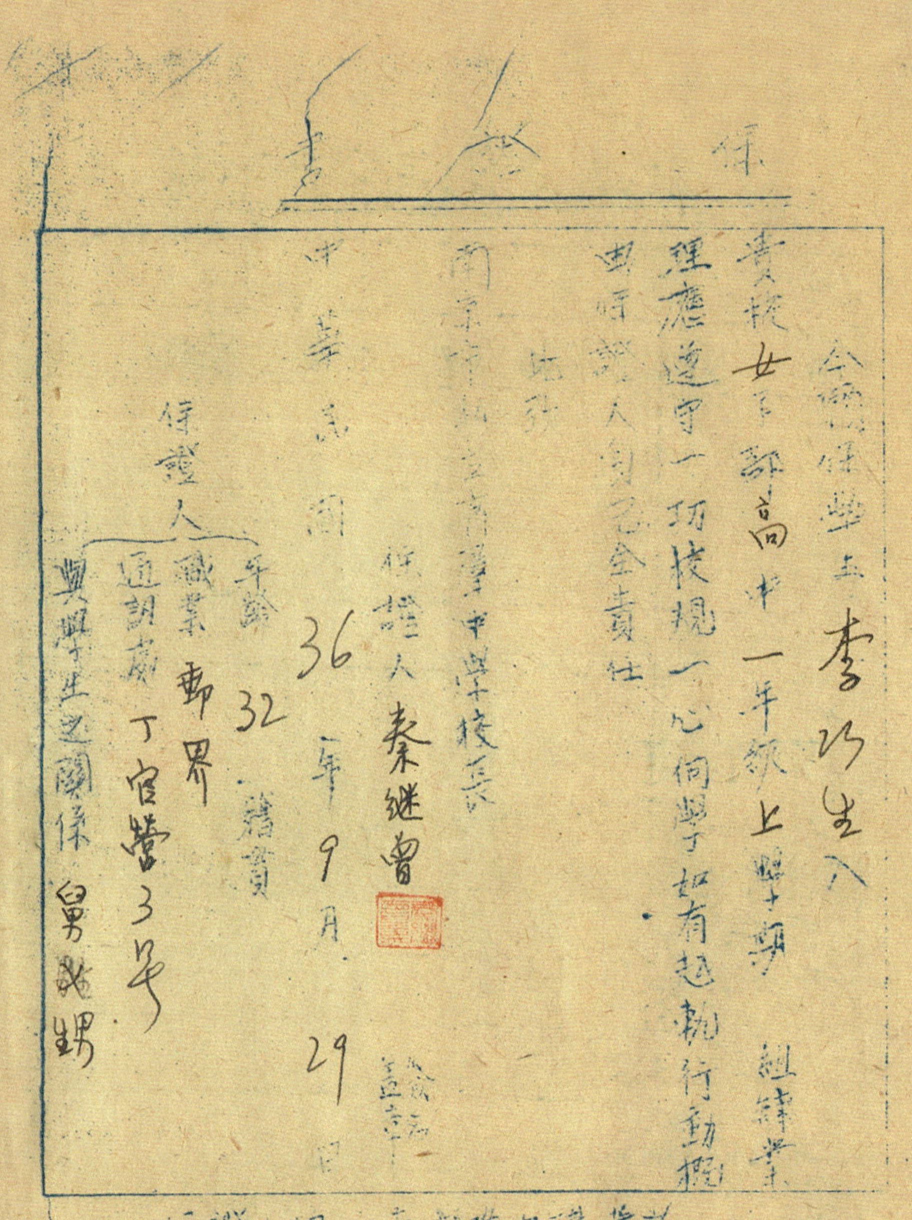

保證書

今願保學生李巧生入

貴校女子部高中一年級上學期肄業

理應遵守一切校規一心向學如有越軌行動概

由保證人負完全責任

此致

南京市私立育群中學校長

保證人 秦繼曾 蓋章

中華民國 36 年 9 月 29 日

保證人

年齡 32 籍貫

職業 郵界

通訊處 丁官營3号

與學生之關係 舅甥

附則

1. 保證人須住本京確有職業者。
2. 保證人住址或通訊處有變更時須通知本校。
3. 本校教職員及在校肄業學生概不得為保證人。
4. 學生[illegible]

六

育羣中學學生調查表

姓名		邢湘娟		
班級		女子部高中一年級一學期　組		
籍貫		江陰		
年齡		十五歲（生日十一月廿八日）		
通訊處	永久	南京許事街拾叁號		
	臨時	南京許事街拾叁號		
家長或監護人	姓名	邢仲鳴	印鑑	（印）
	别號		年齡	六十二
	職業	棉布		
	通訊處	南京許事街拾叁號		
	與學生之關係	父女		
填表日期		民國叁拾陸年九月廿五日		
備註			學生像片	

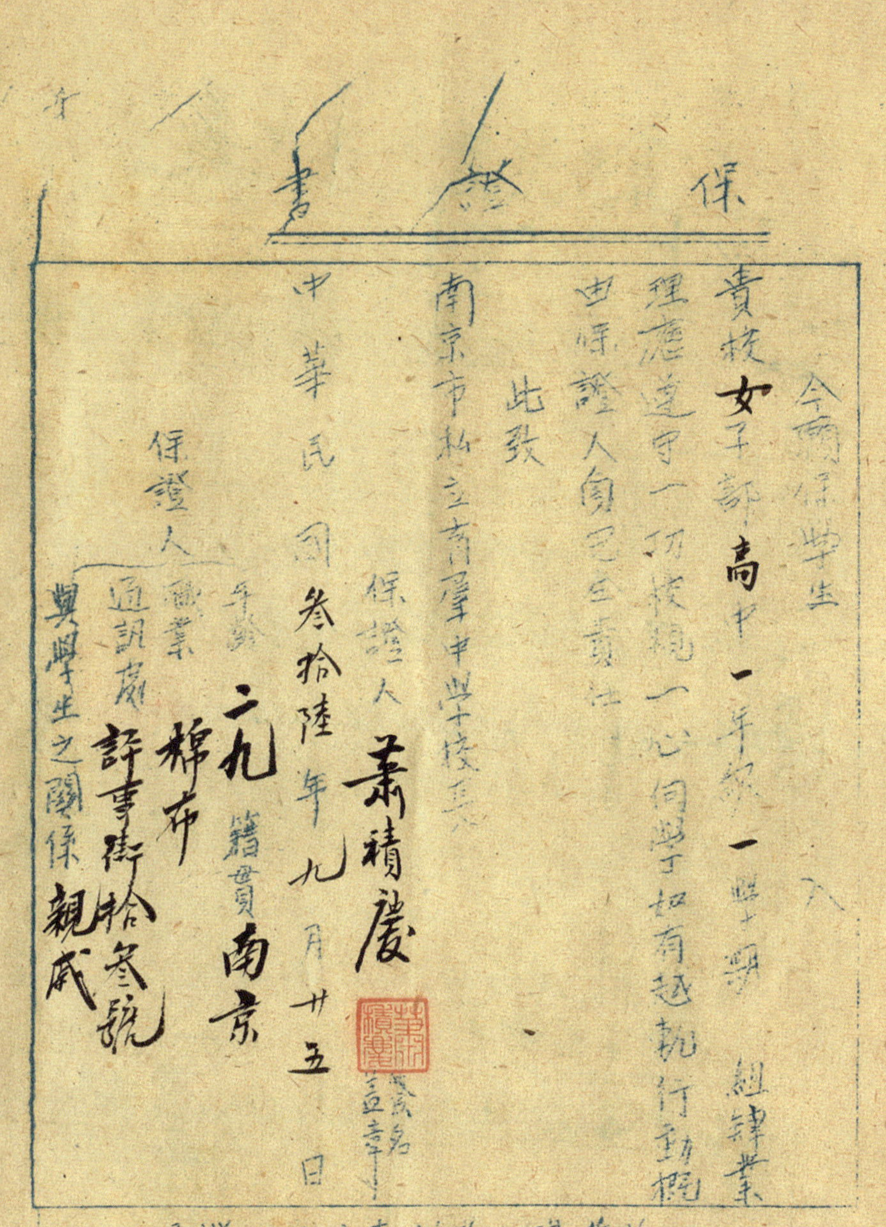

保證書

今介紹學生　　　入
貴校女子部高中一年級一學期肄業
理應遵守一切校規一心向學如有越軌行動概
由保證人負完全責任
此致
南京市私立育群中學校長
保證人 蕭積慶（簽名蓋章）
中華民國叁拾陸年九月廿五日

保證人 年齡 二九 籍貫 南京
職業 棉布
通訊處 許事街拾叁號
與學生之關係 親戚

附則
1. 保證人須住南京確有職業者
2. 保證人住址或通訊處有變更時須通知本校
3. 本校教職員及任何學校學生概不得做保證人
4. 學生父兄不得做保證人

10

育華中學學生調查表

姓名		周秀華		
班級		女子部高中一年級上學期　組		
籍貫		南京		
年齡		十七歲（十三　五月十二日）		
通訊處	永久	南京中華门外雨花路131号		
	臨時			
家長或監護人	姓名	周炘元	印鑑	（印：周炘元章）
	別號	周秉乾	年齡	四十三
	職業	酒業		
	通訊處	南京中華门外雨花路131号		
	與學生之關係	父女		
填表日期		民國廿六年九月廿五日		
備註			學生像片	

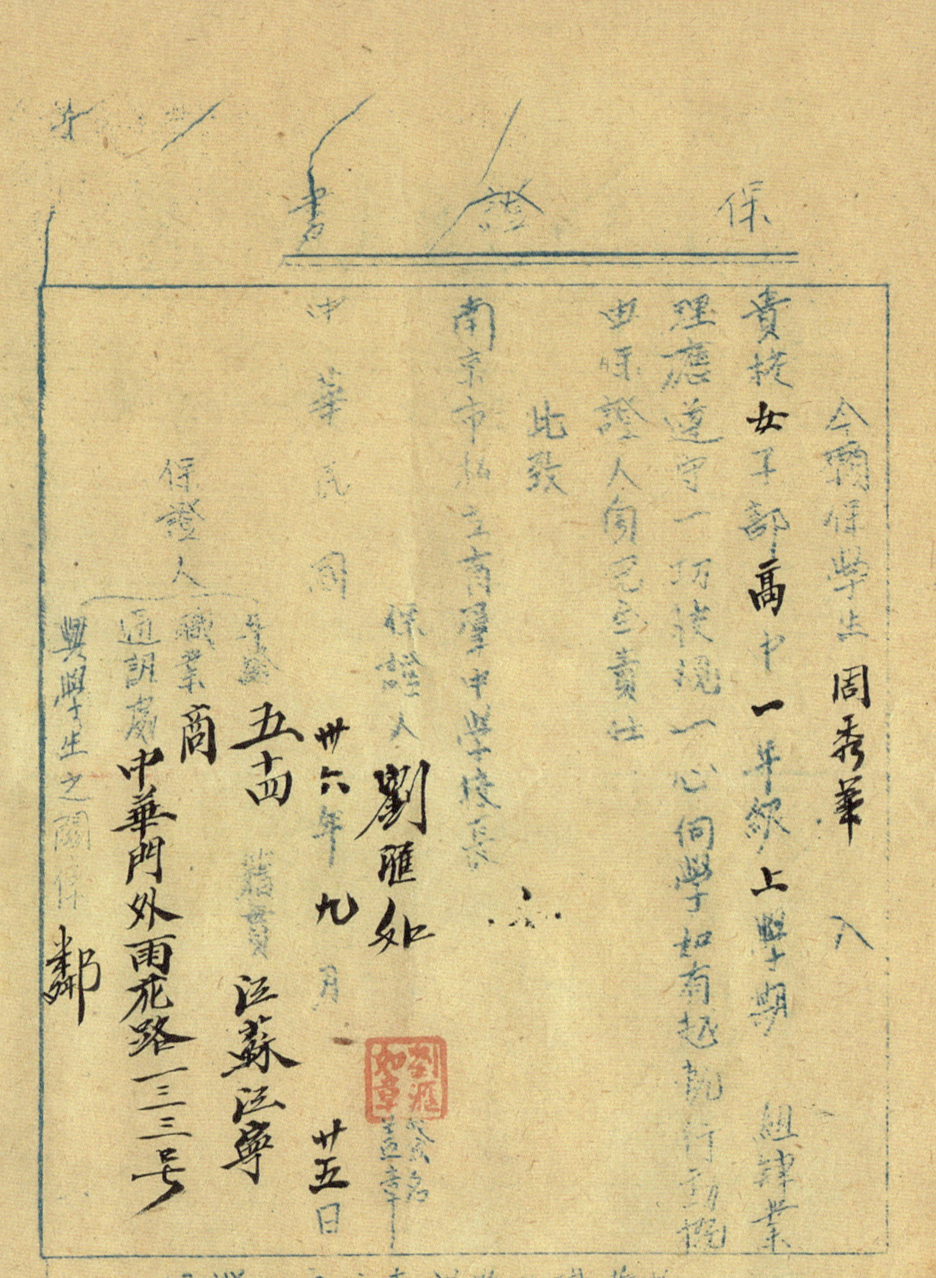

存

保證書

今擔保學生周秀華入

貴校女子部高中一年級上學期肄業

理應遵守一切校規一心向學如有越軌行動概

由保證人負完全責任

此致

南京市私立育群中學校長

保證人 劉匯如 （劉匯如章） 簽名蓋章

中華民國 卅六年 九月 廿五日

保證人 年齡 五十四 籍貫 江蘇江寧

職業 商

通訊處 中華門外雨花路一三三號

與學生之關係 鄰

附則

1. 保證人須住南京確有職業者
2. 保證人住址或通訊處有變更時須通知本校
3. 本校教職員及任何學校學生概不得做保證人
4. 學生父兄不得做保證人

11.

育群中學學生調查表

姓名	王慶松		
班級	女子部高中一年級　學期　組		
籍貫	南京市		
年齡	15歲（廿三　九月一日）		
通訊處 永久			
通訊處 臨時	本市長樂路436号		
家長或監護人 姓名	王階平	印鑑	（印）
家長或監護人 別號		年齡	38
家長或監護人 職業	本市市政府秘書		
家長或監護人 通訊處	本市長樂路436号		
家長或監護人 與學生之關係	父女		
填表日期	民國36年9月25日		
備註		學生像片	

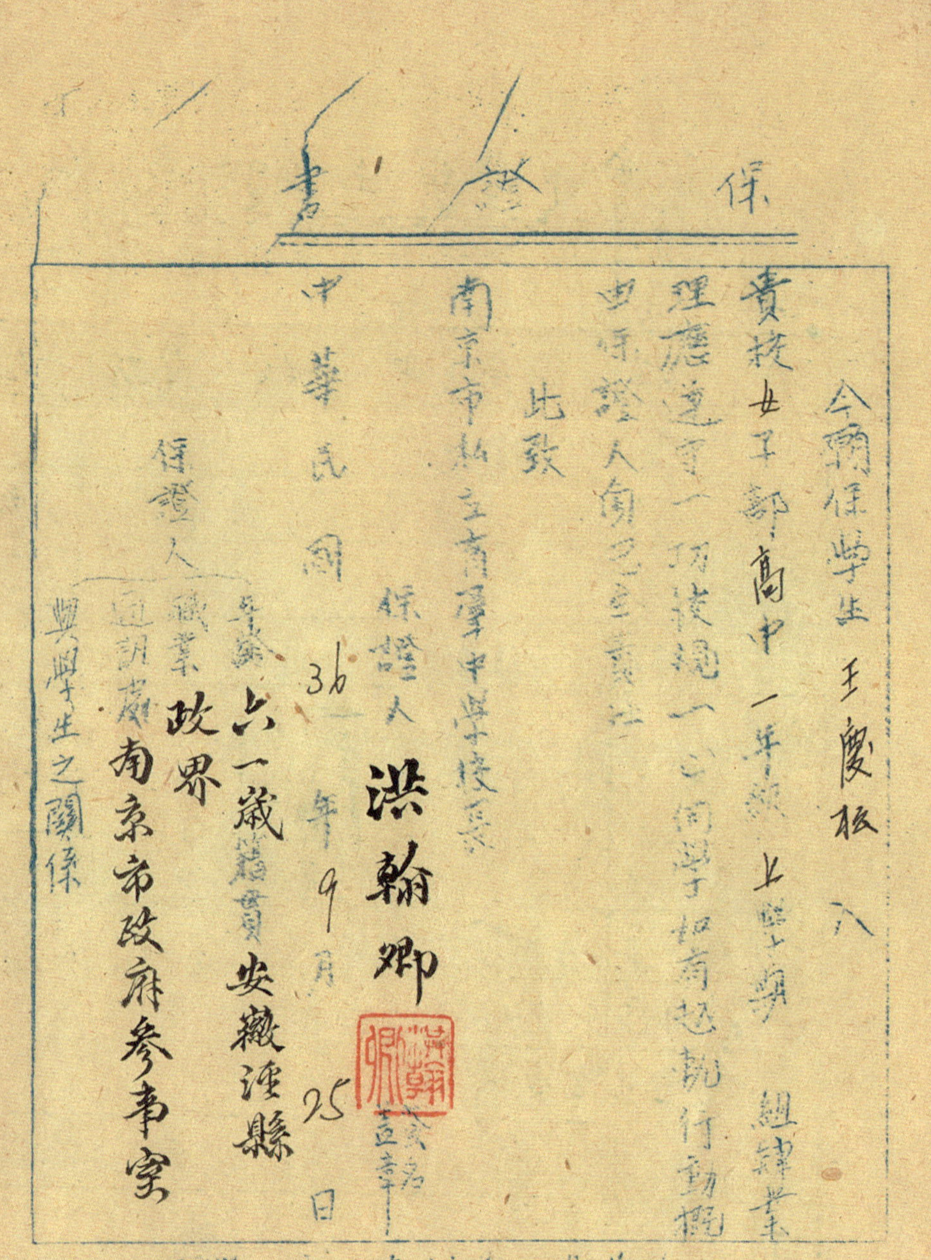

保證書

今介保學生 王慶根 入
貴校女子部高中一年級上學期 組肄業
理應遵守一切校規一心向學如有越軌行動概
由保證人負完全責任
此致
南京市私立育群中學校長
保證人 洪翰卿（簽名蓋章）
中華民國 36 年 9 月 25 日

保證人
年齡 六一歲 籍貫 安徽涇縣
職業 政界
通訊處 南京市政府參事室
與學生之關係

附則
1. 保證人須住南京確有職業者
2. 保證人住址或通訊處有變更時須通知本校
3. 本校教職員及任何學校學生概不得做保證人
4. 學生父兄不得做保證人

12、

育群中學學生調查表

姓名		丁訓華		
班級		女子部高中一年級上學期　組		
籍貫		河南羅山縣		
年齡		17歲（十三　七月　廿五日）		
通訊處	永久			
	臨時	千章巷32號		
家長或監護人	姓名	丁寶樹	印鑑	（印）
	別號	丁培根	年齡	四十
	職業	津浦区鉄路浦鎮机廠人事課文書主任		
	通訊處	津浦鉄路浦鎮機廠		
	與學生之關係	父女		
填表日期		民國　卅六年　九月　廿五日		
備註			學生像片	

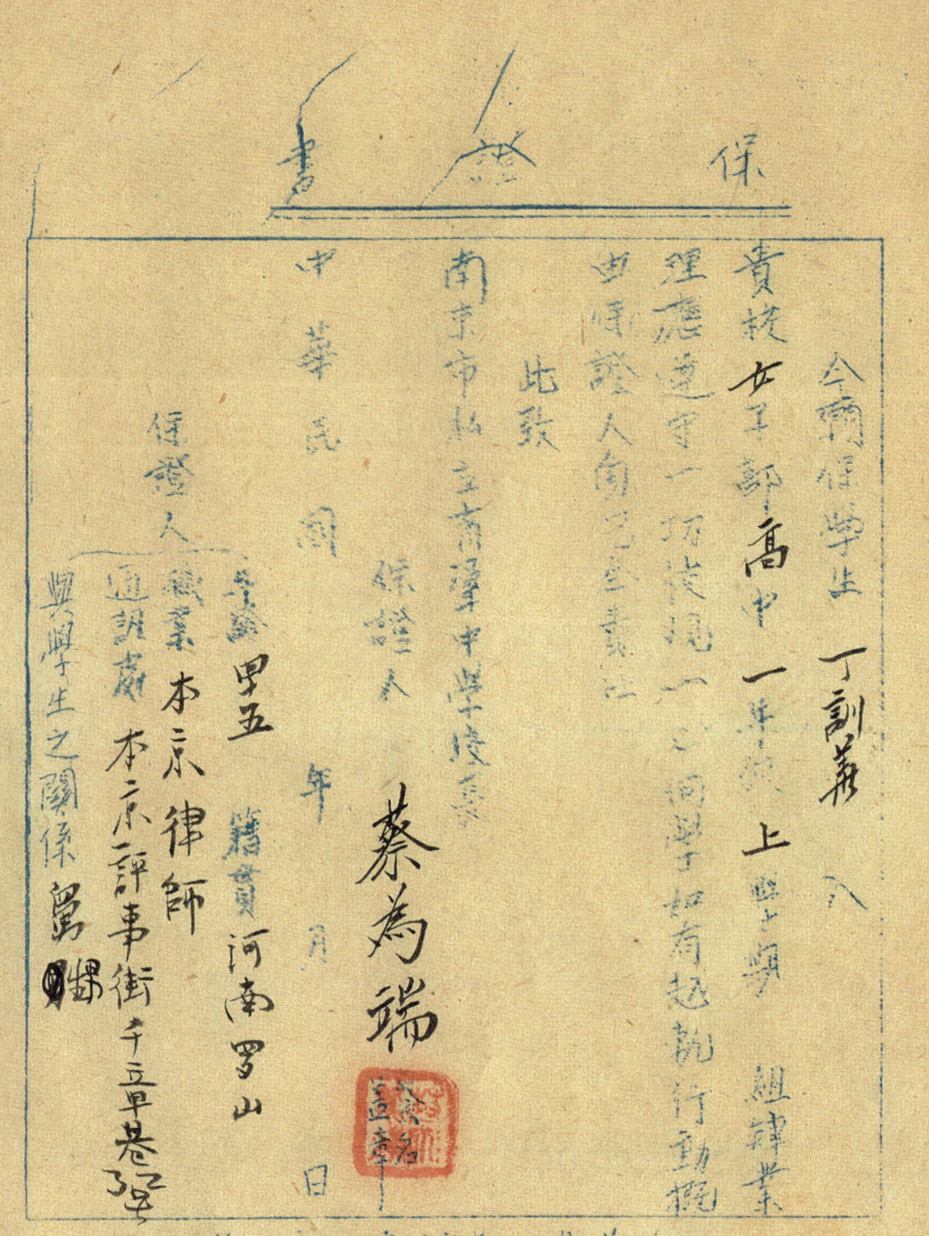

保證書

今有保學生 丁訓蕃 入
貴校 女子部 高中 一 年級 上 學期 組肄業
理應遵守一切校規[illegible]同學如有越軌行動概
由保證人負完全責任
此致
南京市私立育群中學校長
保證人 蔡為瑞
中華民國 年 月 日
保證人 年齡 四五 籍貫 河南 羅山
職業 本京律師
通訊處 本京評事街辛章巷2號
與學生之關係 舅甥

附則
1. 保證人須住南京確有職業者
2. 保證人住址或通訊處有變更時須通知本校
3. 本校教職員及任何學校學生概不得做保證人
4. 學生父兄不得做保證人

1.

育羣中學學生調查表

姓名		周玉英		
班級		女子部高中二年級上學期		
籍貫		江陰縣		
年齡		十六歲（生日 三 月 十九日）		
通訊處	永久	無錫頓山鎮樹巷路周宅		
	臨時	南京馬路街松竹里2号		
家長或監護人	姓名	姚樹基	印鑑	
	別號		年齡	二十九
	職業	國防部新聞局		
	通訊處	馬路街松竹里2号		
	與學生之關係	舅甥		
填表日期		民國 三十六 年 九 月 廿六 日		
備註			學生像片	

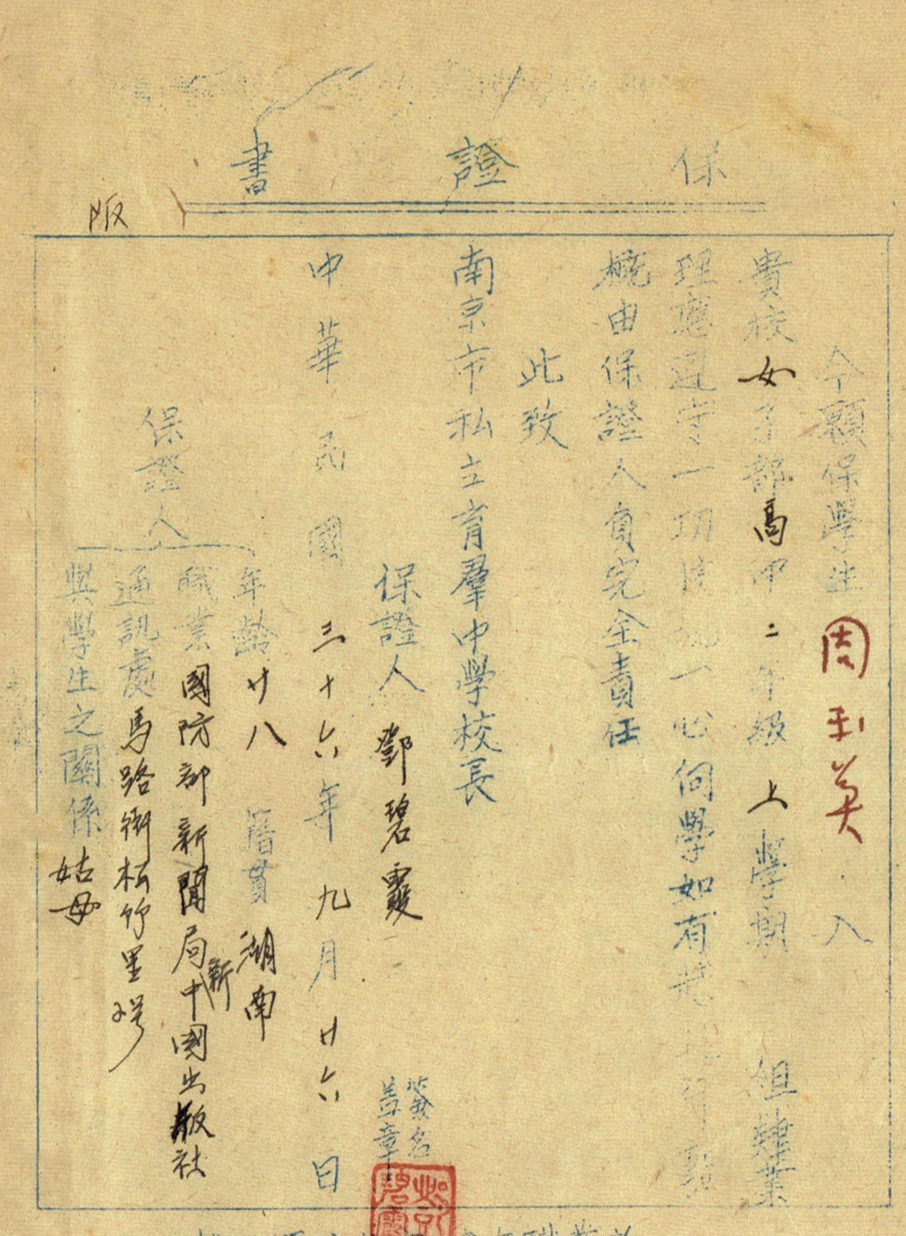

版

保證書

今願保學生周郅英入

貴校女子部高中二年級上學期　組肄業

理應遵守一切校規一心向學如有違犯行動

概由保證人負完全責任

此致

南京市私立育群中學校長

保證人鄧碧霞（簽名蓋章）

中華民國三十六年九月廿六日

保證人

年齡廿八　籍貫湖南

職業國防部新聞局新中國出版社

通訊處馬路街松竹里2号

與學生之關係姑母

附則

1. 保證人須住南京擔有職業者。
2. 保證人住址或通訊處有變更時須通知本校。
3. 本校教職員及任何學校學生概不得做保證人。
4. 學生父兄不得做保證人。

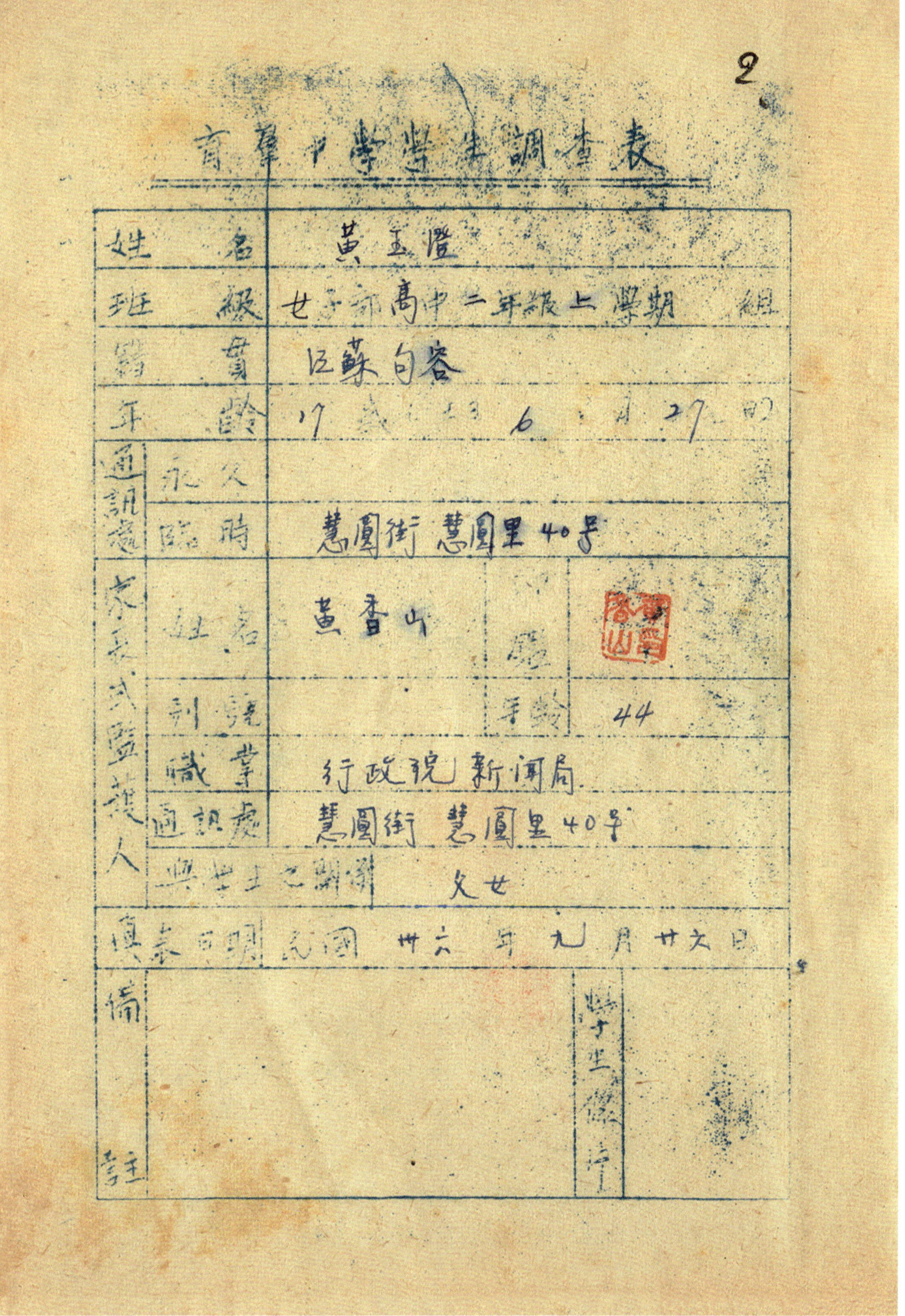

2

育群中學學生調查表

姓名	黄玉澄		
班級	廿子部高中二年級上學期　組		
籍貫	江蘇句容		
年齡	17歲　6月27日		
通訊處　永久			
通訊處　臨時	慧園街慧園里40号		
家長或監護人　姓名	黄香山	印	
别號		年齡	44
職業	行政院新聞局		
通訊處	慧園街慧園里40号		
與學生之關係	父子		
填表日期	民國卅六年九月廿六日		
備註		學生簽字	

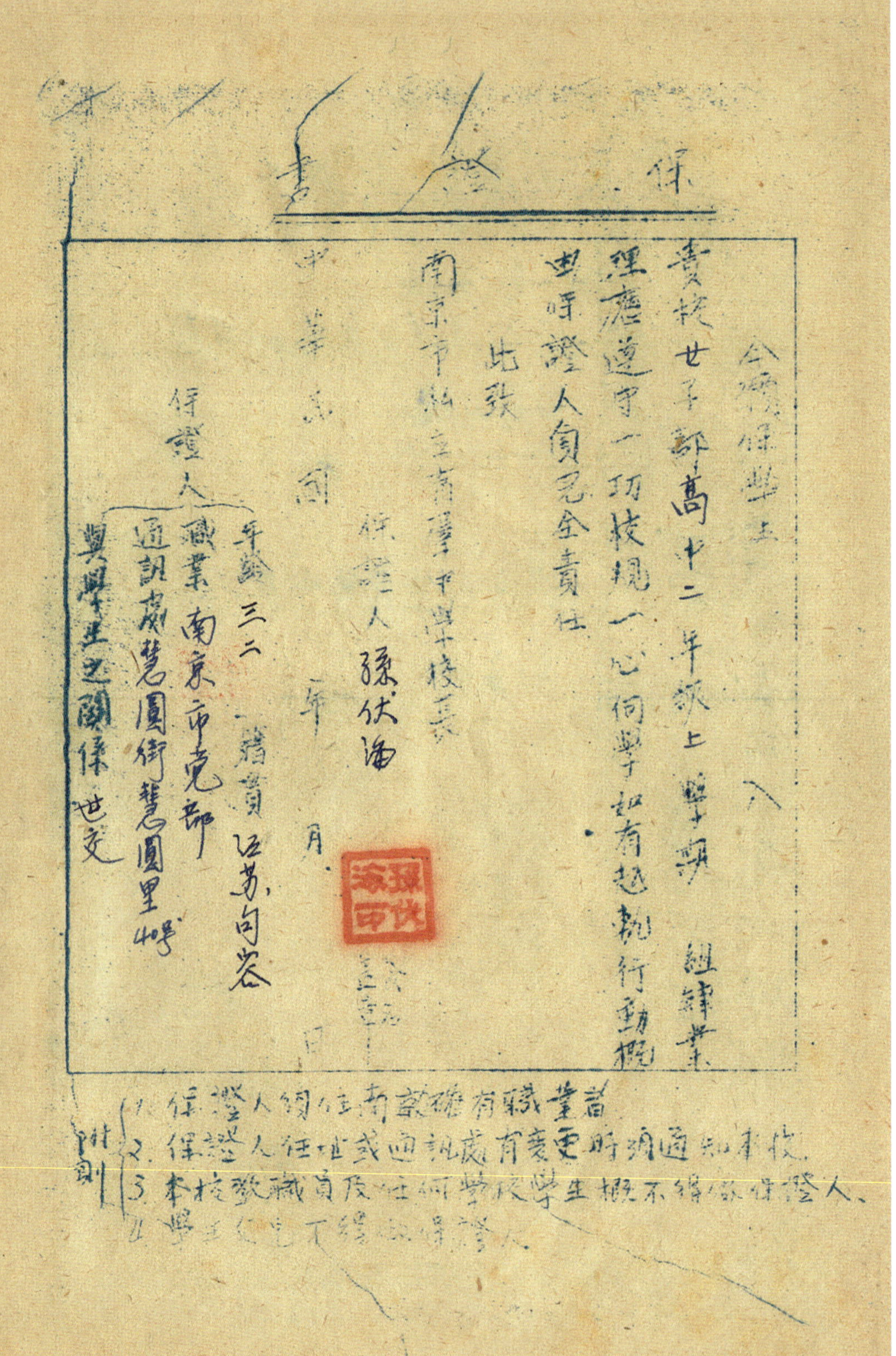

保證書

公濟保學生　　入

貴校中學部高中二年級上學期　肄業

理應遵守一切校規一心向學如有越軌行動概

由保證人負完全責任

此致

南京市私立育群中學校長

保證人　孫伏海（印：孫伏海印）

中華民國　　年　　月　　日

保證人　年齡　三二　籍貫　江蘇句容

職業　南京市黨部

通訊處　慧園街慧園里40號

與學生之關係　世交

附則

1. 保證人須住南京確有職業者
2. 保證人住址或通訊處有變更時須通知本校
3. 本校教職員及任何學校學生概不得為保證人、
4. 學生家長不得為保證人

三

育羣中學學生調查表

姓名		陶文琴		
班級		女子部高中二年級壹學期　組		
籍貫		江寧		
年齡		17歲（生日二月二十九日）		
通訊處	永久			
	臨時	南京轆轤坊8號		
家長或監護人	姓名	陶吟三	印鑑	（印）
	別號		年齡	五十九
	職業	錢業副經理		
	通訊處	常熟縣南街榮興錢莊		
	與學生之關係	父女		
填表日期		民國卅六年九月30日		
備			學生像片	

保證書

今願保學生陶文琴入
貴校廿子部高中二年級上學期　組肄業
理應遵守一切校規一心向學如有越軌行動
概由保證人負完全責任
此致
南京市私立育羣中學校長
保證人　黃香山（印）　簽名蓋章
中華民國卅六年九月30日

保證人
年齡　四十二　籍貫　江蘇句容
職業　行政院新聞局
通訊處　慧園街慧園里4號
與學生之關係　師生

附則
1. 保證人須住南京並有職業者
2. 保證人住址或通訊處有變動時須通知本校
3. 本校教職員及在本校肄業學生概不得做保證人
4. 學生父兄不得做保證人

6.

育羣中學學生調查表

姓名		王瑞珍		
班級		女子部高中二年級上學期　組		
籍貫		南京市		
年齡		17歲（生3 12 月 16 日）		
通訊處	永久	中華门边營69号		
	臨時	仝上		
家長或監護人	姓名	王達三	印鑑	（印）
	别號		年齡	51
	職業	印刷從業員		
	通訊處	中華门边營69号		
	與學生之關係	父女		
填表日期		民國卅六年九月　日		
備註			學生像片	

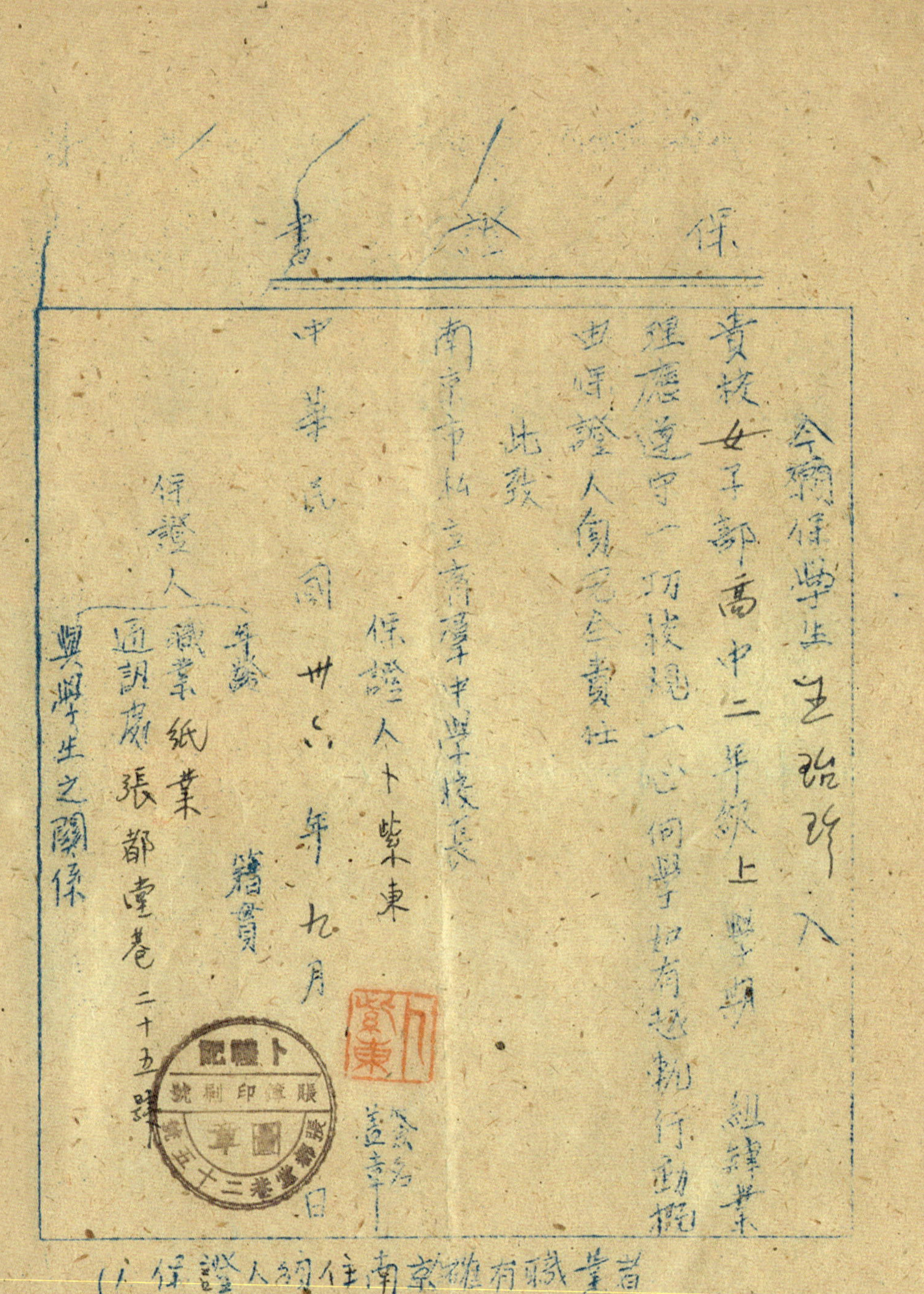

保證書

今願保學生王珀珍入

貴校女子部高中二年級上學期肄業

理應遵守一切校規一心向學如有越軌行動概

由保證人負完全責任

此致

南京市私立育羣中學校長

保證人卜紫東（簽名蓋章）

中華民國卅六年九月　日

保證人　年齡　籍貫

職業　紙業

通訊處　張都壹巷二十五號

與學生之關係

附則

1. 保證人須住南京確有職業者
2. 保證人住址或通訊處有變更時須通知本校
3. 本校教職員及任何學校學生概不得做保證人
4. 學生父兄不得做保證人

7.

育羣中學學生調查表

姓名		葉瑞先		
班級		女子部高中二年級上學期　組		
籍貫		江蘇省南京市		
年齡		18歲（十三陰歷8月15日）		
通訊處	永久	昇州路47号		
	臨時	仝上		
家長或監護人	姓名	葉省三	印鑑	（印）
	别號		年歲	50歲
	職業	帽業		
	通訊處	昇州路47号		
	與學生之關係	父女		
填表日期		民國36年9月25日		
備註			學生像片	

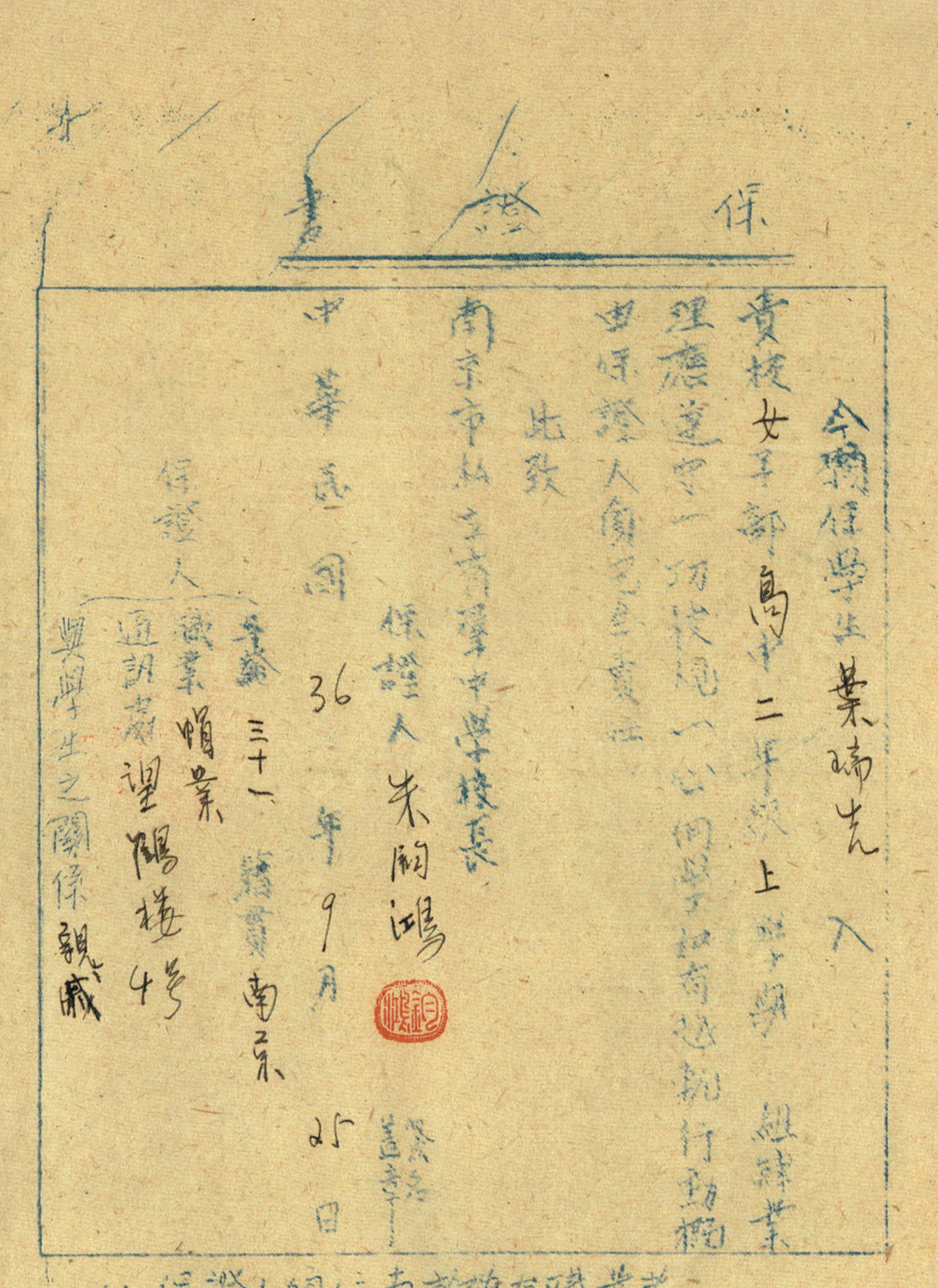

保證書

今願保學生 葉瑞先 入
貴校女子部 高中二年級上學期 肄業
理應遵守一切校規一心向學如有違犯行動概
由保證人負完全責任
此致
南京市私立育群中學校長

保證人 朱嗣鴻（簽名蓋章）

中華民國 36 年 9 月 25 日

保證人
年齡 三十一 籍貫 南京
職業 帽業
通訊處 望鶴樓 4號
與學生之關係 親戚

附則
1. 保證人須住南京確有職業者
2. 保證人住址或通訊處有變更時須通知本校
3. 本校教職員及任何學校學生概不得做保證人
4. 學生父兄不得做保證人

8.

育羣中學學生調查表

姓名	劉北緣	
班級	女子部高中二年級上學期　組	
籍貫	江西省宜豐縣	
年齡	19歲　陰曆　9月初四日	
通訊處　永久		
通訊處　臨時	南京中華西門飲馬巷庫司坊34号	
家長或監護人　姓名	劉師揚	印鑑
別號	亮五	年齡　四四
職業	財政局視察	
通訊處	中華西門飲馬巷庫司坊34号	
與學生之關係	父女	
填表日期	民國卅六年九月二十五日	
備註		學生像片

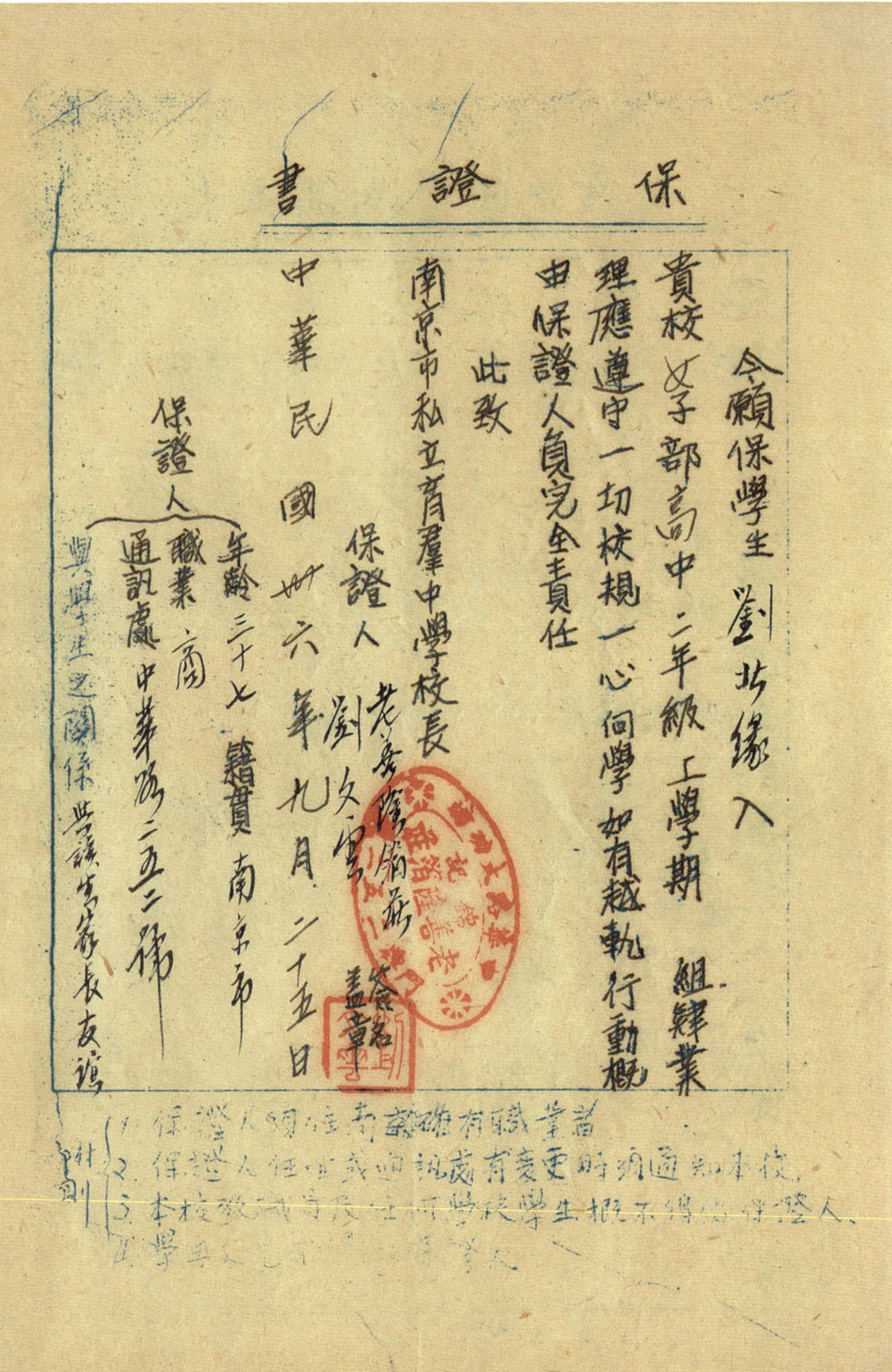

保證書

今願保學生 劉芷緣入
貴校女子部高中二年級上學期 組肄業
理應遵守一切校規一心向學如有越軌行動概
由保證人負完全責任
此致
南京市私立育羣中學校長
保證人 老萬隆綢莊 劉文雲 簽名蓋章
中華民國卅六年九月二十五日

保證人
年齡 三十七 籍貫 南京市
職業 商
通訊處 中華路二五二號
與學生之關係 世誼 家長友誼

附則
1. 保證人須住南京確有職業者
2. 保證人住址或通訊處有變更時須通知本校
3. 本校教職員及任何學校學生概不得為保證人
4. 學生 [illegible]

10.

育羣中學學生調查表

姓名		金瀠瓊			
班級		女子部高中弍年級上學期			
籍貫		南京市			
年齡		17歲（生日十一月一日）			
通訊處	永久	中華路三九〇號			
	臨時	同仝上			
家長或監護人	姓名	金宏仁	印鑑	[印章]	
	別號	達伯	年齡	42歲	
	職業	茶食店			
	通訊處	中華路三九〇號			
	與學生之關係	父女			
填表日期		民國三十六年九月二十六日			
備註			學生像片		

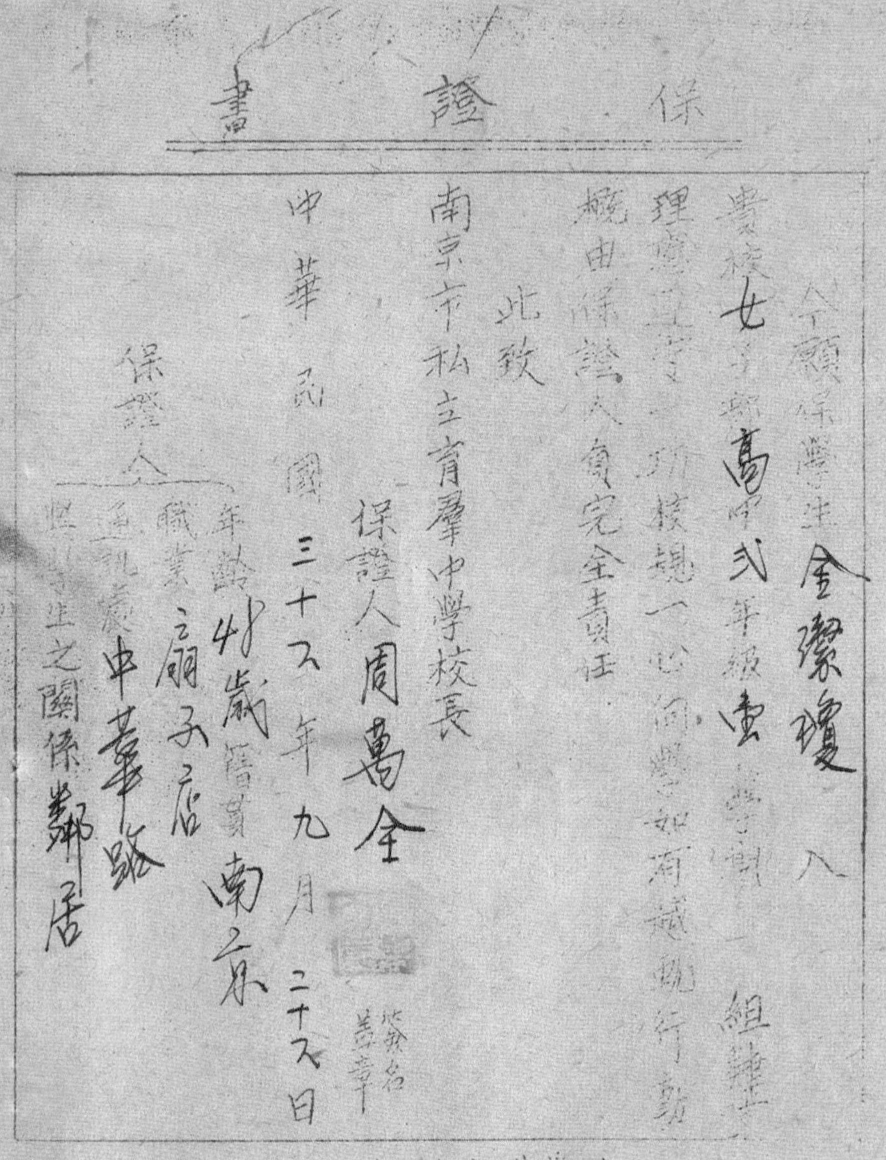

保證書

今願保學生金璟瓊入
貴校女子部高中弍年級肄業一組肄業
理應遵守一切校規一心向學如有越軌行動
概由保證人負完全責任
此致
南京市私立育羣中學校長
保證人周萬全（簽名蓋章）
中華民國三十六年九月二十六日
保證人
年齡41歲籍貫南京
職業扇子店
通訊處中華路
與學生之關係鄰居

附則
1. 保證人須住南京而有職業者
2. 保證人住址或通訊處有變更時須通知本校
3. 本校教職員及任何學校學生概不得做保證人
4. 學生父兄不得做保證人

15.

育羣中學學生調查表

姓名		高文英		
班級		女子部高中三年級上學期		
籍貫		南京		
年齡		19歲（生日 九月 久日）		
通訊處	永久	內橋灣25號		
	臨時	仝上		
家長或監護人	姓名	高文煥	印鑑	
	別號		年齡	29岁
	職業	白鐵		
	通訊處	中華路12號		
	與學生之關係	兄妹		
填表日期		民國36年9月28日		
備註			學生像片	

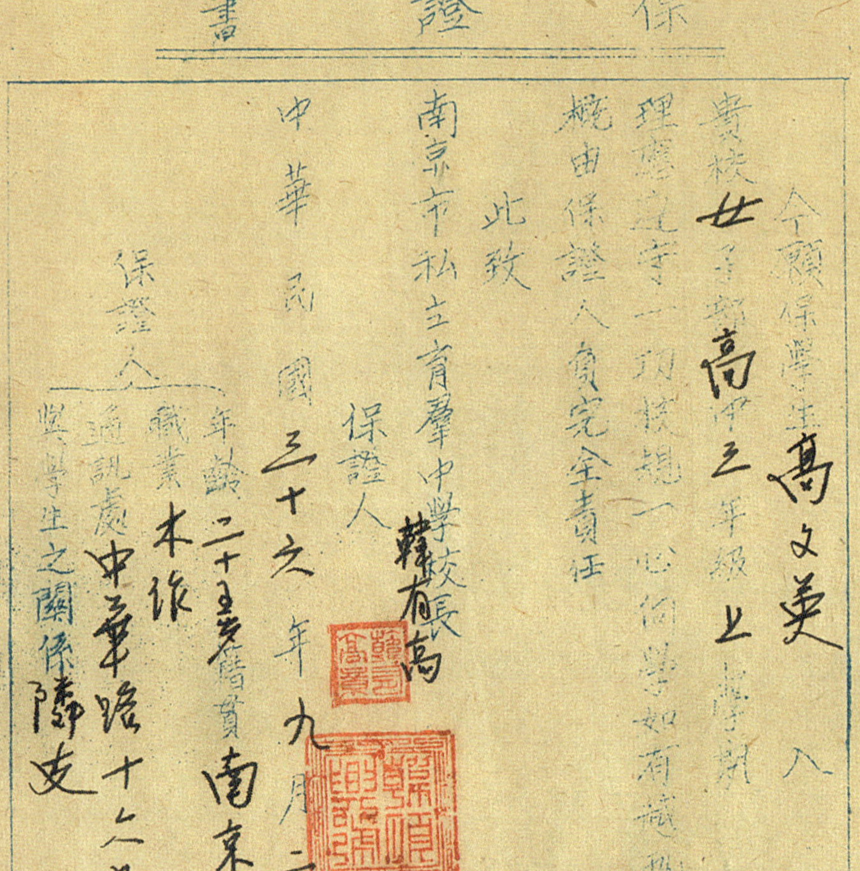

保證書

今願保學生高文英 入

貴校女子部高中三年級上學期 組肄業

理應遵守一切校規一心向學如有越軌行動

概由保證人負完全責任

此致

南京市私立育群中學校長韓有高

保證人 簽名蓋章

中華民國三十六年九月二十八日

保證人 年齡 二十五歲 籍貫 南京

職業 木作

通訊處 中華路十八號

與學生之關係 隣友

附則

1. 保證人須住南京及有職業者.
2. 保證人住址或通訊處有變更時須通知本校.
3. 本校教職員及任何學校學生概不得做保證人.
4. 學生父兄不得做保證人.

14.

育羣中學學生調查表

姓名		李秀銀		
班級		女子部 高中三年級第一學期 組		
籍貫		南京市		
年齡		十八歲（生日 二 月 二十八日）		
通訊處	永久	南京中華门外西街小市口103号		
	臨時	仝上		
家長或監護人	姓名	李子璠	印鑑	[印]
	別號		年齡	五十歲
	職業	森森鋸木廠		
	通訊處	仝上		
	與學生之關係	父女		
填表日期		民國 三十六 年 九 月 二十七 日		
備註		現遷居南京五福巷中農新村七号三十二室（十一月十八日）	學生像片	

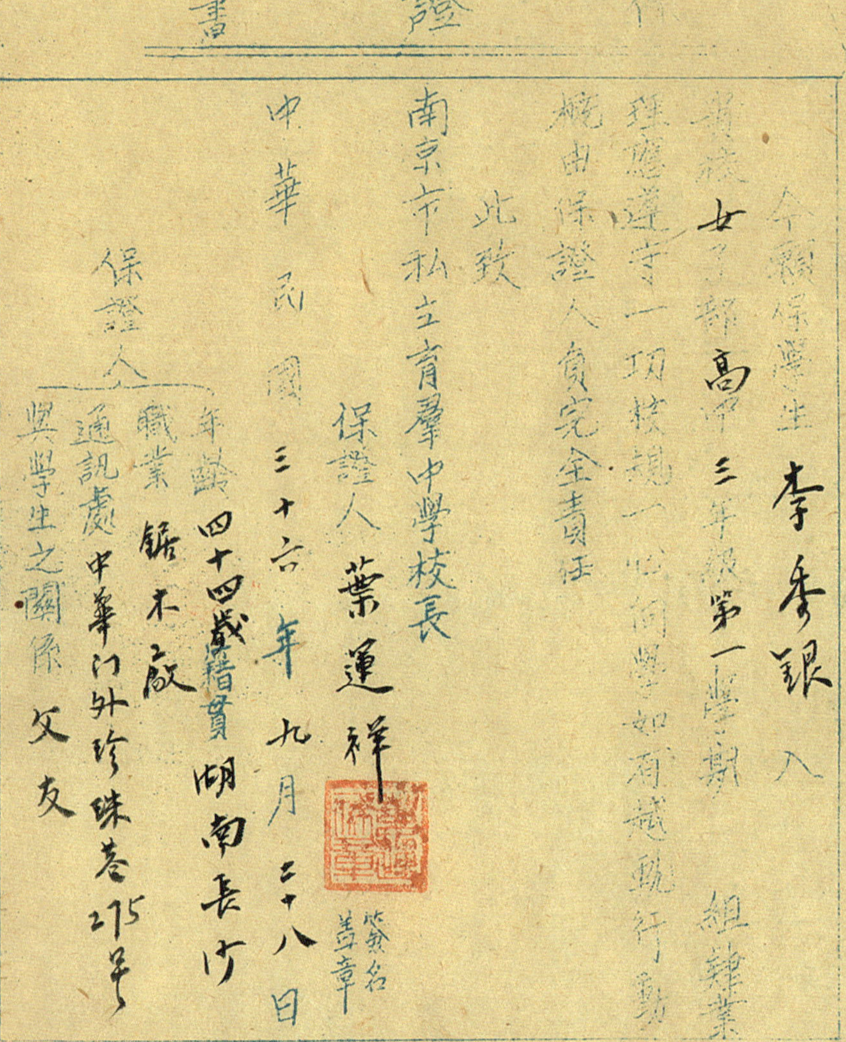
保證書

今願保學生李秀銀入
貴校女子部高中三年級第一學期　組肄業
理應遵守一切校規，一心向學，如有越軌行動，
概由保證人負完全責任。
此致
南京市私立育羣中學校長
保證人葉運祥（簽名蓋章）
中華民國三十六年九月二十八日
保證人
年齡　四十四歲　籍貫　湖南長沙
職業　鍾不敵
通訊處　中華門外珍珠巷275號
與學生之關係　父友

附則
1. 保證人須住南京確有職業者。
2. 保證人住址或通訊處有變更時須通知本校。
3. 本校教職員及任何學校學生概不得做保證人。
4. 學生父兄不得做保證人。

19

育群中学学生调查表

姓名	聶明	
班级	女子部高中三年級上学期　组	
籍贯	南京市	
年龄	十七歲（1933　六月三十日）	
通讯处	永久	本京門西孝子坊十六號
	临时	
家长或监护人	姓名	聶光棣（印）
	别号	年龄：四十七歲
	职业	政憲政实施促進委員会薦派幹事
	通讯处	同上
	与学生之关系	父女
填表日期	民国三十六年九月二十九日	
备注		学生签字

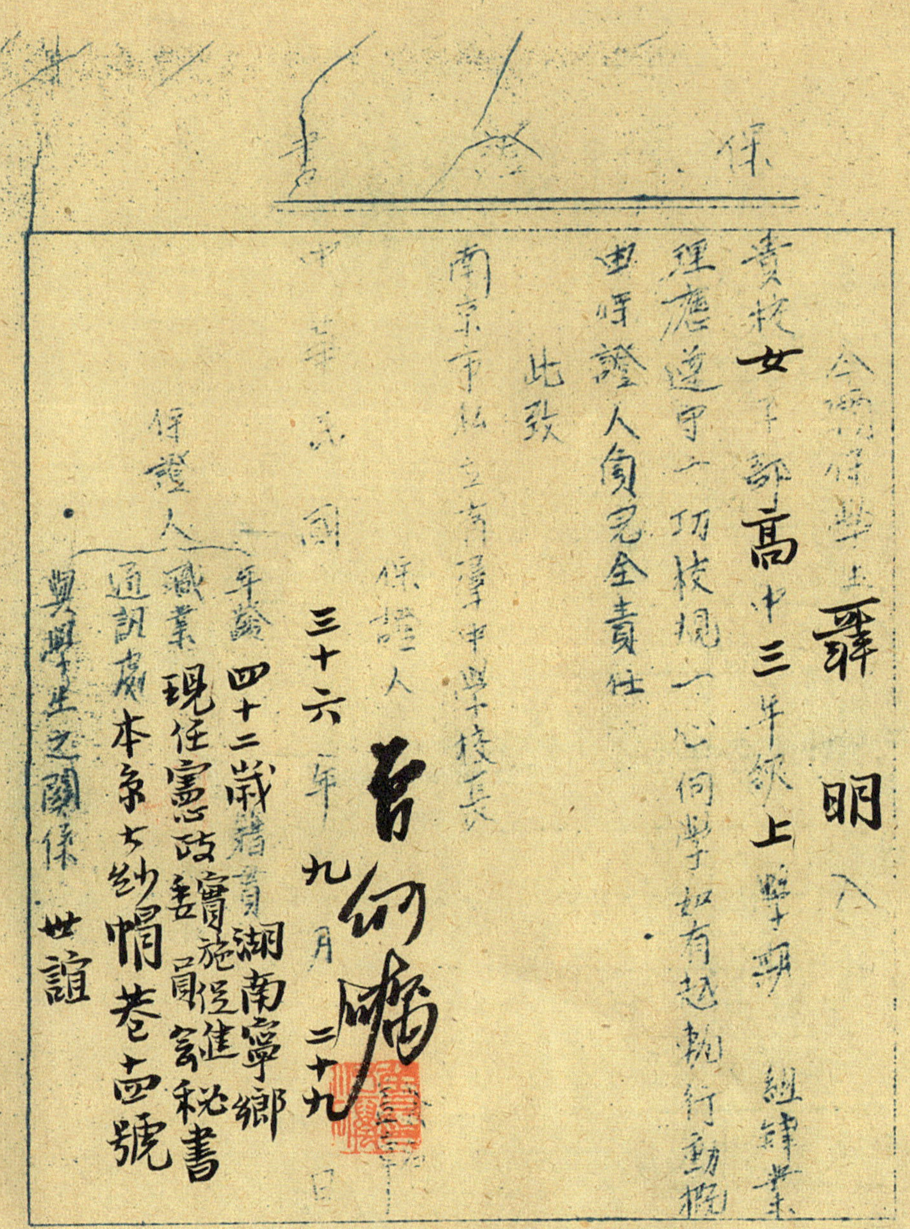

保證書

今保學生**龔明**入

貴校**女**子部**高**中**三**年級**上**學期肄業

理應遵守一切校規一心向學如有越軌行動概

由保證人負完全責任

此致

南京市私立育羣中學校長

保證人 **曾[illegible]**（印）

中華民國**三十六**年**九**月**二十九**日

保證人
年齡 **四十二歲** 籍貫 **湖南寧鄉**
職業 **現任憲政實施促進會秘書**
通訊處 **本京七紗帽巷十四號**

與學生之關係 **世誼**

附則
1. 保證人須住南京確有職業者
2. 保證人住址或通訊處有變更時須通知本校
3. 本校教職員及任何學校學生概不得做保證人
4. 學生父兄不得做保證人

9.

育羣中學學生調查表

姓名		沈潔蓮		
班級		女子部高中叁年級上學期		
籍貫		廣東曲江		
年齡		二十歲（生日八月十四日）		
通訊處	永久	廣東曲江東河壩利華烟廠		
	臨時	白下路立法院宿舍一號		
家長或監護人	姓名	沈九如	印鑑	
	別號		年齡	六十
	職業	商 烟廠廣東東河壩經理		
	通訊處	廣東曲江東河壩利華烟廠		
	與學生之關係	父女		
填表日期		民國卅六年九月三十日		
備註			學生像片	

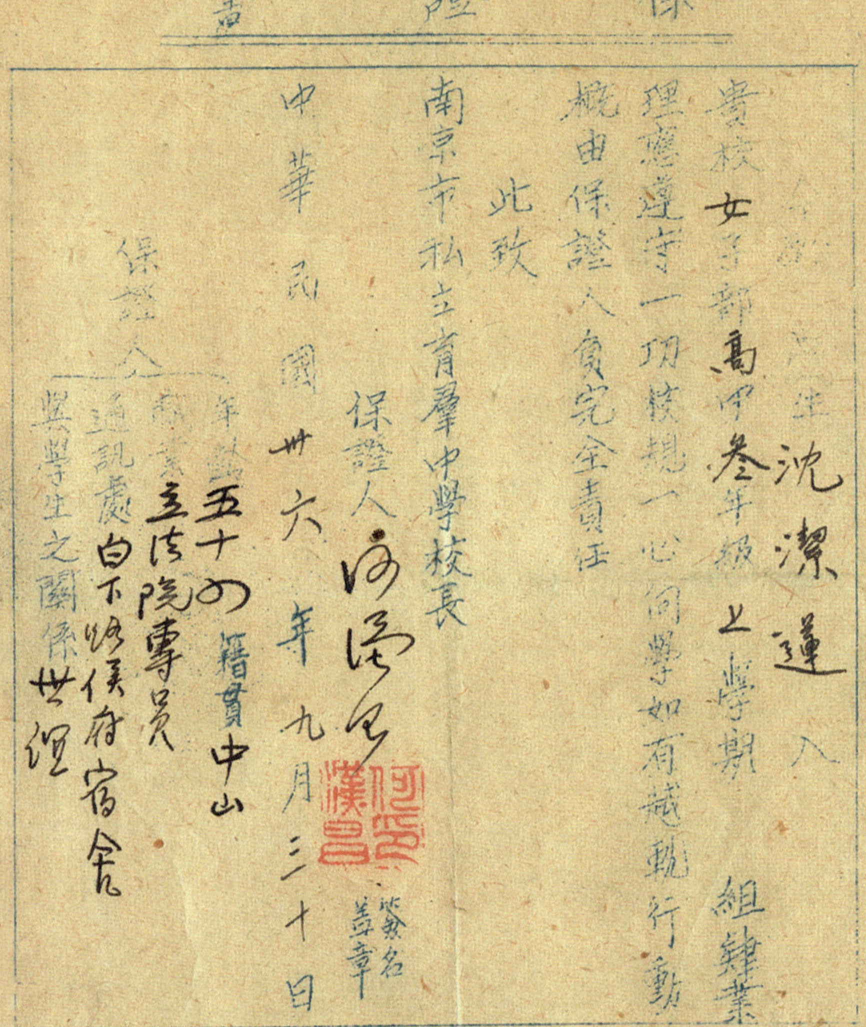

保證書

[illegible]學生沈潔蓮入
貴校女子部高中叁年級上學期　組肄業
理應遵守一切校規一心向學如有越軌行動
概由保證人負完全責任
此致
南京市私立育羣中學校長
保證人 何漢昌（簽名蓋章）
中華民國卅六年九月三十日

保證人
年齡 五十四　籍貫 中山
職業 立法院專員
通訊處 白下路僑務宿舍
與學生之關係 世侄

附則
1. 保證人須住南京確有職業者
2. 保證人住址或通訊處有變更時須通知本校
3. 本校教職員及任何學校學生概不得做保證人
4. 學生父兄不得做保證人

29.

育群中學學生調查表

姓名		趙寶玲		
班級		女子部高中三年級一學期　組		
籍貫		南京		
年齡		二十歲（生日八月八日）		
通訊處	永久	大中橋琵琶巷十三號		
	臨時	上海愛而登路均益里18號		
家長或監護人	姓名	趙亞波	印鑑	（印）
	別號		年齡	
	職業	書店　貢院街47號		
	通訊處	同上		
	與學生之關係	姪女		
填表日期		民國三十八年玖月三十日		
備註			學生像片	

保證書

今願保學生趙宝玲　入

貴校女子部高中三年級一學期　組肄

業理應遵守一切校規一心向學如有越

軌行動概由保證人負完全責任

此致

南京市私立育群中學校長

保證人　濤九叔　簽名蓋章

中華民國三十八年九月卅日

保證人
- 年齡　五十四　籍貫　本京
- 職業　書業
- 住址　夫子廟永安商場内
- 通訊處　大中原雅居
- 與學生之關係　親友

附則
1. 保證人須住南京確有職業者
2. 保證人住址或通訊處有變更時須通知本校
3. 本校教職員及任何學校學生概不得做保證人
4. 學生父兄不得做保證人

11.

育羣中學學生調查表

姓名		萬啓玉		
班級		女子部高中三年級一學期		
籍貫		江西南昌		
年齡		18歲（生於18 2 24日）		
通訊處	永久	南京白下路八十五号		
	臨時	仝上		
家長或監護人	姓名	萬啓瑞	印	
	別號		歲	24
	職業	軍服		
	通訊處	仝上		
	與學生之關係	兄妹		
填表日期		民國三十六年九月卅		
備註				

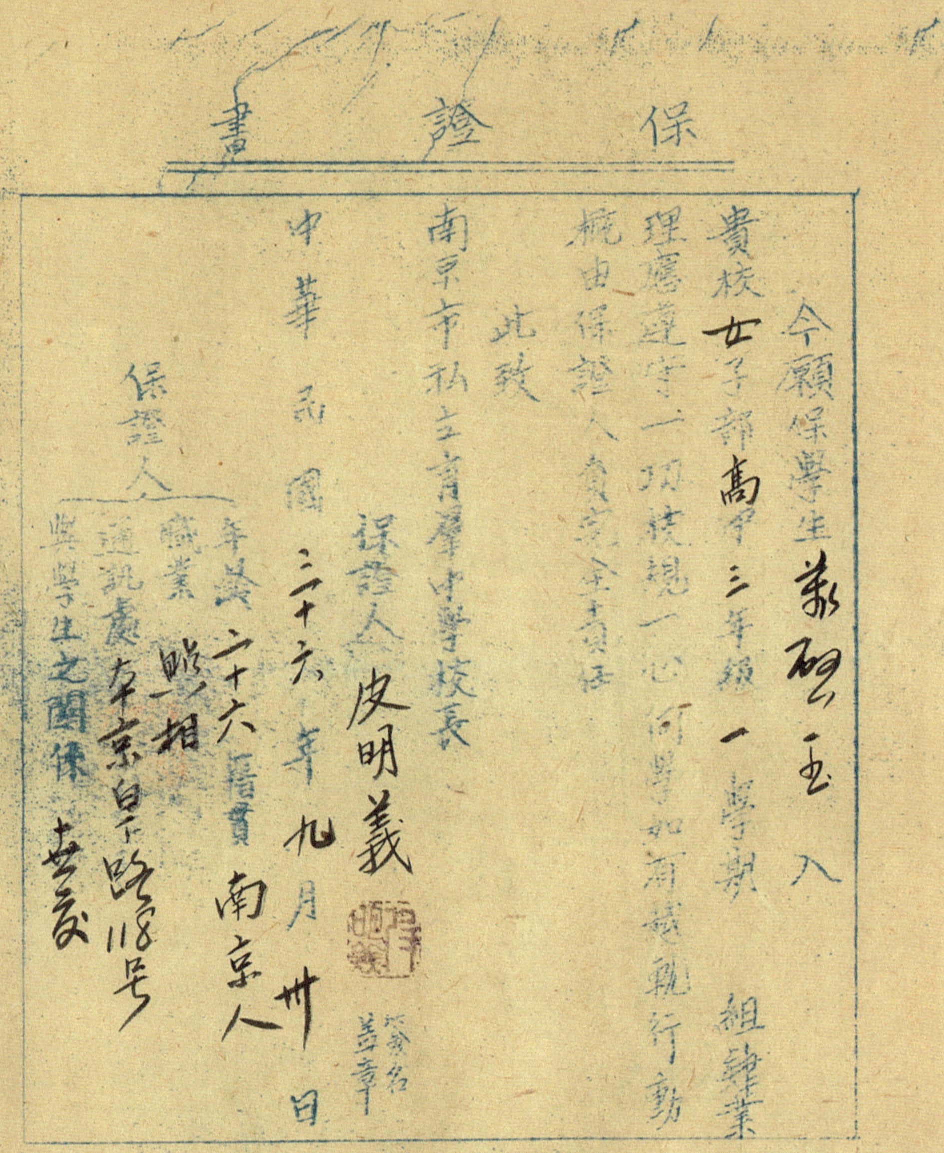

保證書

今願保學生 蔡碧玉 入
貴校 女子部 高中三年級 一學期 組肄業
理應遵守一切校規一心向學如有越軌行動
概由保證人負完全責任
此致
南京市私立育群中學校長
保證人 皮明義 [seal] 簽名蓋章
中華民國 二十六 年 九 月 廿 日

保證人
年齡 二十六 籍貫 南京人
職業 照相
通訊處 南京白下路118号
與學生之關係 世交

附則
1. 保證人須住南京確有職業者.
2. 保證人住址或通訊處有變更時須通知本校.
3. 本校教職員及任何學校學生概不得做保證人.
4. 學生父兄不得做保證人.

13.

育羣中學學生調查表

姓名		李慧芳		
班級		女子部高中三年級上學期　組		
籍貫		南京		
年齡		20歲（生日 8 月 12 日）		
通訊處	永久	水西門 45号		
	臨時	仝上		
家長或監護人	姓名	李耀卿	印鑑	李耀卿章
	別號		年齡	50岁
	職業	南貨店		
	通訊處	水西門 45号		
	與學生之關係	父女		
填表日期		民國 36 年 9 月 30 日		
備註			學生像片	

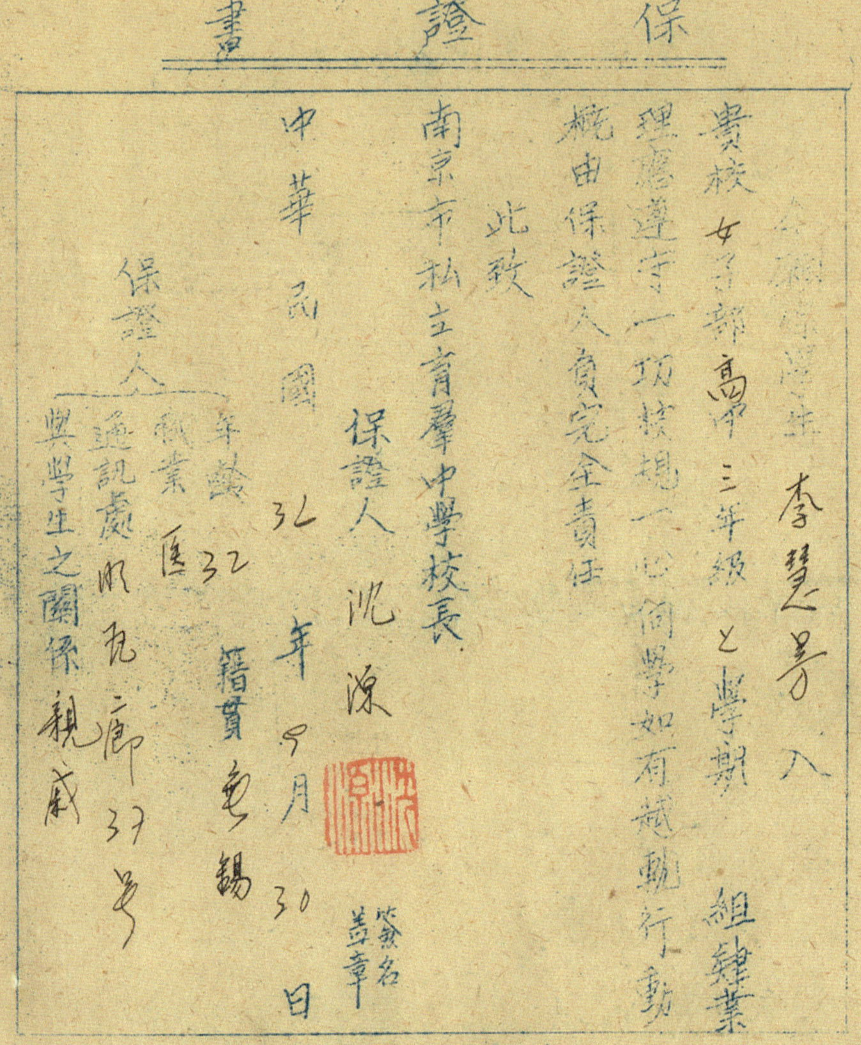

保證書

今願保證學生李慧芳入
貴校女子部高中三年級之學期組肄業
理應遵守一切校規一心向學如有越軌行動
概由保證人負完全責任
此致
南京市私立育羣中學校長
保證人 沈源（簽名蓋章）
中華民國32年9月30日

保證人
年齡 32 籍貫 無錫
職業 醫
通訊處 明瓦廊33號
與學生之關係 親戚

附則
1.保證人須住南京確有職業者
2.保證人住址或通訊處有變更時須通知本校
3.本校教職員及任何學校學生概不得做保證人
4.學生父兄不得做保證人.

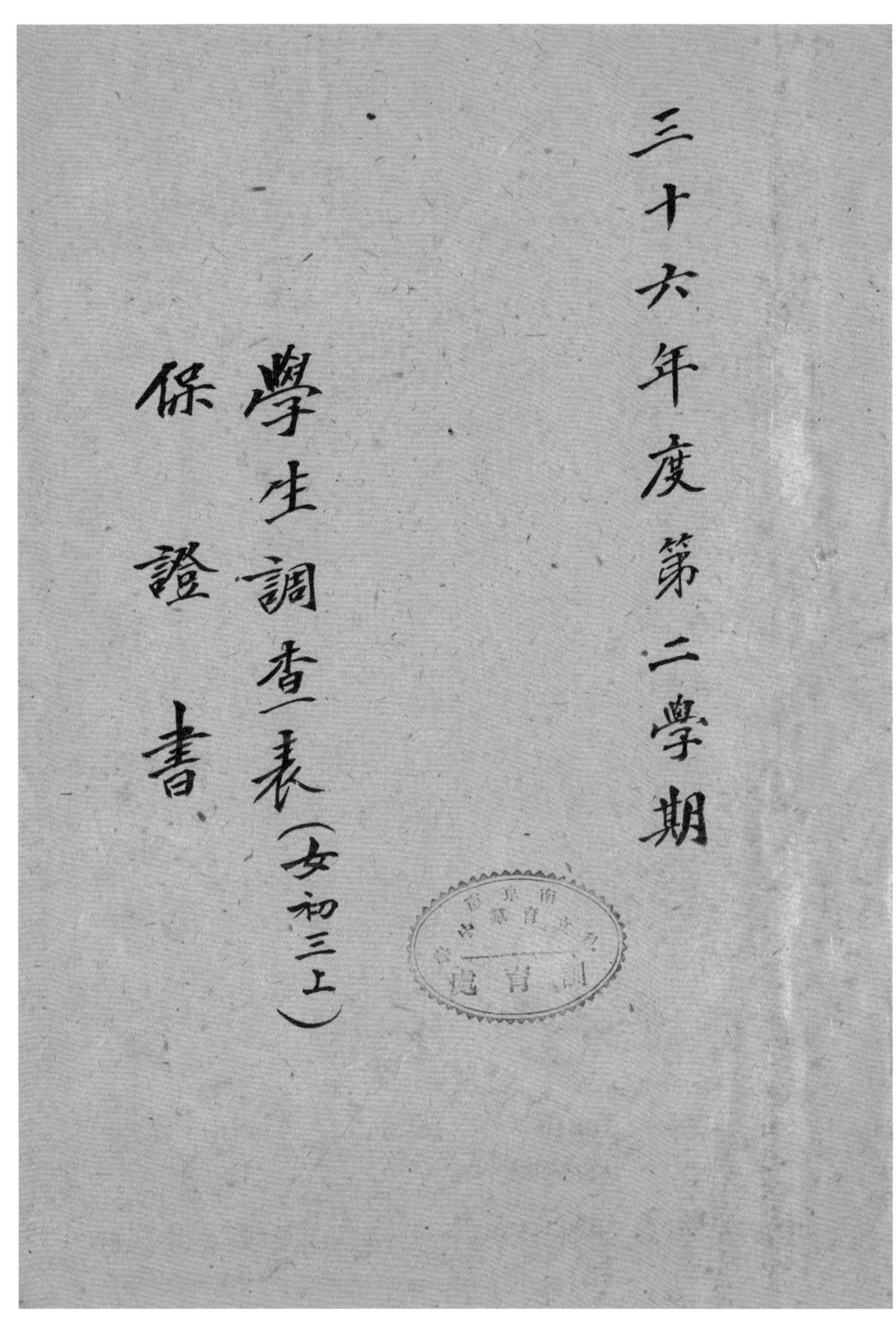

三十六年度第二學期

學生調查表（女初三上）

保證書

一九四七年度第二學期初中三年級學生調查表及保證書（一九四八年三月）

檔號：1009-1-1425

育羣中學學生調查表

姓名	金瑞齡	班級	三上	性別	女	年齡	十六	生日	二月七日
		籍貫	江蘇省 縣 南京市	住址	永久				
					臨時	飲馬巷八号			
家長狀況	家長姓名	金樸人	年齡	四十二	與本人之関係				
	家長職業	教育	服務處所		匯文女中				
			所任職務		教員				
	家庭人口	共六人	祖父一歿，父一存，兄一__人，姊一__人；祖母一歿，母一存，弟一二人，妹一二人						
填表日期	中華民國三十七年三月二十日								
備註								家長印鑑	

1.

保證書

茲願保學生金瑞齡入貴校女子部初中三年級一學期組肄業理應遵守一切校規一心向學如有越軌行動概由保證人負完全責任

此致

南京市私立育羣中學校長

保證人金輅 簽名蓋章

保證人 年齡四十七 籍貫江甯 職業律師 通訊處飲馬巷八號 與學生之関係同宅鄰居

中華民國三十七年三月二十日

附則：
1. 保證人須住南京確有職業者
2. 保證人住址或通訊處有變更時須通知本校
3. 本校教職員及任何學校學生概不得做保證人
4. 學生父兄不得做保證人

育羣中學學生調查表

姓名	班級	初三上	性別	女	年齡	14	生日	正月廿二日
岳益琳	籍貫	河北省寧河縣/市	住址	永久	大石壩街40號			
				臨時	仝上			
家長狀況	家長姓名	岳瑄	年齡	48	與本人之關係	父女		
	家長職業	商	服務處所	太平洋飯店				
			所任職務	經理				
	家庭人口	共十一人	祖父—歿，父—存，兄—二人，姊—二人					
			祖母—存，母—存，弟—三人，妹—二人					
填表日期	中華民國卅七年三月廿一日							
備註							家長印鑑	

保證書

茲願保學生岳益琳入

貴校女子部初中三年級上學期　組肄業

應遵守一切校規一心向學如有越軌行動概

由保證人負完全責任

此致

南京市私立育羣中學校長

保證人李克智簽名蓋章

中華民國三十七年三月二十一日

保證人：年齡二十九　籍貫河北省

職業商

通訊處市府路2號

與學生之關係親友

附則：1. 保證人須住南京確有職業者

2. 保證人住址或通訊處有變更時須通知本校

3. 本校教職員及任何學校學生概不得做保證人

4. 學生父兄不得做保證人

育羣中學學生調查表

姓名	曹慧琳	班級	初三上	性別	女	年齡	16	生日	12月1日
		籍貫	河北省 縣 北平市	住址	永久 南京大光路舊廿五号 臨時 仝上				
家長狀況	家長姓名	曹式亀	年齡	53	與本人之關係	父女			
	家長職業	実業	服務處所 所任職務	安徽蚌埠九龍崗淮南礦路局警務處 處長兼顧問					
	家庭人口	共陸人	祖父一存殁，父一存殁，兄一＿人，姊一二人。 祖母一存殁，母一存殁，弟一二人，妹一＿人。						
填表日期	中華民國 37 年 3 月 20 日								
備註							家長印鑑		

3

保證書

今願保學生曹慧琳 入

貴校女子部初中三年級上學期 組肄業

經應遵守一切校規一心向學如有越軌行動概

由保證人負完全責任

此致

南京市私立育羣中學校長

保證人張才華 簽名蓋章

中華民國三十七年三月二十日

保證人 年齡廿六 籍貫廣西柳州

職業 空運

通訊處 南京明故宮空運第一大隊

與學生之關係

附則：1.保證人須住南京確有職業者

2.保證人住址或通訊處有變更時須通知本校

3.本校教職員及係何學校學生概不得做保證人

4.學生父兄不得做保證人

育羣中學學生調查表

姓名	任鳳琴	班級	初中三上	性别	女	年齡	十七	生日	二月十六日
		籍貫	省 南京市 縣	住址	永久	南京建康路三五三号			
					臨時				
家長狀況	家長姓名	任葉玉英	年齡	三十七	與本人之關係	母女			
	家長職業		服務處所						
			所任職務						
	家庭人口	共六人	祖父一存殁，父一存殁，兄一二人，姊一□人						
			祖母一存殁，母一存殁，弟一□人，妹一二人						
填表日期	中華民國三十七年三月十九日								
備註							家長印鑑		

4.

保證書

今願保學生任鳳琴入

貴校女子部初中三年級上學期組肄業

經應遵守一切校規，一俟同學如有越軌行動，概由保證人負完全責任

此致

南京市私立育羣中學校長

保證人楊蘇生 簽名蓋章

保證人
- 年齡 四十　籍貫 南京
- 職業 商
- 通訊處 白下路西井巷一号
- 與學生之關係 商莫務長 親戚关係

中華民國三十七年三月十九日

附則：
1. 保證人須住南京確有職業者
2. 保證人住址或通訊處有变更時須通知本校
3. 本校教職員及任何學校學生概不得做保證人
4. 學生父兄不得做保證人

育羣中學學生調查表

姓名	王閣華	班級	初叁上	性別	女	年齡	17	生日	五月九日
		籍貫	江蘇省 南京市 縣	住址	永久	中華路寶輝巷13號			
					臨時	仝上			
家庭狀況	家長姓名	王宏道		年齡	四十六	與本人之關係	父女		
	家長職業	商		服務處所	中央汽車公司				
				所任職務	職員				
	家庭人口	共十四人	祖父—存殁 父—存殁 兄—1人 姊—0人						
			祖母—存殁 母—存殁 弟—2人 妹—3人						
填表日期	中華民國卅七年三月卅日								
備註							家長印鑑		

5

保證書

今願保學生王閣華

貴校女子部初中三年級上學期 組肄業

理應遵守一切校規一心向學如有越軌行動概

由保證人負完全責任

此致

南京市私立育羣中學校長

保證人黃春明

中華民國卅七年三月卅日

保證人：年齡41 籍貫南京；職業 学界；通訊處 長寧街11号；與學生之關係 親戚

附則：1.保證人須住南京確有職業者

2.保證人住址或通訊處有變更時須通知本校

3.本校教職員及任何學校學生概不得做保證人

4.學生父兄不得做保證人

育羣中學學生調查表

姓名	沈賢蓉	班級	三年上期	性別	女	年齡	17	生日	七月二十三日
籍貫	安徽省歙縣 市	住址	永久	南京門西胭脂巷32號					
			臨時						
家長狀況	家長姓名	沈英	年齡	37	與本人之關係	父女			
	家長職業	軍	服務處所	憲兵司令部第二處					
			所任職務	參謀					
	家庭人口	共七人	祖父—存歿，父—存歿，兄—__人，姊—__人						
			祖母—存歿，母—存歿，弟—1人，妹—2人						
填表日期	中華民國三十七年二月二十日								
備註								家長印鑑	[印]

6.

保證書

今願保學生沈賢蓉入

貴校女子部初中三年級上學期肄業

理應遵守一切校規一心向學如有越軌行動概

由保證人負完全責任

此致

南京市私立育羣中學校長

保證人 嚴原極 簽名蓋章

中華民國三十七年三月二十日

保證人 年齡 三十 籍貫 安徽

職業 政

通訊處 財政部国庫署第七科

與學生之關係 舅、侄

附則：1.保證人須住南京確有職業者

2.保證人住址或通訊處有變更時須通知本校

3.本校教職員及任何學校學生概不得做保證人

4.學生父兄不得做保證人

育羣中學學生調查表

姓名	盛繼霞	班級	初三上	性別	女	年齡	15	生日	12月13日
		籍貫	江蘇省南京市縣	住址	永久	大石壩街183号			
					臨時	仝上			
家長狀況	家長姓名	盛功甫	年齡	52	與本人之関係	父女			
	家長職業	商	服務處所 所任職務		太平路文昌巷49号				
	家庭人口	共十二人	祖父—存殁、父—存殁、兄—2人、姊—1人、祖母—存殁、母—存殁、弟—2人、妹—5人						
填表日期	中華民國三十七年三月21日								
備註							家長印鑑	盛功甫	

7.

保證書

今願保學生盛繼霞入貴校女子部初中三上年級上學期肄業組經應遵守一切校規，一切向學，如有越軌行動概由保證人負完全責任

此致

南京市私立育羣中學校長

保證人龔繼炳（簽名蓋章）

中華民國三十七年三月二十一日

保證人：年齡四十　籍貫南京　職業商　通訊處大石壩街183号　與學生之関係親戚

附則：1.保證人須住南京確有職業者
2.保證人如遇通訊處有變更時須通知本校
3.本校教職員不得任何學校學生做保證人
4.學生父兄不得作保證人

育群中學學生調查表

姓名	馬吉美	班級	初三上	性別	女	年齡	十六	生日 六月十日
		籍貫	安徽省懷寧縣 市	住址	永久 臨時	南京中華门外正學路金工里二十八號		
家長狀況	家長姓名	馬國恒	年齡	五十五	與本人之關係	父女		
	家長職業	軍	服務處所	兵工署第六十工廠				
			所任職務	六十工廠槍管部主任				
	家庭人口	共十人	祖父一存殁，父一存殁，兄一二人，姊一二人					
			祖母一存殁，母一存殁，弟一二人，妹一二人					
填表日期	中華民國三十七年三月十九日							
備註							家長印鑑	

8

保證書

今願保學生馬吉美入
貴校女二部初中三年級上學期 組肄業
理應遵守一切校規一心向學如有越軌行動概
由保證人負完全責任
此致
南京市私立育群中學校長

保證人馬鵬 簽名蓋章

中華民國三十七年三月十九日

保證人
年齡三十二 籍貫安徽懷寧
職業軍
通訊處本市白水桥兵器研究所
與學生之關係本家

附則：1.保證人須住南京確有職業者
2.保證人住址或通訊處有變更時須通知本校
3.本校教職員及任何學校學生概不得做保證人
4.學生父兄不得做保證人

育群中學學生調查表

姓名	李桂蘭	班級	初三	性別	女	年齡	十七	生日	十一月十五日
		籍貫	省 縣 市	住址	永久 狀元境13號				
					臨時				
家長狀況	家長姓名	李仲謙	年齡	四十八	與本人之關係	父女			
	家長職業	商	服務處所所任職務		朱雀路44號				
	家庭人口	共五人	祖父—存殁，父—存殁，兄—_人，姊—_人，祖母—存殁，母—存殁，弟—_人，妹—1人						
填表日期	中華民國37年3月20日								
備註						家長印鑑			

9.

保證書

今願保學生李桂蘭入貴校女子部初中三年級一學期　組肄業理應遵守一切校規一心向學如有越軌行動概由保證人負完全責任

此致

南京市私立育群中學校長

保證人穆武岳簽名蓋章

保證人
年齡 五十三 籍貫 南京
職業 商
通訊處 狀元境13號
與學生之關係 親戚

中華民國三十七年三月廿日

附則：1.保證人須住南京確有職業者
2.保證人住址或通訊處有變更時須通知本校
3.本校教職員及任何學校學生概不得做保證人
4.學生父兄不得做保證人

育羣中學學生調查表

姓名	吳維光	班級	三上	性別	女	年齡	16	生日	4月9日
		籍貫	江蘇省南京市縣	住址	永久	烏衣里4號			
					臨時	烏衣里4號			
家長狀況	家長姓名	吳志清	年齡	47	與本人之關係	父女			
	家長職業	政	服務處所	中央大学大学医院工務組					
			所任職務	事務員					
	家庭人口	共八人	祖父—存、殁，父—存、殁，兄—1人，姊—1人						
			祖母—存、殁，母—存、殁，弟—＿人，妹—3人						
填表日期	中華民國37年3月19日								
備註								家長印鑑	（印）

10

保證書

今願保學生吳維光入貴校女子部初中三年級一學期 組肄業經應遵守一切校規一心向學如有越軌行動概由保證人負完全責任

此致

南京市私立育群中學校長

保證人 孫理樸（簽名蓋章）

保證人：年齡五十三 籍貫南京；職業商；通訊處烏衣里4號；與學生之關係親戚

中華民國三十七年三月十九日

附則：1.保證人須住南京確有職業者
2.保證人住址或通訊處有變更時須通知本校
3.本校教職員及任何學校學生概不得做保證人
4.學生父兄不得做保證人

育羣中學學生調查表

姓名	張愛霞	班級	初三上	性別	女	年齡	19	生日	四月二十九日
		籍貫	南京市 省 縣	住址	永久	歐馬巷十八号			
					臨時	沙灣歐馬巷十八号			
家長狀況	家長姓名	張篤生	年齡	四十六	與本人之關係	父女			
	家長職業	商	服務處所	中華路大262号 558号					
			所任職務	同人					
	家庭人口	共 人	祖父—存歿,父—存歿,兄—二人,姊—__人						
			祖母—存歿,母—存歿,弟—二人,妹—__人						
填表日期	中華民國三十七年三月21日								
備註						家長印鑑	篤生印		

11.

保證書

今願保學生張愛霞入貴校女子部初中三年級一學期組肄業經應遵守一切校規,一心向學,如有越軌行動,概由保證人負完全責任

此致

南京市私立育羣中學校長

保證人 孔傑 簽名蓋章

中華民國三十七年三月廿八日

保證人
年齡 廿一
職業 政員
籍貫 江蘇江都
通訊處 白下路本市三三一
與學生之關係 鄰居

附則:1.保證人須住南京確有職業者
2.保證人住址或通訊處有變更時須通知本校
3.本校教職員及任何學校學生概不得做保證人
4.學生父兄不得做保證人

育群中學學生調查表

姓名	張蘊冬	班級	初中三上	性别	女	年齡	十七	生日	12月19日
		籍貫	浙省杭縣市	住址	永久	中山東路55号附15			
					臨時				
家長狀況	家長姓名	張宝華	年齡	四十	與本人之関係	父女			
	家長職業	政	服務處所	小營空軍總司令部通訊處					
			所任職務	副處長					
	家庭人口	共六人	祖父—存殁 父—存殁 兄2人 姊2人						
			祖母—存殁 母—存殁 弟1人 妹1人						
填表日期	中華民國三十七年三月三十一日								
備註								家長印鑑	

12

保證書

今願保學生張蘊冬入
貴校女子部初中三上年級上學期□組肄業
經應遵守一切校規一心向學如有越軌行動概
由保證人負完全責任
此致
南京市私立育群中學校長
保證人 張寶華 簽蓋章
中華民國三十七年三月卅一日

保證人 年齡四十歲 籍貫浙江杭州 職業國防部[illegible] 通訊處中山東路55号 與學生之關係親戚

附則：
一、保證人須住南京有確實職業者
二、保證人住址或通訊處如有變更時須通知本校
三、本校教職員不得做保證人
四、學生父兄不得做保證人

育羣中學學生調查表

姓名	金麗珍	班級	初三	性别	女	年齡	16	生日	10月15日
		籍貫	省 南京市 縣	住址	永久	妝元境95号			
					臨時	仝上			
家長狀況	家長姓名	金孝柳	年齡	45	與本人之關係	父子			
	家長職業	料理家務	服務處所	無					
			所任職務						
	家庭人口	共 人	祖父一存殁 父一存殁 兄一二人 姊一二人						
			祖母一存殁 母一存殁 弟一二人 妹一二人						
填表日期	中華民國37年3月22日								
備註							家長印鑑		

13

保證書

今願保學生金麗珍入貴校女子部初中三年級乙學期○組肄業理應遵守一切校規一心向學如有越軌行動概由保證人負完全責任

此致

南京市私立育羣中學校長

保證人 舒長炎 簽名蓋章

保證人 年齡 31 籍貫 四川

職業 軍政

通訊處 妝元境99号

與學生之關係 親戚

中華民國37年3月22日

附則：1.保證人須住南京確有職業者

2.保證人住址或通訊處有変更時須通知本校

3.本校教職員及任何學校學生概不得做保證人

4.學生父兄不得做保證人

育羣中學學生調查表

姓名	張春雲	班級	初三上	性別	女	年齡	十五歲	生日	二月八日
		籍貫	江蘇省江寧縣市	住址	永久				
					臨時	~~門東八間房二十号~~			
家長狀況	家長姓名	張則黄	年齡	四十五	與本人之關係	父女			
	家長職業	無	服務處所		無				
			所任職務		無				
	家庭人口	共六人	祖父—存殁，父—存殁，兄—無人，姊—無人						
			祖母—存殁，母—存殁，弟—無人，妹—二人						
填表日期	中華民國三十七年三月二十六日								
備註	現遷至大中橋棉鞋营36号						家長印鑒		

14.

保證書

今願保學生張春雲入貴校女子部初中三年級一學期　組肄業經應遵守一切校規一心向學如有越軌行動概由保證人負完全責任

此致

南京市私立育羣中學校長

保證人王郁齋簽名蓋章

中華民國卅七年三月二十六日

保證人：年齡四十九　籍貫南京　職業京市府秘書處職員　通訊處南京内东倉门口64號　與學生之關係世誼

附則：1.保證人須住南京確有職業者

2.保證人住址或通訊處有變更時須通知本校

3.本校教職員及任何學校學生概不得做保證人

4.學生父兄不得做保證人

育羣中學學生調查表

姓名	王文娟	班級	三上	性别	女	年齡	十七	生日	六月五日
		籍貫	省 縣 南京市	住址	永久	中華路七十九號			
					臨時	仝上			
家長狀況	家長姓名	王開貴	年齡	五十二	與本人之関係	父親			
	家長職業	旗幟衍號	服務處所	仝上					
			所任職務	經理					
	家庭人口	共十人	祖父一存歿，父一存歿，兄一＿人，姊一1人						
			祖母一存歿，母一存歿，弟一生人，妹一1人						
填表日期	中華民國三十七年三月十九日								
備註									家長印鑑

15.

保證書

今願保學生王文娟入
貴校女子部初中三年級上學期 組肄業
理應遵守一切校規一心向學如有越軌行動概
由保證人負完全責任

此致

南京市私立育羣中學校長

保證人周以興 簽名蓋章

保證人 年齡四十六 籍貫江蘇
職業印刷
通訊處內東張家衕二号
與學生之関係友

中華民國 年 月 日

附則：1.保證人須住南京確有職業者
2.保證人住址或通訊處有變更時須通知本校
3.本校教職員及任何學校學生概不得做保證人
4.學生父兄不得做保證人

育羣中學學生調查表

姓名	趙芝芳	班級	初三上	性別	女	年齡	十七	生日 八月二十七日
		籍貫	南京 ~~省~~ 市 ~~縣~~	住址	永久	玉帶巷九號		
					臨時	仝上		
家長狀況	家長姓名	趙式人	年齡	六十五	與本人之關係	父女		
	家長職業	商	服務處所	玉帶巷九號				
			所任職務	店員				
	家庭人口	共六人	祖父一 ~~存~~ 殁，父一存 ~~殁~~，兄一二人，姊一三人。					
			祖母一 ~~存~~ 殁，母一存 ~~殁~~，弟一〇人，妹一〇人					
填表日期	中華民國三十七年三月二十一日							
備註	在抗战以前，我父親在人家店裡做了店員，在勝利後我父親因年老人家也不要他服務，因此失業，靠着祖父遺留下来的房產維持生活，哥哥在人店家做了店員自己維持生活，只有姐姐貼補绐了錢生活才免隔过去。						家長印鑑	

16.

- - - - - - - - - - - - - - - -

保證書

今願保學生趙芝芳入貴校女子部初中三年級上學期　組肄業理應遵守一切校規一心向學如有越軌行動概由保證人負完全責任

此致

南京市私立育羣中學校長

保證人 叢靜涵 簽名蓋章

中華民國三十七年三月二十一日

保證人
- 年齡 知
- 籍貫 南京
- 職業 中醫師
- 通訊處 玉帶巷九號
- 與學生之關係 鄰

附則：
1. 保證人須住南京確有職業者
2. 保證人住址或通訊處有變更時須通知本校
3. 本校教職員及任何學校學生概不得做保證人
4. 學生父兄不得做保證人

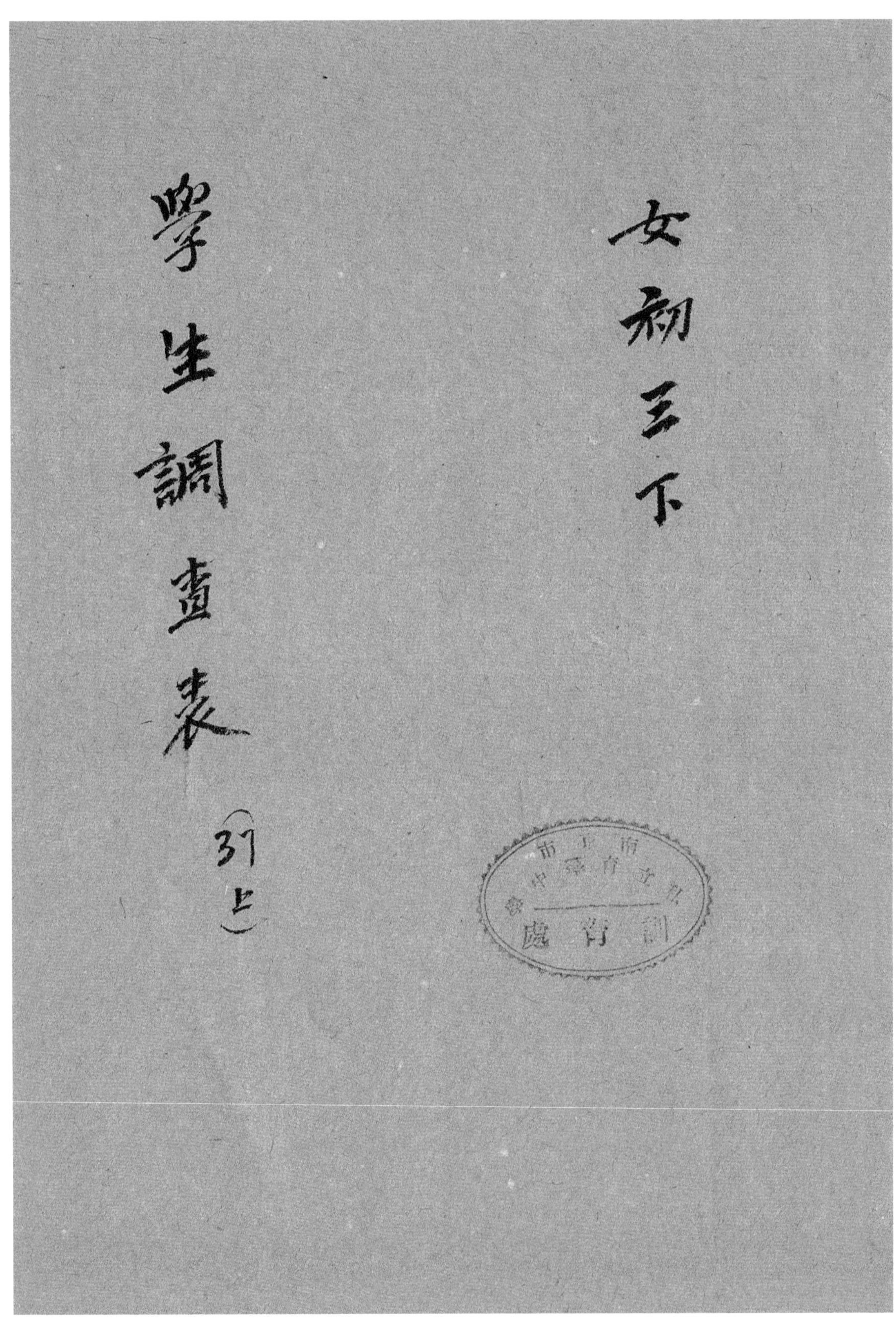

一九四八年度第一學期初中三年級學生調查表及保證書（一九四八年九月）

檔號：1009-1-1425

育羣中學學生調查表

姓名	陳福穎	班級	初三下	性別	女	年齡	17	生日	四月八日
	籍貫	南京 省 市 縣	住址	臨時					
				永久	半邊营廿六號				
家庭狀況	家長姓名	陳叔良	年齡	四十七	與學生之關係	父女			
	家長職業	賦閒已數月	服務處所						
			所任職務						
	家庭人口	共七人	祖父一 存殁 嫡父 二 存殁 兄一 〇人 姊一 二人						
			祖母一 存殁 母 二 存殁 弟一 二人 妹一 二人						
填表日期	中華民國三十七年九月廿六日								
備註	父賦閒數月在家暫由親朋幫助現今應介紹事業亦職還未成功				家長簽章				

26

南京市私立育羣中學學生保證書

學號

粘貼學生照片

姓名

女子部	入校年月
初中三下級 組	年 月

具保證書人胡長齡茲保證

貴校女子部初中三下級組學生陳福穎

在肄業期間恪守校內規章遵從師長訓誨並願負

保證人須知所列各項責任特此保證

附保證人簡歷

姓名	胡長齡	字		年齡	三十八	籍貫	南京
職業	商業	與學生之關係		鄰友		住址	半边营廿六号
通訊處	永久	半边营廿六号					
	現在						
電話號碼							

保證人 胡長齡（簽蓋）

學生保證人須知

1. 保證人須居住學校所在地或學校所在地附近並須有正當職業
2. 保證人對於學生平日不良言行應注意規訓勸勉
3. 學生有重大疾病或其他重要事項如不守校規與違法行動等等保證人應與家長或其指定之監護人員責辦理或協助學校處理
4. 學生受停學退學或開除學籍之處分或因其他事由應行離校時保證人應與家長或其指定之監護人員責領回
5. 學生欠繳學校款項或損毀學校財產保證人應負責清理賠償
6. 保證人不能繼續保證時得以書面通知學校退保但在學生未另覓得保證人前仍應負責
7. 學生之家長或其指定之監護人或本校及他校學生不得為保證人
8. 本保證書於每學年開學前填換一次凡不填保證書者不得入學註册

中華民國三十七年十月 日

26

育羣中學學生調查表

姓名	張桂琴	班級	初三下	性別	女	年齡	17	生日	6月3日
		籍貫	省 縣 南京市	住址	臨時	望鶴崗3號			
					永久	仝上			
家庭狀況	家長姓名	張會如	年齡	57	與學生之關係	父女			
	家長職業	茶商	服務處所	中華路250號					
			所任職務	經理					
	家庭人口	共十人	祖父—存歿 父—存歿 兄—二人 姊—三人						
			祖母—存歿 母—存歿 弟—二人 妹—一人						
填表日期	中華民國三十七年九月廿六日								
備註						家長印鑑			

27

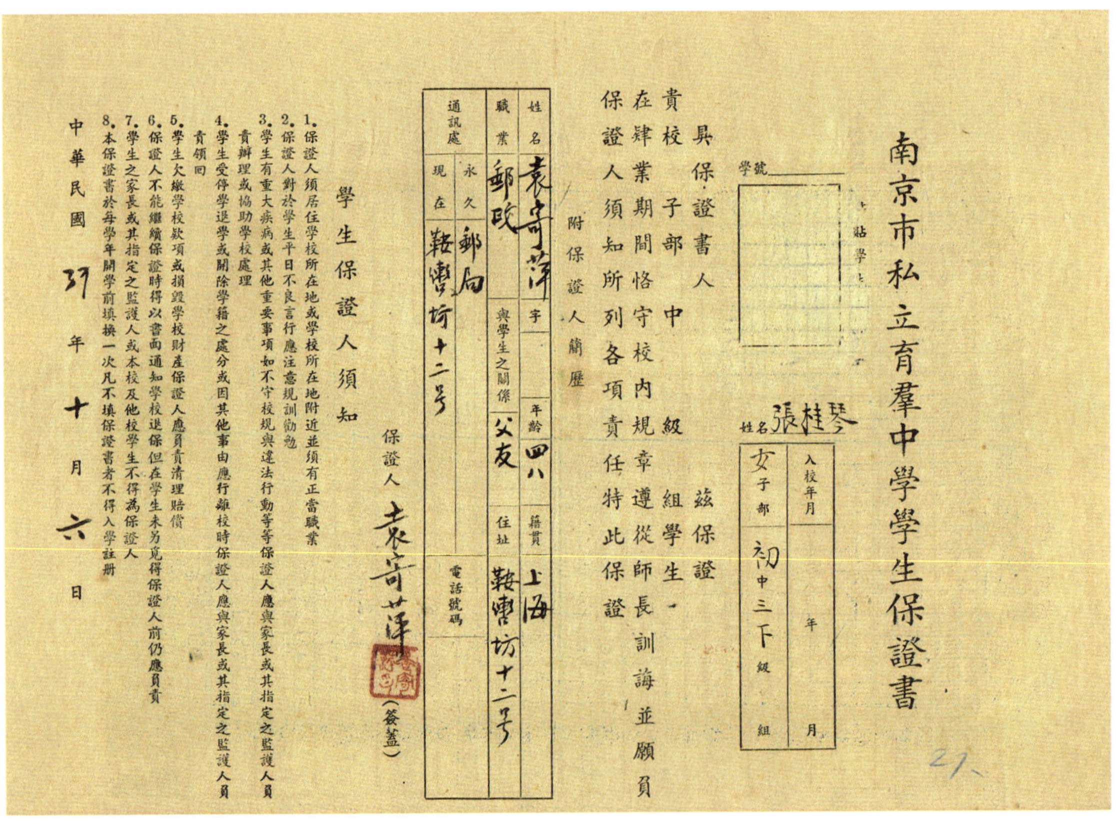

南京市私立育羣中學學生保證書

學號

貼學生照片

姓名 張桂琴

入校年月 女子部 初中三下級 組 年 月

具保證書人 茲保證

貴校 子部 中 級 組學生 —

在肄業期間恪守校內規章遵從師長訓誨並願負

保證人須知所列各項責任特此保證

附保證人簡歷

姓名	袁寄萍	字		年齡	四八	籍貫	上海
職業	郵政	與學生之關係	父友	住址	鞍轡坊十二号		
通訊處	永久	郵局					
	現在	鞍轡坊十二号		電話號碼			

保證人 袁寄萍（簽蓋）

學生保證人須知

1. 保證人須居住學校所在地或學校所在地附近並須有正當職業
2. 保證人對於學生平日不良言行應注意規訓勸勉
3. 學生有重大疾病或其他重要事項如不守校規與違法行動等等保證人應與家長或其指定之監護人負責辦理或協助學校處理
4. 學生受停學退學或開除學籍之處分或因其他事由應行離校時保證人應與家長或其指定之監護人負責領回
5. 學生欠繳學校款項或損毀學校財產保證人應負責清理賠償
6. 保證人不能繼續保證時得以書面通知學校退保但在學生未另覓得保證人前仍應負責
7. 學生之家長或其指定之監護人或本校及他校學生不得為保證人
8. 本保證書於每學年開學前填換一次凡不填保證書者不得入學註冊

中華民國 37 年 十 月 六 日

21

育羣中學學生調查表

姓名	張定平	班級	初三下	性別	女	年齡	18	生日	10月8日
		籍貫	南京 省 市 縣	住址	臨時	高岡里（中華門西七号）			
					永久	仝上			
家庭狀況	家長姓名	張志達	年齡	49	與學生之關係	父女			
	家長職業	商	服務處所	中華門西高岡里七号					
			所任職務	副理					
	家庭人口	共七人	祖父—存歿	父—存歿	兄—　人	姊—1人			
			祖母—存歿	母—存歿	弟—2人	妹—1人			
填表日期	中華民國三十七年九月廿六日								
備註					家長印鑑	張志達			

28.

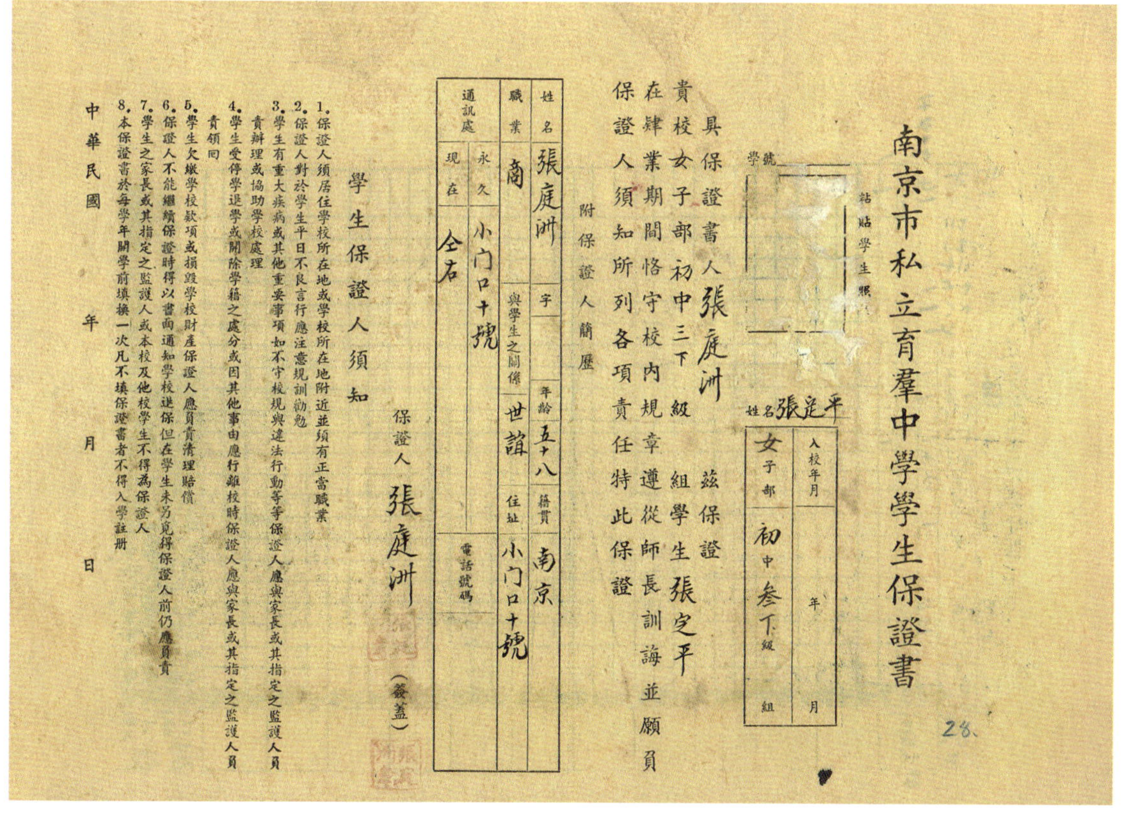

南京市私立育羣中學學生保證書

學號

粘貼學生照片

姓名 張定平

入校年月	年 月
女子部	初中叁下級 組

具保證書人張庭洲茲保證
貴校女子部初中三下級組學生張定平
在肄業期間恪守校內規章遵從師長訓誨並願負
保證人須知所列各項責任特此保證

附保證人簡歷

姓名	張庭洲	字		年齡	五十八	籍貫	南京
職業	商	與學生之關係	世誼	住址	小门口十號		
通訊處	永久	小门口十號	現在	仝右	電話號碼		

保證人 張庭洲（簽蓋）

學生保證人須知

1. 保證人須居住學校所在地或學校所在地附近並須有正當職業
2. 保證人對於學生平日不良言行應注意規訓勸勉
3. 學生有重大疾病或其他重要事項如不守校規與違法行動等等保證人應與家長或其指定之監護人員責辦理或協助學校處理
4. 學生受停學退學或開除學籍之處分或因其他事由應行離校時保證人應與家長或其指定之監護人員責領回
5. 學生欠繳學校款項或損毀學校財產保證人應負責清理賠償
6. 保證人不能繼續保證時得以書面通知學校退保但在學生未另覓得保證人前仍應負責
7. 學生之家長或其指定之監護人或本校及他校學生不得為保證人
8. 本保證書於每學年開學前填換一次凡不填保證書者不得入學註冊

中華民國　　年　　月　　日

28.

羣中學學生調查表

姓名	朱菊霞	班級	女初三下	性别	女	年齡	十六	生日	九月十二日
		籍貫	江苏省 南京市 縣	住址	臨時	南京市門西胭脂巷二十号			
					永久	仝上			
家庭狀況	家長姓名	朱云楣	年齡	三十五	與學生之關係	父女			
	家長職業	船業	服務處所	上海中山東一路玖號民生公司					
			所任職務	会计課 会計員					
	家庭人口	共十人	祖父—已故 父—存殁 兄—二人 姊—一人						
			祖母—存殁 母—存殁 弟—二人 嫂—一人						
填表日期	中華民國三十七年九月二十六日								
備註		家長印鑒 朱雲楣							

叔一人

31

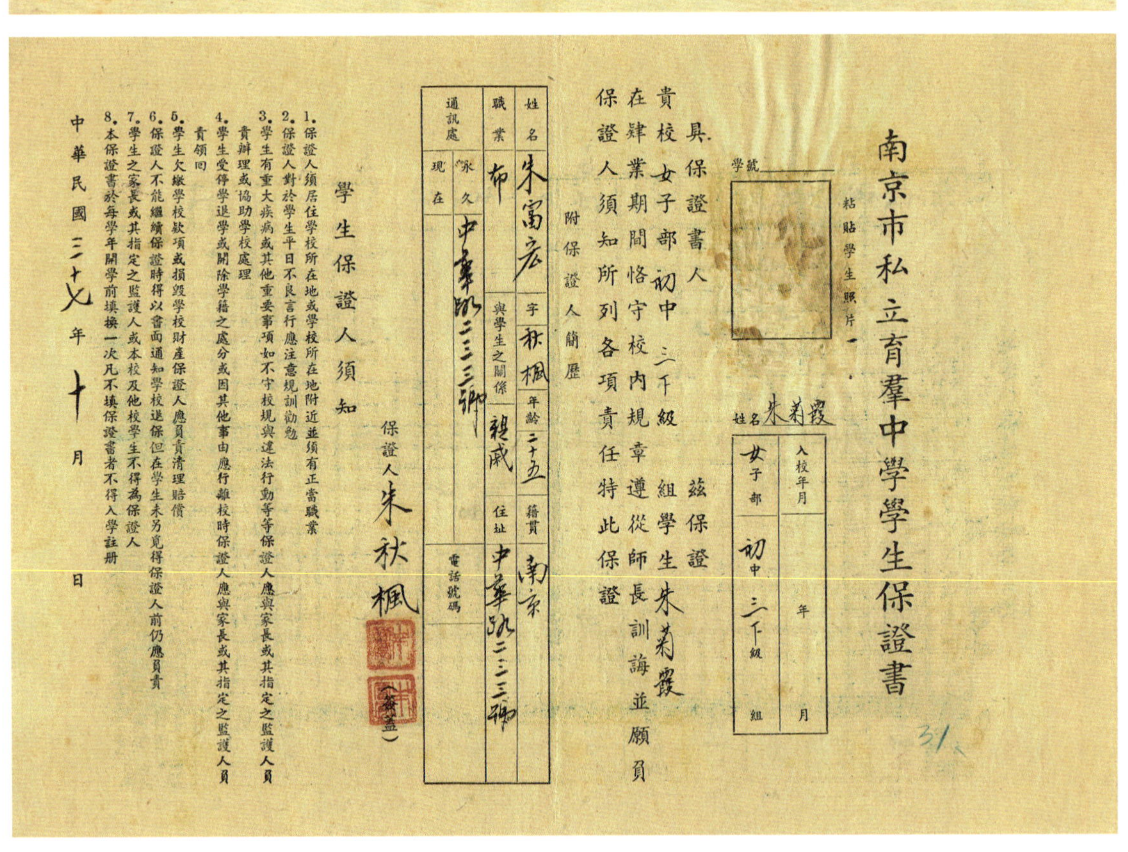

南京市私立育羣中學學生保證書

粘貼學生照片

學號

姓名 朱菊霞

入校年月	年 月
女子部	初中 三下 級 組

具保證書人

貴校女子部初中三下級 組學生朱菊霞 茲保證

在肄業期間恪守校內規章遵從師長訓誨並願負

保證人須知所列各項責任特此保證

附保證人簡歷

姓名	朱富庆	字	秋楓	年齡	二十五	籍貫	南京
職業	布	與學生之關係	親戚	住址	中華路二二三號		
通訊處	永久	中華路二二三號		電話號碼			
	現在						

保證人 朱秋楓（簽蓋）

學生保證人須知

1. 保證人須居住學校所在地或學校所在地附近並須有正當職業
2. 保證人對於學生平日不良言行應注意規訓勸勉
3. 學生有重大疾病或其他重要事項如不守校規與違法行動等等保證人應與家長或其指定之監護人員負責辦理或協助學校處理
4. 學生受停學退學或開除學籍之處分或因其他事由應行離校時保證人應與家長或其指定之監護人員負責領回
5. 學生欠繳學校款項或損毀學校財產保證人應負責清理賠償
6. 保證人不能繼續保證時得以書面通知學校退保但在學生未另覓得保證人前仍應負責
7. 學生之家長或其指定之監護人或本校及他校學生不得為保證人
8. 本保證書於每學年開學前填換一次凡不填保證書者不得入學註册

中華民國三十七年十月 日

31

育羣中學學生調查表

姓名	高法銀	班級	初三下	性别	女	年齡	十六	生日	三月十九日
		籍貫	省 南京市 縣	住址	臨時	銀作坊十四号			
					永久	銀作坊十四号			
家庭狀況	家長姓名	高𢄋娟	年齡	四十	與學生之關係	母女			
	家長職業	無	服務處所						
			所任職務						
	家庭人口	共五人	祖父—存殁 父—存殁 兄—1人 姊—人						
			祖母—存殁 母—存殁 弟—1人 妹—人						
填表日期	中華民國卅七年玖月廿八日								
備致						家長評鑑			

32

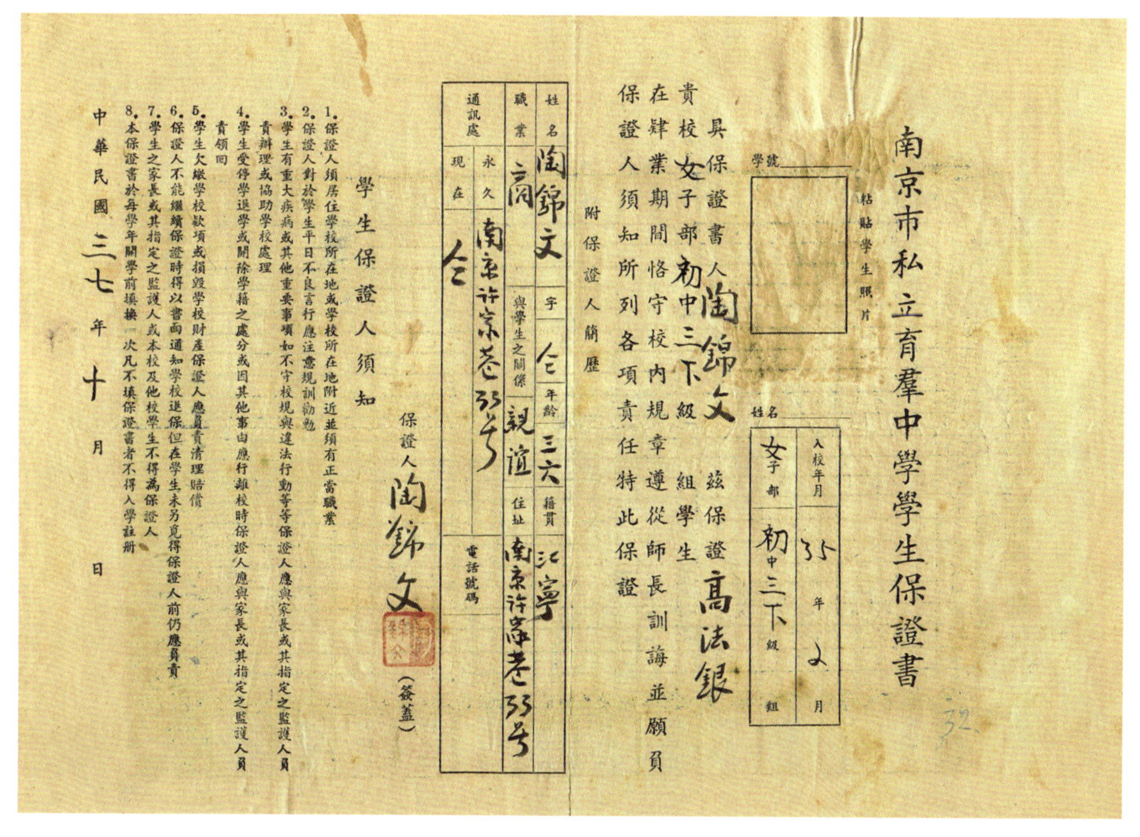

南京市私立育羣中學學生保證書

學號

粘貼學生照片

姓名

入校年月	35年2月
女子部	初中三下級 組

具保證書人陶錦文茲保證
貴校女子部初中三下級 組學生高法銀
在肄業期間恪守校內規章遵從師長訓誨並願負
保證人須知所列各項責任特此保證

附保證人簡歷

姓名	陶錦文	字	仝	年齡	三六	籍貫	江寧
職業	商	與學生之關係	親誼	住址	南京許家巷33号		
通訊處	永久	南京許家巷33号	現在	仝	電話號碼		

保證人 陶錦文（簽蓋）

學生保證人須知

1. 保證人須居住學校所在地或學校所在地附近並須有正當職業
2. 保證人對於學生平日不良言行應注意規訓勸勉
3. 學生有重大疾病或其他重要事項如不守校規與違法行動等等保證人應與家長或其指定之監護人負責辦理或協助學校處理
4. 學生受停學退學或開除學籍之處分或因其他事由應行離校時保證人應與家長或其指定之監護人負責領回
5. 學生欠繳學校款項或損毁學校財產保證人應負責清理賠償
6. 保證人不能繼續保證時得以書面通知學校退保但在學生未另覓得保證人前仍應負責
7. 學生之家長或其指定之監護人或本校及他校學生不得爲保證人
8. 本保證書於每學年開學前填換一次凡不填保證書者不得入學註册

中華民國三七年十月 日

32

育羣中學學生調查表

姓名	范秀華	班級	初三下	性別	女	年齡	19	生日	6月14日
	籍貫	江蘇省溧水縣		住址	臨時	南京信府河98號			
					永久	仝上			
家庭狀況	家長姓名	范伯英	年齡	37	與學生之關係	兄妹			
	家長職業	商	服務處所	南京中華路598号					
			所任職務	經理					
	家庭人口	共十人	祖父—存歿、父—存歿、兄—三人 姊—一人						
			祖母—存歿、母—存歿、弟—二人 妹—　人						
填表日期	中華民國37年九月26日								
備註								家長印鑑	

34、

南京市私立育羣中學學生保證書

學號 0262

粘貼學生照片

姓名 范秀華

入校年月	卅八年二月
女子部	初中三下級　組

具保證書人范樸臣茲保證

貴校女子部初中三下級組學生范秀華在肄業期間恪守校內規章遵從師長訓誨並願負保證人須知所列各項責任特此保證

附保證人簡歷

姓名	范樸臣	字		年齡	37
職業	政	與學生之關係	親戚	籍貫	江蘇
通訊處	永久	仝上	住址	南京中華路598	
	現在	仝上	電話號碼		

保證人 范樸臣（簽蓋）

學生保證人須知

1. 保證人須居住學校所在地或學校所在地附近並須有正當職業
2. 保證人對於學生平日不良言行應注意規訓勸勉
3. 學生有重大疾病或其他重要事項如不守校規與違法行動等等保證人應與家長或其指定之監護人負責辦理或協助學校處理
4. 學生受停學退學或開除學籍之處分或因其他事由應行離校時保證人應與家長或其指定之監護人負責領回
5. 學生欠繳學校款項或損毀學校財產保證人應負責清理賠償
6. 保證人不能繼續保證時得以書面通知學校退保但在學生未另覓得保證人前仍應負責
7. 學生之家長或其指定之監護人或本校及他校學生不得為保證人
8. 本保證書於每學年開學前填換一次凡不填保證書者不得入學註冊

中華民國　　年　　月　　日

34、

育羣中學學生調查表

姓名	黃輝宜	班級	初三下	性別	女	年齡	十七	生日	二月九日
		籍貫	北平市 省 縣	住址	臨時	南京馬道街二十八號			
					永久				
家庭狀況	家長姓名	黃乙青	年齡	五十六	與學生之關係	父女			
	家長職業	政	服務處所	交通部					
			所任職務	正工程司					
	家庭人口	共八人	祖父—存殁 父—存殁 兄—二人 姊—一人						
			祖母—存殁 母—存殁 弟—　人 妹—一人						
填表日期	中華民國三十七年九月二十六日								
備註							家長印鑑 黃乙青印		

36

南京市私立育羣中學學生保證書

學號

粘貼學生照片

姓名	黃輝宜
入校年月	三十六年九月
女子部	初中三年級 組

具保證書人童植茲保證

貴校女子部初中三年級　組學生黃輝宜在肄業期間恪守校內規章遵從師長訓誨並願負

保證人須知所列各項責任特此保證

附保證人簡歷

姓名	童植	字	慶培	年齡	五十四	籍貫	江蘇武進
職業	交通部科員	與學生之關係	世誼	住址	挹江里交通部宿舍		
通訊處	永久						
	現在	交通部路政司					
電話號碼							

保證人 童植（簽蓋）

學生保證人須知

1. 保證人須居住學校所在地或學校所在地附近並須有正當職業
2. 保證人對於學生平日不良言行應注意規訓勸勉
3. 學生有重大疾病或其他重要事項如不守校規與違法行動等等保證人應與家長或其指定之監護人負責辦理或協助學校處理
4. 學生受停學退學或開除學籍之處分或因其他事由應行離校時保證人應與家長或其指定之監護人員責領回
5. 學生欠繳學校款項或損毀學校財產保證人應負責清理賠償
6. 保證人不能繼續保證時得以書面通知學校退保但在學生未另覓得保證人前仍應負責
7. 學生之家長或其指定之監護人或本校及他校學生不得為保證人
8. 本保證書於每學年開學前填換一次凡不填保證書者不得入學註冊

中華民國　年　月　日

36

育羣中學學生調查表

姓名	繆謹如	班級	初三下	性別	女	年齡	19	生日	冬月二十日
籍貫	省　縣 南京市	住址	臨時	新橋九兜26号					
			永久	仝上					
家庭狀況	家長姓名	繆家康	年齡	六十	與學生之關係	父女			
	家長職業	商	服務處所	中華路華新藥房430号					
			所任職務	同人					
	家庭人口	共　人	祖父—存殁　父—存殁　兄—0人　姊—0人 祖母—存殁　母—存殁　弟—0人　妹—二人						
填表日期	中華民國37年九月26日								
備註								家長印鑑	繆家康

37

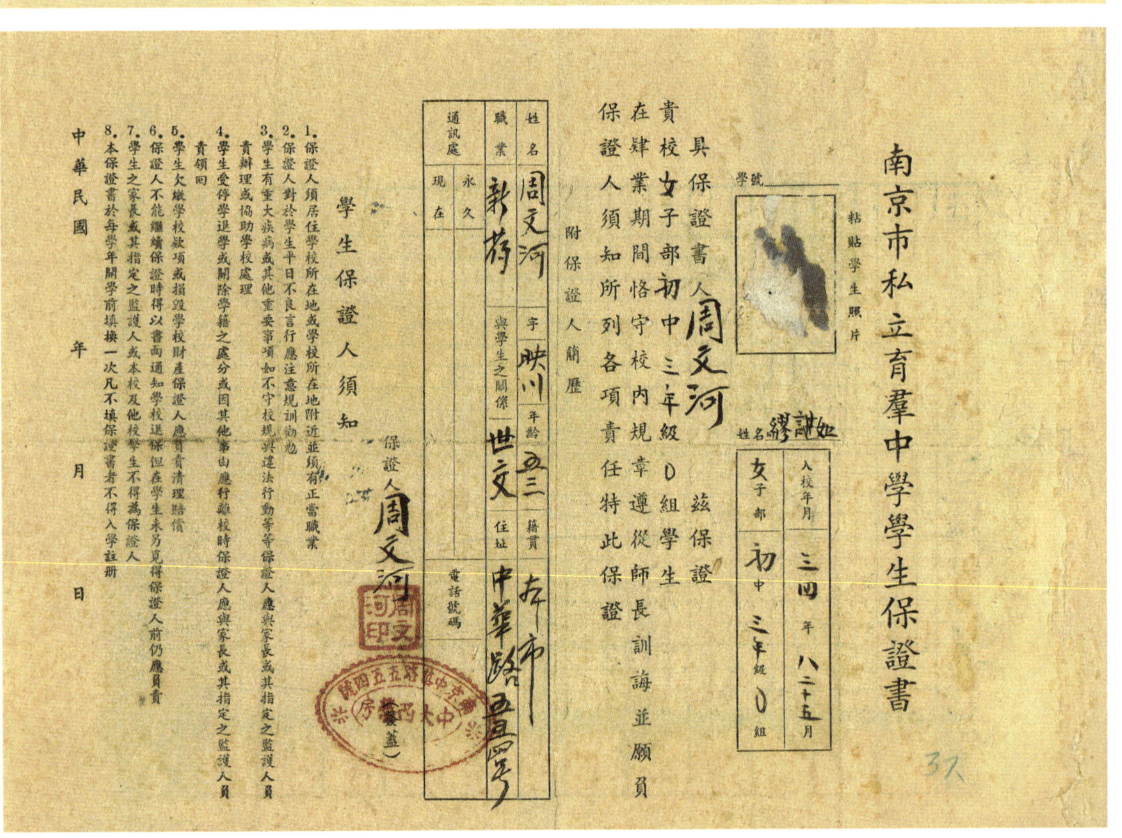

南京市私立育羣中學學生保證書

學號

粘貼學生照片

姓名 繆謹如

入校年月 三四年八二十五月

女子部 初中 三年級 D組

具保證書人周文河茲保證
貴校女子部初中三年級D組學生
在肄業期間恪守校內規章遵從師長訓誨並願負
保證人須知所列各項責任特此保證

附保證人簡歷

姓名	周文河	字	映川	年齡	五三	籍貫	本市
職業	新藥	與學生之關係	世交	住址	中華路四五四号		
通訊處	永久						
	現在					電話號碼	

保證人 周文河（印：周文河印）

（印：南京中華路四五四號 華大西藥房（簽蓋））

學生保證人須知

1. 保證人須居住學校所在地或學校所在地附近並須有正當職業
2. 保證人對於學生平日不良言行應注意規訓勸勉
3. 學生有重大疾病或其他重要事項如不守校規與違法行動等等保證人應與家長或其指定之監護人負責辦理或協助學校處理
4. 學生受停學退學或開除學籍之處分或因其他事由應行離校時保證人應與家長或其指定之監護人員負責領回
5. 學生欠繳學校款項或損毀學校財產保證人應負責清理賠償
6. 保證人不能繼續保證時得以書面通知學校退保但在學生未另覓得保證人前仍應負責
7. 學生之家長或其指定之監護人或本校及他校學生不得為保證人
8. 本保證書於每學年開學前填換一次凡不填保證書者不得入學註冊

中華民國　　年　　月　　日

37

育羣中學學生調查表

姓名	周典萱	班級	初三下	性別	女	年齡	19	生日	11月21日
籍貫	江苏省泰兴縣	住址	臨時	泰兴黄橋協兴陰宝號					
			永久	南京建康路水倉巷13號					
家庭狀況	家長姓名	周昭敬	年齡	41	與學生之關係	父女			
	家長職業	政	服務處所	内政部警察總隊					
			所任職務	警察總隊會計室主任					
	家庭人口	共十三人	祖父—存殁	父—存殁	兄—人	姊—二人			
			祖母—存殁	母—存殁	弟—四人	妹—三人			
填表日期	中華民國三十七年九月廿六日								
備註								家長印鑑	

38

南京市私立育羣中學學生保證書

姓名 周典萱

入校年月	年 月
女子部	初中三年級 組

具保證書人閻家銘茲保證
貴校女子部初中三級組學生周典萱
在肄業期間恪守校内規章遵從師長訓誨並願負
保證人須知所列各項責任特此保證

附保證人簡歷

姓名	閻家銘	字	新吾	年齡	卅三	籍貫	河南南陽
職業	警政	與學生之關係	友誼	住址	建康路水倉巷拾叁號		
通訊處	永久	河南南陽清華鎮郵局對		電話號碼	二二三八〇		
	現在	建康路水倉巷拾叁號					

保證人 閻家銘（簽蓋）

學生保證人須知

1. 保證人須居住學校所在地或學校所在地附近並須有正當職業
2. 保證人對於學生平日不良言行應注意規訓勸勉
3. 學生有重大疾病或其他重要事項如不守校規與違法行動等等保證人應與家長或其指定之監護人員責辦理或協助學校處理
4. 學生受停學退學或開除學籍之處分或因其他事由應行離校時保證人應與家長或其指定之監護人員責領回
5. 學生欠繳學校欵項或損毁學校財產保證人應負責清理賠償
6. 保證人不能繼續保證時得以書面通知學校退保但在學生未另覓得保證人前仍應負責
7. 學生之家長或其指定之監護人或本校及他校學生不得爲保證人
8. 本保證書於每學年開學前填换一次凡不填保證書者不得入學註册

中華民國　年　月　日

34

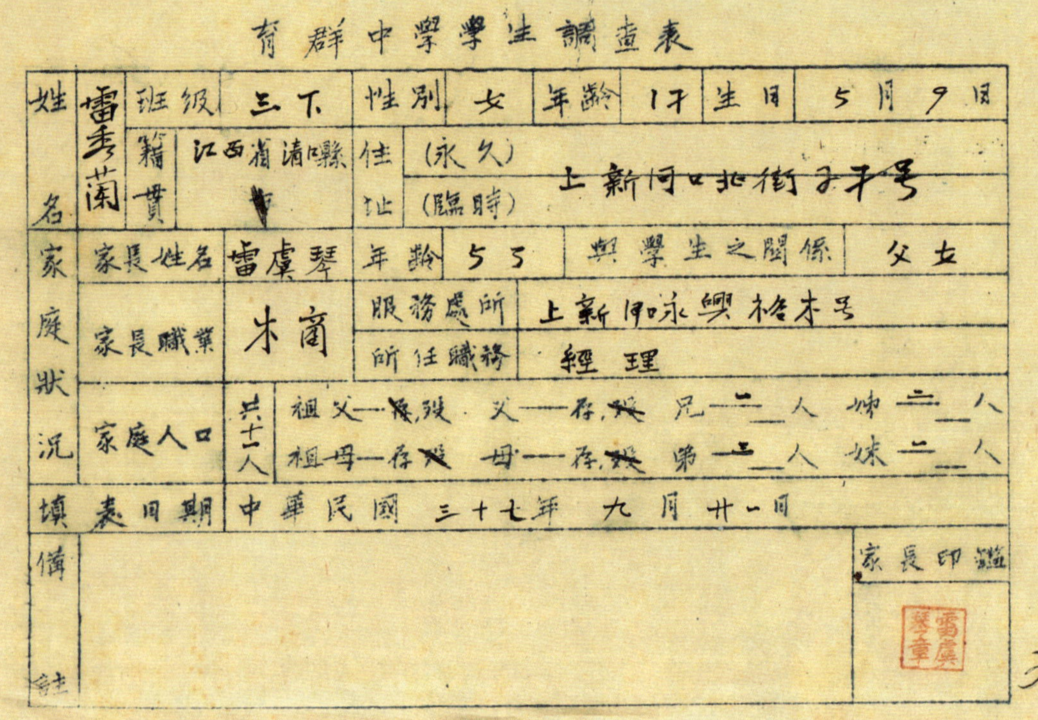

育群中學學生調查表

姓名	雷秀蘭	班級	三下	性別	女	年齡	17	生日	5月9日
		籍貫	江西省清江縣	住址	(永久)				
					(臨時)	上新河口北街[illegible]号			
家庭狀況	家長姓名	雷虞琴	年齡	55	與學生之關係	父女			
	家長職業	木商	服務處所	上新河永興裕木号					
			所任職務	經理					
	家庭人口	共十一人	祖父—存殁	父—存	兄二人	姊二人			
			祖母—存	母—存	弟二人	妹二人			
填表日期	中華民國三十七年九月廿一日								
備註					家長印鑑 雷虞琴章				

39.

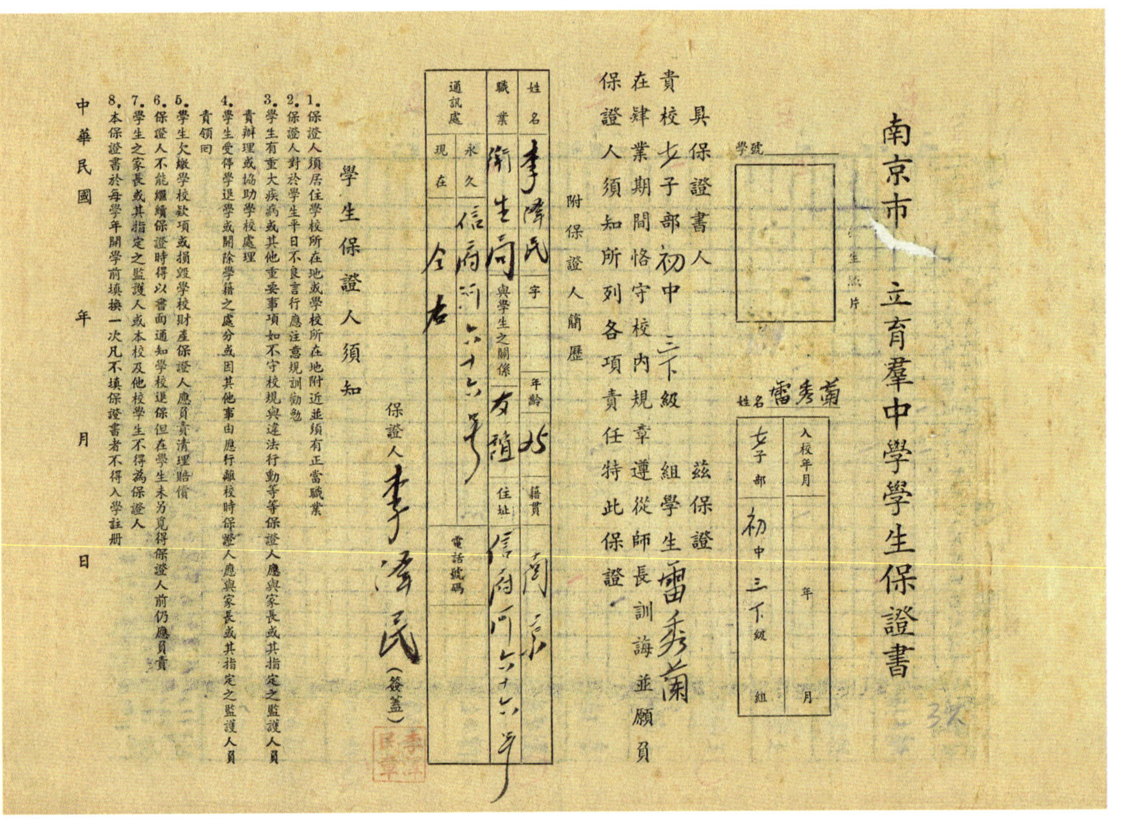

南京市立育羣中學學生保證書

學號

學生照片

姓名 雷秀蘭

入校年月	年 月
女子部	初中 三下級 組

具保證書人 茲保證

貴校女子部初中三下級 組學生雷秀蘭

在肄業期間恪守校內規章遵從師長訓誨並願負

保證人須知所列各項責任特此保證

附保證人簡歷

姓名	李澤民	字		年齡	45	籍貫	南京
職業	衛生局	與學生之關係	友誼	住址	信府河六十六号		
通訊處	永久	信府河六十六号					
	現在	仝右					
電話號碼							

保證人 李澤民(簽蓋) 李澤民章

學生保證人須知

1. 保證人須居住學校所在地或學校所在地附近並須有正當職業
2. 保證人對於學生平日不良言行應注意規訓勸勉
3. 學生有重大疾病或其他重要事項如不守校規與違法行動等等保證人應與家長或其指定之監護人員責辦理或協助學校處理
4. 學生受停學退學或開除學籍之處分或因其他事由應行離校時保證人應與家長或其指定之監護人員責領回
5. 學生欠繳學校款項或損毀學校財產保證人應負責清理賠償
6. 保證人不能繼續保證時得以書面通知學校退保但在學生未另覓得保證人前仍應負責
7. 學生之家長或其指定之監護人或本校及他校學生不得為保證人
8. 本保證書於每學年開學前填換一次凡不填保證書者不得入學註冊

中華民國 年 月 日

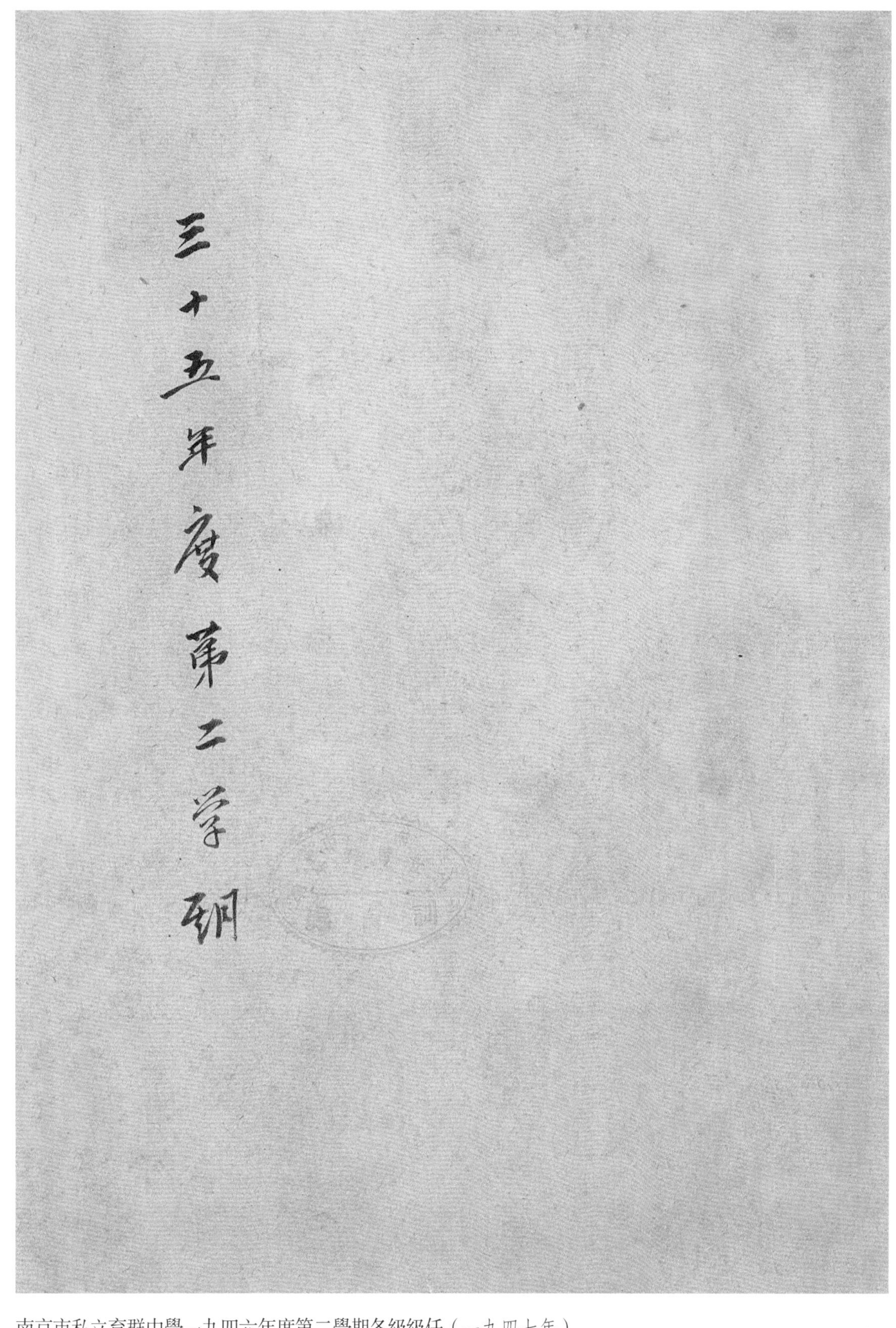

三十五年度第二学期

南京市私立育群中學一九四六年度第二學期各級級任（一九四七年）

檔號：1009-1-1405

育羣中學各級級任

高三　蕭德慶先生　知
高二　汪時才先生　知
高一　金啟昌先生　知
男初三下　陸德麟先生
女初三下　劉秀英先生　知
女初二下　黃淑鸞先生　知
男初二下　陶心餘先生
女初二上　顧延壽先生　知
男初二上　王嘉存先生
女初一下甲　[illegible]春生先生　知
男初一下甲　趙壽庭先生
女初一下乙　顧懿仁先生　知
男初一下乙　潘粟秋先生
女初一上　謝寅先生
男初一上　石克繩先生

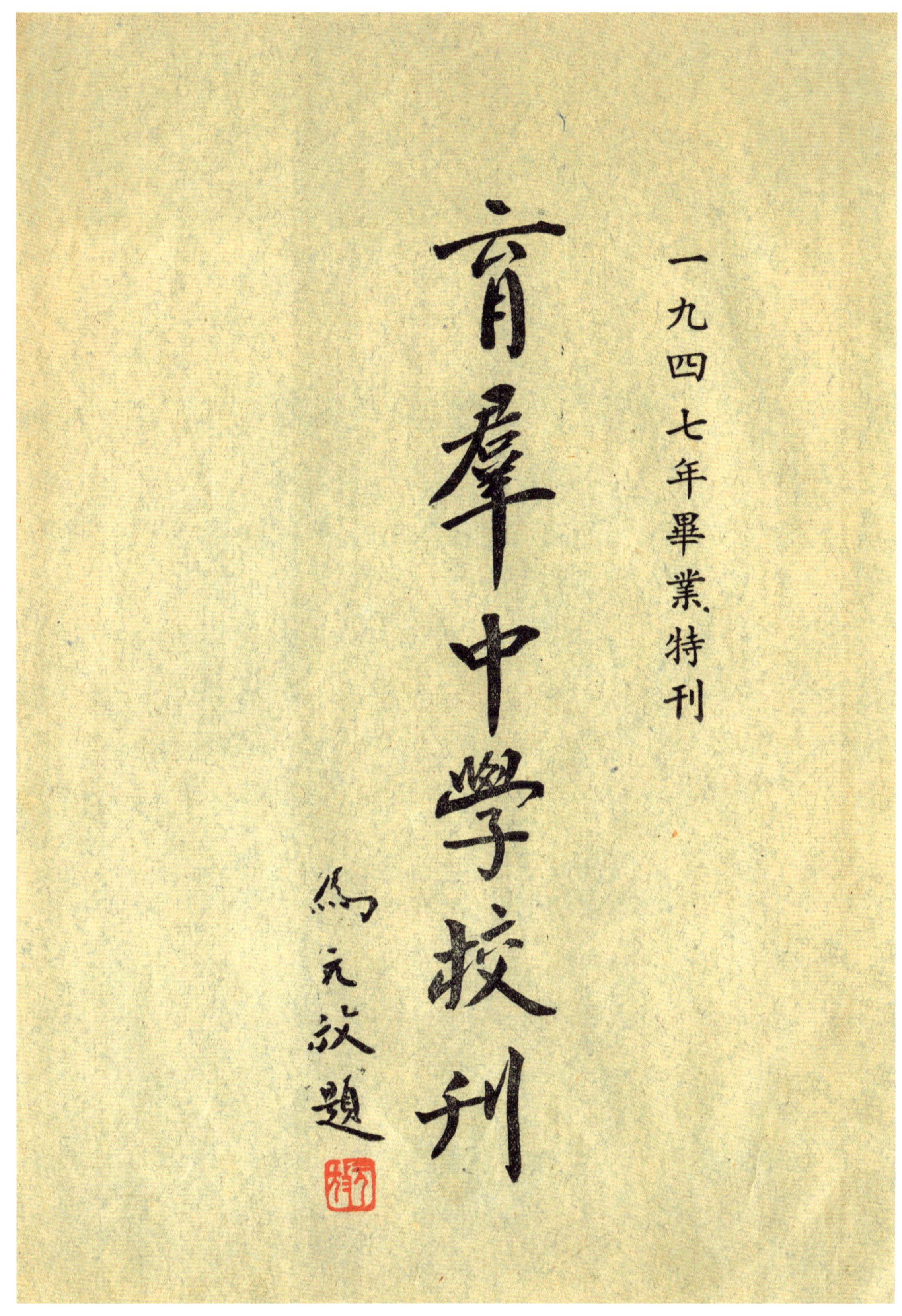

育群中學校刊一九四七年畢業特刊（一九四七年六月）・節選
檔號：1009-1-1003

南京市私立育羣中學一九四七年高初中暨附小全體畢業生攝影

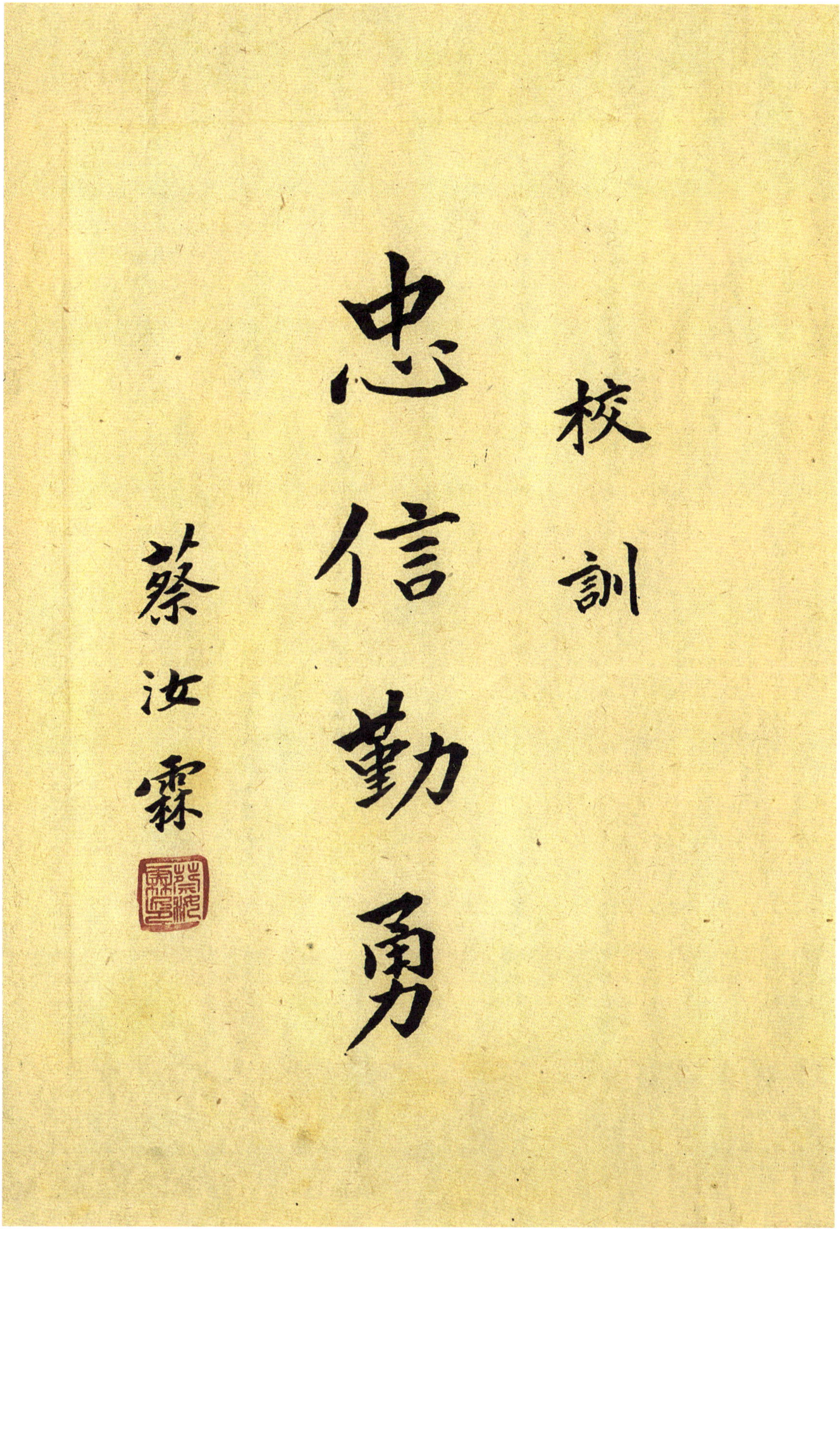

校訓

忠信勤勇

蔡汝霖

本校沿革

本校創立於光緒二十六年，以迄於今，計四十有八載，原名基督中學，及明育女中，一九二六年，基督中學，改組為愛羣中學。次年革命軍興，南京奠都，愛羣明育男女兩校，為便於管理計，遂合併之，更名曰育羣中學，於一九二九年呈准立案，仍依原制，分設男子部及女子部。民國二十七年為堅持基督教教育之一貫正義立場，配合國策，在滬參加基督教華東聯合中學，三十一年遷贛縣，三十四年九月先行在滬復校，三十五年八月復員完成。

本校復員前後

（一）抗戰八年中之工作

A. 撤退時期： 本校於民國二十六年，八一三事起之後，以日機轟炸頻仍，在京無法開課，至九月間，遂覓得距京六十餘里之湖熟鎮，房屋數處，繼續開辦，當時該地較爲安全，且距京咫尺，前往就學者，有三百餘人，其後大場失利，日寇進逼，本校不得已，於十一月二十四日，宣告解散。

B. 合辦華東聯中時期： 民國二十七年在滬各基督教會中學組織上海華東基督教會聯合中學，本亦校參加組織，對於不甘敵僞壓迫之青年學生，來校就學者，予以收容，藉以培養智識青年，增加國家抗戰力量。

C. 遷贛時期： 迨珍珠港事起，上海情勢驟變，華東聯中仍本其亦不屈不撓之精神，奮鬥到底，爲避免威脅計，遷往贛縣，冀在內地，拯救失學青年，發揮抗戰精神，本校既係參加聯中之一份子，當然應盡其最大努力，再度隨同遷至內地，繼續舉辦，以完成本位工作上之責任焉。

D. 復員時期： 抗戰勝利以後，本校對復員大事，除仍在上海與華東聯中合併復校外，同時南京亦開始復校事宜，嗣於三十五年八月一日，正式在京復校，惜經兵燹之餘，到處殘破，年來雖竭力添置，修葺，荀欲臻完美之境，尙待相當之時日也。

（二）復員後之工作

本校自三十五年八月，正式復校後，一面即呈經南京市社會局核准，所有一切組織。及教務訓育之實施，悉本實際需要處理之，玆分述如下：

一、行政[illegible]方針： 本校以基督教精神爲基礎，根據政府教育政策，造就青年，使有完善之人格，豐富之學識，與高尙愉快之情緒，庶使適應社會需要，貢獻國家，完成建國事業，共謀人類之幸福。

二、充實設備： 勝利以還，百廢待舉，本校除已將操場翻修，房屋加以粉飾外，對於圖書，理化，生物儀器標本，悉宜添置。本學期除已派專人赴滬購置物理儀器八套，圖書五千餘册，顯微鏡三架外；復由中央研究院，配給理化儀器三套，餘如添置棹椅校具，增設運動器械，均無不在積極充實中。

三、增加班級及免費名額： 本學期計增設初中一上男女新生各一班，全校計高中女生三班，初中男女生各六班，共計十五班，惟以社會不景氣，及鑒於公教人員子弟就學困難，特提高各級學生減費免費名額，現已達百分之二十五以上。

（三）本校復員一年來教職員學生人數統計

（1）教職員人數比照表

時期	中學	小學	共計	備註
三十五年度上學期	三三	九	四二	
三十五年度下學期	四一	一〇	五一	

（2）學生人數比照表

時期	性別	高中人數	初中人數	小學人數	合計	總計	備註
三十五年度上學期	男		三四五	一三三	四七八	一一七六	
	女	一一六	三五一	一三一	六九八		
三十五年度下學期	男		二九五	一四四	四三九	一〇九一	
	女	一〇五	三七九	一六八	六五二		

（3）收費比照表

時期	高中學雜費	初中學雜費	小學學雜費		備註
			高小	初小	
三十五年度上學期	一八九〇〇〇	一八四〇〇〇	九五〇〇〇	九五〇〇〇	
三十五年度下學期	三一五〇〇〇	二九五〇〇〇	一三〇〇〇〇	一二〇〇〇〇	

附記：上項中學收費數額中有損失賠償費一萬元於學期終了時退還

（四）宗教教育

本校爲發揚基督教之眞理，使學生獲得宗教上之了解，而對人生有活潑飽滿之希望起見，每班均授人生哲學一小時，每星期有精神講話二次，請牧師或本校教職員之富有宗教經驗者，輪流担任之，並在中學組織螢光團，在小學組織發光團，好國民團，舉行崇拜團契，教職員則有每週晨禱會，團契會，使師生均有靈修之機會，作宗教上之研究。

（五）本屆畢業生

本屆高中畢業生二十六名，男子部初中畢業生七十名，女子部初中畢業生五十七名，小學畢業生四十五名。

規章摘要

教務處

教務處

教務處辦事細則

第一條　本處設教務主任一人教務員事務員若干人

第二條　本處以教務會議為議事機構

第三條　本處會同各科教師計劃各學科教學事項

第四條　本處秉承校長辦理下列事宜：

一、主持招生事項。

二、掌理註冊事項。

三、登錄並保管學生成績事項。

四、會同訓育處辦理學生升級留級轉學退學事項。

五、呈報學生畢業事項。

六、編訂校曆。

七、編製課程時間表。

八、保管試題及試卷。

九、編製有關教務方面各種圖表簿冊。

十、掌理教師請假補假事項。

十一、支配教室實驗室及佈置成績室。

十二、掌理開課停課等事項。

十三、處理其他有關教務事項。

第五條　本細則經校務會議通過後施行。

第六條　本細則如有未盡事宜得提交校務會議修訂之。

教務會議規程

第一條　本會議除請校長出席指導外由全體職教員組織之。

第二條　本會議每月舉行一次遇有必要時得臨時召集之。

第三條　本會議由教務主任召集之。

第四條　本會議之議事範圍如左：

一、研究教學方針及方法。

二、會同各科教師，審定教本及講義。

三、規定考試辦法。

四、審查學生成績。

五、擬定教務上各項規則及表冊。

六、其他有關教務事宜。

第五條　本會議案由出席人員提出之，但應於開會前以書面提交教務處，以便列入議程。

第六條　本會議議決案由教務處執行之。

第七條　本規程如有未盡事宜，得提交校務會議修訂之。

第八條　本規程經校務會議通過施行後。

學生學業成績考查辦法

甲、考查方法

一、學業成績考查：分日常考查，臨時試驗，學月考試，學期考試及畢業考試五種。

二、日常考查，包括口頭問答，筆記，演習，練習，作文，採集，實驗報告，美勞作品等項。

三、臨時試驗，由各科教師於教學時間內，隨時舉行。

四、學月考試，於學月終了時，就全學月內所習教材考試之，舉行日期由教務處規定。

五、學期考試，於學期終了時，就全學期內所習教材考試之，舉行日期由教務處規定。

六、畢業考試，於高中初中全部學程完畢時舉行，凡三年內所習學程，均須考試，

乙、計分方法

一、各科日常考查成績與臨時試驗成績，合爲各科平時成績，其比例由教師就各科性質定之。

二、各科平時成績與學月考試成績合爲各科學月成績，平時成績與學月考試成績各佔二分之一，

三、各科平時成績與學期考試成績，合爲各科學期成績，平時成績在學期成績內佔五分之三，學期考試成績佔五分之二。

四、每學期各科成績之平均，爲該生之學期總成績。

五、各學期之平均成績與畢業考試成績，合爲畢業成績，各學期之平均成績在畢業成績中佔五分之三，畢業考試成績佔五分之二。

六、各科成績採用百分法，以六十分爲及格，其等第按左列標準評定之：

一、優等：　九十一分——一百分

二、良等：　八十一分——九十分

三、中等：　七十分——八十分

四、可等：　六十分——六十九分

五、劣等： 五十九分以下

七、每學期各科缺席時數，達教學總時數三分之一者，不得參與學期考試。

八、每學期任何科目缺席時數，如滿該科各週授課時數，即扣除該學科學期成績一分。

九、每學期有主科二門，或次要科三門，及主科一門次要科二門不及格者，留級。（主科爲國、英、算、公民）

丙、補考辦法

一、學月考試，學期考試，如因病或親喪大故，經請假核准者，得予補考。

二、學期考試之學科在五十分以上，而未達留級限度者，得予補考。

三、補考以一次爲限，其成績以百分之九十計算。

四、學期考試，中途缺考者，其已考部分不及格科目，不得補考。

五、補考後，仍有一科不及格，或有一科未參與補考者，得隨班附讀，其補考不及格學科，或未參與補考學科，作爲次學期不及格科目之一，仍得補考，但次學期如再有任何二科不及格者，留級。

六、補考後，仍不及格之學科，或未參與補考之學科，如爲一學年之學程，得照原分數與下學期成績平均，如滿六十分者，認爲及格，

七、同一學科，連續兩學期不及格者，以兩學期論。

八、應行補考者，須於入學前完成補考手續，始得註冊。

丁、附則

本規則如有未盡善處，得由教務會議修改之。

各科教學研究會組織綱要

第一條　本會分左列數種：

一、國文研究會

二、英文研究會

三、自然科學研究會

四、社會科學研究會

五、體育研究會

六、音樂研究會

七、美勞研究會

第二條　各科教學研究會由各科担任教師分別組織之。

第三條　各科數學研究會每學期分別舉行常會三次遇有必要時得臨時召集之。

第四條　各科教學研究會之研究範圍如左：

一、研究教學方法

二、選定課本及編輯教材

三、計劃學科競賽事項

四、其他有關教學研究事宜

第五條　以上各科研究會設主席書記各一人由各該科教師互選之。

第六條　各科教學研究會議決案報由教務處執行之。

第七條　本組織法如有未盡事宜得隨時修正之。

教員請假辦法

第一條　教員遇有疾病或事故不能到校時須向教務處請假。

第二條　教員請假期間所担任之課程須請人代理或於假滿後向教務處商定時期補課。

第三條　教員遇有特殊事故欲請長期假時其代理人須得校長之同意。

第四條　本辦法如有未盡事宜得隨時修正之。

訓導處

訓導處

訓導概況

訓導目標：

1.培養四維八德之品格
2.樹立樸實整肅之校風
3.鍛鍊堅强健全之體魄
4.恢宏服務社會之志趣

訓導方法　分個別訓練與團體訓練二種：

1.個別訓練：

A.積極的：

一、注重人格感化

二、經常舉行個別談話，以期對每一學生有切實之了解，隨時予以相當之指導。

三、由各級級任導師分別作家庭訪問以取得聯繫，俾收共同督導之效。

四、擇優獎勵。

五、舉行體力測驗，及疾病檢查。

B 消極的：

一、勸導——使學生明過自悔。

二、訓誡——迫令悔過。

三、褫獎。

四、處罰：

甲、關學。

乙、記過。

丙、開除學籍。

2. 團體訓練：

一、舉行週會並延請名人演講。

三、舉行朝會，升旗及早操。

三、舉行各種集團活動及競賽。

四、組織級會。

五、指導編輯級刊。

六、舉行大掃除。

七、舉辦音樂會。

八、舉行烹飪實習（女生）。

九、訂定各種規約。

學生操行考查辦法

一、學生操行等第分一（優）、二（良）、三（中）、四（可）、五（劣）五等。

二、學生操行由各級級任導師及訓導員會同各任課教師分別考查，並隨時予以懲奬。

三、在一學期中學生操行等第由各級級任導師分兩次依照印發之學生操行考查表塡送訓導處，第一次在第一次月考完畢後，第二次在期考完畢後，第二次所核定之操行等第即該生本學期之操行成績。

四、凡操行列入第一等或第二等者，如學業成績優良，均有獲得奬學金之望。

五、凡操行優良，服務勤勞，並經訓導會議認可者另給奬金或奬狀。

六、凡操行列入第四等者，除由該級級任導師訓導員及各任課教師嚴加督導外，並通知其家長。

七、學生操行不良由該級級任導師將其列入第五等，並經訓導會議決定者，訓導處即公佈開除其學籍。

八、學生行動越軌，有損校譽，經訓導會議之決定，得隨時公佈開除其學籍。

九、本辦法經校務會議通過後施行。

學生請假規則

一、學生非有必須請假之事故，不得請假。

二、凡請假學生，必須先向級任導師領取請假單，由家長或監護人就請假單逐項塡明，並簽名蓋章，再送呈級任導師，經核准給假後，所缺之

試。

訓導處組織系統圖

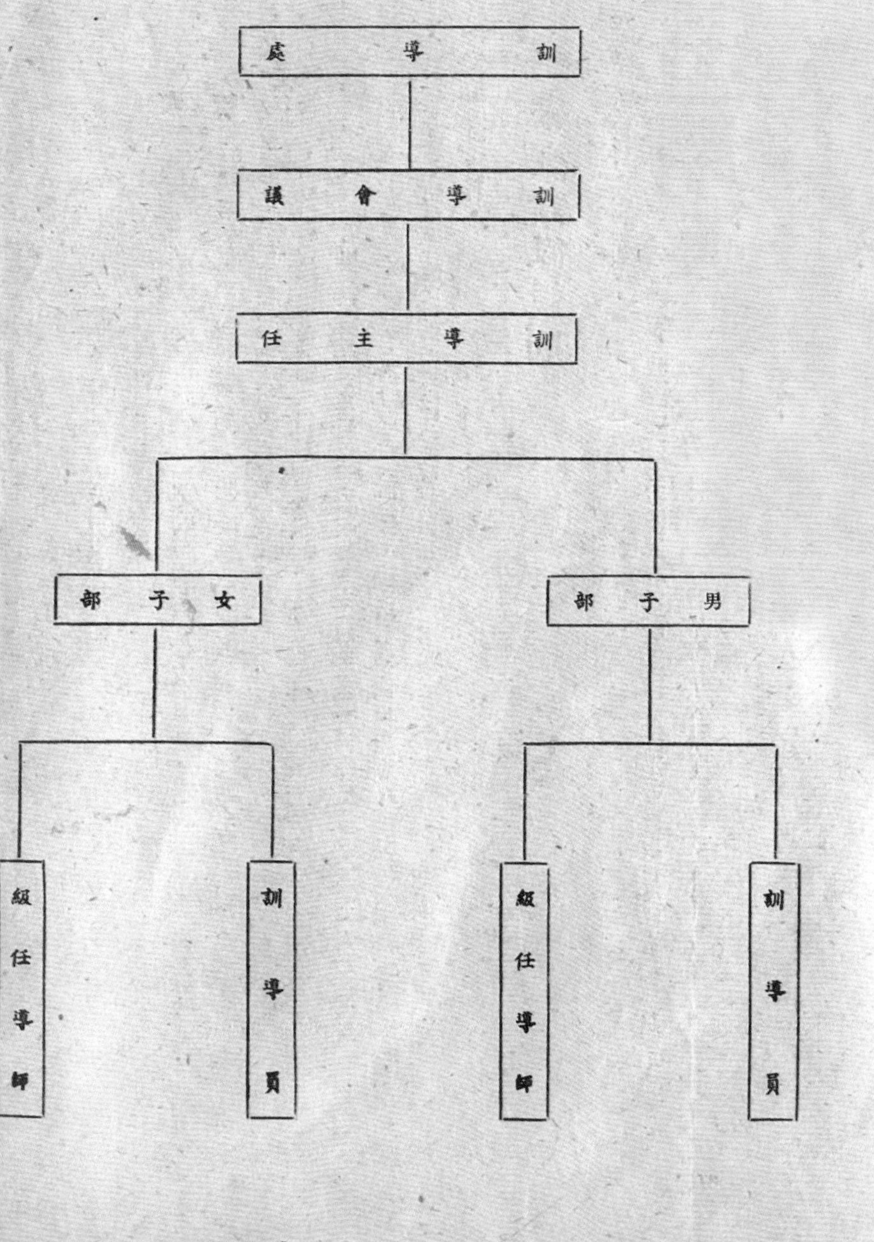

（育）字第　　　號

姓名	高月仙	學號		年齡		籍貫	省　市縣	住址	永久 現在

科目 \ 分數 \ 月次 \ 年級學期	初中一年級								初中二年級								初中三年級								會考總分報呈
	上學期				下學期				上學期				下學期				上學期				下學期				
	第一次	第二次	期考	總均	第一次	第二次	期考	總均	第一次	第二次	期考	總均	第一次	第二次	期考	總均	第一次	第二次	期考	總均	第一次	第二次	期考	總均	
公民				85				95				89		100		98				65				84	
國文	90	65	60	79	46	94	58	61	90	95	60	90	84	84		82	80	82	90	95				90	
英語	91	89	60	80	93	80	60	95	97	60	92	64	95	96			81	93	55	68				80	
算學	35	45	72	51	30	60	91	60																	
幾何																	60	50	60	60				60	
代數									98	83	50	94	60	25		60									
三角																									
生物																									
化學									90	95	55	68	51	66		85									
物理																	85	60	42	41				98	
植物		73	85	69		80	85	84																	
動物		60	90	95		60	96	98																	
歷史		90	80	85		98	88	93		88	98	81		95	96	95		69	42	60				89	
地理		71	60	65		95	42	62		80	98	89		80	88	85		99	91	41				85	
衛生				65			95	65																	
勞作				80				82				80				90									
圖畫				75				90				50				90				85				95	
音樂				60				60				60				60				65				60	
體育				85				85				90				88				95				95	
童子軍				78				98				85				90				80				85	
家政				80				90				95		98		84				90				89	
操行	中																中								
坐次	79				45				39				40				41				38年2月畢業				
入學日期	35年2月入學				35年9月入學				36年2月入學				36年9月入學				37年2月入學				37年9月入學				
退學日期	年月退學				年月退學				年月退學				年月退學				年月退學				年月退學				
續學日期	年月續學				年月續學				年月續學				年月續學				年月續學				年月續學				

會考	日期 年 月 日	及格與否	應補科目

補考		日期	及格科目
	第一次		
	第二次		
	第三次		

備考	

家長或監護人之履歷	姓名		字		年齡		籍貫		性別	
	職業		與學生之關係							
	住址		通訊處							
保證人之履歷	姓名		字		年齡		籍貫		性別	
	職業		與學生之關係							
	住址		通訊處							

像片

臨時第　　　號

南京市私立育群中學學生學籍卡片（一九四八年九月）

檔號：1009-1-1437

（育）字第　　號

姓名	趙芝芳	學號		年齡		籍貫	省　市縣	住址	永久 現在

科目／分數／月次／年級學期	初中一年級 上學期 第一次	第二次	期考	總均	下學期 第一次	第二次	期考	總均	初中二年級 上學期 第一次	第二次	期考	總均	下學期 第一次	第二次	期考	總均	初中三年級 上學期 第一次	第二次	期考	總均	下學期 第一次	第二次	期考	總均	會考總分、報考呈分
公民				75				90				90		85		64				60				90	
國文	60	50	60	60	52	63	64	65	40	80	30	50	64	80		71	75	76	78	77				80	
英語	72	58	50	60	41	60	35	50	93	91	64	69	54	54		33	93	65	42	60				60	
算學	73	65	85	74	65	90	44	60																	
幾何																	50	40	60	60				60	
代數									92	89	60	92	70	25	60	60									
三角																									
生物																									
化學									82	95	70	96	85	93		72									
物理																	96	96	79	77				79	
植物		60	82	72		88	94	89																	
動物		60	90	75		80	96	88																	
歷史		80	70	75		85	95	81		86	94	91		80	79	80		55	34	65				80	
地理		58	92	78		55	80	65		94	93	93		80	90	79		46	65	59				90	
衛生				60			65	65																	
勞作				85				82				80				85									
圖畫				70				95				90				95				90				80	
音樂				83				90				90				65				90				90	
體育				70				65				65				80				90				90	
童子軍				80				95				95				95				90				90	
家政				82				85				95	80			85				89				89	
操行	中												良				中								
坐次	40				32				12				17				16								
入學日	35年2月入學				35年9月入學				36年2月入學				36年9月入學				37年2月入學				36年9月入學				
退學	年　月退學				年　月退學				年　月退學				年　月退學				年　月退學				年　月退學				
續學期	年　月續學				年　月續學				年　月續學				年　月續學				年　月續學				年　月續學				

家長或監護人之履歷	姓名		字		年齡		籍貫		性別	
	職業		與學生之關係							
	住址			通訊處						
保證人之履歷	姓名		字		年齡		籍貫		性別	
	職業		與學生之關係							
	住址			通訊處						

會考	日期	及格與否	應補科目
	年　月　日		

補考		日期	及格科目
	第一次		
	第二次		
	第三次		

備註

像片

臨時第　　號

（育）字第　　　號

姓名	張桂琴	學號		年齡		籍貫	省　市縣	住址	永久　現在

科目＼分數＼月次＼年級學期	初中一年級								初中二年級								初中三年級								會考總分
	上學期				下學期				上學期				下學期				上學期				下學期				
	第一次	第二次	期考	總均	第一次	第二次	期考	總均	第一次	第二次	期考	總均	第一次	第二次	期考	總均	第一次	第二次	期考	總均	第一次	第二次	期考	總均	報分呈
公民				80				85				99		100		100				65				92	
國文	92	80	85	85	56	88	89	80	95	90	92	90	92	92		88	90	76	90	86				80	
英語	64	85	50	67	80	88	86	86	84	85	80	84	95	91		88	94	90	67	63				81	
算學	73	65	96	78	90	80	90	99																	
幾何																	60	63	65	63				75	
代數									100	89	85	92	60	80	100	95									
三角																									
生物																									
化學									92	78	90	89	89	95		94									
物理																	80	90	95	82				68	
植物		95	82	84		79	90	81																	
動物		75	80	83		90	98	92																	
歷史		95	90	92		99	95	94		100	100	100		90	86	88		64	41	68				84	
地理		88	88	88		90	80	86		95	100	98		80	91	95		65	93	40				89	
衛生				85			95	95																	
勞作				85				81				85				80				75				80	
圖畫				75				90				95				95				85				80	
音樂				73				95				80				25				90				80	
體育				75				90				85				92				75				85	
童子軍				75				95				85				80				94				89	
家政				90				95				98		95		86									
操行	中												良				優								
坐次	50				43				18				32				28								
入學日	35年2月入學				35年9月入學				36年2月入學				36年9月入學				37年2月入學				37年9月入學				
退學	年月退學				年月退學				年月退學				年月退學				年月退學				年月退學				
續學期	年月續學				年月續學				年月續學				年月續學				年月續學				年月續學				

家長或監護人之履歷	姓名		字		年齡		籍貫		性別	
	職業		與學生之關係							
	住址		通訊處							
保證人之履歷	姓名		字		年齡		籍貫		性別	
	職業		與學生之關係							
	住址		通訊處							

會考	日期	及格與否	應補科目
	年月日		

補考		日期	及格科目
	第一次		
	第二次		
	第三次		

備註

像片

臨時第　　　號

（育）字第　　號

姓名	陳福穎	學號		年齡		籍貫	省 市縣	住址	永久 現在

科目＼分數＼學期＼年級	初中一年級								初中二年級								初中三年級								會考總分報呈
	上學期				下學期				上學期				下學期				上學期				下學期				
	第一次	第二次	期考	總均	第一次	第二次	期考	總均	第一次	第二次	期考	總均	第一次	第二次	期考	總均	第一次	第二次	期考	總均	第一次	第二次	期考	總均	
公民				75				45				100								70				81	
國文	65	70	50	58	62	64	65	64	90	90	90	80					90	80	85	81				66	
英語	90	80	65	82	94	84	92	92	88	82	84	85					86	99	49	69				60	
算學	40	40	70	50	60	60	60	60																	
幾何																	50	60	80	64				60	
代數									60	64	45	55													
三角																									
生物																									
化學									95	80	90	95													
物理																	80	70	80	77				70	
植物		75	90	82		77	90	85																	
動物		70	90	80		88	90	89																	
歷史		85	75	80		95	82	90		84	90	91						61	91	69				60	
地理		68	75	72		55	/	/		92	95	93						95	63	91				65	
衛生				85			65	65																	
勞作				70				81				65													
圖畫				75				80				80								80				90	
音樂				45				90				80								90				95	
體育				85				88				90								80				90	
童子軍				85				90				75								95				65	
家政				85				50				88								93				85	
操行	良												X				優								
坐次	58				38				29								29								
入學日	35年2月入學				35年9月入學				36年2月入學				36年9月入學				37年2月入學				37年9月入學				
退學	年 月退學				年 月退學				年 月退學				年 月退學				年 月退學				年 月退學				
續期	年 月續學				年 月續學				年 月續學				年 月續學				年 月續學				年 月續學				

家長或監護人之履歷	姓名		字		年齡		籍貫		性別	
	職業		與學生之關係							
	住址		通訊處							

保證人之履歷	姓名		字		年齡		籍貫		性別	
	職業		與學生之關係							
	住址		通訊處							

會考	日期	及格與否	應補科目
	年 月 日		

補考	日期	及格科目
第一次	日期	及格科目
第二次	日期	及格科目
第三次	日期	及格科目

備註

像片

臨時第　　號

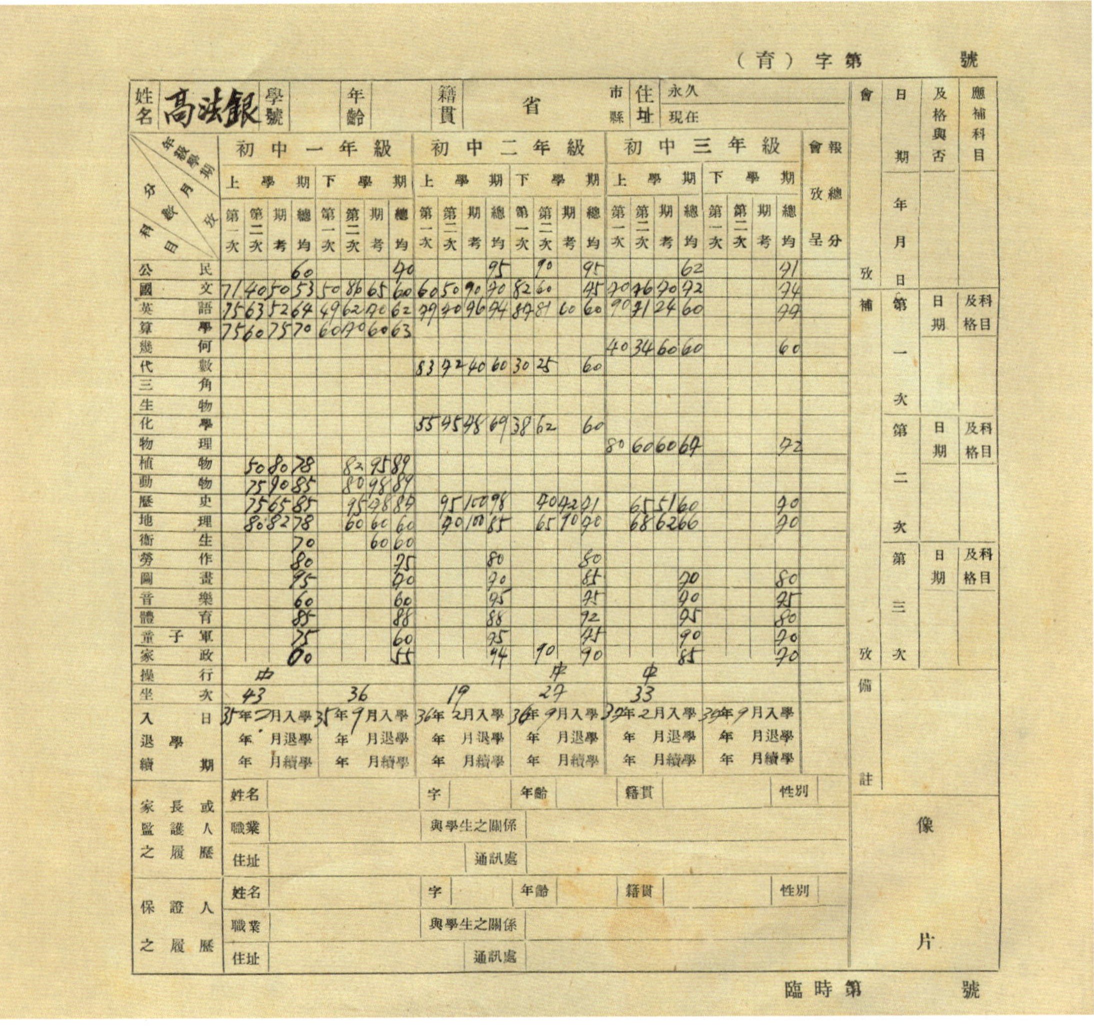

（育）字第　　　號

姓名	高法銀	學號		年齡		籍貫	省　市縣	住址	永久　現在

科目＼年級學期分數次	初中一年級 上學期 第一次	第二次	期考	總均	初中一年級 下學期 第一次	第二次	期考	總均	初中二年級 上學期 第一次	第二次	期考	總均	初中二年級 下學期 第一次	第二次	期考	總均	初中三年級 上學期 第一次	第二次	期考	總均	初中三年級 下學期 第一次	第二次	期考	總均	會考總分報告呈
公民				60				40				95		90		95				62				91	
國文	71	40	50	53	50	86	65	60	60	50	90	90	82	60		45	90	76	90	92				94	
英語	75	63	52	64	49	62	70	62	79	40	96	94	84	81	60	60	90	71	24	60				99	
算學	75	60	75	70	60	70	60	63																	
幾何																	40	34	60	60				60	
代數									83	72	40	60	30	25		60									
三角																									
生物																									
化學									55	45	48	69	38	62		60									
物理																	80	60	60	64				72	
植物		50	80	78		82	95	89																	
動物		75	90	85		80	98	89																	
歷史		75	65	85		95	98	89		95	100	98		40	42	91		65	51	60				90	
地理		80	82	78		60	60	60		90	100	85		65	70	90		68	62	66				90	
衛生				70			60	60																	
勞作				80				75				80				80									
圖畫				95				90				90				85				70				80	
音樂				60				60				95				95				90				95	
體育				85				88				88				92				95				80	
童子軍				75				60				95				95				90				90	
家政				60				55				94		90		90				85				90	
操行	中												中				中								
坐次	43				36				19				29				33								
入學日	35年2月入學				35年9月入學				36年2月入學				36年9月入學				37年2月入學				37年9月入學				
退學	年　月退學				年　月退學				年　月退學				年　月退學				年　月退學				年　月退學				
續學期	年　月續學				年　月續學				年　月續學				年　月續學				年　月續學				年　月續學				

家長或監護人之履歷	姓名		字		年齡		籍貫		性別	
	職業		與學生之關係							
	住址		通訊處							
保證人之履歷	姓名		字		年齡		籍貫		性別	
	職業		與學生之關係							
	住址		通訊處							

會考	日期	及格與否	應補科目
	年　月　日		

補考	日期	及格科目
第一次		
第二次		
第三次		

備註

像片

臨時第　　　號

（育）字第　　號

姓名	張鳳林	學號		年齡		籍貫	省	市縣	住址	永久 / 現在

科目 \ 分數 \ 年級學期	初中一年級 上學期 第一次	第二次	期考	總均	下學期 第一次	第二次	期考	總均	初中二年級 上學期 第一次	第二次	期考	總均	下學期 第一次	第二次	期考	總均	初中三年級 上學期 第一次	第二次	期考	總均	下學期 第一次	第二次	期考	總均	報會總分
公民				75				90				88		100		100				90				94	
國文	90	75	45	66	62	60	71	67	94	85	65	76	88	98		81	92	80	80	98				98	
英語	83	63	55	67	60	83	60	68	45	93	70	69	96	90		60	90	81	58	93				93	
算學	61	65	60	62	60	65	65	64																	
幾何																	50	40	63	60				60	
代數									94	83	90	95	30	20	50	50									
三角																									
生物																									
化學									80	55	45	60	61	69		63									
物理																	96	60	82	93				60	
植物		93	85	89		80	90	85																	
動物		75	90	83		60	96	78																	
歷史		90	95	93		89	90	88		82	96	88		65	90	69		64	69	68				92	
地理		98	88	92		62	90	65		92	95	94		60	92	65		74	62	69				82	
衛生				80			90	70																	
勞作				80				79				80				85									
圖畫				75				65				65				90				80				95	
音樂				60				80				90				90				80				80	
體育				80				88				88				65				85				90	
童子軍				80				60				95				65				95				95	
家政				85				90				95			85	96				85				89	
操行	中												中				中								
坐次	52				33				22				30				49								
入學日	35年2月入學				35年9月入學				36年2月入學				36年9月入學				37年2月入學				37年9月入學				
退學	年　月退學				年　月退學				年　月退學				年　月退學				年　月退學				年　月退學				
續學期	年　月續學				年　月續學				年　月續學				年　月續學				年　月續學				年　月續學				

家長或監護人之履歷	姓名		字		年齡		籍貫		性別	
	職業		與學生之關係							
	住址		通訊處							
保證人之履歷	姓名		字		年齡		籍貫		性別	
	職業		與學生之關係							
	住址		通訊處							

會考	日期：年　月　日	及格與否	應補科目
補考	第一次	日期	及格科目
	第二次	日期	及格科目
	第三次	日期	及格科目
備註			

像片

臨時第　　號

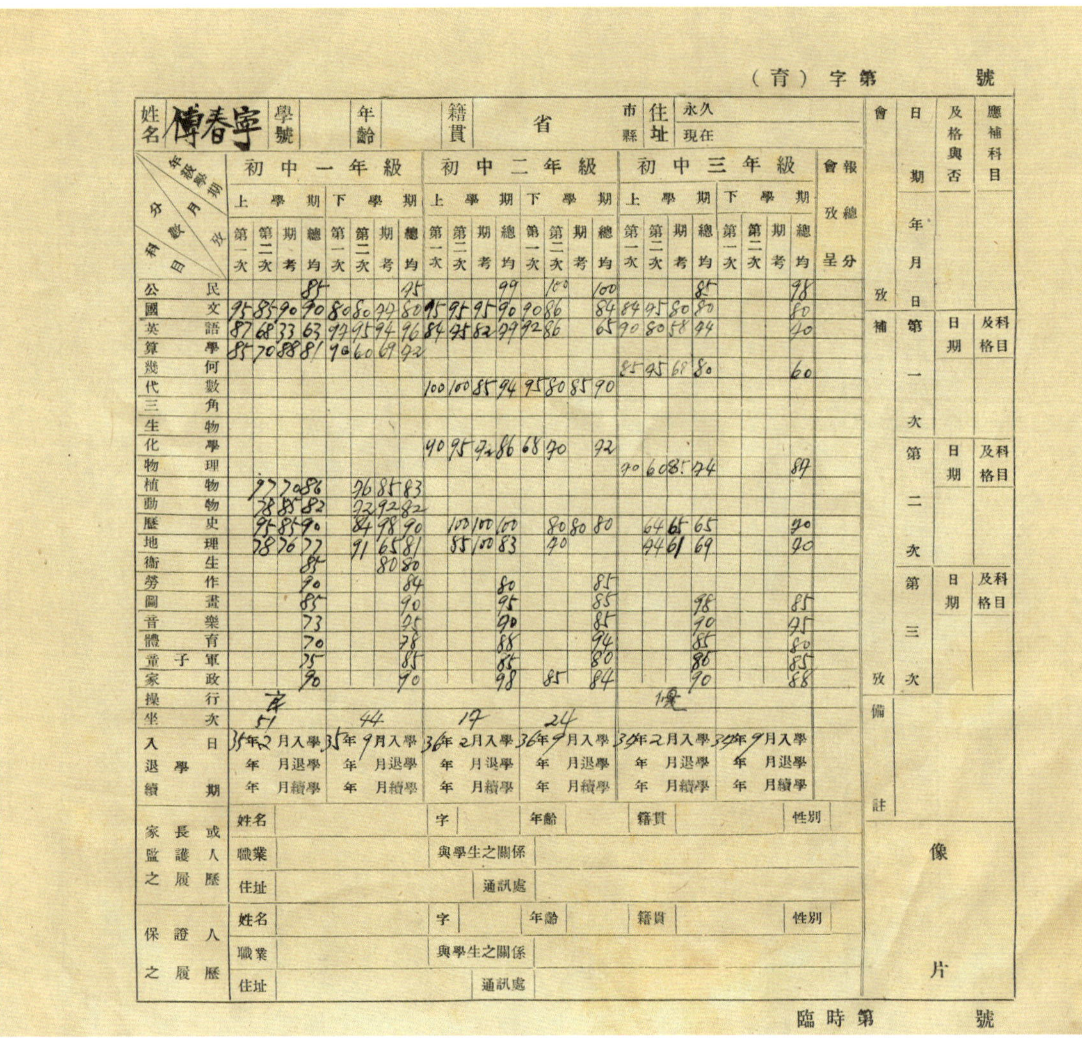

（育）字第　　號

姓名	傅春寧	學號		年齡		籍貫	省	市縣	住址	永久 現在

科目 \ 分數 \ 月次 \ 年級學期	初中一年級 上學期 第一次	第二次	期考	總均	初中一年級 下學期 第一次	第二次	期考	總均	初中二年級 上學期 第一次	第二次	期考	總均	初中二年級 下學期 第一次	第二次	期考	總均	初中三年級 上學期 第一次	第二次	期考	總均	初中三年級 下學期 第一次	第二次	期考	總均	會考總分報呈
公民				85				95				99		100		100				85				98	
國文	95	85	90	90	80	80	77	80	95	95	95	90	90	86		84	84	95	80	80				80	
英語	87	68	33	63	97	95	94	96	84	95	82	97	92	86		65	90	80	58	94				70	
算學	85	70	88	81	70	60	69	92																	
幾何																	85	95	68	80				60	
代數									100	100	85	94	95	80	85	90									
三角																									
生物																									
化學									90	95	92	86	68	90		92									
物理																	90	60	85	74				87	
植物		97	70	86		96	85	83																	
動物		78	85	82		72	92	82																	
歷史		95	85	90		84	98	90		100	100	100		80	80	80		64	65	65				90	
地理		78	76	77		91	65	81		85	100	83		90				94	61	69				90	
衛生				85			80	80																	
勞作				90				84				80				85									
圖畫				85				90				95				85				98				85	
音樂				73				95				90				85				90				75	
體育				70				78				88				94				85				80	
童子軍				75				85				85				80				86				85	
家政				90				90				98		85		84				90				88	
操行	丙																優								
坐次	51				44				17				24												
入退續學日期	35年2月入學 年 月退學 年 月續學				35年9月入學 年 月退學 年 月續學				36年2月入學 年 月退學 年 月續學				36年9月入學 年 月退學 年 月續學				37年2月入學 年 月退學 年 月續學				37年9月入學 年 月退學 年 月續學				

家長或監護人之履歷	姓名		字		年齡		籍貫		性別	
	職業		與學生之關係							
	住址		通訊處							
保證人之履歷	姓名		字		年齡		籍貫		性別	
	職業		與學生之關係							
	住址		通訊處							

會考	日期 年 月 日	及格與否	應補科目
補考	第一次	日期	及格科目
	第二次	日期	及格科目
	第三次	日期	及格科目
備註			

像片

臨時第　　號

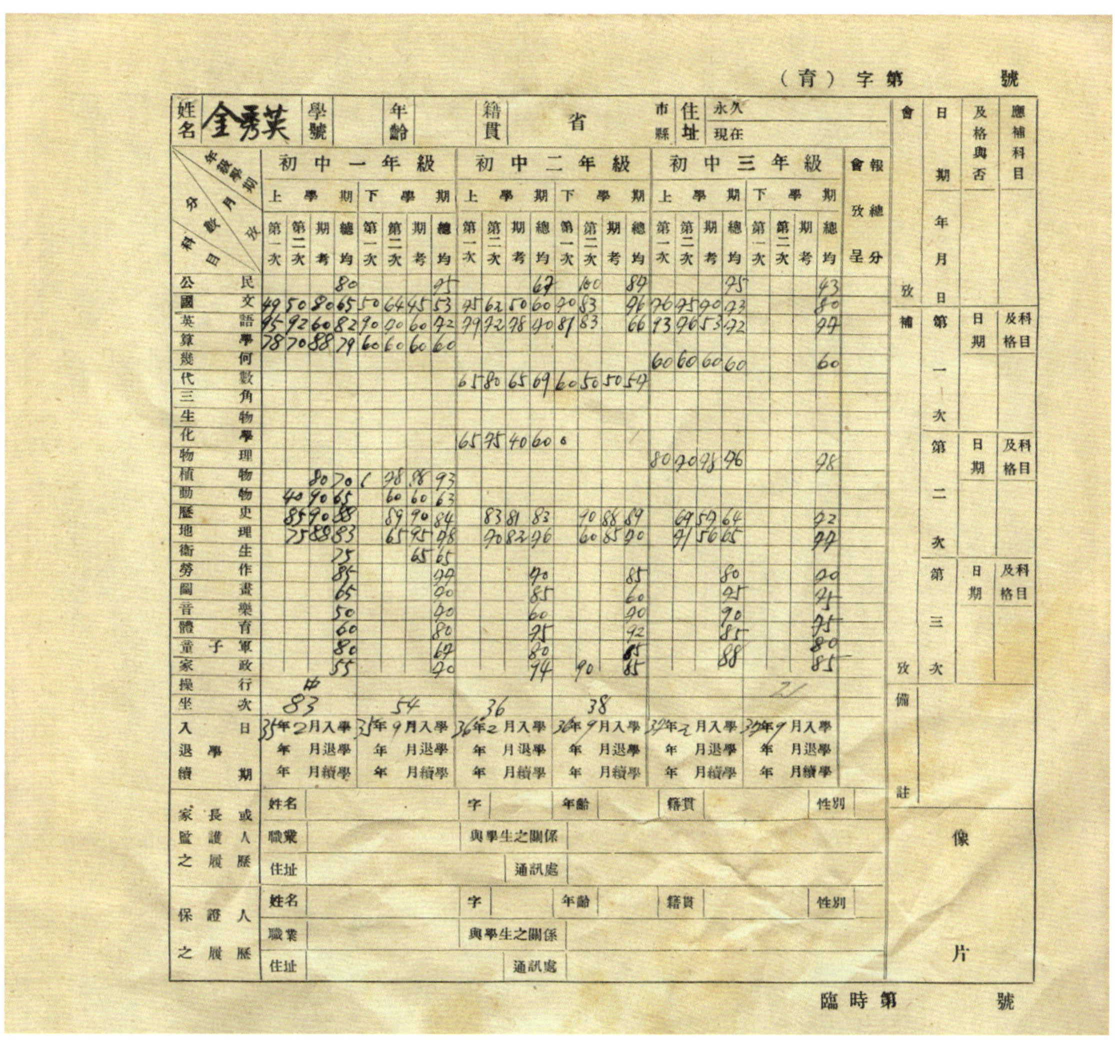

（育）字第　　號

姓名	金秀英	學號		年齡		籍貫	省 市縣	住址	永久 現在

科目＼分數＼學期＼年級	初中一年級								初中二年級								初中三年級								會考總分報
	上學期				下學期				上學期				下學期				上學期				下學期				
	第一次	第二次	期考	總均	第一次	第二次	期考	總均	第一次	第二次	期考	總均	第一次	第二次	期考	總均	第一次	第二次	期考	總均	第一次	第二次	期考	總均	呈分
公民				80				95				67		100		84				75				43	
國文	49	50	80	65	50	64	45	53	95	62	50	60	90	83		96	76	95	90	73				80	
英語	95	92	60	82	90	90	60	72	79	72	78	90	81	83		66	93	96	53	72				97	
算學	78	70	88	79	60	60	60	60																	
幾何																	60	60	60	60				60	
代數									65	80	65	69	60	50	50	54									
三角																									
生物																									
化學									65	95	40	60	6												
物理																	80	90	98	96				98	
植物			80	70	(	98	88	93																	
動物		40	90	65		60	60	63																	
歷史		85	90	88		89	90	84		83	81	83		90	88	89		69	59	64				92	
地理		75	88	83		65	95	98		90	82	96		60	85	90		91	56	65				97	
衛生				75			65	65																	
勞作				85				99				90				85				80				90	
圖畫				65				90				85				60				95				95	
音樂				50				90				60				90				90					
體育				60				80				95				92				85				95	
童子軍				80				69				80				65				88				80	
家政				55				90				94		90		85								85	
操行	[illegible]																				21				
坐次	83				54				36				38												
入學日期	35年2月入學				35年9月入學				36年2月入學				36年9月入學				37年2月入學				37年9月入學				
退學日期	年 月退學				年 月退學				年 月退學				年 月退學				年 月退學				年 月退學				
續學日期	年 月續學				年 月續學				年 月續學				年 月續學				年 月續學				年 月續學				

家長或監護人之履歷	姓名		字		年齡		籍貫		性別	
	職業		與學生之關係							
	住址		通訊處							
保證人之履歷	姓名		字		年齡		籍貫		性別	
	職業		與學生之關係							
	住址		通訊處							

會考	日期	及格與否	應補科目
	年 月 日		

補考		日期	及格科目
	第一次		
	第二次		
	第三次		

備註

像片

臨時第　　號

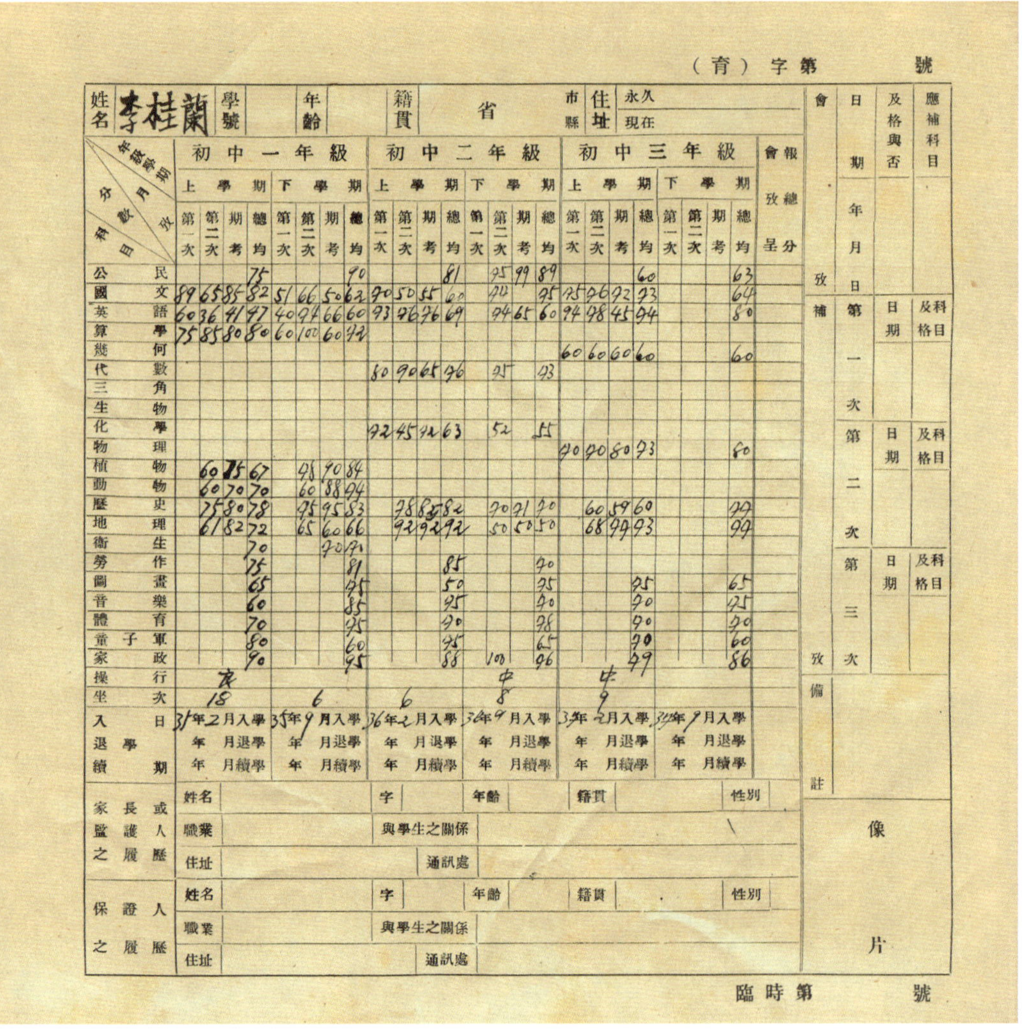

（育）字第　　號

姓名	李桂蘭	學號		年齡		籍貫	省	市縣	住址	永久 現在

年級學期 分數 月次 科目	初中一年級 上學期 第一次	第二次	期考	總均	下學期 第一次	第二次	期考	總均	初中二年級 上學期 第一次	第二次	期考	總均	下學期 第一次	第二次	期考	總均	初中三年級 上學期 第一次	第二次	期考	總均	下學期 第一次	第二次	期考	總均	會考總分 報致呈
公民				75				90				81		95	99	89				60				63	
國文	89	65	85	82	51	66	50	62	90	50	55	60		94		95	95	96	92	93				64	
英語	60	36	41	47	40	94	66	60	93	96	96	69		94	65	60	94	98	45	94				80	
算學	75	85	80	80	60	100	60	92																	
幾何																	60	60	60	60				60	
代數									80	90	65	96		95		93									
三角																									
生物																									
化學									92	45	92	63		52		55									
物理																	90	90	80	93				80	
植物		60	75	67		98	90	84																	
動物		60	70	70		60	88	94																	
歷史		75	80	78		95	95	83		98	85	82		90	91	90		60	59	60				99	
地理		61	82	72		65	60	66		92	92	92		50	50	50		68	99	93				99	
衛生				70			90	91																	
勞作				75				81				85				90									
圖畫				65				95				50				95				95				65	
音樂				60				85				95				90				90				95	
體育				70				95				90				98				90				90	
童子軍				80				60				95				65				90				60	
家政				90				95				88		100		96				99				86	
操行	良												中				中								
坐次	18				6				6				8				9								
入學日	31年2月入學				35年9月入學				36年2月入學				36年9月入學				37年2月入學				37年9月入學				
退學	年　月退學				年　月退學				年　月退學				年　月退學				年　月退學				年　月退學				
續學期	年　月續學				年　月續學				年　月續學				年　月續學				年　月續學				年　月續學				

家長或監護人之履歷	姓名		字		年齡		籍貫		性別	
	職業		與學生之關係							
	住址		通訊處							
保證人之履歷	姓名		字		年齡		籍貫		性別	
	職業		與學生之關係							
	住址		通訊處							

會考	日期 年 月 日	及格與否	應補科目
補考	第一次	日期	及格科目
	第二次	日期	及格科目
	第三次	日期	及格科目
備註			

像片

臨時第　　號

（育）字第　　號

姓名	魏寶琴	學號		年齡		籍貫	省	市縣	住址	永久 / 現在

科目 \ 年級學期 \ 分數 \ 月考	初中一年級								初中二年級								初中三年級								報會考總分
	上學期				下學期				上學期				下學期				上學期				下學期				
	第一次	第二次	期考	總均	第一次	第二次	期考	總均	第一次	第二次	期考	總均	第一次	第二次	期考	總均	第一次	第二次	期考	總均	第一次	第二次	期考	總均	
公民				80				85				100		100		100				90				90	
國文	86	90	75	70	84	81	85	84	95	95	95	95	90	90		91	80	83	78	80				90	
英語	92	87	60	79	98	86	31	95	84	94	84	81	89	90		83	95	80	86	87				95	
算學	75	75	85	78	95	100	82	91																	
幾何																	45	90	88	84				60	
代數									100	88	95	94	88	80	100	93									
三角																									
生物																									
化學									98	88	95	89	90	95		94									
物理																	80	74	100	85				80	
植物		80	85	82		80	90	85																	
動物		64	90	77		80	95	88																	
歷史		90	90	90		98	98	98		100	100	100		80	81	80		89	86	88				90	
地理		90	98	95		89	65	98		99	100	94		85	95	99		90	94	92				92	
衛生				80			90	90																	
勞作				80				82				95				80									
圖畫				80				80				95				90				90				90	
音樂				88				85				90				90				90				90	
體育				80				80				88				91				85				95	
童子軍				70				94				85				80				80				80	
家政				85				95				96		100		90				89				84	
操行	良												良				優								
坐次	25				11				24				22				23								
入學日	35年2月入學				35年9月入學				36年2月入學				36年9月入學				37年2月入學				37年9月入學				
退學	年月退學				年月退學				年月退學				年月退學				年月退學				年月退學				
續學期	年月續學				年月續學				年月續學				年月續學				年月續學				年月續學				

家長或監護人之履歷	姓名		字		年齡		籍貫		性別	
	職業		與學生之關係							
	住址		通訊處							
保證人之履歷	姓名		字		年齡		籍貫		性別	
	職業		與學生之關係							
	住址		通訊處							

會考	日期	及格與否	應補科目
	年月日		

補考		日期	及科格目
	第一次		
	第二次		
	第三次		

備註

像片

臨時第　　號

南京市私立育羣中學校學生學籍片

學號______________

姓名	王文娟	性別		入校年齡		籍貫	省	市縣
住址	永久							
	現在	(1)		(2)		(3)		
入學前肄業或畢業學校								

科目 \ 學年 學期 考試	第一學年 第一學期 第月一次考	第月二次考	期考	總均	第一學年 第二學期 第月一次考	第月二次考	期考	總均	第二學年 第一學期 第月一次考	第月二次考	期考	總均	第二學年 第二學期 第月一次考	第月二次考	期考	總均	第三學年 第一學期 第月一次考	第月二次考	期考	總均	第三學年 第二學期 第月一次考	第月二次考	期考	總均	會考報致總分呈
公民								70				90		70		93				60				67	
國文					56	78	1	64	78	85	65	75	70	82		78	80	82	70	75				75	
英語					26	40	22	43	74	73	62	70				34	60	40	10	34				77	
算學					70	65	60	65																	
幾何																	70	68	68	74				60	
代數									60	84	55	67	100	60	80	91									
三角																									
生物																									
化學									72	82	62	72	56	40		60									
物理																	88		80	81				71	
植物						81	95	88																	
動物						60	95	78																	
歷史						80	90	84		88	94	92		65	85	88			65	66				80	
地理						50	60	56		80	98	89		90	82	80		68	55	63				87	
衛生							60	60																	
勞作								79				80				80									
圖畫								80				75				75				85				80	
音樂								65				70				70				75				75	
體育								70				60				78				70				70	
童子軍								70				80				80				75				80	
家政								70				92		100		86				88				83	
學科總評														中				良							
操行等第								31			11				13				15						

入學退學復學日期	第一學年 第一學期	第一學年 第二學期	第二學年 第一學期	第二學年 第二學期	第三學年 第一學期	第三學年 第二學期
入學日	年 月入學	35年9月入學	36年2月入學	36年9月入學	37年2月入學	37年9月入學
退學	年 月退學	年 月退學	年 月退學	年 月退學	年 月退學	年 月退學
復學	年 月復學	年 月復學	年 月復學	年 月復學	年 月復學	年 月復學
事由						

會考	日期	及格與否	應補科目
	年 月 日		

補考	日期	及格	科目
第一次			
第二次			
第三次			

家長或監護人之履歷	姓名		性別		年齡		籍貫	
	職業		與學生之關係					
	住址	(1)		(2)		(3)		
保證人之履歷	姓名		性別		年齡		籍貫	
	職業		與學生之關係					
	住址	(1)		(2)		(3)		
保證人之履歷	姓名		性別		年齡		籍貫	
	職業		與學生之關係					
	住址	(1)		(2)		(3)		
保證人之履歷	姓名		性別		年齡		籍貫	
	職業		與學生之關係					
	住址	(1)		(2)		(3)		
備註								

南京市私立育羣中學校學生學籍片

學號＿＿＿＿＿＿

姓名	周典萱	性別		入校年齡		籍貫	省	市縣

住址	永久	
	現在	(1)　　(2)　　(3)
入學前肄業或畢業學校		

科目 \ 學年 學期 成績	第一學年 第一學期 第一月次考	第二月次考	期考	總均	第一學年 第二學期 第一月次考	第二月次考	期考	總均	第二學年 第一學期 第一月次考	第二月次考	期考	總均	第二學年 第二學期 第一月次考	第二月次考	期考	總均	第三學年 第一學期 第一月次考	第二月次考	期考	總均	第三學年 第二學期 第一月次考	第二月次考	期考	總均	會考總分報致呈
公民								65				98		80		85				62				63	
國文					50	66	/	61	60	90	50	60	75	76		94	60	78	70	72				67	
英語					78	50	30	56	40	94	86	72	60	93		60	70	64	34	60				60	
算學					65	90	67	74																	
幾何																	60	66	65	68				60	
代數									100	83	40	41	30	20	60	60									
三角																									
生物																									
化學									92	50	58	60	30	64		42									
物理																	100	80	40	73				73	
植物						84	92	88																	
動物						60	80	70																	
歷史						82	60	93		93	96	87		80	75	98		74	42	93				65	
地理						64	70	69		60	96	78		93	82	80		91	64	69				65	
衛生							60	60																	
勞作								78				80				80									
圖畫								70				70				75				75				70	
音樂								60				65				65				65				70	
體育								65				88				80				75				60	
童子軍								80				70				70				80				60	
家政								60				95		75		84				95				85	
學科總評														中				中							
操行等第						30				40				45				44							
入學日期	年 月入學				35年9月入學				36年2月入學				36年9月入學				37年2月入學				37年9月入學				
退學日期	年 月退學				年 月退學				年 月退學				年 月退學				年 月退學				年 月退學				
復學日期	年 月復學				年 月復學				年 月復學				年 月復學				年 月復學				年 月復學				
事由																									

會考	日期	及格與否	應補科目
	年月日		

補考		日期	及格科目
	第一次		
	第二次		
	第三次		

家長或監護人之履歷	姓名		性別		年齡		籍貫	
	職業		與學生之關係					
	住址	(1)		(2)		(3)		
保證人之履歷	姓名		性別		年齡		籍貫	
	職業		與學生之關係					
	住址	(1)		(2)		(3)		
保證人之履歷	姓名		性別		年齡		籍貫	
	職業		與學生之關係					
	住址	(1)		(2)		(3)		
保證人之履歷	姓名		性別		年齡		籍貫	
	職業		與學生之關係					
	住址	(1)		(2)		(3)		
備註								

南京市私立育羣中學校學生學籍片

學號＿＿＿＿＿＿

姓名	孫國敏	性別		入年校齡		籍貫	省	市縣
住址	永久							
	現在	(1)		(2)		(3)		
入學前肄業或畢業學校								

科目	第一學年								第二學年								第三學年								會考總分呈報
	第一學期				第二學期				第一學期				第二學期				第一學期				第二學期				
	第一次月考	第二次月考	期考	總均	第一次月考	第二次月考	期考	總均	第一次月考	第二次月考	期考	總均	第一次月考	第二次月考	期考	總均	第一次月考	第二次月考	期考	總均	第一次月考	第二次月考	期考	總均	
公民								80				90		88		90				63				60	
國文					65	68	88	78	85	90	80	84	86	80		70	70	85	70	93				80	
英語					94	90	93	93	89	85	80	78	86	65		60	90	66	65	93				69	
算學					80	100	65	80																	
幾何																	60	60	60	60				60	
代數									98	53	50	65	95	25	50	60									
三角																									
生物																									
化學									65	90	85	80	60	77	8	69									
物理																	70	70	49	93				78	
植物						80	98	89																	
動物						72	76	84																	
歷史						96	96	96		96	93	92		90	85	88		60	56	60				82	
地理						69	80	74		92	90	91			90	60		91	79	46				82	
衛生							95	75																	
勞作								83				85				95									
圖畫								85				40				80				95				80	
音樂								65				60				65				90				95	
體育								75				45				95				95				95	
童子軍								93				95				80				95				95	
家政								90				88		100		90				83				84	
學科總評													中				中								
操行等第	28								28				29				31								
入學日	年 月入學				35年9月入學				36年2月入學				36年9月入學				37年2月入學				37年9月入學				
退學	年 月退學				年 月退學				年 月退學				年 月退學				年 月退學				年 月退學				
復期	年 月復學				年 月復學				年 月復學				年 月復學				年 月復學				年 月復學				
事由																									

		日期	及格與否	應補科目
會考		年 月 日		
補考	第一次	日期	及格	科目
	第二次	日期	及格	科目
	第三次	日期	及格	科目

家長或監護人之履歷	姓名		性別		年齡		籍貫	
	職業		與學生之關係					
	住址	(1)		(2)		(3)		
保證人之履歷	姓名		性別		年齡		籍貫	
	職業		與學生之關係					
	住址	(1)		(2)		(3)		
保證人之履歷	姓名		性別		年齡		籍貫	
	職業		與學生之關係					
	住址	(1)		(2)		(3)		
保證人之履歷	姓名		性別		年齡		籍貫	
	職業		與學生之關係					
	住址	(1)		(2)		(3)		
備註								

南京市私立育羣中學校學生學籍片

學號＿＿＿＿＿＿

姓名	楊　愛　雲	性別		入年校齡		籍貫	省　市縣
住址	永久						
	現在	(1)		(2)		(3)	
入學前肄業或畢業學校							

科目 \ 學年學期成績	第一學年 第一學期 第月一次考	第月二次考	期考	總均	第一學年 第二學期 第月一次考	第月二次考	期考	總均	第二學年 第一學期 第月一次考	第月二次考	期考	總均	第二學年 第二學期 第月一次考	第月二次考	期考	總均	第三學年 第一學期 第月一次考	第月二次考	期考	總均	第三學年 第二學期 第月一次考	第月二次考	期考	總均	會考成績 報致總分
公民								90				96		100		100				80				94	
國文					78	78	97	78	95	85	95	90	90	80		85	79	84	85	82				82	
英語					46	68	57	55	78	92	60	70	81	88		65	90	81	52	73				80	
算學					70	90	65	74																	
幾何																	50	60	60	62				60	
代數									83	86	50	70	40	25	40	60									
三角																	60	70	70	67				60	
生物																									
化學									90	90	95	78	75	86	'	77									
物理					×	78	98	88																	
植物						98	98	88																	
動物						98	85	86																	
歷史						64	85	92		86	90	91		90	85	88		66	63	65				89	
地理						〃	80	80		95	75	95		90	93	85		64	71	69				85	
衛生								65																	
勞作								75				40				80									
圖畫								75				65				90				90				95	
音樂								70				45				80				75				65	
體育								98				65				90				75				70	
童子軍								80				80				81				75				60	
家政								↓				78		90		86				86				80	
學科總評													良				中								
操行等第					24				10				19				20								
入學日期	年　月入學				35年9月入學				36年2月入學				36年9月入學				37年2月入學				37年9月入學				
退學日期	年　月退學				年　月退學				年　月退學				年　月退學				年　月退學				年　月退學				
復學日期	年　月復學				年　月復學				年　月復學				年　月復學				年　月復學				年　月復學				
事由																									

會考	日期	及格與否	應補科目
	年　月　日		

補考	日期	及格科目
第一次		
第二次		
第三次		

家長或監護人之履歷	姓名		性別		年齡		籍貫	
	職業		與學生之關係					
	住址	(1)	(2)		(3)			
保證人之履歷	姓名		性別		年齡		籍貫	
	職業		與學生之關係					
	住址	(1)	(2)		(3)			
保證人之履歷	姓名		性別		年齡		籍貫	
	職業		與學生之關係					
	住址	(1)	(2)		(3)			
保證人之履歷	姓名		性別		年齡		籍貫	
	職業		與學生之關係					
	住址	(1)	(2)		(3)			
備註								

南京市私立育羣中學校學生學籍片

學號＿＿＿＿＿＿

姓名	莊壽坤	性別		入校年齡		籍貫	省 市縣
住址	永久						
	現在	(1)		(2)		(3)	
入學前肄業或畢業學校							

學年	第一學年								第二學年								第三學年								會考報告總分
學期	第一學期				第二學期				第一學期				第二學期				第一學期				第二學期				
科目 成績	第一月次考	第二月次考	期考	總均	第一月次考	第二月次考	期考	總均	第一月次考	第二月次考	期考	總均	第一月次考	第二月次考	期考	總均	第一月次考	第二月次考	期考	總均	第一月次考	第二月次考	期考	總均	
公民												95		100		100				65				86	
國文									80	80	85	82	90	84		86	80	80	80	80				96	
英語									70	69	60	66	70	76		60	84	74	58	72				95	
算學																									
幾何																	50	60	60	60				60	
代數									75	95	60	69	12	50	60	60									
三角																									
生物																									
化學									75	90	95	80	43	86		68									
物理																	80	70	80	93				80	
植物																									
動物																									
歷史										90	96	93		98	80	79		54	36	60				85	
地理										95	98	83		60	93	70		54	60	60				80	
衛生																									
勞作												80				85									
圖畫												65				75				70				90	
音樂												95				70				70				65	
體育												75				85				70				70	
童子軍												95				70				75				60	
家政												90		100		82				86				80	
學科總評																									
操行等第									9				中				中								
入學日期	年 月入學				年 月入學				36年2月入學				36年9月入學				37年2月入學				37年9月入學				
退學日期	年 月退學				年 月退學				年 月退學				年 月退學				年 月退學				年 月退學				
復學日期	年 月復學				年 月復學				年 月復學				年 月復學				年 月復學				年 月復學				
事由																									

會考	日期	及格與否	應補科目
	年 月 日		

補考		日期	及格科目
	第一次		
	第二次		
	第三次		

家長或監護人之履歷	姓名		性別		年齡		籍貫	
	職業		與學生之關係					
	住址	(1)		(2)		(3)		

保證人之履歷	姓名		性別		年齡		籍貫	
	職業		與學生之關係					
	住址	(1)		(2)		(3)		

保證人之履歷	姓名		性別		年齡		籍貫	
	職業		與學生之關係					
	住址	(1)		(2)		(3)		

保證人之履歷	姓名		性別		年齡		籍貫	
	職業		與學生之關係					
	住址	(1)		(2)		(3)		

備註	

南京市私立育羣中學校學生學籍片

學號＿＿＿＿＿＿

姓名	張蘊冬	性別	女	入年校齡		籍貫	省	市縣

住址	永久			
	現在	(1)	(2)	(3)
入學前肄業或畢業學校				

科目 \ 學年 學期 成績	第一學年 第一學期 第月一次考	第月二次考	期考	總均	第一學年 第二學期 第月一次考	第月二次考	期考	總均	第二學年 第一學期 第月一次考	第月二次考	期考	總均	第二學年 第二學期 第月一次考	第月二次考	期考	總均	第三學年 第一學期 第月一次考	第月二次考	期考	總均	第三學年 第二學期 第月一次考	第月二次考	期考	總均	會考報致總呈分
公民								80				90		100	100	100				70				94	
國文					65	99	73	94	80	90	95	98	95	87		84	76	82	78	79				84	
英語					88	98	69	98	79	96	66	94	88	90		93	94	89	91	84				80	
算學					60	90	91	69																	
幾何																	60	68	60	63				60	
代數									91	80	55	69	60	30	60	60									
三角																									
生物																									
化學									80	95	70	95	60	52		67									
物理																	80	66	92	93				80	
植物						95	85	80																	
動物						98	90	84																	
歷史						98	92	94		65	100	89		90	84	89		56	64	62				61	
地理						95	90	81		80	95	88		90	95	85		63	61	62				60	
衛生							80	80																	
勞作								99				90				80									
圖畫								90				95				90				95				85	
音樂								80				80				81				80				80	
體育								98				85				90				80				80	
童子軍								90				95				85				70				75	
家政								60				82		88		80				92				95	
學科總評																									
操行等第	入一下留級				8				9				良				中								
入學日期	35年2月入學				35年9月入學				36年2月入學				36年9月入學				37年2月入學				37年9月入學				
退學	年月退學				年月退學				年月退學				年月退學				年月退學				年月退學				
復學期	年月復學				年月復學				年月復學				年月復學				年月復學				年月復學				
事由																									

會考	日期	及格與否	應補科目
	年月日		

補考	日期	及科格目
第一次		
第二次		
第三次		

家長或監護人之履歷	姓名		性別		年齡		籍貫	
	職業		與學生之關係					
	住址	(1)	(2)		(3)			
保證人之履歷	姓名		性別		年齡		籍貫	
	職業		與學生之關係					
	住址	(1)	(2)		(3)			
保證人之履歷	姓名		性別		年齡		籍貫	
	職業		與學生之關係					
	住址	(1)	(2)		(3)			
保證人之履歷	姓名		性別		年齡		籍貫	
	職業		與學生之關係					
	住址	(1)	(2)		(3)			
備註								

南京市私立育羣中學校學生學籍片

學號＿＿＿＿＿＿

姓名	岳益琳	性別		入年校齡		籍貫	省	市縣
住址	永久							
	現在	(1)		(2)		(3)		
入學前肄業或畢業學校								

科目	第一學年第一學期第月一次考	第月二次考	期考	總均	第一學年第二學期第月一次考	第月二次考	期考	總均	第二學年第一學期第月一次考	第月二次考	期考	總均	第二學年第二學期第月一次考	第月二次考	期考	總均	第三學年第一學期第月一次考	第月二次考	期考	總均	第三學年第二學期第月一次考	第月二次考	期考	總均	會考報致總呈分
公民				65				90				90		100	100	100				70				54	
國文	75		90	92	80	57	65	63	73	64	74	90	95	86		84	50	67	62	60				90	
英語	95	92	94	84	59	34	95	47	34	56	25	41	60	83		60	71	60	26	60				70	
算學	60	40	60	50	50	50	70	58																	
幾何																	40	60	60	60				65	
代數									80	47	100	87	60	92	95	94									
三角																									
生物																									
化學									69	81		92	67	55		60									
物理																	92	70	60	67				60	
植物		60	65	62	＼			43																	
動物		60	45	60		66	80	60																	
歷史		65	40	60		20	65	45		90	90	90		65	63	64		55	50	60				80	
地理		65	40	60		40	50	58		93	74	93		60	90	60		64	61	63				82	
衛生				60	＼	50	65	60																	
勞作				70								66				90				70				90	
圖畫				70				70				70				65				95				75	
音樂				70				70				90				70				80				85	
體育				90				80				70				90				95				95	
童子軍				70				90				65				60				85				80	
家政								50				90		60		94									
學科總評																									
操行等第	中				中								中												
入學日	年 月入學				年 月入學				年 月入學				36年9月入學				37年2月入學				37年9月入學				
退學	年 月退學				年 月退學				年 月退學				年 月退學				年 月退學				年 月退學				
復學期	年 月復學				年 月復學				年 月復學				年 月復學				年 月復學				年 月復學				
事由																									

會考	日期	及格與否	應補科目
	年月日		
補考	第一次	日期	及格科目
	第二次	日期	及格科目
	第三次	日期	及格科目

家長或監護人之履歷	姓名		性別		年齡		籍貫	
	職業		與學生之關係					
	住址	(1)	(2)		(3)			
保證人之履歷	姓名		性別		年齡		籍貫	
	職業		與學生之關係					
	住址	(1)	(2)		(3)			
保證人之履歷	姓名		性別		年齡		籍貫	
	職業		與學生之關係					
	住址	(1)	(2)		(3)			
保證人之履歷	姓名		性別		年齡		籍貫	
	職業		與學生之關係					
	住址	(1)	(2)		(3)			
備註								

南京市私立育羣中學校學生學籍片

學號＿＿＿＿＿＿

姓名	曹慧琳	性別	女	入年校齡		籍貫	北平省市縣
住址	永久	本市大光路新15號					
	現在	(1) 仝上	(2)	(3)			
入學前肄業或畢業學校							

科目 \ 學年 學期 成績	第一學年 第一學期 第一次月考	第一次月考第二次	期考	總均	第二學期 第一次月考	第二次月考	期考	總均	第二學年 第一學期 第一次月考	第二次月考	期考	總均	第二學期 第一次月考	第二次月考	期考	總均	第三學年 第一學期 第一次月考	第二次月考	期考	總均	第二學期 第一次月考	第二次月考	期考	總均	會考報致總呈分
公民												75		90	70	100				68				46	
國文									80	67	72	73	88	80		82	70	64	65	60				78	
英語									30	25	70	60	51	49		60	45	40	63	60				60	
算學																									
幾何																	45	40	68	55				60	
代數									60	50	20	42	50	25	50	54									
三角																									
生物																									
化學									84	75		74	35	60		49									
物理																	80	70	80	77				78	
植物																									
動物																									
歷史										99	99	98		70	67	69		53	30	34				40	
地理										60	90	72		49	82	60		67	57	63				70	
衛生																									
勞作												77				70									
圖畫												65				60				60				65	
音樂												75				65				69				65	
體育												70				75				70				65	
童子軍												60				60				70				60	
家政												50		60		90				69				78	
學科總評																									
操行等第													[illegible]				[illegible]								
入學日	年月入學				年月入學				年月入學				36年9月入學				37年2月入學				37年9月入學				
退學	年月退學				年月退學				年月退學				年月退學				年月退學				年月退學				
復學期	年月復學				年月復學				年月復學				年月復學				年月復學				年月復學				
事由																									

會考	日期	及格與否	應補科目
	年月日		

補考			
第一次	日期	及格科目	
第二次	日期	及格科目	
第三次	日期	及格科目	

家長或監護人之履歷	姓名	曹式東	性別	男	年齡	53	籍貫	北平市
	職業	實業	與學生之關係	父女				
	住址	(1) 蚌埠九龍橋崗淮南礦路局警務處			(3)			
保證人之履歷	姓名		性別		年齡		籍貫	
	職業		與學生之關係					
	住址	(1)	(2)		(3)			
保證人之履歷	姓名		性別		年齡		籍貫	
	職業		與學生之關係					
	住址	(1)	(2)		(3)			
保證人之履歷	姓名		性別		年齡		籍貫	
	職業		與學生之關係					
	住址	(1)	(2)		(3)			
備註								

南京市私立育羣中學校學生學籍片

學號＿＿＿＿＿＿

姓名	范 秀 華	性別		入年校齡		籍貫	省 市縣
住址	永久						
	現在	(1)		(2)		(3)	
入學前肄業或畢業學校							

科目 \ 成績 \ 學期 \ 學年	第一學年								第二學年								第三學年								會考總分報致
	第一學期				第二學期				第一學期				第二學期				第一學期				第二學期				
	第一月次考	第二月次考	期考	總均	第一月次考	第二月次考	期考	總均	第一月次考	第二月次考	期考	總均	第一月次考	第二月次考	期考	總均	第一月次考	第二月次考	期考	總均	第一月次考	第二月次考	期考	總均	
公民												95		100		99				60				66	
國文									30	40	50	45	80	81		42	60	74	70	68				46	
英語									65	67	66	66	65	64		60	90	64	42	63				64	
算學																									
幾何																	50	50	60	60				60	
代數									80	69	60	68	15	20	10	40									
三角																									
生物																									
化學									30	45	95	60	15	67		36									
物理																	96	60	44	60				78	
植物																									
動物																									
歷史										80	90	88		90	69	40		64	41	60				67	
地理										74	48	86		60	85	75		93	69	69				82	
衛生																									
勞作												90				80									
圖畫												60				70				90				80	
音樂												40				70				70				85	
體育												90				90				81				70	
童子軍												75				65				75				60	
家政												55		90		82				84				83	
學科總評													中				中								
操行等第									43				34				42								
入學、退學、復學日期	年 月入學 年 月退學 年 月復學				年 月入學 年 月退學 年 月復學				36年2月入學 年 月退學 年 月復學				36年9月入學 年 月退學 年 月復學				37年2月入學 年 月退學 年 月復學				37年9月入學 年 月退學 年 月復學				
事由																									

會考	日期	及格與否	應補科目
	年 月 日		

補考		日期	及格科目
	第一次		
	第二次		
	第三次		

家長或監護人之履歷	姓名		性別		年齡		籍貫	
	職業		與學生之關係					
	住址	(1)	(2)		(3)			
保證人之履歷	姓名		性別		年齡		籍貫	
	職業		與學生之關係					
	住址	(1)	(2)		(3)			
保證人之履歷	姓名		性別		年齡		籍貫	
	職業		與學生之關係					
	住址	(1)	(2)		(3)			
保證人之履歷	姓名		性別		年齡		籍貫	
	職業		與學生之關係					
	住址	(1)	(2)		(3)			
備註								

南京市私立育羣中學校學生學籍片

學號＿＿＿＿＿＿

姓名	阮廼珍	性別		入年校齡		籍貫	省	市縣
住址	永久							
	現在	(1)		(2)		(3)		
入學前肄業或畢業學校								

學年／學期／考試／科目	第一學年								第二學年								第三學年								會考總分報致呈
	第一學期				第二學期				第一學期				第二學期				第一學期				第二學期				
	第一月次考	第二月次考	期考	總均	第一月次考	第二月次考	期考	總均	第一月次考	第二月次考	期考	總均	第一月次考	第二月次考	期考	總均	第一月次考	第二月次考	期考	總均	第一月次考	第二月次考	期考	總均	
公民								40				99		100		93				172				83	
國文					50	46	60	58	45	80	40	60	80	70		93	65	63	45	90				71	
英語					48	60	60	60	65	73	74	41	95	90		60	80	92	44	64				92	
算學					60	65	68	66																	
幾何																	60	60	60	60				60	
代數									40	89	35	61	60	50	60	60									
三角																									
生物																									
化學									90	86	90	89	44	93		68									
物理																	80	60	80	73				65	
植物						78	85	18																	
動物						80	85	64																	
歷史						60	/	82		88	98	96		65	68	66		76	79	98				82	
地理						97	45	83		85	90	88		80	85	95		93	99	98				82	
衛生							60	60																	
勞作								79				85				80									
圖畫								70				50				75				80				75	
音樂								75				75				75				80				90	
體育								78				70				80				70				70	
童子軍								85				75				90				75				60	
家政								55				80		85		81				81				88	
學科總評														中				良							
操行等第					51				41				42				49								
入學日期	年 月入學				35年9月入學				36年2月入學				36年9月入學				37年2月入學				37年9月入學				
退學期	年 月退學				年 月退學				年 月退學				年 月退學				年 月退學				年 月退學				
復學期	年 月復學				年 月復學				年 月復學				年 月復學				年 月復學				年 月復學				
事由																									

會考	日期	及格與否	應補科目
	年 月 日		

補考		日期	及格科目
	第一次	日期	及格科目
	第二次	日期	及格科目
	第三次	日期	及格科目

家長或監護人之履歷	姓名		性別		年齡		籍貫	
	職業		與學生之關係					
	住址	(1)		(2)		(3)		
保證人之履歷	姓名		性別		年齡		籍貫	
	職業		與學生之關係					
	住址	(1)		(2)		(3)		
保證人之履歷	姓名		性別		年齡		籍貫	
	職業		與學生之關係					
	住址	(1)		(2)		(3)		
保證人之履歷	姓名		性別		年齡		籍貫	
	職業		與學生之關係					
	住址	(1)		(2)		(3)		
備註								

南京市立第一女子中學

壹 学校概况及调查

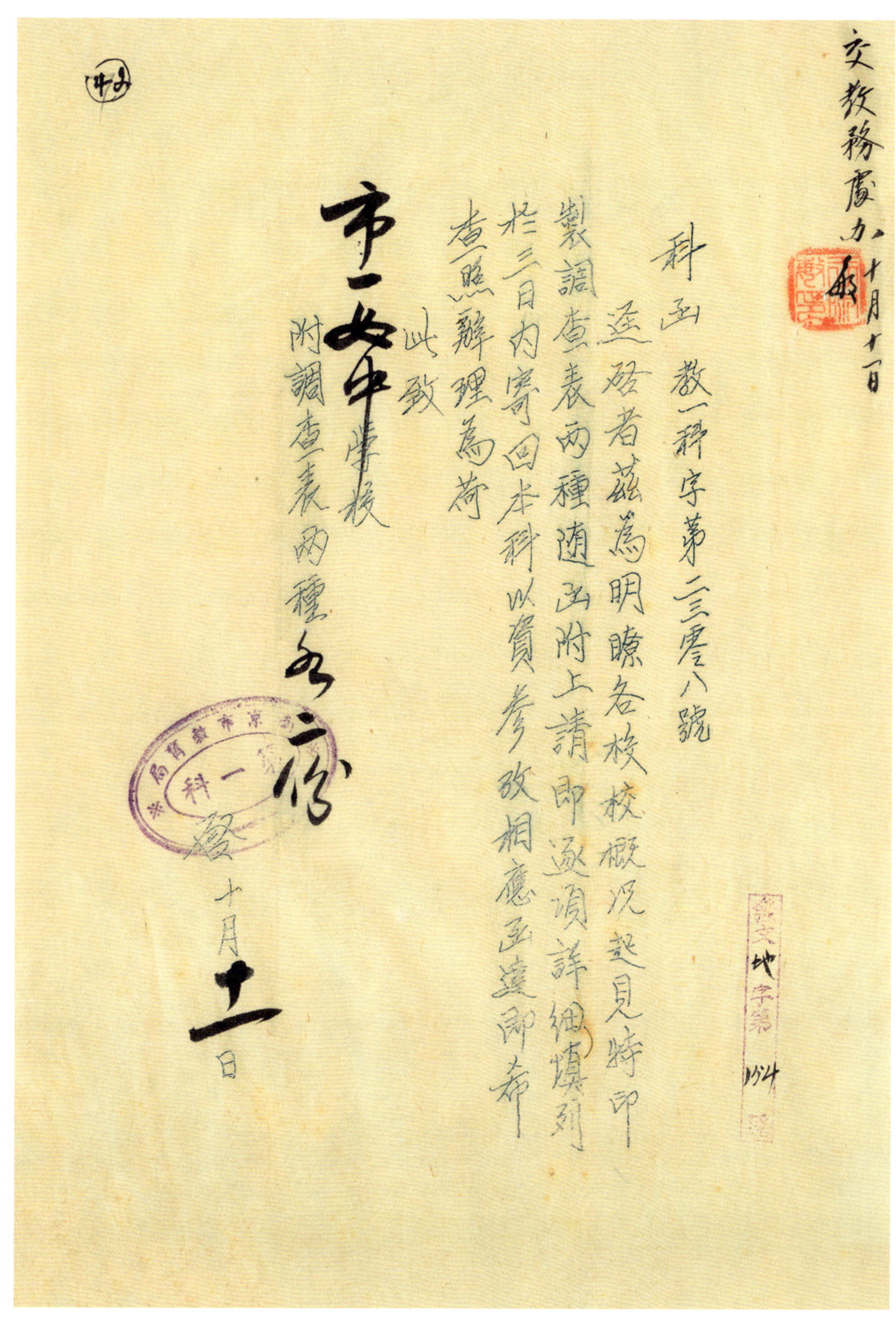

交教務處办 十月十日

科函　教一科字第二三〇八號

逕啓者茲爲明瞭各校校概況起見特印
製調查表兩種隨函附上請即逐項詳細填列
於三日内寄回本科以資參考並相應函達即希
查照辦理爲荷
此致
市一女中學校
附調查表兩種

南京市教育局第一科 啓
十月十一日

爲請各校填報概況調查表的一組文件

南京市教育局第一科給市立第一女子中學的公函（一九四七年十月十一日）

附：調查表兩種

檔號：1009-1-261

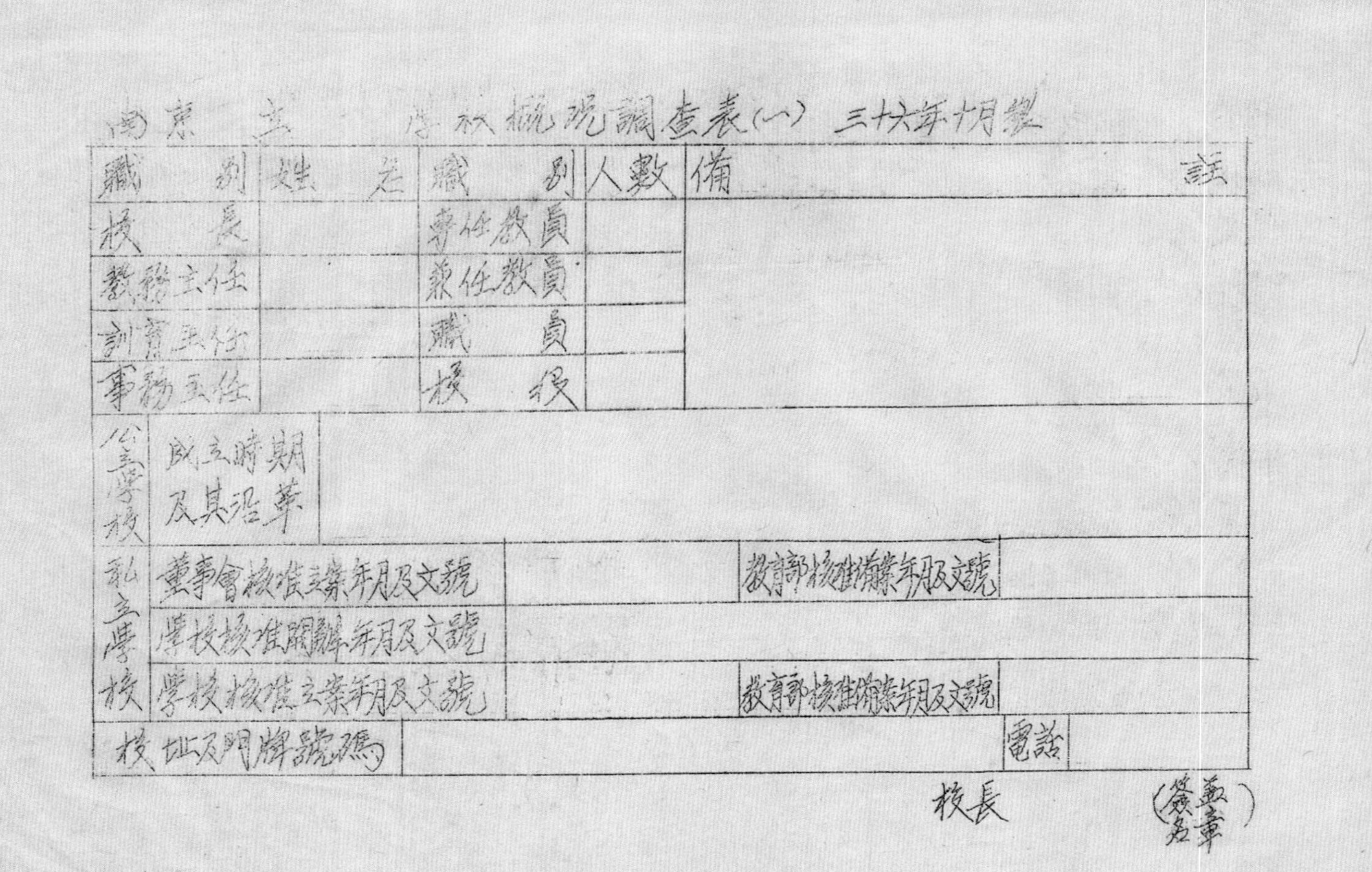

南京　立　　學校概況調查表（一）　三十六年十月製

職　　別	姓　　名	職　　別	人數	備　　註
校　　長		專任教員		
教務主任		兼任教員		
訓育主任		職　　員		
事務主任		校　　役		

公立學校	成立時期及其沿革			
私立學校	董事會核准立案年月及文號		教育部核准備案年月及文號	
	學校核准開辦年月及文號			
	學校核准立案年月及文號		教育部核准備案年月及文號	
校址及門牌號碼			電話	

校長　　　　（簽名蓋章）

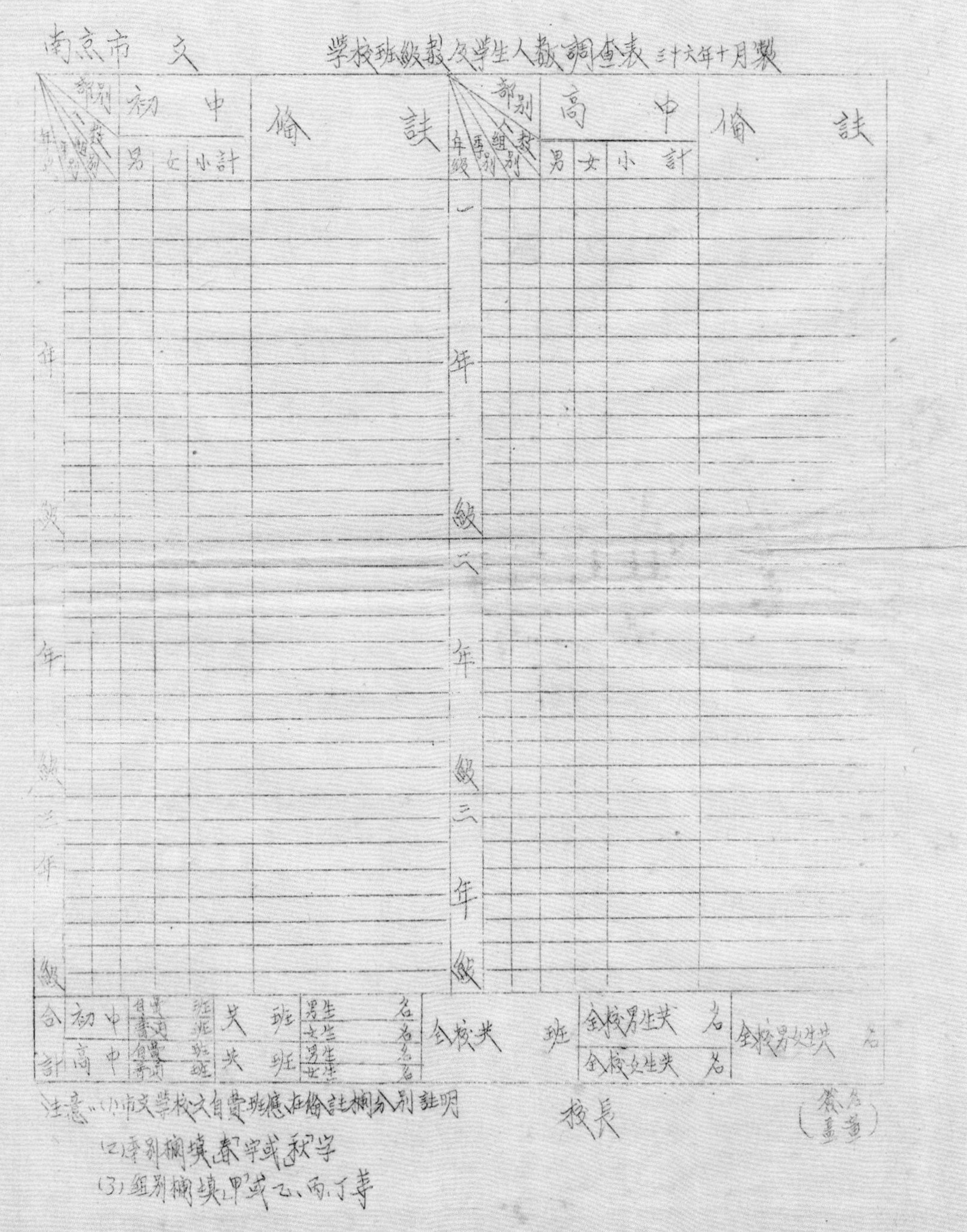

南京市　文　學校班級數及學生人數調查表　三十六年十月製

年級	季別	組別	初中 男	初中 女	初中 小計	備註	年級	季別	組別	高中 男	高中 女	高中 小計	備註
一年級							一年級						
二年級							二年級						
三年級							三年級						

合計						
初中	自費　班 普通　班	共　班	男生　名 女生　名	全校共　班	全校男生共　名	全校男女生共　名
高中	自費　班 普通　班	共　班	男生　名 女生　名		全校女生共　名	

注意：（1）市立學校之自費班應在備註欄分別註明

（2）季別欄填「春」字或「秋」字

（3）組別欄填「甲」或乙、丙、丁等

校長　（簽名蓋章）

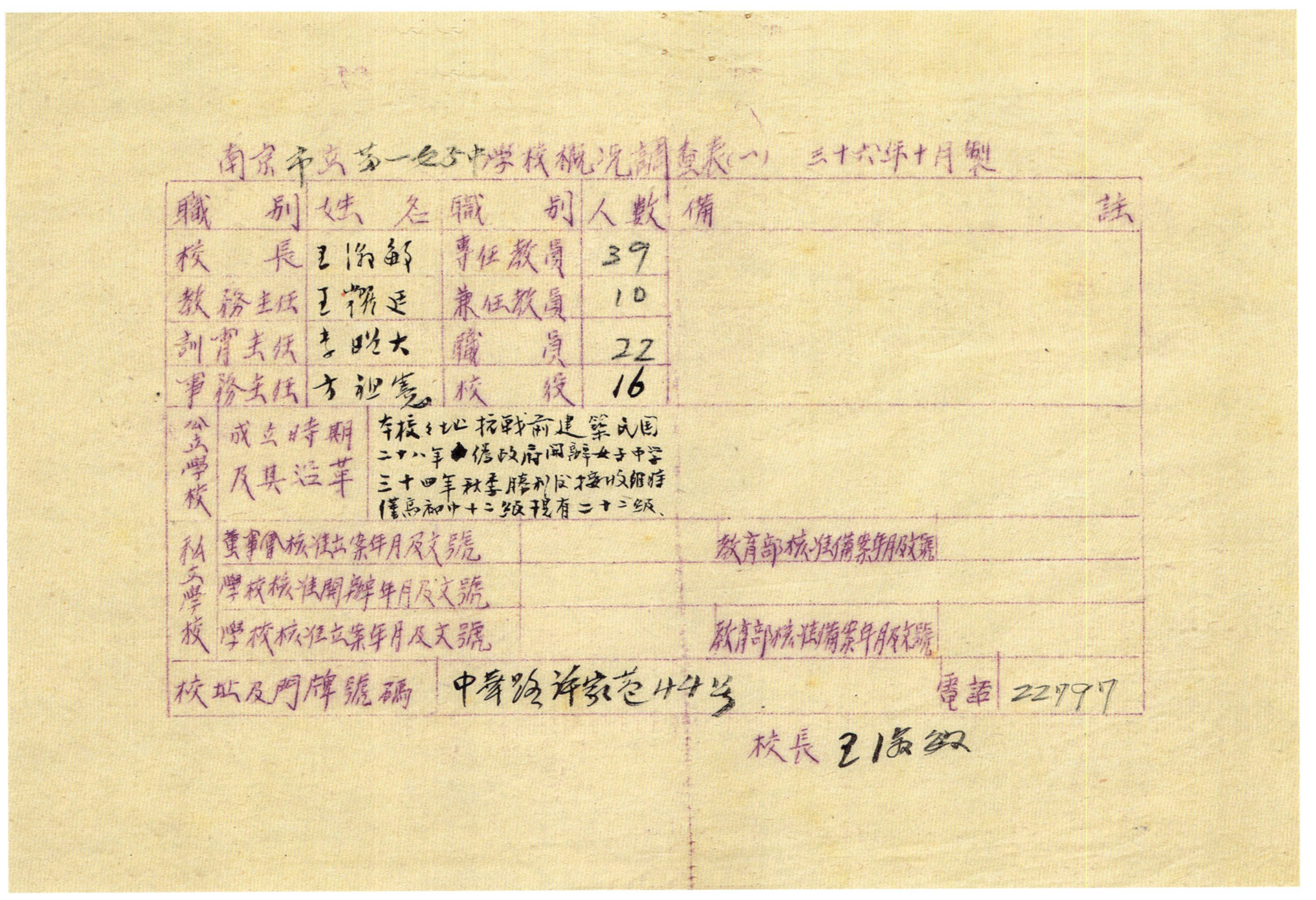

南京市立第一女子中學校概況調查表（一）　三十六年十月製

職別	姓名	職別	人數	備註
校長	王澈郵	專任教員	39	
教務主任	王攀廷	兼任教員	10	
訓育主任	李明大	職員	22	
事務主任	方祖寰	校役	16	
公立學校	成立時期及其沿革	本校校址於抗戰前建築，民國二十八年偽政府開辦女子中學，三十四年秋季勝利後接收維持，僅高初中十二級，現有二十二級。		
私立學校	董事會核准立案年月及文號		教育部核准備案年月及文號	
	學校核准開辦年月及文號			
	學校核准立案年月及文號		教育部核准備案年月及文號	
校址及門牌號碼	中華路許家巷44號		電話	22797

校長　王澈鈞

南京市立第一女子中學填報的概況調查表（一九四七年十月）

檔號：1009-1-261

南京市立第一女子中學校班級數及學生人數調查表　三十六年十月製

年級	季別	組別	初中 男	初中 女	初中 小計	備註
一年級	秋	甲		72	72	
	秋	乙		73	73	
	秋	丙		85	85	自費
	春	甲		67	67	
	春	乙		64	64	
二年級	秋	甲		57	57	
	秋	乙		57	57	
	秋	丙		60	60	
	春			69	69	
三年級	秋			52	52	
	秋			51	51	
	秋			49	49	
	春			37	37	
	春			41	41	

年級	季別	組別	高中 男	高中 女	高中 小計	備註
一年級	秋	甲		47	47	
	秋	乙		45	45	
	秋	丙		41	41	自費
二年級	秋	甲		41	41	
	秋	乙		41	41	
	秋	丙		40	40	
三年級	秋			38	38	
	秋			42	42	

合計							
初中	自費1班 普通13班	共14班	男生　名 女生834名	全校共22班	全校男生共　名	全校男女生共1169名
高中	自費1班 普通7班	共8班	男生　名 女生335名		全校女生共1169名	

注意、(1) 市立學校之自費班應在備註欄內分別註明
(2) 季別欄填「春」字或「秋」字
(3) 組別欄填「甲」字或乙丙丁等

校長　王[illegible]敏

南京市中等學校概況表

校名 南京市立第一女子中學校　　卅六學年度第一學期

教職員數及歲出經費數

教職員數 共計	教員 專任 男	教員 專任 女	教員 兼任 男	教員 兼任 女	職員 專任 男	職員 專任 女	職員 兼任 男	職員 兼任 女	歲出經費數 共計	經常門 小計	經常門 俸給費	經常門 辦公費	經常門 特別費	特殊門	所屬行政區	校址	校長姓名	備註
70	19	20	5	4	7	15			~~180,441.00~~ 275,953,400	~~卅[illegible]~~ 13,487,400	~~卅756,000~~ 78,000	~~卅[illegible]~~ 13,379,400	~~卅240,000~~ 30,000	262,466,000	[illegible]	[illegible]	[illegible]	此一學期計算

班級數及學生數

	高中 春秋季別	高中 班級數 共計	高中 班級數 三年級	高中 班級數 二年級	高中 班級數 一年級	高中 學生數 共計	高中 三年級 男	高中 三年級 女	高中 二年級 男	高中 二年級 女	高中 一年級 男	高中 一年級 女	本學期應屆畢業生數 計	男	女	初中 春秋季別	初中 班級數 共計	初中 班級數 三年級	初中 班級數 二年級	初中 班級數 一年級	初中 學生數 共計	初中 三年級 男	初中 三年級 女	初中 二年級 男	初中 二年級 女	初中 一年級 男	初中 一年級 女	本學期應屆畢業生數 共計	男	女
總計	—	(8)	2	3	3	335		80		122		133				—	(14)	5	4	5	834		230		243		361	78		78
	共計	(8)	2	3	3	335		80		122		133				共計	(14)	5	4	5	834		230		243		361	78		78
	春季															春季	5	2	1	2	278		78		69		131	78		78
	秋季		2	3	3	335		80		122		133				秋季	9	3	3	3	556		152		174		230			

36年10月　日　　校長 王[illegible]　　填表者

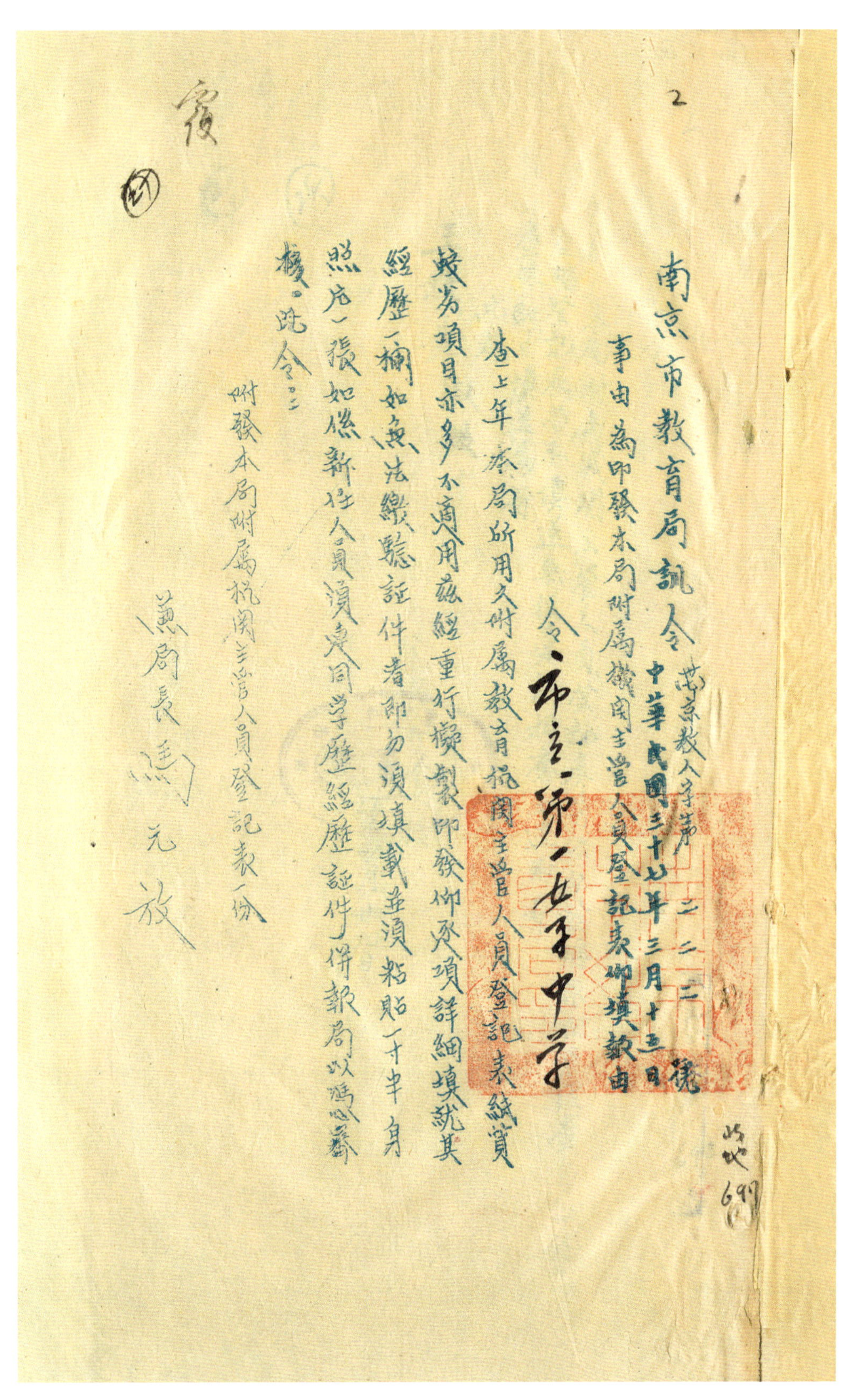

南京市教育局訓令　京教人字第　號

中華民國三十七年三月十五日

事由：爲印發本局附屬機關主管人員登記表仰填報由

令市立第一女子中學

查上年本局所用之附屬教育機關主管人員登記表，缺實務項目亦多，不適用，茲經重行擬製印發，仰依照各項詳細填就，其經歷一欄，如無法繳驗證件者，即勿須填載，並須粘貼二寸半身照片一張。如係新任人員，須連同學歷、經歷證件，併報本局，以憑覈轉。此令。

附發本局附屬機關主管人員登記表一份

兼局長　馮元放

爲填報南京市教育局附屬機關主管人員登記表的一組文件

南京市教育局給市立第一女子中學的訓令（一九四八年三月十五日）

檔號：1009-1-1355

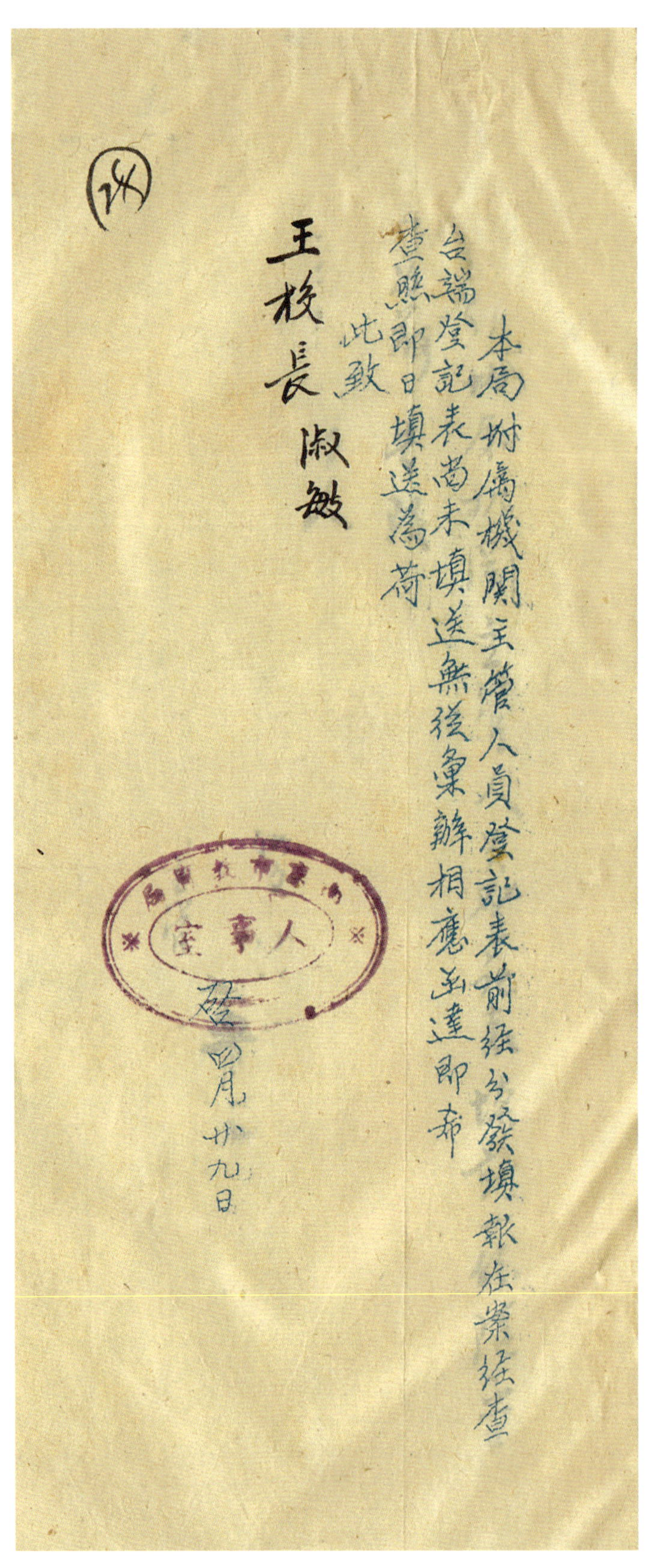

（函）

本局附屬機關主管人員登記表前經分發填報在案經查
台端登記表尚未填送無從彙辦相應函達即希
查照即日填送為荷
此致
王校長淑敏

南京市教育局人事室
啓 四月廿九日

南京市教育局人事室給市立第一女子中學王淑敏校長的函

（一九四八年四月二十九日）

檔號：1009-1-1355

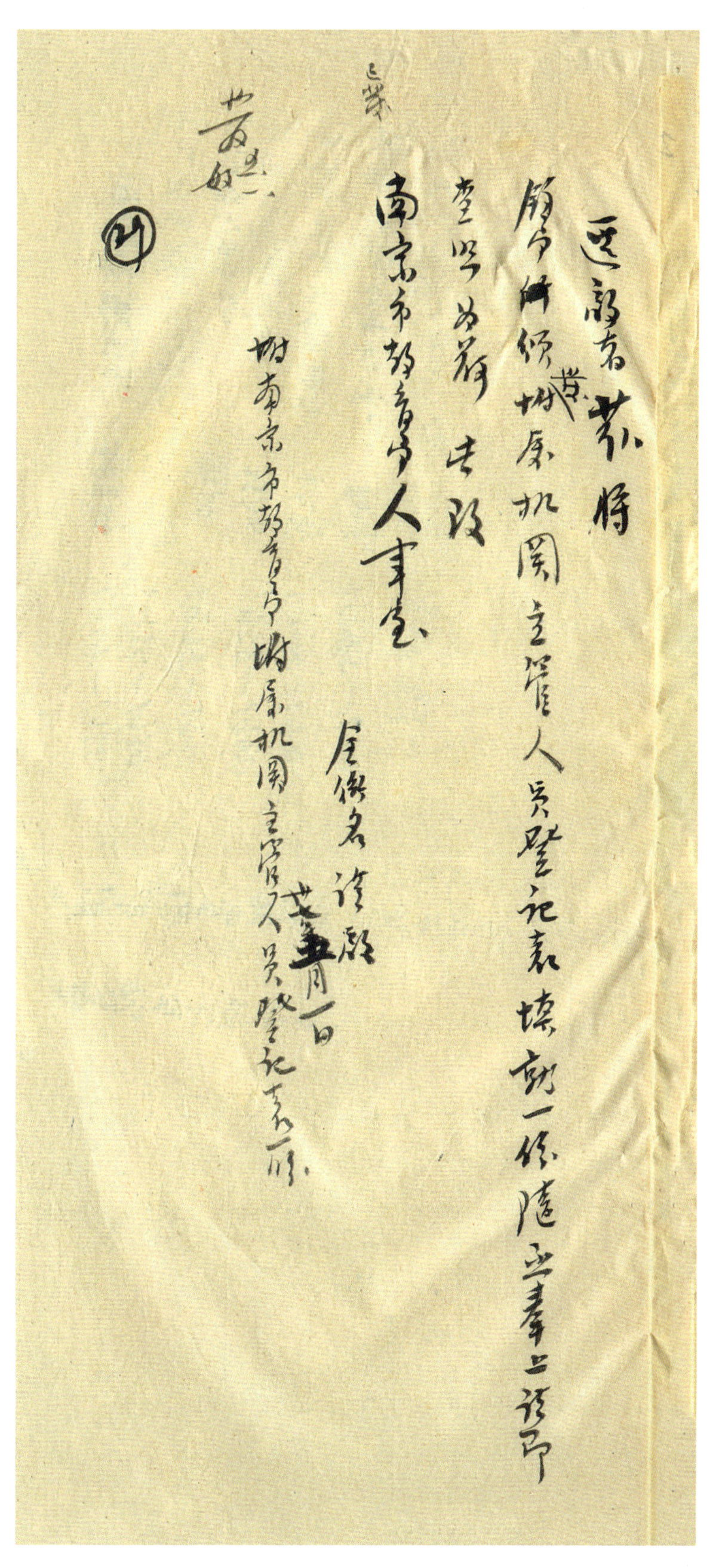

逕啟者：茲將
貴局頒發附屬機關主管人員登記表填就一份隨函奉上，請即
查照為荷。此致
南京市教育局人事室
附南京市教育局附屬機關主管人員登記表一份
全銜名 謹啟
卅七年五月一日

南京市立第一女子中學給市教育局人事室的函（一九四八年五月一日）

附：登記表草稿

檔號：1009-1-1355

無錫連元街18號

天津本國大學理學士　一九三四年　大學四八〇三號

上海中國電器公司	工程師	1934—1936
南京新運婦女工作委員會	總幹事	1936—1937
上海華東商中部	教師	1938—1940
上海私立女中高中部	教師	1938—1940
南京市政府社會局秘書	視導	1945—1946
南京市立女中校長	校長	1945—1946
南京市立第一女中校長	校長	1946起

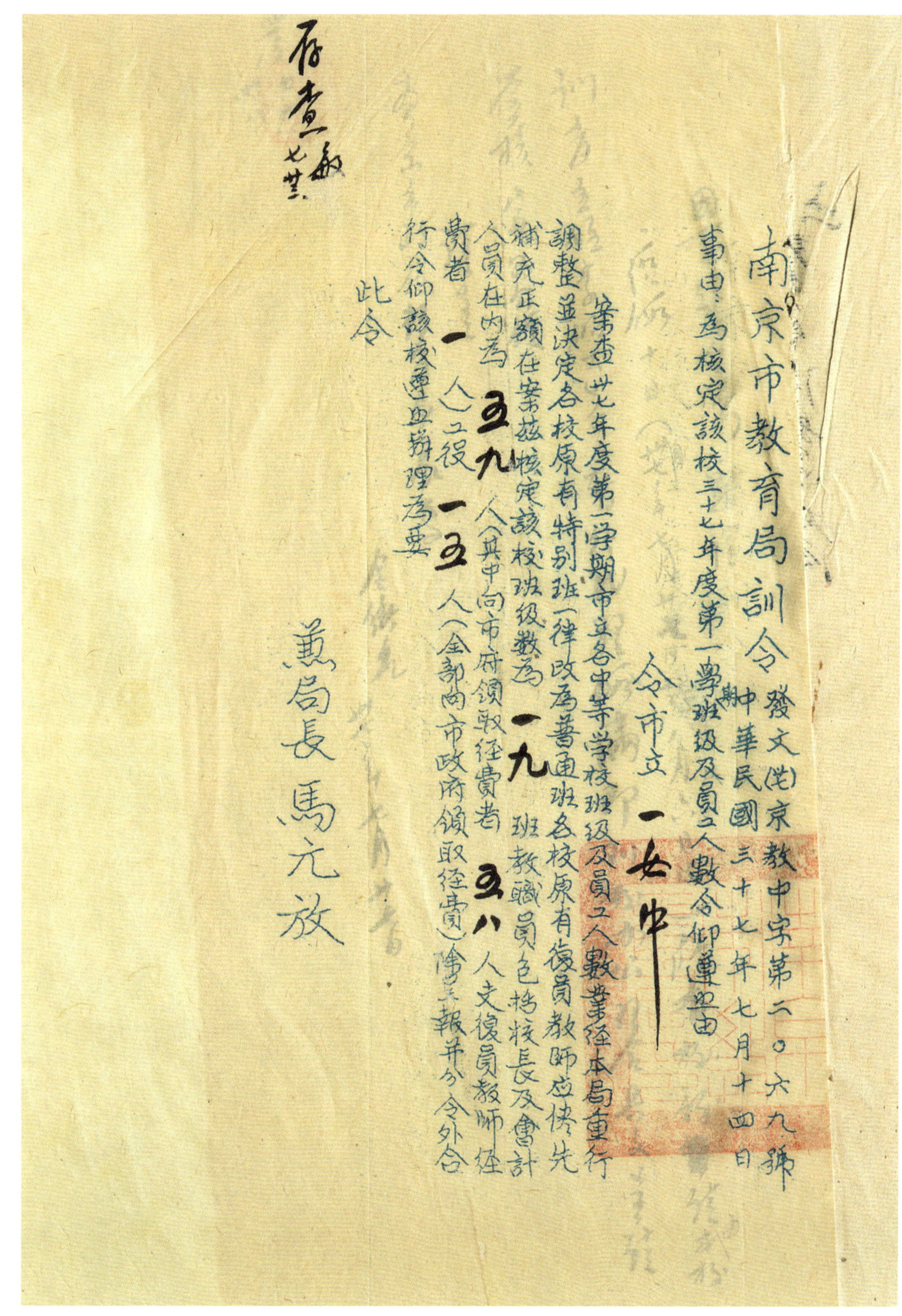
存查 七廿

南京市教育局訓令 發文(卅七)京教中字第二〇六九號

中華民國三十七年七月十四日

事由：爲核定該校三十七年度第一學期班級及員工人數令仰遵照由

令市立一女中

案查卅七年度第一學期市立各中等学校班級及員工人數業經本局重行調整並決定各校原有特別班一律改爲普通班各校原有復員教師應儘先補充正額在案茲核定該校班級數爲一九班教職員包括校長及會計人員在内爲五九人（其中向市府領取經費者五八人支復員教師經費者一人）工役一五人（全部向市政府領取經費）除呈報并分令外合行令仰該校遵照辦理爲要

此令

兼局長 馬元放

南京市教育局爲核定一九四八年度第一學期班級及員工人數給市立第一女子中學的訓令

（一九四八年七月十四日）

檔號：1009-1-1355

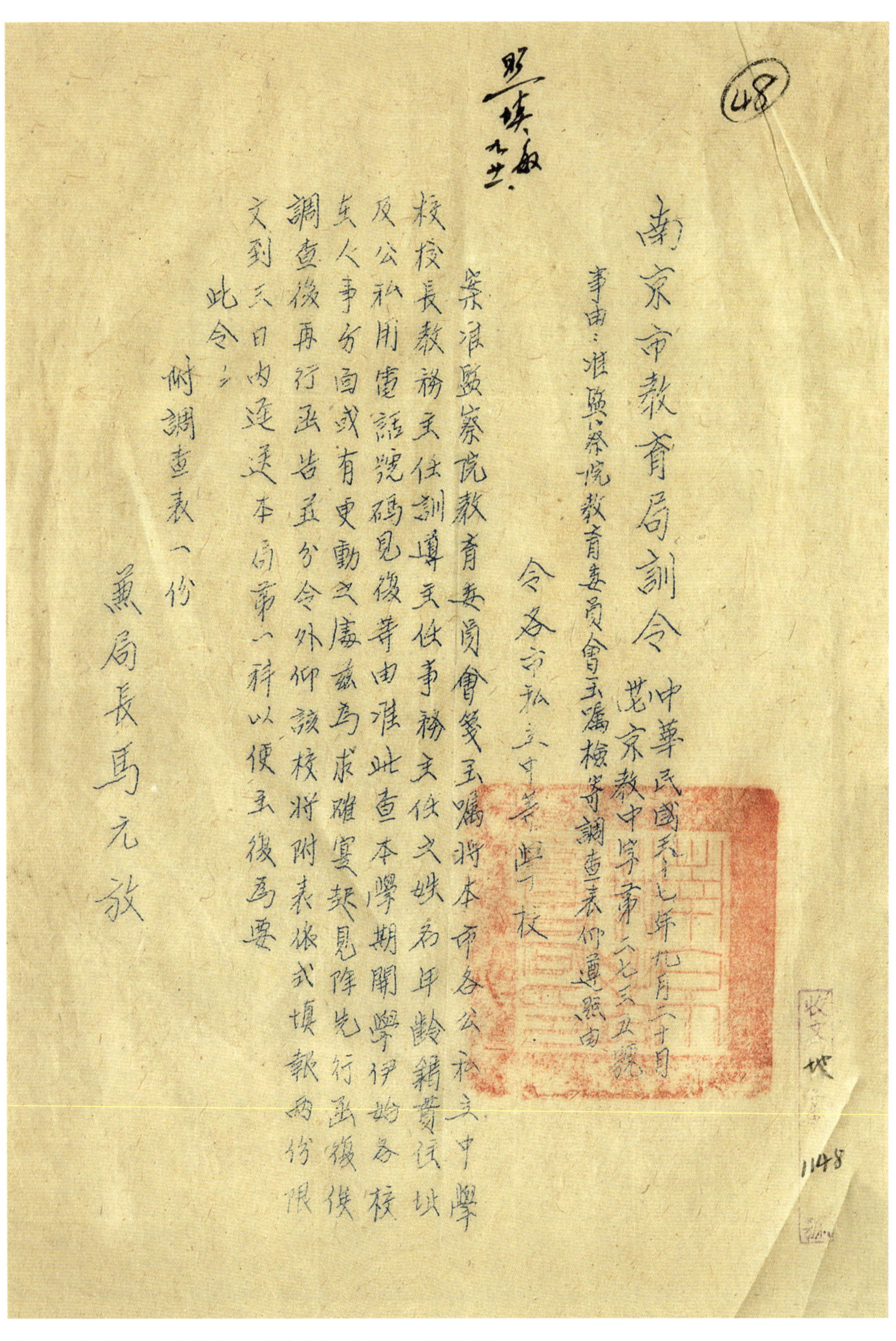

南京市教育局訓令　中華民國三十七年九月二十日
京教中字第六七三五號

事由：准監察院教育委員會函囑檢寄調查表仰遵照由

令各市私立中等學校

案准監察院教育委員會箋函囑將本市各公私立中學校校長教務主任訓導主任事務主任之姓名年齡籍貫住址及公私用電話號碼見復等由。准此，查本學期開學伊始各校在人事方面或有更動之處，茲為求確實起見，除先行函復俟調查後再行函告並分令外，仰該校將附表依式填報兩份，限文到三日內逕送本局第一科，以便函復為要。

此令。

附調查表一份

兼局長　馬元放

爲準監察院教育委員會函囑檢寄調查表的一組文件

南京市教育局給各市私立中等學校的訓令（一九四八年九月二十日）

附：調查表

檔號：1009-1-1355

南京 文 中等學校調查表

職別	姓名	年齡	籍貫	住址	電話號碼
校長					
教務主任					
訓育主任					
事務主任					

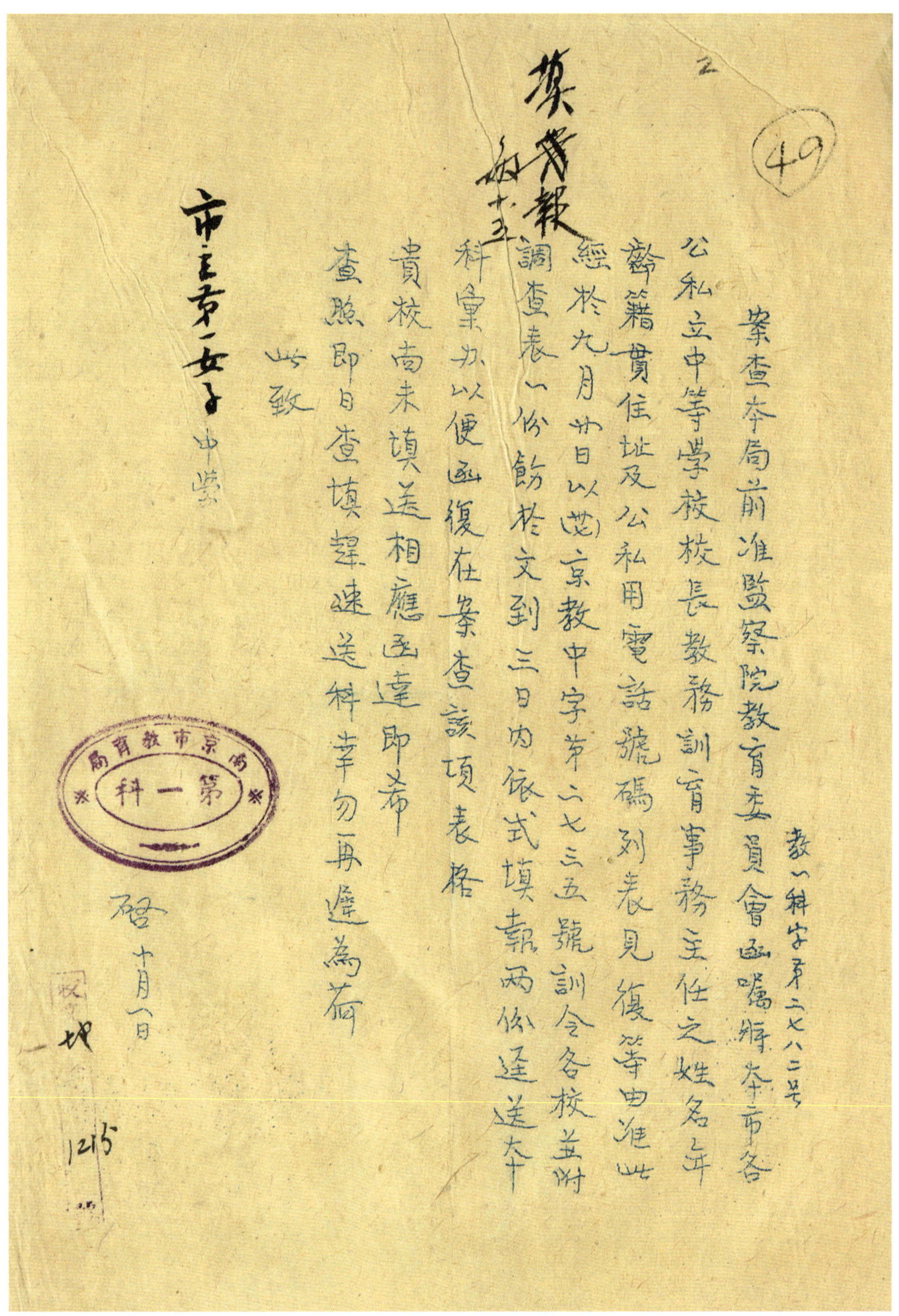

教一科字第二七八二号

案查本局前准監察院教育委員會函囑將本市各公私立中等學校校長教務訓育事務主任之姓名年齡籍貫住址及公私用電話號碼列表見復等由准此經於九月廿日以（卅七）京教中字第二七三五號訓令各校並附調查表一份飭於文到三日內依式填報兩份逕送本科彙辦以便函復在案查該項表格貴校尚未填送相應函達即希查照即日查填趕速送科幸勿再遲為荷

此致

市立第一女子中學

啓 十月一日

南京市教育局第一科

南京市教育局第一科給市立第一女子中學的公函（一九四八年十月一日）

檔號：1009-1-1355

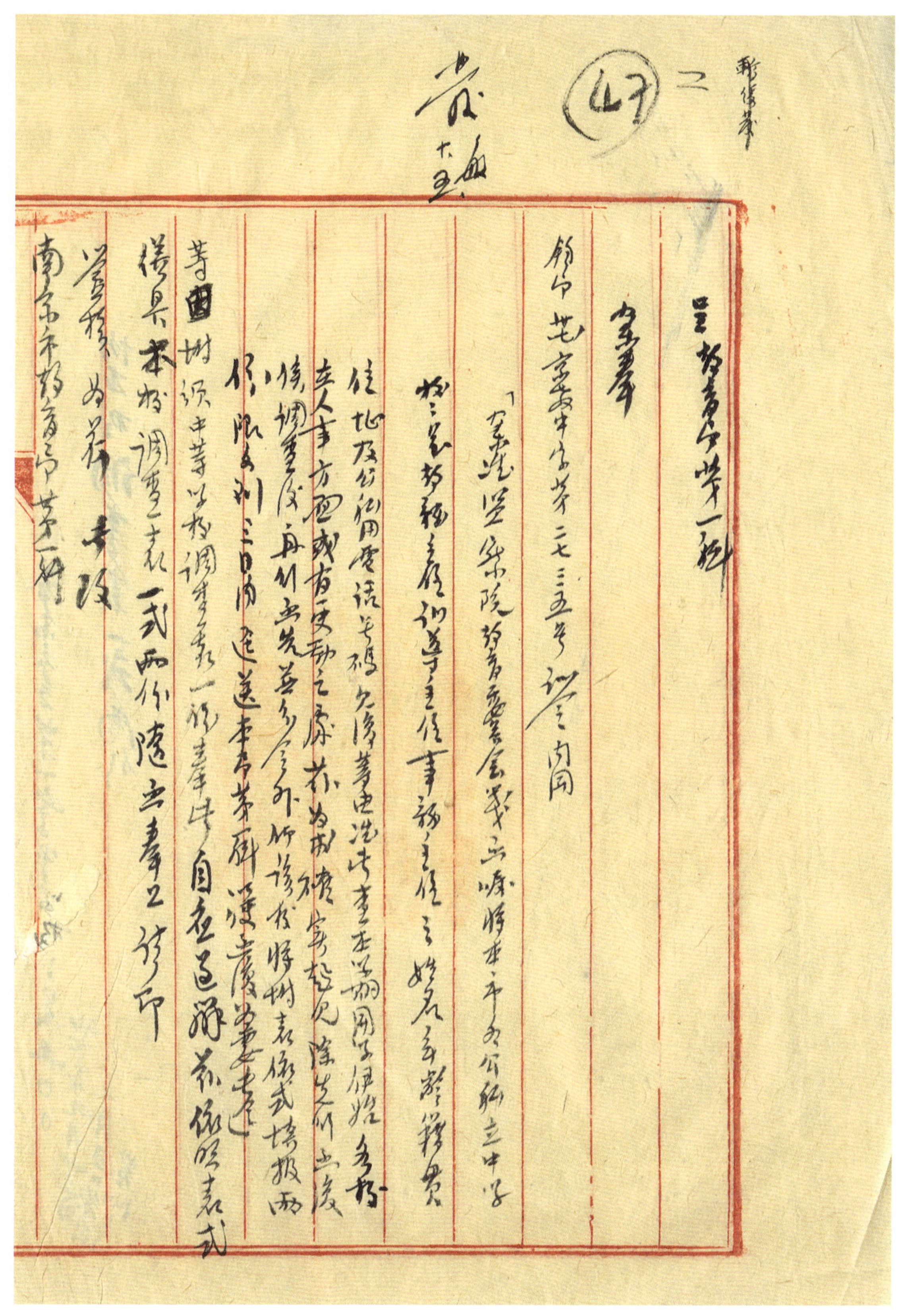

呈教育局第一科

案奉

鈞局芝字第二七三五號訓令內開：「案准江蘇省教育會函以據本市各公私立中學

推派教務訓導主任事務主任之姓名年齡籍貫

住址及公私用電話號碼，以後每遇改選，並隨時函告本會，以便聯絡，為要

在人事方面或有變動之處，亦仰為報核實，除分行外，合行抄發

後，調查表再行出發，令仰該校將調查表依式填報兩

份，限文到三日內送遞本局第一科，以便彙轉，此令。」

等因，附調查表一份。奉此，自應遵辦，茲依照表式

繕具本校調查表一式兩份，隨文賫呈，敬祈

鑒核，為荷。

南京市教育局第一科

南京市立第一女子中學給市教育局第一科的呈文（一九四八年十月五日）

附：調查表

檔號：1009-1-1355

南京市立第一女子中學校校長王〇〇

廿七年九月廿三日

十月三日發出

附本校調查表一式兩份

（南京市立第八中心小學校調查表 三十七年度第一學期填報）

職別	姓名	年齡	籍貫	住址	電話號碼
校長	吳志敏	40	江蘇無錫	南京中華路許家巷四十四號本校	二二九九七
教務主任	吳清泉	31	南京	南京大石垻街六十[illegible]號	二二九九七
訓育主任	李昭大	38	廣東新會	南京中華路許家巷四十四號本校	二二九九七
事務主任	方祖寰	37	南京	南京米[illegible]道[illegible]四號	二二九九七

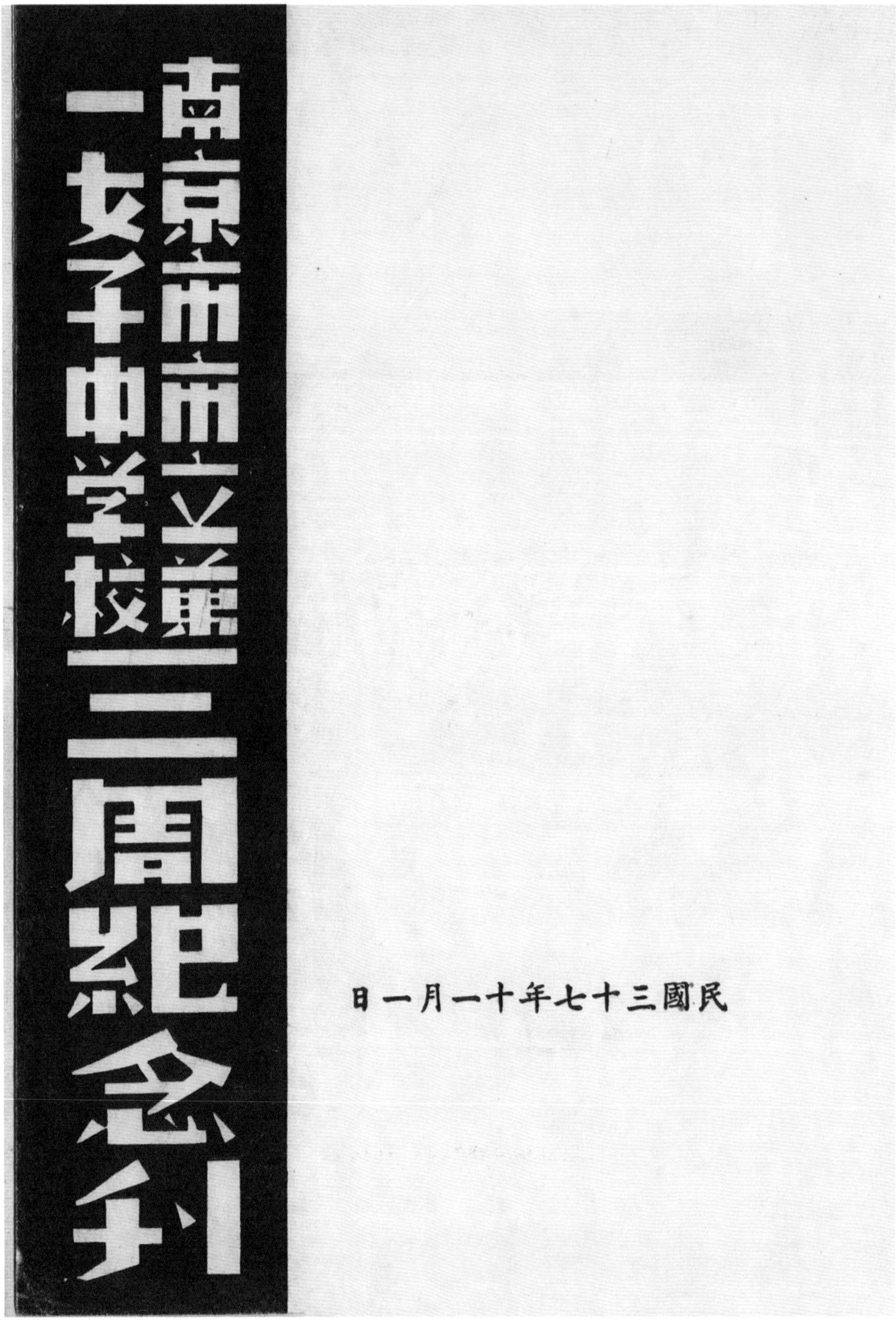

南京市立第一女子中學校三周紀念刊

民國三十七年十一月一日

南京市立第一女子中學三周年紀念刊（一九四八年十一月一日）·節選
檔號：1009-1-262

序言

王淑敏

本校自民國三十四年十一月一日改組成立，至今已及三載，淑敏接辦之初，計高中三班，初中九班，全校學生六百餘人；校舍為督糧小學舊址，狹隘不敷應用，內部圖書設備，亦極簡陋。三年來承　教育當局及社會人士之協助，各位教師之熱心教育，高中學級增至八班，初中增至十二班，學生已逾千數；原有大樓，修葺加楞，樓後加建平屋一行，並於集慶路闢地添建分校，現校舍差可敷用，惟活動空間，猶病狹小，此有涉學校發展大計，目前限於財力物力，一切祇有俟諸異日耳。學校創業匪易，圖建設一優良之學園，培養一勤實之學風，必須出以久長而堅强之努力，淑敏撫今思昔，深感所成與所期相去猶遠，未來應興應革諸項，經緯萬端，自宜兢兢從事，以奠定本校發展之基礎。值此三週年紀念之期，特將本校概況纂述成册，非以自顯，實奉此就正於有道，並作自求檢討與改進之資也。三十七年十一月。

校歌

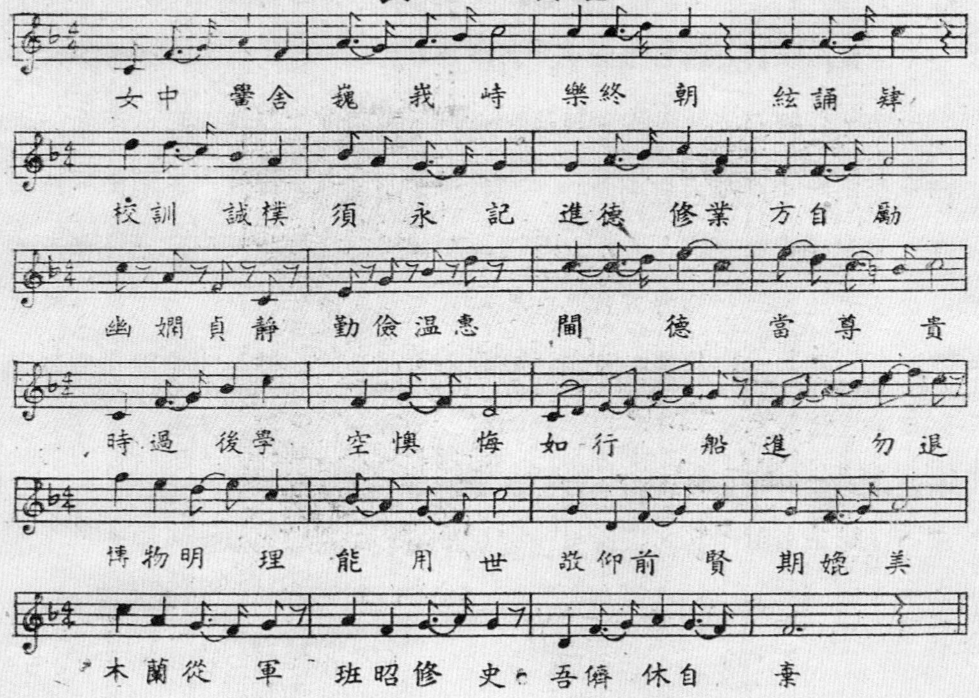
女中 黌舍 巍 峩 峙 樂終 朝 絃誦 肄
校訓 誠樸 須 永 記 進德 修業 方自 勵
幽 嫻 貞 靜 勤 儉 温 惠 閫 德 當 尊 貴
時過 後學 空 懊 悔 如 行 船 進 勿 退
博物明 理 能 用 世 敬仰前 賢 期 媲 美
木蘭從 軍 班昭修 史 吾儕 休自 棄

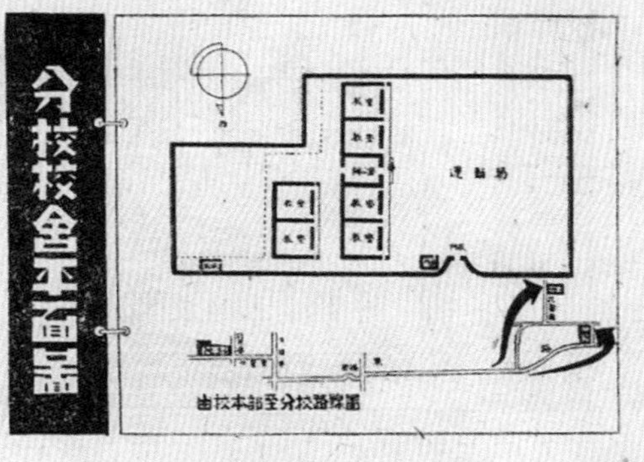
分校校舍平面圖
運動場
由校本部至分校路線圖

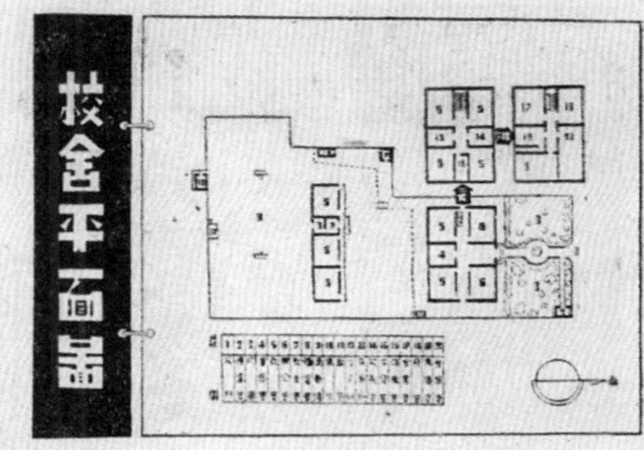
校舍平面圖

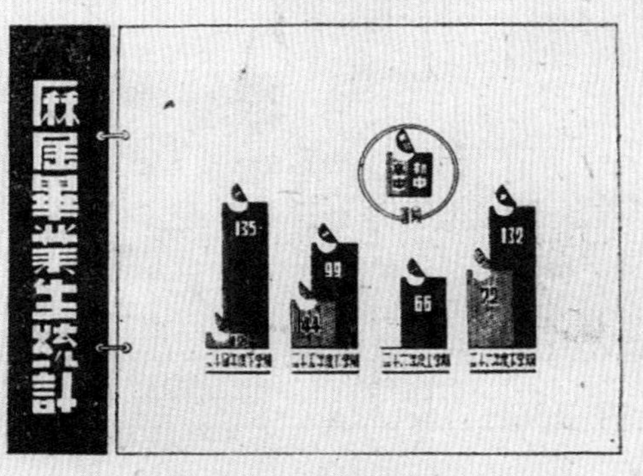
歷屆畢業生統計
135
99
66
132
72

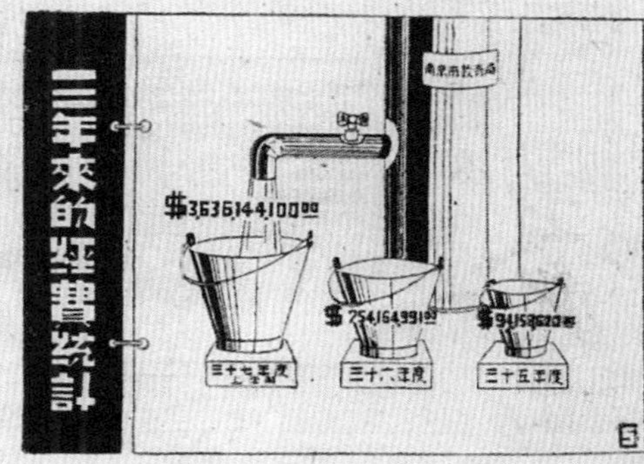
三年來的經費統計
$3,636,144,100.00
$754,164,991.00
三十六年度
三十五年度

統計圖表（一）

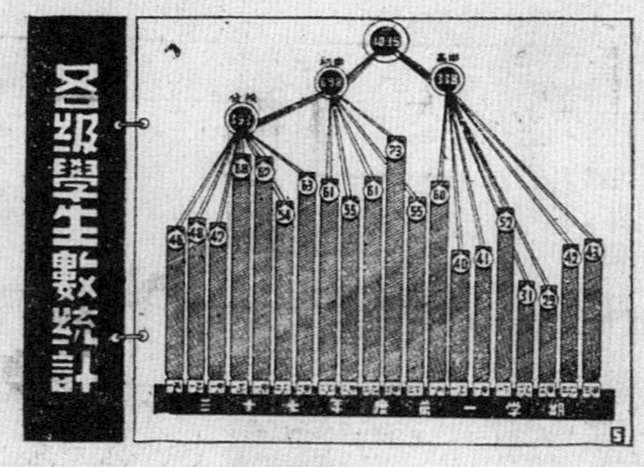

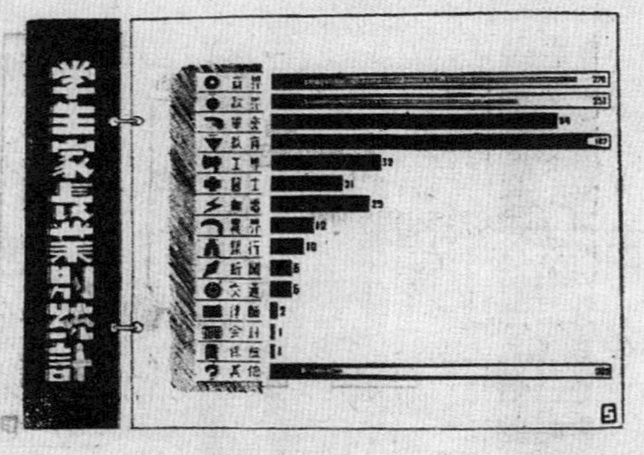

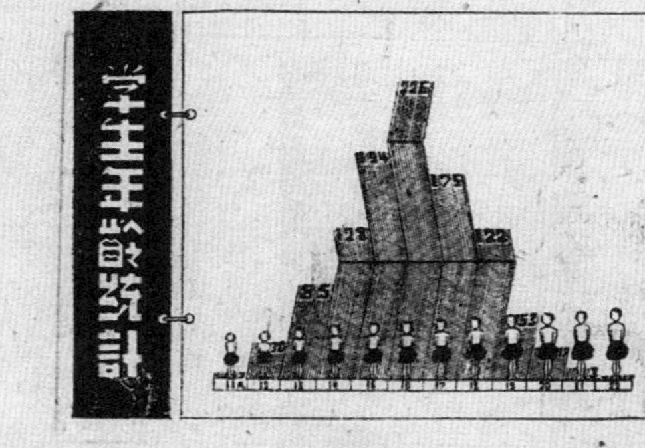

統計圖表（二）

概況

校務概況

一 組織大綱

一、本校根據南京市教育局之規定定名爲南京市立第一女子中學校

二、本校依照南京市教育局之規定分設高中及初中兩部

三、本校根據三民主義予學生健全的公民訓練並培養升學及就業之知能爲宗旨

四、本校高中初中修業年限各爲三年

五、本校設校長一人由市教育局委派統轄全校行政

六、本校設分校主任一人協助校長處理分校行政及教導事宜。

七、本校設教務主任一人掌理全校課程之分配考核教員服務情況辦理學生註冊核算成績及其他有關教學等事宜

八、本校設訓育主任一人掌理全校學生之訓導管理學生之生活及課外活動事宜。

九、本校設體育主任一人掌理學生健康事宜。

十、本校設事務主任一人掌理全校款項之出納校舍之建築清潔之整理及校具之購備等事宜。

十一、本校設會計主任一人由市政府會計處委派掌理全校預算決算事宜

十二、本校設校務會議由本校全體教職員組織之

十三、本校設教務處以教務主任教學組長註冊組長教務員及繕寫員組織之

十四、本校設教務會議由校長分校主任及主任各科首席教師及各科教員組織之

十五、本校設訓育處以訓育主任舍務主任級任教員及訓育員組織之。

十六、本校設訓育會議由校長分校主任各處主任級任教師童軍教師訓育員組成之

十七、本校設體育處以體育主任體育教師童軍教練組織之

十八、本校設體育會議由校長分校主任各處主任體育教師及童軍教練組織之

十九、本校設事務處以事務主任出納組長庶務組長及文書組長文書事務員組織之

二十、本校設事務會議由校長分校主任各處主任會計出納庶務組織之

二十一、本校設各科研究會由教務主任各科首席教師及各科教師組織之

二 各科會議規程

(甲)校務會議規程

一、本會議由全體教職員組織之

二、本會議以校長爲主席

三、本會議爲全校最高之議事機關其職權如下：

1. 關於本校行政大綱之決議

2. 關於本校教訓方針之決議
3. 關於本校進行計劃之決議
4. 審議各種規程及細則
5. 其他對內對外重要事項

四、本會議於每學期開始及終了時舉行常會一次遇必要時得由校長或全體教職員四分之一以上之提議召集臨時會議召集之責均由校長任之

五、全體會議閉會期間由常務委員會代行其職權

六、常務委員會由下列人員組織之

1. 校長　2. 分校主任　3. 教務主任　4. 訓育主任　5. 事務主任　6. 體育主任　7. 級任教員　8. 專任教員代表若干人（每專任教員三人推代表一人）

七、常務委員會每月開會一次遇必要時得開臨時會均由校長召集之

八、凡關於全校之特殊重要事項爲常務委員會不能議決者應提交全體會議

九、常務委員會決議之事項如經全體教職員四分之一以上之提議認爲有疑義時得提交全體會議復議之

十、本規程經全體會議議決施行

十一、本規程如有未盡善處由全體會議修正之

左列各項委員任期爲半年於每學期開始時由校務全體會議推舉之

1. 圖書館委員十一人
2. 免費生資格審查委員七人
3. 招生委員七人
4. 校刊編輯委員十一人
5. 升學指導與就業指導委員七人

（乙）教務會議規程

一、本會議由校長分校主任各處主任及全體教員組織之

二、本會議以校長爲主席校長缺席時教務主任爲主席

三、本會議每月舉行一次

四、本會議之職權如左

1. 審查本校全部課程
2. 商訂各科教學程序
3. 審定教員服務規程
4. 規定學業試驗辦法及成績考查標準
5. 審定學生升級降級與退學標準
6. 其他關於教務上重要事項

五、本規程經校務會議議決施行

六、本規程如有未盡事宜得提出於校務會議修改之

（丙）訓育會議規程

第一條　本規程根據本校組織大綱訂定之

第二條　本會議以校長各處主任各級級任導師童軍教練及訓育員組織之

第三條　本會議以校長爲主席校長缺席時訓育主任爲主席

第四條　本會議之職權如左

一、決定訓導方針
二、規劃訓導上應改進事項
三、審定訓導上各項章則
四、決定訓導實施方案
五、審定學生操行考查標準
六、審定學生操行成績
七、審定學生獎懲事項
八、討論其他關於學生重大偶發事項
九、指導學生生活事項
十、討論其他有關於訓育上一切事件

第五條　本會議每月開會一次遇有特別事故由主席召集臨時會議

第六條　本會議議決事件由主席檢閱後公佈施行

第七條　本規程經校務會議通過施行如有未盡事宜得交校務會議修改之

（丁）事務會議規程

一、本會議由校長分校主任各處主任及全體職員組織之

二、本會議之職權如左

1. 關於出納事項
2. 關於庶務事項
3. 關於工程及購置事項
4. 關於膳食及衞生事項
5. 於校務會議時建議事務處應進行事項
6. 訂定及修改事務處辦事細則
7. 其他不屬教務訓育兩處事項

三、本會議由校長爲主席校長缺席時事務主任爲主席

四、本會議每月開會一次如有特別事故得開臨時會議由主席召集之

五、本規程如有未盡事宜得由校務會議修正之

六、本規程經校務會議通過施行

三　各種辦事細則

(甲)校長室辦事細則

一、本校校長稟承　教育局長總理全校用人行政一切事宜

二、擬定本校校務進行計劃

三、召開校務會議並任主席

四、主持或參加各種委員會議及集會

五、審定並公佈各種規則

六、審定並執行校務會議議決各案

七、對外代表本校

八、本辦公室設文牘員一人繕寫兼圖表調製員一人協助校長分理各項事務

九、文牘員之職務如左

1. 收發及彙閱各項文件
2. 撰擬各項稿件經校長簽閱後方可發行
3. 覆核及校閱各項文件
4. 分類編號及保管各項文件以備考查
5. 出席校務會議或其他重要會議担任紀錄
6. 指導及審核繕寫兼圖表調製員之任務
7. 調查畢業同學狀況並辦理學校與畢業校友之聯絡事宜
8. 辦理校長臨看交辦事項

十、繕寫兼圖表調製員之職務如左

1. 繕寫各項文件
2. 調製各項統計圖表
3. 保管各項圖表並陳列新圖表
4. 辦理其他指定及委託事項

(乙)教務處辦事細則

一、本處設教務主任一人教學組長註冊組長各一人教務員若干人及學級級任若干人分掌教務上一切事宜並設繕寫員若干人襄理教務上一切事宜

二、本處執掌之事項如下

1. 編製全校課程
2. 調查教員教學狀況
3. 支配教課及時間
4. 掌理開課停課調課等事
5. 支配教室實驗室預備室等
6. 規定學業試驗辦法
7. 會同各科教員審查教科用書
8. 會同招生委員會辦理招生事宜
9. 會同各科教員商訂各科教學程序
10. 掌理教員請假及補課事項
11. 掌理學生升級降級退學及畢業事項
12. 編訂學年歷
13. 調製學業成績表及學年報告
14. 編製教務方面應用之表冊
15. 保管各種成績及試卷

(丙)訓育處辦事細則

一、本處由訓育主任各級級任訓育員組織之

二、本處執掌之事項如下：

1.訓育標準及與訓育有關各種規程之規訂

2.訓育會議議決案之公布及執行

3.教職員及學生關於訓育建議之審查或推行

4.學生課外作業及日常生活之指導

5.學生操行成績之評定

6.學生請假之審核

7.學生奬懲事項之處理

8.其他與訓育有關重要事項之辦理

（丁）事務處辦事細則

一、本處設事務主任庶務出納事務員各一人商承校長規劃掌管及執行本校一切事務

二、事務主任庶務組長及事務員之職務如左：

1.關於校舍與設備之增置與整理

2.關於全校各處之清潔及飲料衛生事項

3.關於廚房廁所之清潔及消防事項

4.關於修繕建築之督理及計劃

5.關於器具物品之採辦配置及保管收發事項

6.關於學生課業用品之購置保管收發事項

7.關於全校校工之支配進退及考察勤惰事項

8.關於校內外各種公共集會會場之布置

9.關於其他涉及事務事項

三、出納員之職務如下

1.關於銀錢保管出納事項

2.關於收支款項記錄事項

3.關於領取經費事項

4.關於薪金工資核算發給事項

5.關於其他涉及出納事項

四、出納員負保管銀錢責任倘有損失除不可避免之天災盜刼外均須賠償

五、各項支出應有正當收款人之收據爲憑如遇工役或不識字者得由經手人開單使其劃押或署印證明

六、凡收付款項須填寫收付憑單交校長核准後方可收付及記帳不得先付款項後補憑單但款項在　元以下者得事後併案請求核准

七、購製物品時預領款項在　元以上者須填寫預付單送交校長核准蓋印後預付之

八、除購買物品或因公出差因事實上之必須得預付款項外非特殊理由經校長許可不得借支預支

九、出納對於每日之帳目均須於當日記載完畢不得延至次日

四　各項規程

（甲）教職員服務規程

一、教職員均須遵守本規程之規定

二、教職員均須熱心教育以謀學校之發展

三、教職員均須依據本校教學訓育之標準謀本校方針之實現

四、教職員均須參加週會及升降旗

五、教職員對於全校學生應負指導之責

六、教職員有隨時供獻意見於本校之義務

七、教職員均須出席應行參加之會議

八、教員如不得已缺課須與其他教員商酌對調或擇時補授

九、教職員請假滿一週以上須商得校長之同意請人代理代理教員仍照原定時間上課

十、職員應於開學前到校放假時須俟諸事辦妥後離校在假期內有被請到校服務之責

十一、教員應於開學時到校

十二、專任教員及職員不得在校外兼任職務

十三、凡教員一經聘定後不得變更惟遇特別情形經校長同意者得通融辦理

十四、教職員須遵守本校各部與自身職務有關之各項規程

（乙）級任導師服務規程

一、級任導師對於所任學級直接負訓教之責
二、級任導師對於其所任學級之職務如左
1. 担任週會升降旗各種集合隊之點名
2. 逐日檢閱本級教室日誌學生週記大小字及課外讀物
3. 協助訓育處童軍教練員編排本級學生各種席次及一切管理事宜
4. 指導本級學生思想及身心衛生等事項
5. 召集本級學生談話並隨時舉行個別談話
6. 核准學生請假及缺席登記並處理本級偶發事項
7. 領導本級學生遠足參觀生產勞動及服務
8. 出席有關各種會議及各種集會集隊
9. 指導本級學生各項課外活動及社會服務
10 評定本級學生操行成績
11 檢查本級學生之衛生清潔等事項
12 學生學籍之調查及本級秩序之維持
13 指導本級學生課外作業
14 調查本級學生家庭狀况並舉行家庭訪問
15 關於其他事項
三、級任導師如有關訓教之改進事項得於教訓會議提出
四、級任導師宜與教訓事三處及各教師聯絡接洽

行政組織系統表

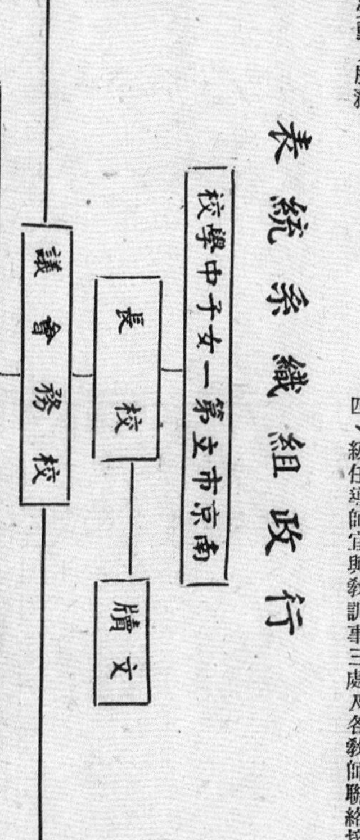

教務概況

一 教學目標

本校遵照中華民國教育宗旨及其實施方針，繼續小學之基礎訓練，以發展青年身心，培養健全國民，並爲研究高深學術及從事各種職業之準備。

二 教材教法

一、充實課程內容：
1. 遵照部頒中等學校課程標準釐訂各科教材大綱及教學細目
2. 確定各科教學進度
3. 斟酌事實上之需要添增課外補充教材

二、改進各科教學方法
1. 組織各學科教學研究會研討各種教學方法
2. 注重理科實驗養成求真精神
3. 考核各科教學進度
4. 組織教學參觀團俾教學收切磋改進之效

三、增進教學效率
1. 由學科會議確定各科作業項目及作業次數
2. 抽閱學生各科作業簿本
3. 集中考試混合編座
4. 公佈學生缺席次數嚴格扣分
5. 按時通知教師缺課補課時數

四、指導課外學術活動
1. 舉行學科競賽
2. 注重圖書館活動
3. 按期公佈字辨兩日一次一次兩字
4. 指導各種學科課外研究

三 學科時數配置

(甲)本校初中教學科目及各學期每週各科教學時數表

科目 ＼ 時數 ＼ 學期	第一學年 第一學期	第一學年 第二學期	第二學年 第一學期	第二學年 第二學期	第三學年 第一學期	第三學年 第二學期
公民	1	1	1	1	1	1
體育	2	2	2	2	2	2
童子軍	2	2	2	2	2	2
國文	6	6	5	5	5	5
算學	3	3	4	4	4	4
自然科學 博物	4	4				
自然科學 生理及衛生學			1	1	1	1
自然科學 化學			3	3		
自然科學 物理					3	3
歷史	2	2	2	2	2	2
地理	2	2	2	2	2	2
勞作	2	2	2	2	2	2
圖畫	2	2	2	2	2	2
音樂	2	2	2	2	2	2
英語	6	6	6	6	6	6
每週教學總時數	34	34	34	34	34	34

說明：一、自然科學得採用混合教學，採用分科教學時，博物科內容除

動植物外，須略及地質與礦物學大要。

二、史地二科教學之總時數內，約以本國史地各占六分之五，外國史地各占六分之一。

三、體格訓練除體育童子軍及早操或課間操外，每週須有課外運動及童子軍演習共三小時。

四、生產勞動訓練除勞作及職業科目外，每週須有課外實習三小時

五、女生之勞作以家事與農工藝訓練各占一半爲原則

（乙）本校高中教學科目各及學期每週各科教學時數表

科目 ＼ 時數 ＼ 學期	第一學年 第一學期	第一學年 第二學期	第二學年 第一學期	第二學年 第二學期	第三學年 第一學期	第三學年 第二學期
公民	1	1	1	1	1	1
體育	2	2	2	2	2	2
軍事訓練或家事看護	3	3	3	3	3	3
國文	5	5	(2)4	(2)4	(2)4	(2)4
外國語	6	6	(1)6	(1)6	(1)6	(1)6
數學	4	4	(2)3	(2)3	(2)3	(2)3
生物	3	3				
礦物					1	1
化學			(1)4	(1)4		
物理					(1)4	(1)4
歷史	2	2	2	2	2	2
地理	2	2	2	2	2	2
勞作	2	2				
圖畫	1	1	1	1		
音樂	1	1	1	1		
選科			2	2	3	3
每週教學總時數	32	32	31	31	31	31

說明：一、自第二學年起分爲甲乙兩組（甲組爲文組乙組爲理組）甲組第二三年，數學爲五小時，化學、物理各爲四小時，國文六小時，外國語第二年六小時，第三年七小時。乙組第二三年每週數學爲五小時，（其程度與舊標準之數學課程內容相等）化學物理各爲五小時，國文四小小時，外國語第二年五小時，第三年六小時。

二、女生勞作應注意家事科目，自第二年起酌設家事科目，備二年級或三年級女生於甲乙組增習時數內改習家事科目。

三、體格訓練，除體育，軍事訓練及早操或課間操外，每週須有課外運動三小時，軍事訓練及家事看護中並應注重救護工作。

四 學業成績考查辦法

第一節 總則

一、本辦法依部頒修正中學規程第八章之規定訂定之

二、本校學生各科學業成績均依照本辦法考查之

第二節 考查方法

三、考查學業成績分下列四種1.日常考查2.段考3.學期考試4.畢業考試

四、日常考查之方式如下（各科依該科之性質酌用之）1.口頭問答2.演習練習3.實驗實習4.讀書報告5.作文6.測驗7.調查採集報告8.其他工作報告9.勞動作業

五、各科段考次數隨教學時數而定每週授課一小時者每學期舉行段考一次二小時者每學期舉行段考二次三小時以上者每學期舉行段考三次

六、段考由教務處規定週次由各科教員自行擇定時間於教學時間內舉行之

七、學期考試於學期終了各科教授完畢時就一學期內所習課程考試之考試前得停課一日至二日備學生複習

八、畢業考試於三學年修滿後就高中或初中所習全部課程攷核之考試前得停課三日至四日備學生複習舉行畢業考試時得免除最後之學期考試

九、段考及學期考試學生如因親喪大故或重大疾病不能參加考試向訓育處請假經核准者准予補考

第三節　計分與計算方法

十、學生學科或績採用百分計分法以一百分爲滿分自八十分至一百分者爲甲七十分至七十九分者爲乙六十分至六十九者爲丙六十分以下者爲丁丁爲不及格等第

十一、學生之學期總成績以各學科學期成績乘以每週教學時數其各科乘以教學時數相加之總和再除以每週教學總時數其所得之商即爲該生學期總成績

十二、各科日常考查成績與段考成績合爲平時成績平時成績與學期考試成績合爲各科學期成績平時成績在學期成績內佔五分之三學期考試成績佔五分之二高初中最後一學期免除學期考試時則以各科平時成績作爲學期成績

十三、每學生各學期成績平均與其畢業考試成績合爲該生之畢業成績六學期成績平均在畢業成績內佔五分之三畢業考試成績佔五分之二

第四節　扣分標準

十四、學生請假缺席超過本學期上課日數三分之一不得參加期終考試

十五、各科請假缺席時數達該科教學總時數三分之一以上之學生不得參加該科之學期考試

十六、凡學生遲到三次請事假六小時或病假（有醫生證明者）九小時曠課一小時各以缺席一小時論缺席達該科一週所授之時數即扣該科總成績一分

十七、未經請假擅自曠課之學生其曠課時數超過每週所授課之總時數即予以警告處分若超過二週所授課之總時數則以自動退學論

十八、考試舞弊者其所考之學科成績以零分計算情節重大者開除學籍

第五節　升級留級畢業與補考

十九、各科學期成績均須及格方得進級各學期成績均須及格方得參與畢業考試各科畢業考試成績均須及格方得畢業

二十、無學期成績之學科或成績不及格之學科在初中爲國文，英語，數學，勞作；在高中爲國文，英語，數學，物理，化學五科中之任二科之學生均應留級

二十一、非如前條規定之學科無學期成績或成績不及格之學科在三科以上或如前條規定之學科有一科不及格或無學期成績兼有二科非前條規定者無學期成績或不及格之學生亦應留級

二十二、無學期學科成績之或成績不及格之學科僅有一科之學生或雖有二科無學期成績或不及格但其科目非如二十條規定者之學生次學期仍隨原級附讀須經補考及格後方得正式進級

二十三、前條所規定補考以二次爲限於開學上課後兩週內補考一次如仍不能及格即作不及格論若附讀時之該科學期成績及格但與上學期該科學期成績之平均分數不能及格得於開學前舉行補考一次補考及格准予正式進級否則亦應留級若附讀時該科之學期成績與上學期該科之學期成績平均分數及格即作爲該生該科之學年成績及格准予正式進級

二十四、連續留級以二次爲限如仍不能進級發給修業證書令其退學

二十五畢業考試成績內不及格學科在三科以上或僅二科不及格但其科目在初中爲國文、英語，數學勞作四科中之任二科在高中爲國文、英語、數學、物理、化學五科中之任二科之學生均應留級一學年有春季始業之班級得留級一學期

二十六、前條規定之留級以二次爲限如仍不能畢業發給修業證書令其退學

二十七、畢業考試成績內有一科不及格或雖有二科不及格但其科目非如二十五條所規定者之學生均應令補行考試二次如仍不及格應照二十五條規定辦理之

五　轉學休學復學及退學

一、本校學生於學期中或學期終了時，考試成績及格，因故必須轉學他校時，得由家長具函申述理由請求轉學，經校長核准後發給轉學證

書，

二、本校學生因身體或家庭之特殊情形得請求休學一學期或一學年

三、休學期滿之學生，得請求復學，編入與原學期或學年銜接之學級肄業

四、休學之期限，至多不得超過兩學期，休學期滿而不到校申請復學者，即取消其學籍。

五、本校學生因身體或家庭之特殊情形，經家長書面請求，得准其退學

六、本校開除學籍之學生，概不發給轉學證書及修業證書

六 教員請假補課辦法

（一）本校爲注重學生課業完成教學進度起見特訂定本辦法

（二）凡教員因事或病缺課者，須先期請假，在三日以內則向教務處請假三日以上須向校長請假

（三）教員無論因事或病請假所缺之課程均於銷假一週後自覓適當時間設法補授，一經補授完畢，即通知教務處註銷，

（四）教員凡須請短假者由本人商請其他教員互相調課得事前徵求教務處同意

（五）凡請假在一週以上（課程不便調動或補課不及者）須商得學校同意覓適當人代理人授課

（六）教員請假中所缺之課程如在銷假一週後未能補授完畢由教務處通知請其補授

（七）教員銷假後所應補授之課程如不能自行覓得適當時間補授者應商請教務處規定時間補授之

（八）本辦法經教務會議通過後施行

訓育概況

一 訓育目的

一、發揚民族精神

二、灌輸科學常識

三、陶冶高尚人格

四、鍛鍊健全體魄

五、增進藝術情趣

六、養成勞動習慣

七、實踐團體生活

八、培養博愛美德

二 訓育方法

一、先注意習慣的養成再注意理想的培植。

二、要用積極的指導而非消極的禁止。

三、多用間接方法少用直接方法。

四、多找機會與學生接觸。

五、以身作則以身行教。

六、說話要確定統一勿隨便矛盾。

七、對於學生的過失處置是教育的而不是法律的。

八、着重感情訓練尤重義務觀念的養成。

九、使學生從半自由而臻於自由。

十、結果是要心服的而不是馴服的。

三　學生操行成績考查辦法

第一條　學生操行成績考查悉照本辦法規定辦理

第二條　考查分二種（一）平時考查（二）定期考查

第三條　平時考查依據訓育處所分發考查簿由校長各主任級任導師專任教師及訓育處隨時記載

第四條　定期考查依據每週訓練德目所編定項目由校長各主任級任導師及訓育處分別考核

第五條　操行成績分甲乙丙丁四等八十分以上者爲甲等七十分至七十九分者爲乙等六十分至六十九分者爲丙等六十分以下者爲丁等丁等爲不及格

第六條　凡品學俱優並能熱心爲團體服務者列入甲等得按照學生家庭經濟狀况予以名譽上或物質上之獎勵

第七條　凡品學俱劣而行動有影響團體利益者列入丁等着令退学

第八條　凡違反校規情節重大者得予留校察看或飭令退學

第九條　畢業學生操行列入丁等者不准畢業

第十條　每學期操行成績由級任導師根據其他教師報告作初步評定提交訓育會議覆核後通知家長

第十一條　本辦法經訓育會議通過後施行

第十二條　本辦法如有未盡善處得呈請校長提交訓育會議修正之

四　學生操行獎懲辦法

第一條　本校學生獎懲事項概照本辦法規定辦理

第二條　獎勵辦法分精神與物質兩種

1. 精神獎勵（一）獎狀（二）留影（三）加分（四）存記優點（五）嘉獎及記功

2. 物質獎勵（一）獎金（二）獎品

3. 撤消處罰

第三條　學生獎懲事項經訓育會議議定後施行

精神獎勵　凡有下列各項者予以獎勵

1. 獎狀

（一）對師長有禮貌者

（二）有勤儉樸實之行爲者

（三）拾物不昧者

（四）其他特殊勞績足堪獎勵者

2. 留影　凡合於下列各項之一者

（一）熱心服務成績優良者

（二）學期內不缺課不遲到不早退者

（三）操行有特殊成績者

（四）代表學校參加校外各種比賽而獲優勝者

3. 加分

（一）學業有特別進步者

（二）愛好整潔者

（三）課外活動勇於參加者

4. 存記優點

（一）能絕對遵守規則從未犯過者

（二）各項服務有特殊成績

（三）能糾正破壞紀律份子者

5. 嘉獎及記功

（一）品學能爲同學之模範者

（二）能幫助他人而不自傲者

（三）對於公共服務能切實盡責者

物質獎勵

1. 獎品

（一）課室整潔成績最優者

（二）服務勤勉而特殊努力者

2. 撤消處罰

（一）犯規能自首者得減輕或停止處罰但以在被發覺前爲限

（二）犯過知改者得減輕其過以功代贖

第四條　懲戒辦法分下列六種（一）退學（二）留校察看（三）大過（四）小過（五）缺點（六）警告

1. 學生有下列之一者予以退學之處分

（一）玷辱校譽敗壞學風有偷竊行爲者

（二）對師長有大不禮貌舉動者

（三）毀損學校重要建設者

（四）違犯校規不服從訓教者

（五）操行列入劣等者

（六）犯大過三次者

（七）考試作弊者

（八）無故曠課達八小時者

（九）相當右列各項之重大過失者

2. 留校察看處分

（一）經犯退學處分之行爲情節輕而能確實悔悟經學校認可者

（二）記大過二次及小過二次者

（三）未經許可而代表學校向外活動者

（四）犯相當右列各項過失者

3. 記大過一次

（一）與同學發生毆罵情節者

（二）不遵守學校一切規約及決議案者

（三）污穢庭院而影響公共衛生者

（四）未向訓導處請假而私行外出者

（五）損害校內一切公共用具者

（六）用文字圖書或宣傳方法毀謗他人名譽者

（七）連續曠課滿四小時者

（八）考試企圖作弊者

（九）犯相當於右列各項過失者

4. 記小過一次或嚴重警告

（一）在教室圖書室內及全體集合時不守秩序者

（二）舉動輕浮無禮貌者

（三）上課時閱覽其他書籍者

（四）任意嘲諧與同學發生衝突者

（五）藉故規避各種集會或作事懈怠者

（六）引誘他人作不良行爲或助人犯過者

（七）犯相當於右列各項過失者

5. 缺點處分者

（一）集會無故缺席者

（二）曾被警告而再犯者

（三）隨地吐痰者

（四）輪值服務不盡責者

（五）有其他不良行爲者

（六）犯相當於右列過失者

6. 警告

（一）請假而不依時到校銷假者

（二）污穢公共用水或飲料情節較輕者

（三）對師長及同學無禮者

（四）對於學業不求進取而足以影響他人學習者

（五）各項服務不努力不盡責者

（六）領用公物逾期不負責歸還者

（七）未經請假私出校門者

（八）上課時擅離座位者

（九）犯相當於右列過失者

第五條　奬懲可以抵銷缺點警告記過可以優點嘉奬相抵銷

第六條　三缺點合爲一小過三小過合爲一大過三大過即着令退學

第七條　學生最後一年度操行成績列入劣等者不准畢業

第八條　本辦法有未盡善處得呈准校長修正之

第九條　本辦法由訓育會議通過後施行

五　各種規則

（甲）普通規則

（一）凡本校學生須嚴守本校一切規則聽從各師長之訓導對學習言行和學校公佈事項事事留心

（二）學生在校必須穿着製服佩帶校徽禁塗脂粉及染指甲

（三）儀容服裝須注意敦厚端莊整齊清潔

（四）遇見師長須示敬禮平時言語舉動尤宜力求懇摯切戒輕率

（五）對人對事皆須有忠誠親切之態度

（六）同學相處宜曲盡和厚雍睦規過勸善之道見有不顧公德或有虧私德者當婉言勸告

（七）凡公共物品須共同愛護不得任意移動毀壞

（八）凡公共場所須留意清潔注重衛生

（九）凡他人遺失之物一經拾取須即送交訓育處代收招領

（十）集會時須嚴守時刻與秩序

（十一）學生在校不得隨意喧嘩或早退上課時均不得接會賓客

（十二）凡學生遇有公共事務商榷事項必須先得級任導師或訓育處許可

（十三）凡學生課外活動或集會必須先報告訓育處核准然後進行

（十四）教職員宿舍學生不得擅入遇有事故得在辦公室或休息室解決之

（乙）教室規則

一、上下課均以鐘聲爲準不得遲到早退或無故缺席

二、上下課時應聽級長口令起立致敬

三、上課時應專心聽講不得閱覽他書及自由談話

四、課後亦不得高聲喧笑致妨礙他人課業

五、按照編定號數就座不得自由更換

六、教室內須保持清潔整齊不得移動桌椅拋棄紙屑

（丙）夜課規則

一、上夜課須依照在學校指定之處地點

二、上夜課時不得高聲朗誦或談笑嘻戲喧嘩妨阻他人閱讀

三、上夜課時不得翻閱無益書藉

四、上夜課時不得交頭接耳談話

五、上夜課時不得遲到早退及自由出入並不得隨意移動座位

六、上夜課時不得吃零食

（丁）學生請假規則

一、學生須事前請假事後不得補假事假須有家長函件證明病假須經本校衛生室醫師證明

二、學生請假均須向各級級任導師處請假經核准後由各級任導師每星期六下午填送訓育處以便統計公佈

三、請假期滿須向級任導師銷假否則即以曠課論

四、學生如因病不能到校上課者須由家長具函并蓋章向級任導師處請假事假須自行申請

五、請假期滿仍不能到校者由家長來函續假但無論病假或事假俱不得超過本學期授課時間三分之一

請假扣分辦法由教務處另行公佈

本規則呈准　校長核准後施行

（戊）會客規則

一、學生須在會客室內會客

二、學生須在指定時間內會客

三、在上課時間不得接見任何賓客

四、每日下午六時以後即停止會客如有特別事故須經訓育處許可

五、非經訓育處許可不得自由引導賓客入校內參觀

（己）膳堂規則

一、會食時聞鈴後即入食堂待同桌同學到齊然後舉箸

二、會食時不得棄骨謬于地

三、會食時不得高聲談話

四、逾會食時限非因特別事故概不留飯

（庚）學生宿舍規則

一、學生須按編定宿舍床位就宿
二、學生須按作息時間就寢起床
三、學生隨帶日用物件須按規定置放其不常用者一律存放指定地點
四、學生在就寢時間內不得有妨礙他人睡眠之舉動
五、學生不得在寢室內留宿外賓或接待親友
六、學生不得在寢室內烹煮食物或燃點燈燭
七、宿舍必須保持整潔每日由值日生負責當日整潔工作
八、學生不得擅自挪動或損毀公物
九、非經准假學生不得外宿
十、學生不得攜帶貴重物品入舍以免意外遺失

（辛）會場規則

一、學校舉行週會及其他典禮或集會時學生應一律出席
二、集會時應準時到會依照編定行列站立會畢仍須列隊依次退席
三、舉行儀式時行動須莊嚴鄭重
四、開會時須肅靜不得閱覽書籍或顧盼談笑

圖書館概況

圖書館委員會規程

一、本會有校務會議推舉教職員十一人組織之
二、本會設主席一人由委員中互推之主持本會一切事宜
三、本會之職權如左：
1. 支配購買圖書之經費
2. 選購圖書計劃之決定
3. 籌劃圖書館一切進行事宜
4. 議決關於圖書館各項章則

四、本規程如有未盡善處得提交校務會議修改之
五、本規程經校務會議通過後施行

圖書館辦事細則

一、圖書館設管理員一人經常處理一切館務
二、管理員之職權如左：
1. 關於圖書之選購添置登錄及分類編目等事宜
2. 關於圖書之出納事宜
3. 關於圖書之整理及保管事宜
4. 關於圖書之裝訂與修補及雜誌報章之分裝合訂事宜
5. 關於圖書館各項章則之擬訂
6. 關於圖書館設備之計劃事宜
7. 關於其他一切有關圖書館改進事宜

三、購進圖書須分類記入登記簿
四、每學期終了須檢查圖書一次
五、添購圖書須先開列清單經圖書館委員會核定送請校長核閱後再行採辦
六、本細則有未盡事宜由校務會議修正之

借書規則

一、凡本校教職員學生均可向本館借閱圖書
二、學生須憑本館所發借書證借書借書證於每學期開始時憑上課證領取
三、學生借書還書均須依照本館手續辦理

四、借書證限本人應用不得轉借他人
五、借書證如有遺失應立即來本館聲明補發在未聲明遺失前其責任由借書人自負
六、學生借書每人每次一冊時期以一禮拜爲限屆期尚未閱畢可攜帶原書申請再借但時期不得超過三天教職員參考用書不在此限
七、逾期不還由管理員公告催索仍不遵限歸還者得分別予以停借止借之處分
八、圖書如經借書人遺失或汚損須依照時價加倍賠償如全部中遺失或汚損一冊者應賠償全部
九、教職員借用參考書須於每學期終了前一禮拜繳還
十、本館借出圖書遇必要時得隨時收回
十一、新到圖書未經編目者概不出借雜誌須俟下期續到時方可出借
十二、本規則經圖書委員會通過後施行
十三、本規則有未盡善處應經圖書委員會通過後修訂之

閱書規則

一、凡本校教職員學生在規定時間內均可到本館閱覽圖書
二、本館開放時間每日上午八時至十二時下午一時至五時例假除外
三、館內閱覽應注意下列各點

1. 出入本館脚步須輕並不得高聲談笑
2. 看書時不得出聲
3. 不得有妨害他人之舉動
4. 不得攜帶食品

四、本館陳列之雜誌報章及字典可隨意取閱惟閱畢後仍還置原處不得攜出
五、損壞圖書須照時價加倍賠償
六、館內閱書借書以三冊爲限借書手續仍依照借書規則辦理
七、閱書人至規定時間（停止開放）須將所借圖書交還，如欲借出應照借書規則辦理
八、閱書人須恪守本規則如有違背經勸導不從得令其出館
九、本規則經圖書委員會會議通過後施行
十、本規則有未盡善處得由圖書委員會通過後修正之

南京中華路一四五號世界聯合印刷廠承印

南京市立第一女子中學

貳 教师聘用及名册

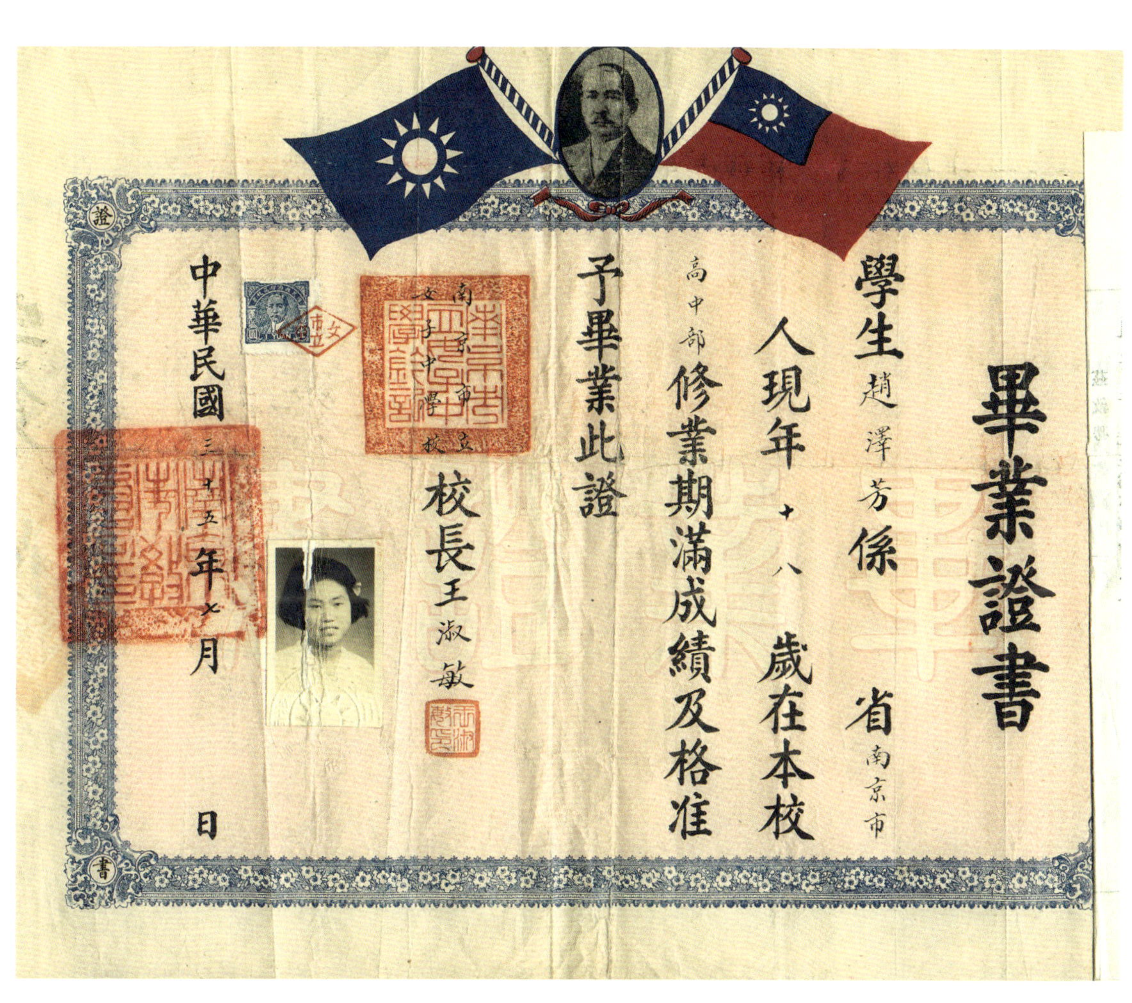

畢業證書

學生趙澤芳係　　省南京市人現年十八歲在本校高中部修業期滿成績及格准予畢業此證

南京市立女子中學校

校長王淑敏

中華民國三十五年七月　日

關于聘任趙澤芳先生的一組文件

趙澤芳高中畢業證書（一九四六年七月）

檔號：1009-1-263

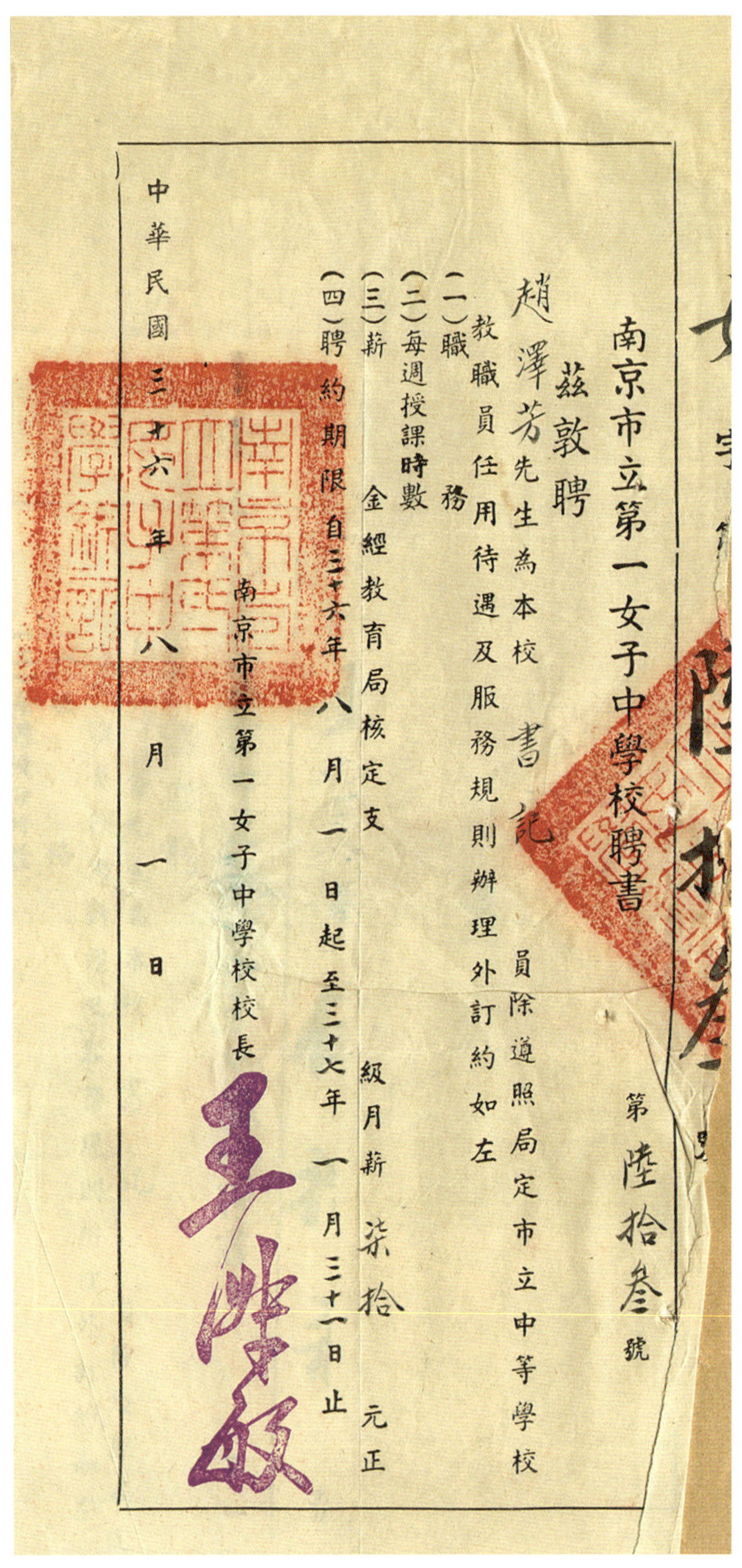
南京市立第一女子中學校聘書

第陸拾叁號

茲敦聘

趙澤芳先生為本校書記

員除遵照局定市立中等學校教職員任用待遇及服務規則辦理外訂約如左

（一）職務

（二）每週授課時數

（三）薪金經教育局核定支級月薪柒拾元正

（四）聘約期限自三十六年八月一日起至三十七年一月三十一日止

南京市立第一女子中學校校長王……

中華民國三十六年八月一日

南京市立第一女子中學聘書存根（一九四七年八月一日）

檔號：1009-1-263

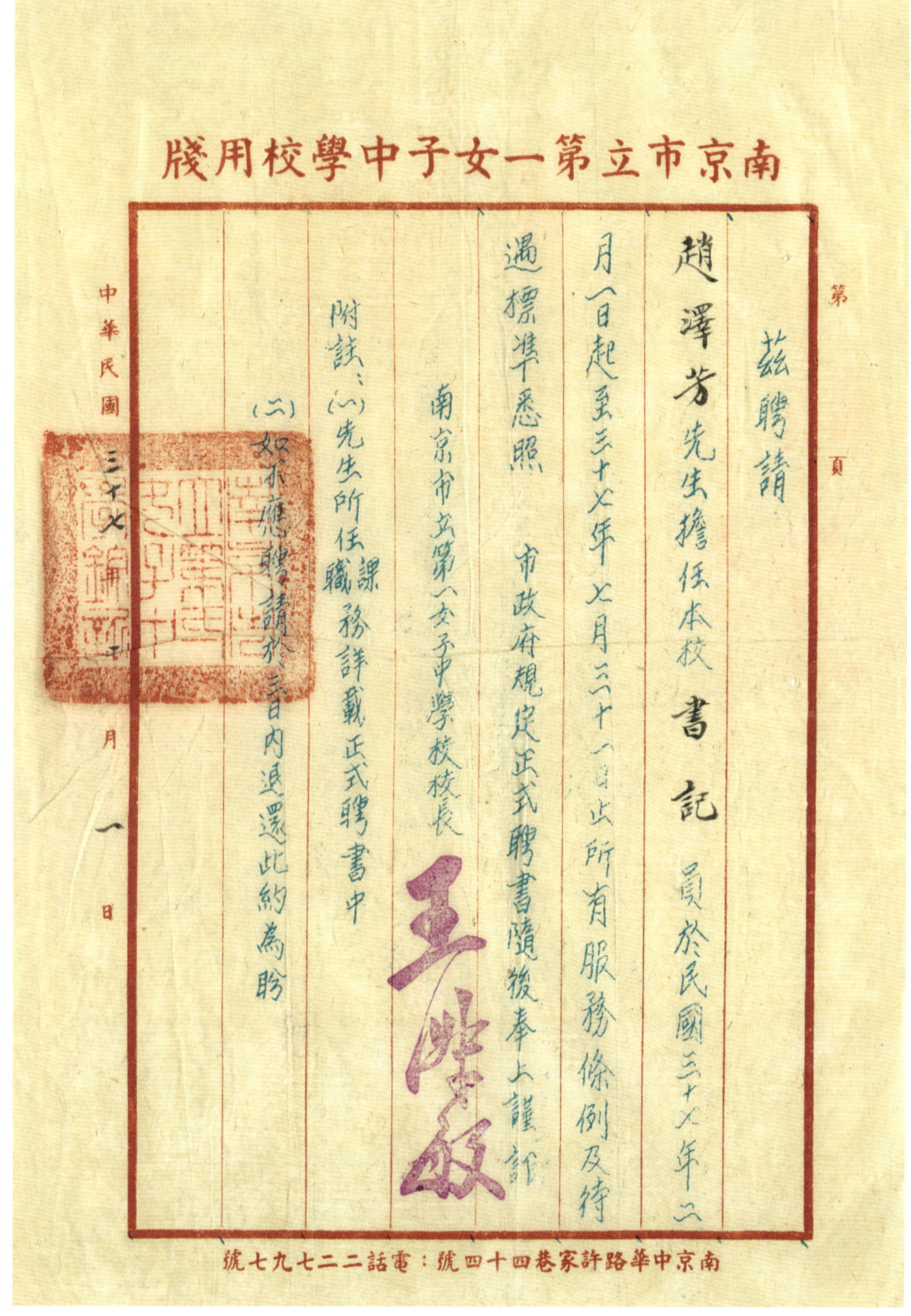

南京市立第一女子中學校用牋

第　頁

茲聘請

趙澤芳先生擔任本校書記員於民國三十七年二

月一日起至三十七年七月三十一日止所有服務條例及待

遇標準悉照 市政府規定正式聘書隨後奉上謹訂

南京市立第一女子中學校校長 王[illegible]敏

附註：（一）先生所任課職務詳載正式聘書中

（二）如不應聘請於三日內退還此約為盼

中華民國三十七年二月一日

南京中華路許家巷四十四號　電話：二二七九七號

南京市立第一女子中學聘請函及聘書存根（一九四八年二月一日）

檔號：1009-1-263

南京市立第一女子中學校聘書　第伍拾柒號

茲敦聘

趙澤芳先生為本校書記員除遵照局定市立中等學校教職員任用待遇及服務規則辦理外訂約如左

(一)職務

(二)每週授課時數

(三)薪金經教育局核定支　級月薪柒拾伍元正

(四)聘約期限自三十七年二月一日起至三十七年七月三十一日止

南京市立第一女子中學校校長

中華民國三十七年二月一日

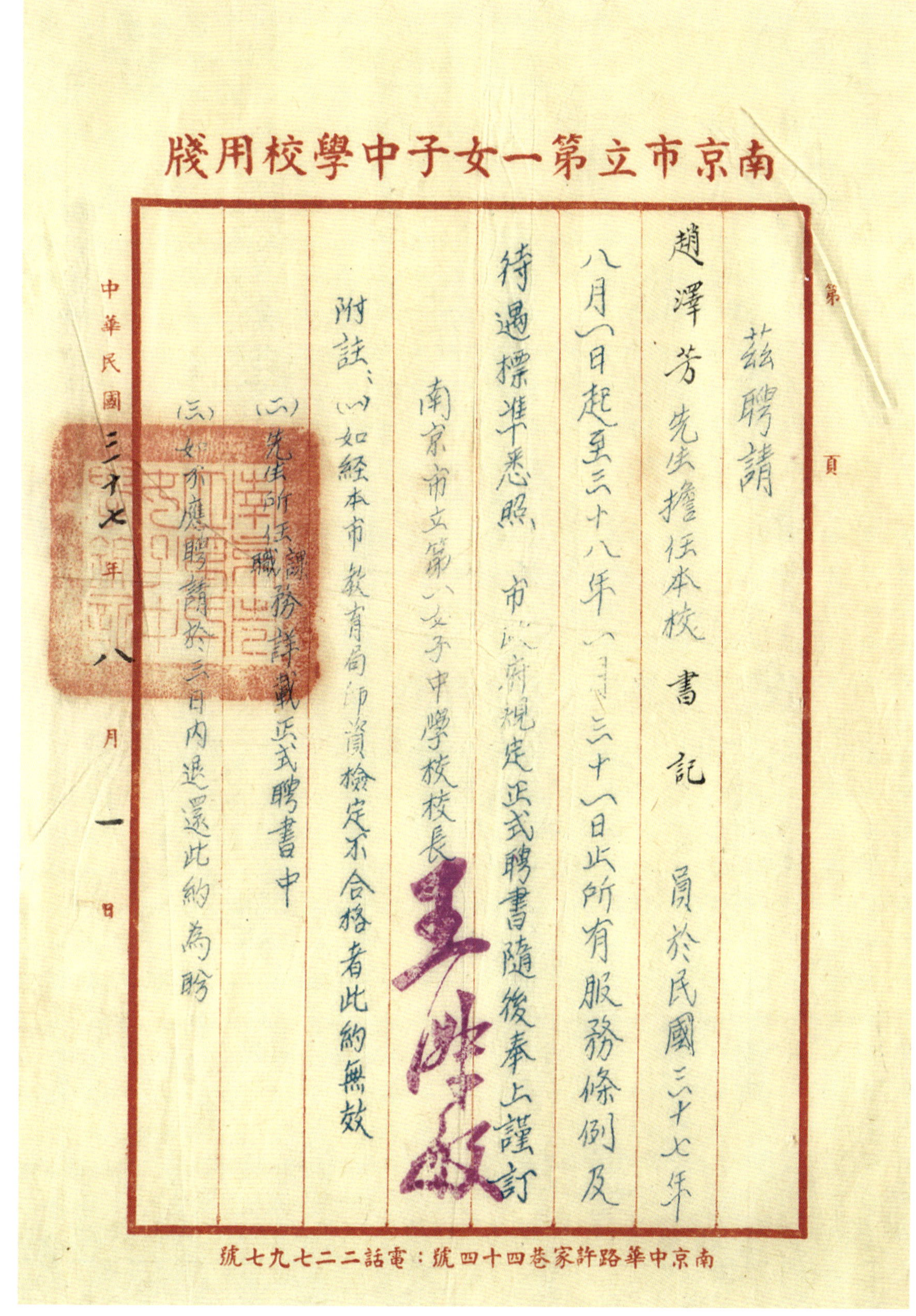
南京市立第一女子中學用牋

第　頁

茲聘請

趙澤芳先生擔任本校書記員於民國三十七年八月一日起至三十八年一月三十一日止所有服務條例及待遇標準悉照市政府規定正式聘書隨後奉上謹訂

南京市立第一女子中學校校長王（印）

附註：（一）如經本市教育局師資檢定不合格者此約無效

（二）先生所任職務詳載正式聘書中

（三）如不應聘請於三日内退還此約爲盼

中華民國三十七年八月一日

南京中華路許家巷四十四號　電話：二二七九七號

南京市立第一女子中學聘請函及聘書存根（一九四八年八月一日）

檔號：1009-1-263

南京市立第一女子中學校聘書 第陸拾壹號

茲敦聘

趙澤芳先生為本校書記訂約如左

（一）職務

（二）教授科目

（三）每週授課時數

（四）薪 金經教育局核定月薪捌拾元正

（五）聘約期限自三十七年八月一日起至三十八年七月三十一日止

校長 王耀庭

中華民國三十七年八月一日

南京市立中等學校教職員服務暫行規約

一、南京市中等學校教職員（以下簡稱教職員）均須具備專業精神盡忠職守熱心教育
二、教職員均須出席週會員訓管責任之教職員并須參加升降旗儀式
三、教職員均須出席各種有關之會議指導學生一切活動
四、教職員均須遵守學校各項章則及議決案
五、教職員應以身作則為學生表率教員除担任功課外並須兼任導師負指導學生思想行動學業及身心攝護等項之責
六、專任及兼任教員均應輪值指導學生自習
七、專任教員除上課時間外每日在校平均最少三小時
八、教職員如因病因事請假須依照學校教職員請假規則履行請假
九、教職員在假期內仍有在校服務之義務
十、專任教職員不得在外兼課或兼職否則中途予以解聘
十一、教職員在聘任期間非有特殊理由經校長許可者不得任意辭職
十二、教職員在聘任期間遇有特別情形或必要時所有職務及授課鐘點學校得酌量變更之
十三、教職員在聘任期間有合於中學規程第一百十二條情形之一者學校得視情節之輕重予以解約或期滿不予續聘
十四、其他未經訂明各事項均須遵照南京市教育局規定辦理
十五、本暫行規約由　南京市教育局頒布實行修正時亦同

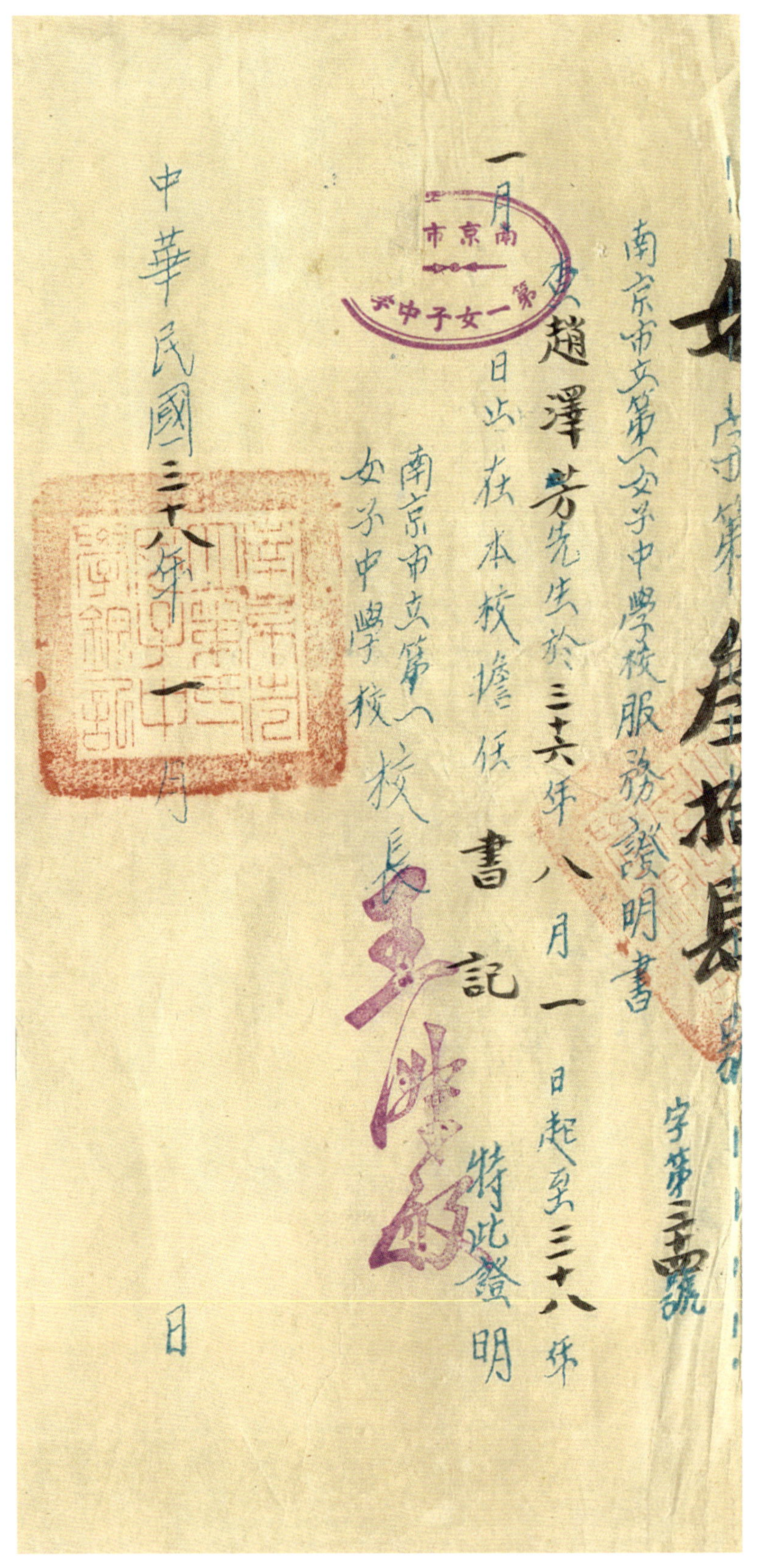

南京市立第一女子中學校服務證明書

字第二千四號

趙澤芳先生於三十六年八月一日起至三十八年一月　日止在本校擔任書記特此證明

南京市立第一女子中學校校長

中華民國三十八年一月　日

南京市立第一女子中學服務證明書存根（一九四九年一月）

檔號：1009-1-263

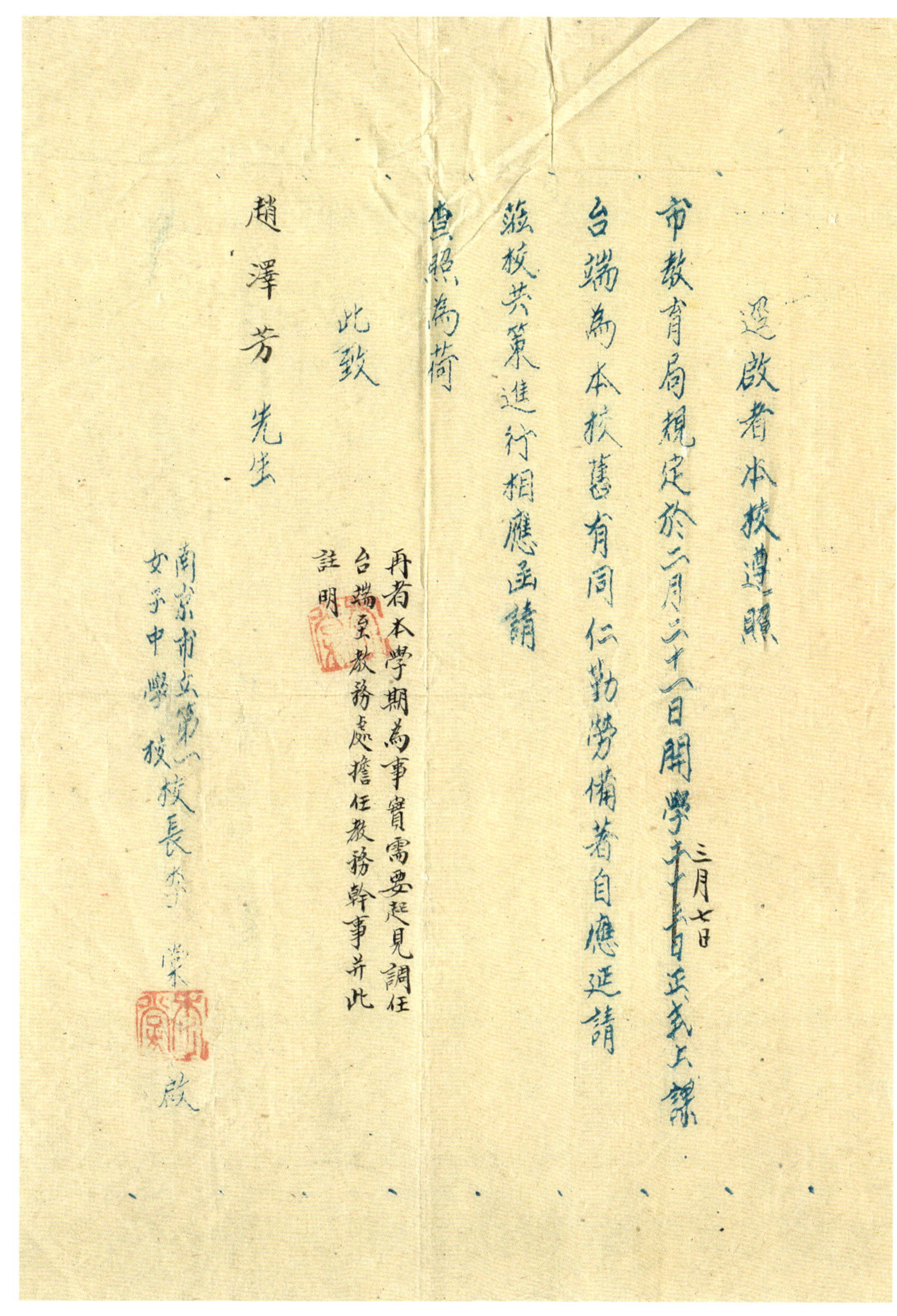

逕啟者本校遵照
市教育局規定於二月二十八日開學三月七日正式上課
台端為本校舊有同仁勤勞備著自應延請
蒞校共策進行相應函請
查照為荷
此致
趙澤芳先生

再者本學期為事實需要起見調任
台端至教務處擔任教務幹事并此
註明

南京市立第一女子中學校校長李棠啟

南京市立第一女子中學關于延聘并改任的函（一九四九年二月）

檔號：1009-1-263

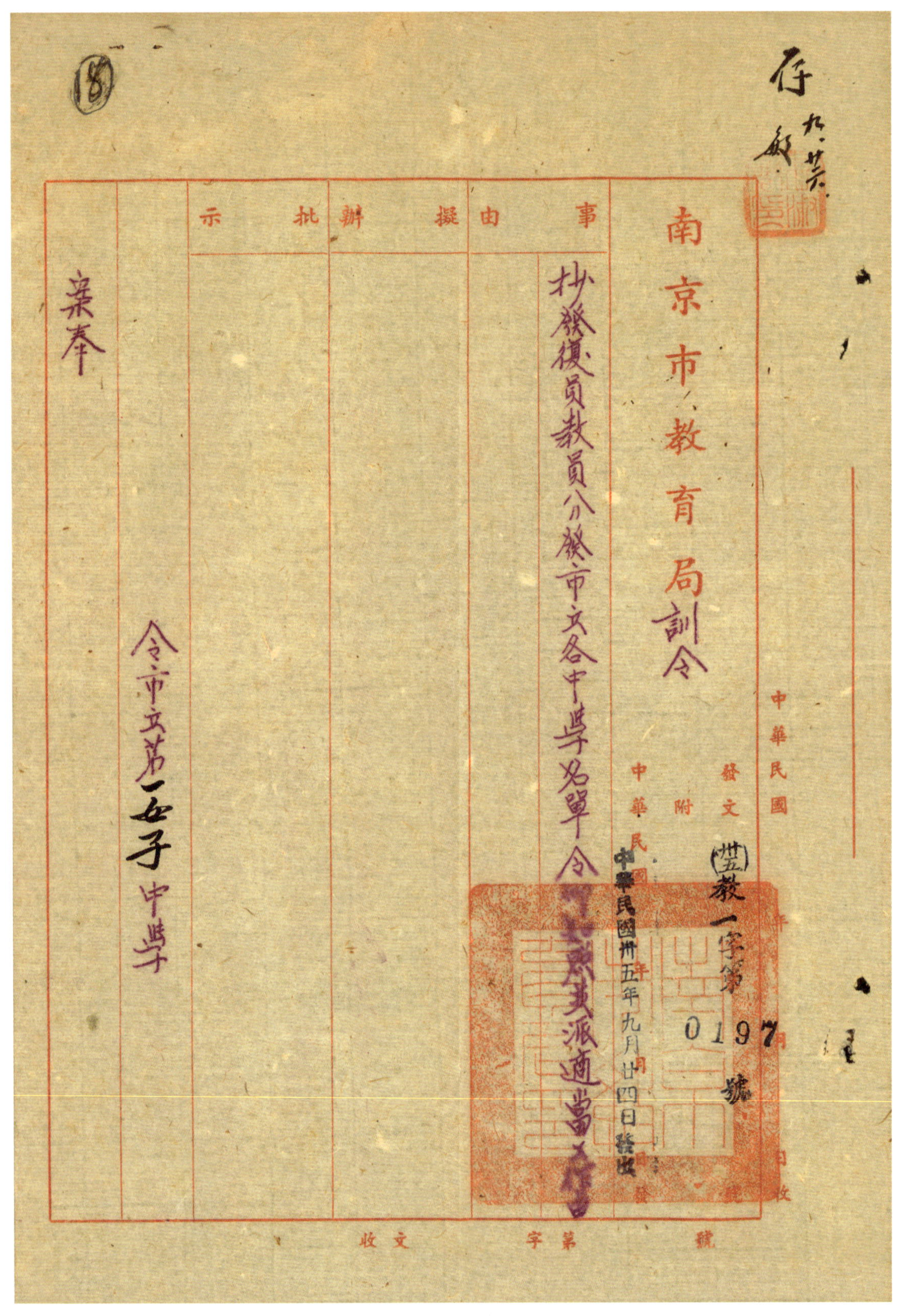
存
九、廿六
南京市教育局訓令
事由 抄發復員教員分發市立各中學名單令仰知照并派適當工作
擬辦
批示
令市立第一女子中學
案奉
(卅五)教一字第0197號
中華民國卅五年九月廿四日發出

南京市教育局爲抄發復員教員分發市立各中學名單令仰知照并派適當工作的訓令

（一九四六年九月二十四日）

附：復員教員分發市立各中學名單

教育部本年四月十七日渝中字第一六五四號訓令第六項內開：「現任各國立中等學校校長及教職員，准自本年五月起各回原籍，除另由本部按照籍貫造送名冊，分飭各省市教育廳局知照外，其回籍教職員分別由本部發給服務證書，教職員即憑此證書向廳局報到，由廳局分派于新設之省市立學校任教職。至國立校長應於分任新設學校之校長，如無新設學校或新設學校不敷容納此項校長教職員時，應即由廳局負責另派工作，其薪津等可在撥歸該省市之員額內支用。各員在抗戰時期堅貞自勵，貢獻頗多，各廳局務須體念及此，妥為安置。」等因，正辦理間，又奉 教育部本年六月九日中字第四三三九號訓令內開

監閱 閻學義
校對 諸韻軒

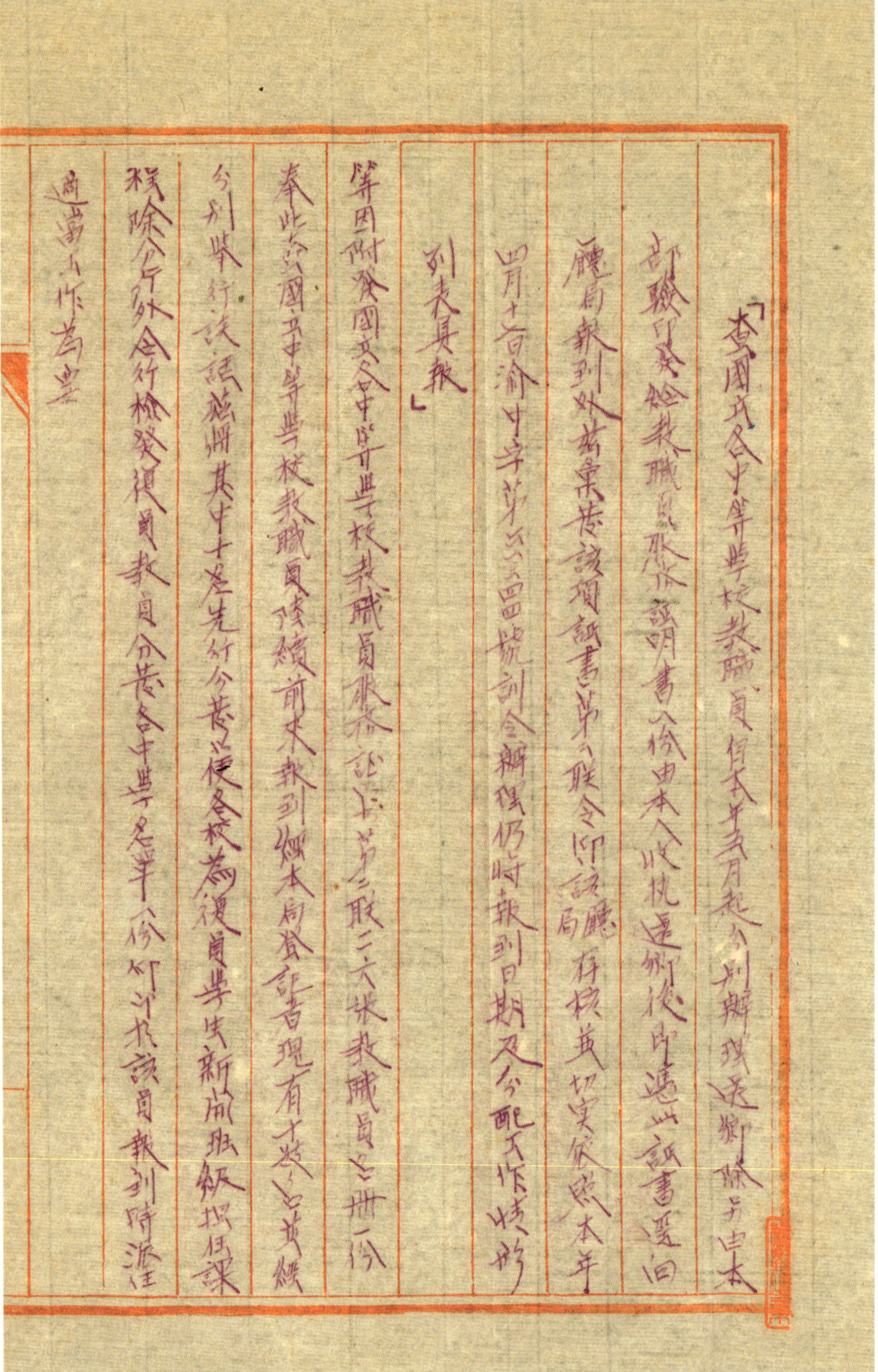

「查國立各中等學校教職員自本年五月起分別辦理送審，除另咨本部驗印發給教職員服務證明書一份，由本人收執，送審後即憑此證書逕回廳局報到外，茲業其該證書第二聯令仰該廳局存核，並切實依照本年四月十六日渝中字第六六四四號訓令辦理，仍將報到日期及分配工作情形列表具報」等因，附發國立各中等學校教職員服務證書第二聯二六張、教職員名冊一份。奉此，茲以國立中等學校教職員陸續前來報到，經本局發證者現有十數人已其續分別登記，以資甄別，其中十名先行分發，以便各校為復員學生新開班級擔任課程。除分行外，合行檢發復員教員分發各中學名單一份，仰即於該員報到時派往適當工作為要。

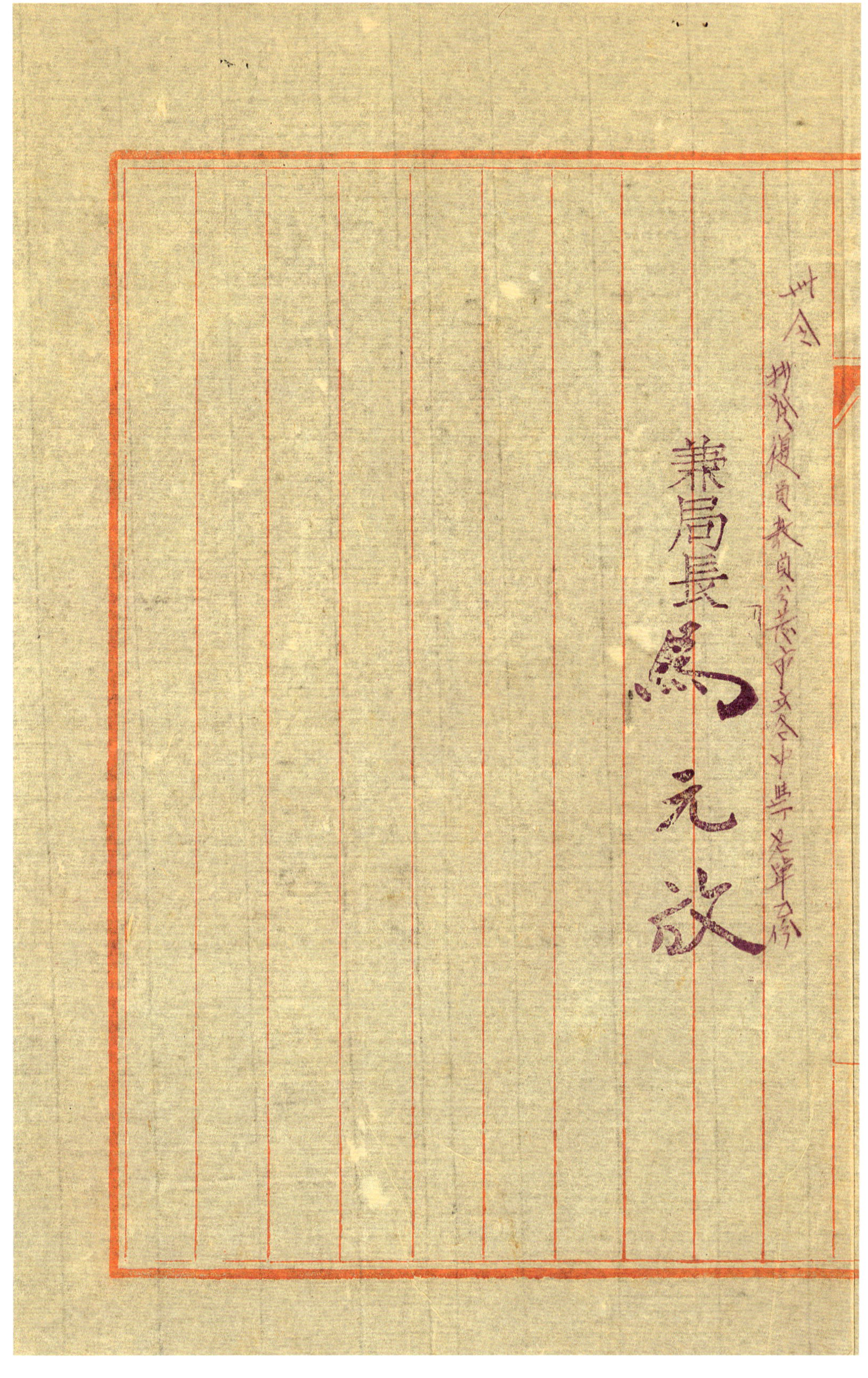
卅令
抄發復員教員分發市立各中學名單乙份

兼局長 馬元放

復員教員分發市立各中學名單

姓名	性別		原在學校、分發學校		擔任工作	通訊處
鄭復慶	女	23	國立女師	市立一中	英文	馬道街十七號
王勤義	男	31	國立女師	市立一中	化學	莫干巷四十二號
胡福芝	女	39	國立商業職業學校	市立二中	數學行政工作	外交部機要處文件科
劉壽康	男	38	國立十四中	市立二中	數學	鼓樓潘家菜園四號
何大元	男	45	國立二中	市立二中	英文	南京門東邊營大十九號
丘建中	男	57	國立重慶師範	市立三中	國文	倉巷一〇八號
金其湘		34	國立中大附中	市一女中	地理	潘家園四號
馬良	男	26	國立二中	市一女中	數學	走馬巷五號
劉東坑	男	55	國立十八中	市一女中	英文	莫愁路三八二號
張奇瑛			國立商業職業學校	市一女中	教務	七家灣六十四號後院

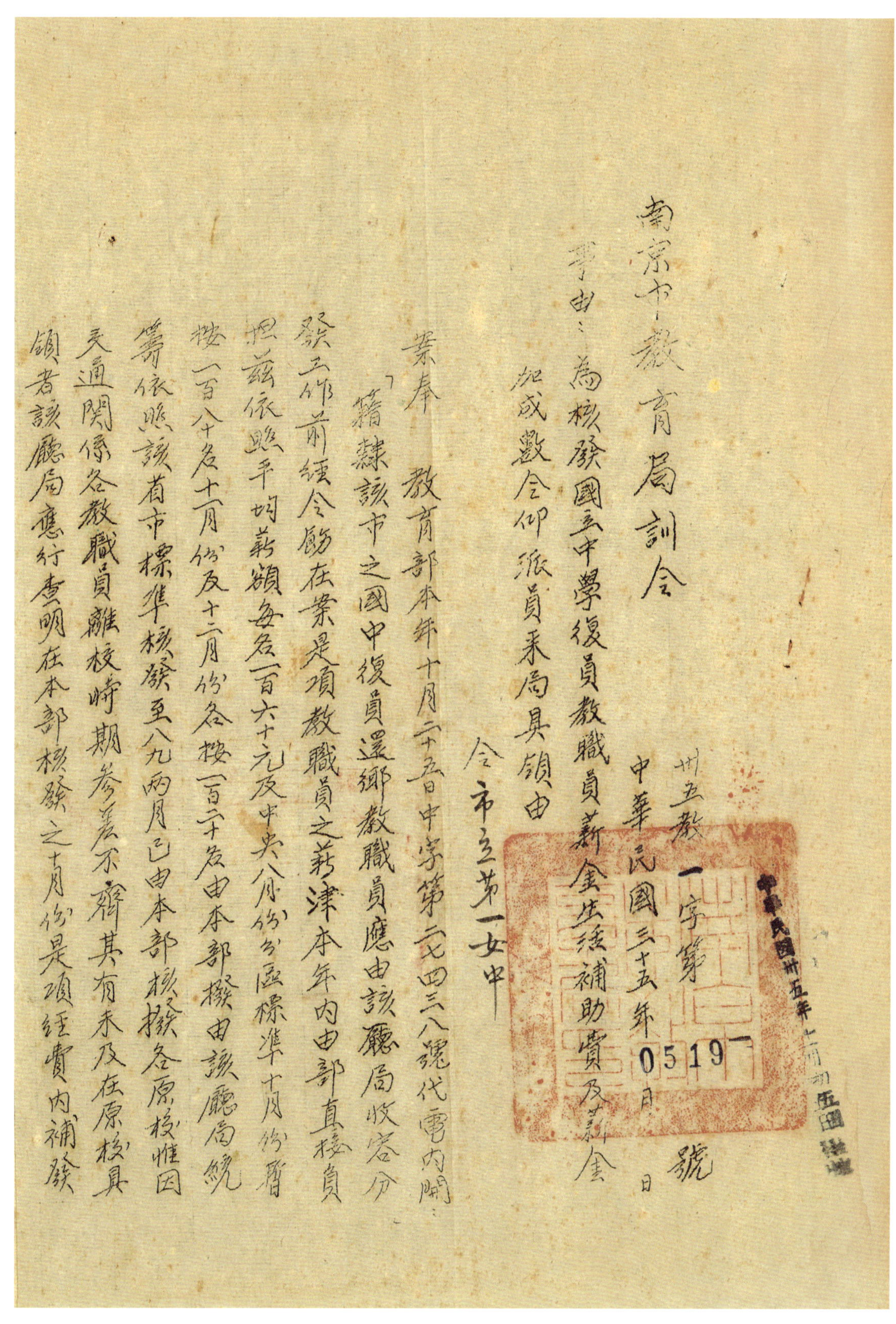
南京市教育局訓令

事由：為核發國立中學復員教職員薪金生活補助費及薪金加成數仰派員來局具領由

中華民國三十五年 月 日

卅五教一字第0519號

令 市立第一女中

案奉

教育部本年十月二十五日中字第二七四三八號代電内開：「籍隸該市之國中復員還鄉教職員應由該廳局收容分發工作，前經令飭在案。是項教職員之薪津本年内由部直接負担，茲依照平均薪額每名一百六十元及中央八月份分區標準十月份暫按一百八十名十月份及十二月份各按一百二十名由本部撥由該廳局統籌依照該省市標準核發。至八九兩月已由本部核撥各原校。惟因是項關係各教職員離校時期參差不齊，其有未及在原校具領者，該廳局應行查明在本部核發之十月份是項經費内補發

南京市教育局爲核發國立中學復員教職員薪金、生活補助費及薪金加成數請派員來局具領的訓令

（一九四六年十一月五日）

附：復員教職員分發市立各中小學薪津表

其蓄意重領者查出後即予免職又是教職員應以持有服務證件向該廳局報到且經該廳局分發服務或指派其他工作者爲限如有兼任有給職者以另就論不得發給再上述所發之款係墊發數該廳局應迅予依照附表擬具名冊並將服務證編成號數一併呈核以憑

清算

等因附發國立中學復員教職員生活補助費清冊乙份奉此自應遵辦查復員教職員來局登記送經分發者計有中學教職員二十七名附屬小學教職員十三名其十月份薪津已由教育部撥送本局轉發茲經訂定其底薪中學教職員平均每員月支一百六十元小學教職員每員月支底薪業已核定至各中學教職員實際應支薪額由各校長按其資歷與所任職務擬呈候核除分令外合行檢發復員教職員分發市立各中小學薪津表乙份仰該校遵照即日派員來局具領爲要

此令

抄發復員教職員分發市立各中小學薪津表乙份

兼局長 馬元放

復員教職員分發市立各中小學薪津表

姓名	性别	分發學校	生活補助費	底薪	加成數	合計
王勤義	男	市立一中	一〇〇、〇〇〇元	一六〇元	一二五、二〇〇元	二二五、三六〇元
胡杰人	男	〃	〃	〃	〃	〃
胡福芝	女	市立二中	〃	〃	〃	〃
劉壽康	男	〃	〃	〃	〃	〃
王建中	男	〃	〃	〃	〃	〃
陳國俊	女	〃	〃	〃	〃	〃
何士元	男	市立三中	〃	〃	〃	〃
蔡志貴	男	〃	〃	〃	〃	〃
夏文輝	女	市立四中	〃	〃	〃	〃
張茂勛	女	市立五中	〃	〃	〃	〃
熊忠信	男	〃	〃	〃	〃	〃

100 190 160 160 190

朱雙玉	男	〃	〃	〃	〃	〃
金皎鶴	男	〃	〃	〃	〃	〃
龍蕙芝	女	〃	〃	〃	〃	〃
[illegible]道安	女	〃	〃	〃	〃	〃
[illegible]宏志	男	〃	〃	〃	〃	〃
公共瀾		市立一女中	〃	〃	〃	〃
[illegible]良	男	〃	〃	〃	〃	〃
劉秉恍	男	〃	〃	〃	〃	〃
張奇璞		〃	〃	〃	〃	〃
[illegible]明康	女	〃	〃	〃	〃	〃
高藹	女	市立二女中	〃	〃	〃	〃
黃玲鷗	女	〃	〃	〃	〃	〃
祁亞翹	女	市立師範	〃	〃	〃	〃

饒孝傑	男	鍾英中學	〃	〃	〃	〃
韋仰餘	男	伯純中學	〃	〃	〃	〃
管儒珍	女	鍾英中學	〃	〃	〃	〃
周廼鳳	女	遂仙桥國民學校	一一〇、〇〇〇元	七五元	五四、〇〇〇元	一六四、〇七五元
熊靜軒	男	仝上	一一〇、〇〇〇元	一四〇元	一〇〇、八〇〇元	二一〇、九四〇元
鄭逸志	女	三条巷中心國民學校	一一〇、〇〇〇元	七五元	五四、〇〇〇元	一六四、〇七五元
謝寶琪	女	十一區三保校	一一〇、〇〇〇元	七五元	五四、〇〇〇元	一六四、〇七五元
韓蕙芬	女	三區一保校	一一〇、〇〇〇元	七五元	五四、〇〇〇元	一六四、〇七五元
蔡正琨	女	孝陵衛第二中心校	一一〇、〇〇〇元	七五元	五四、〇〇〇元	一六四、〇七五元
童文旭	女	顏料坊中心國民學校	一一〇、〇〇〇元	一一〇元	七九、二〇〇元	一八九、三一〇元
鮑修淑	女	夫子庙第一中心國民學校	一一〇、〇〇〇元	九〇元	六四、八〇〇元	一七四、八九〇元
王桂芬	女	楊將軍巷中心國民學校	一一〇、〇〇〇元	九〇元	六四、八〇〇元	一七四、八九〇元
陳美修	女	珠江路中心國民學校	一一〇、〇〇〇元	七五元	五四、〇〇〇元	一六四、〇七五元

計十七人

六、〇八四、七六〇元

李舜英	女	本局事務員	一一〇、〇〇〇元	七五元	五四、〇〇〇元	一六四、〇七五元
蔡育恆	女	仝　前	一一〇、〇〇〇元	七五元	五四、〇〇〇元	一六四、〇七五元
胡文華	女	仝　前	一一〇、〇〇〇元	七五元	五四、〇〇〇元	一六四、〇七五元
共　計		十三人				二、三六、七〇五元

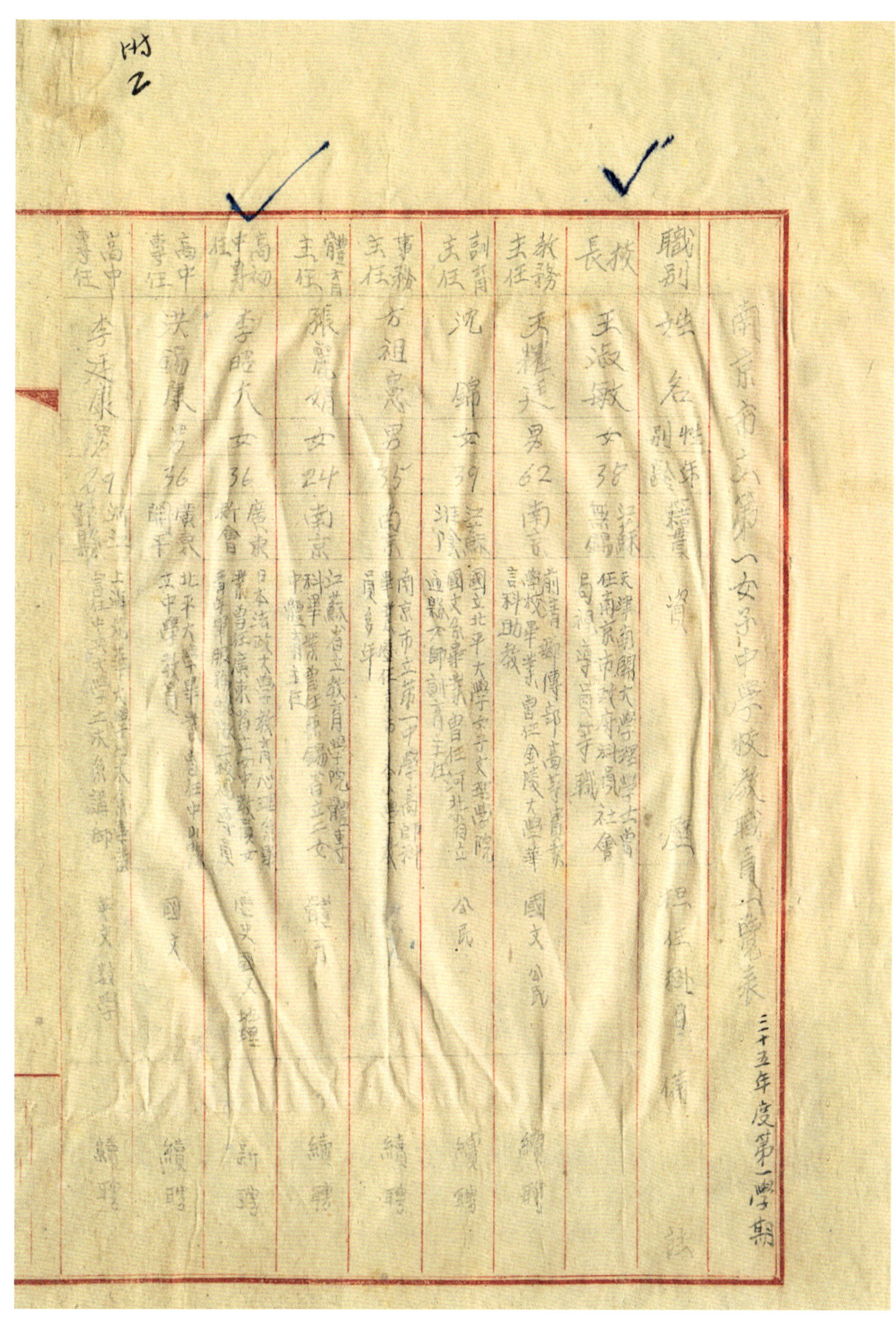

附2

南京市立第一女子中學校教職員一覽表

三十五年度第一學期

職別	姓名	性別	年齡	籍貫	資歷	擔任科目	備註
校長	王淑敏	女	38	江蘇無錫	天津南開大學理學士曾任南京市政府科員社會局科員等職		
教務主任	吳耀廷	男	62	南京	前清郵傳部高等實業學校畢業曾任金陵大學華言科助教	國文 公民	續聘
訓育主任	沈錦	女	39	江蘇淮陰	國立北平大學女子文理學院國文系畢業曾任河北省立通縣女師訓育主任	公民	續聘
事務主任	方祖惠	男	35	南京	南京市立第一中學高中部畢業曾任[illegible]員多年		續聘
體育主任	張麗娟	女	24	南京	江蘇省立教育學院體育專科畢業曾任無錫省立二女中體育主任	體育	續聘
高初中專任	李照天	女	36	廣東新會	日本法政大學教育心理系畢業曾任廣東省立第一中學教員女子師範[illegible]教員	歷史 國文 地理	新聘
高中專任	洪錫康	男	36	廣東開平	北平大學畢業曾任中山[illegible]立中學教員	國文	續聘
高中專任	李廷康	男	39	浙江諸暨	上海光華大學[illegible]曾任中央大學土木系講師	英文 數學	續聘

南京市立第一女子中學一九四六年度第一學期教職員一覽表（一九四六年）

檔號：1009-1-262

高初中專任	張璧富	男	41	南京	金陵大學文學院教育系畢業曾任金陵中學英文教員	英文	續聘
高初中專任	薛士英	男	36	南京	上海新華藝術專科學校畢業曾任江蘇省立江寧中學教員	圖畫植物	續聘
高初中專任	翁友祥	男	33	南京	江蘇省立南京中學高中師範科畢業曾任市立民教館幹事主任安徽中學教員等職	數學	續聘
高初中專任	田冠生	男	41	南京	金陵大學理學士曾任金陵大學暨聖約翰大學化學講師	化學	新聘
高中專任	王敦行	女	40	浙江嘉興	國立北平師範大學國文系畢業曾任北平師大研究院編譯	國文	新聘
高初中專任	郁永侊	男	36	江蘇南通	國立浙江大學理學士曾任浙江大學助教	物理	新聘
高初中專任	葉青雲	男	37	廣西	國立北京師大畢業曾任重慶復旦中學英文教員	英文歷史	新聘
初中專任	金心農	男	65	南京	寧省師範學堂畢業曾任巴城中華學校思加勝慈華校教員	國文	續聘
初中專任	馮實	男	44	江蘇江陰	中國公學畢業曾任無錫競志女中胡氏初中教員	國文	續聘
初中專任	馮鎮峨	女	[illegible]	[illegible]	北平私立[illegible]畢業曾任山東滕縣縣立中學教員	英文	續聘

職別	姓名	性別	年齡	籍貫	學歷經歷	擔任科目	聘別
初中專任	金玉鸞	女	24	南京	中大師範院專修科畢業，曾任中大附屬實驗學校教員	圖畫、音樂	續聘
初中專任	謝延禧	女	23	湖北武昌	國立中央大學師範學院教育系畢業	國文、歷史	新聘
初中專任	劉章錦	女	30	湖北黃岡	國立中央大學外國語文學系畢業，曾任四川省立重慶女子職業學校教員	英文	新聘
初中專任	祁雪琴	女	35	北平	北平大學女子文理學院體育系畢業，曾任北平師範、天津女中教員	衛生、童軍	新聘
初中專任	高彩雲	女	32	河北南宮	天津女子師範學院畢業	國文	新聘
初中專任	任佩芬	女	28	江蘇興化	[illegible]畢業，曾任[illegible]女中、[illegible]學校教員	體育	續聘
初中專任	吳淑媛	女	43	南京	江蘇省立第一女子師範本科畢業，曾任江寧女子職業學校教員	美術	續聘
初中專任	郭際唐	男	27	山東濟南	北平私立輔仁大學畢業	化學、國語、地理	新聘
初中專任	倪逵	男	56	江蘇吳縣	江南高等學堂理科畢業，曾任南京蘇州各中學數理教員	數學、地理	新聘
高中專任	趙光國	男	47	安徽來安	金陵大學文學士，曾任各中學教員	數學	續聘

高初中專任	沈天石	男	35	江蘇常熟	上海大同大學文科畢業曾任國立第一臨中[illegible]中學教員	地理	續聘
初中專任	陳劍霞	女	32	廣東三華	廣東省立勷勤大學教育學院文史系畢業曾任廣西省立北流中學教員	國文化學	新聘
初中專任	許綱甫	男	50	南京	江蘇省立第四師範畢業曾任南京冶城中學市立一中教員	數學	新聘
高初中兼任	胡育民	男	38	江蘇宜興	國立中央大學畢業曾任滙文中學史地教員	歷史	續聘
初中兼任	陳禎思	女	27	浙江吳興	國立音樂院畢業曾任國立勞作師範音樂教員	音樂	新聘
初中兼任	邱纖先	女	24	安徽宿縣	國立北平大學女子文理學院數理系畢業曾任國立廿一中大學附中數學系助教	數學	續聘
初中兼任	王慕	女	29	南京	江蘇省立教育學院體專科畢業曾任江蘇省立第一女中吳縣縣中體育教員	勞作	續聘
高初中兼任	黃長才	男	45	江蘇江都	國立武昌師範大學生物學系畢業曾任國立中央大學勞動大學教授	生物動物	續聘
高初中兼任	殷志鐸	男	35	南京	南京市立中區小學校高級師範科畢業曾任鍾英中學冶城中學教員	音樂	續聘
初中兼任	蔣伯軒	女	26	湖南茶陵	國立重慶師範體育科畢業曾任教育部本部學校教員聖光中學教員	童軍	新聘

初中兼任	高中專任	高中專任	教務員	訓育員	[illegible]	[illegible]	[illegible]	[illegible]	事務員
潘振武	李公鐸	孫麗如	王世鈴	錢玉芬	[illegible]振	詹錦春	毛長瑜	江家驊	劉仲光
男	男	女	男	女	男	女	女	男	男
32	39	33	31	37	41	29	21	27	34
湖南寧鄉	上海	蕪湖	江蘇無錫	徐州	江蘇如皋	廣東	南京	南京	南京
交通大學管理學院畢業，曾任湖南寧鄉縣立鄉村師範教員	上海光華大學畢業，曾任鎮江師範學校教員	安徽大學畢業，曾任蕪湖中學教員	無錫江南中學畢業，曾任上海保健會配藥部主任	武漢大學肄業	上海新民大學法科法律系畢業，曾任上海[illegible]中學國文教員、如皋縣[illegible]	桂林西南商業專科學校畢業，曾任南京市政府科員	南京市立女子中學畢業，曾任江寧縣第六區中心小學教員	私立啟光中學畢業，曾任廣西大學圖書館管理員	揚州中學畢業
國文、歷史	文史	[illegible]							
新聘	新聘	新聘	續聘	續聘	續聘	〃	續聘	新聘	新聘

訓育	黄允和	男	29	嘉興	浙江省立民教實驗區幹事曾任浙江青田戰時中學教員	續聘
書記	謝玉紅	女	23	南京	南京市立女子中學畢業曾任南京市立女子中學書記	續聘
書記	張琳	女	21	宣城	宣城縣立師範畢業曾任宣城師範書記	新聘
書記	丁玉虹	女	20	南京	南京市立女子中學畢業	新聘
書記	吳國新	男	27	上海	上海光華附中畢業曾任上海明德女中書記	新聘
書記	李如英	女	26	上海	上海華東女中畢業	新聘
[illegible]	[illegible]	男				

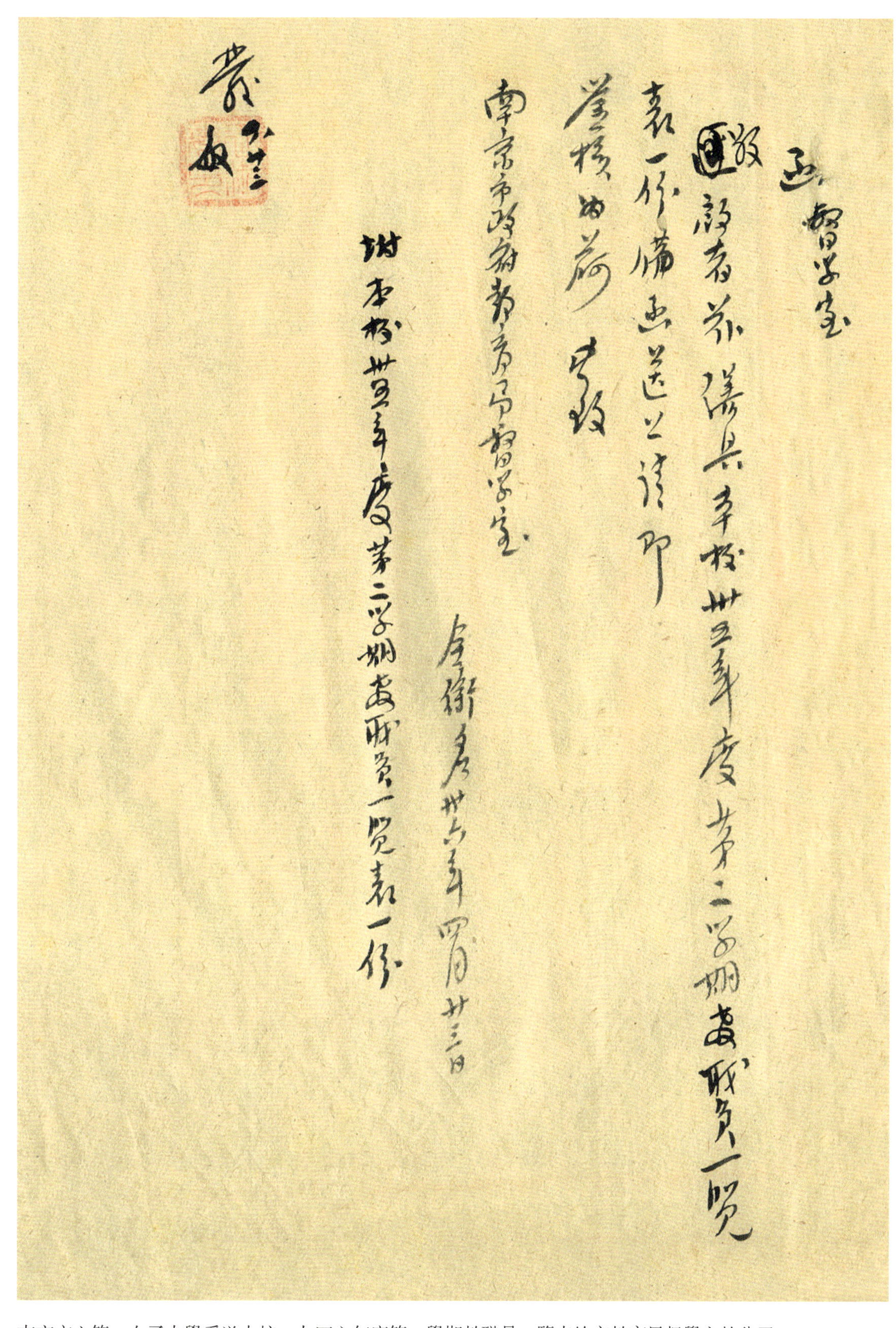

逕督學室

逕啓者　茲將　本校卅五年度第二學期教職員一覽

表一份備函送上請即

查核爲荷　此致

南京市政府教育局督學室

全銜名　卅六年四月廿三日

附本校卅五年度第二學期教職員一覽表一份

南京市立第一女子中學爲送本校一九四六年度第二學期教職員一覽表給市教育局督學室的公函

（一九四七年四月二十三日）

附：教職員一覽表

檔號：1009-1-262

南京市立第八女子中學校教職員一覽表

三十五年度第一學期

姓名	性別	年齡	籍貫	資歷	職別	備註
王淑敏	女	39	江蘇無錫	天津南開大學理學士曾任南京市政府科員社會局視導員等職	校長	
王耀廷	男	63	南京	前清郵傳部高等實業學校畢業曾任金陵大學華言科教務	教務主任	續聘
沈錦	女	40	江蘇淮陰	國立北平大學女子文理學院國文系畢業曾任河北省立通縣女師訓育主任	訓育主任	續聘
方祖憲	男	38	南京	南京市立第一中學高師科畢業曾任南京市各小學教師多年	事務主任	續聘
張麗娟	女	25	南京	江蘇省立教育學院體育專科畢業曾任無錫省立女中體育主任	體育主任	續聘
李昭大	女	37	廣東新會	日本法政大學教育心理系畢業曾任廣東省立女中教員女青年軍服務組組長兼視導員	公民教員	續聘
田冠岷	男	42	南京	金陵大學理學士曾任金陵大學助教私立大學化學講師	理化教員	續聘
王敦行	女	41	浙江嘉興	國立北平師範大學國文系畢業曾任北平師大研究所編譯	國文教員	續聘

洪錫康	男	37	廣東開平	北平大學畢業曾任中山縣立中學教員	國文教員	續聘
趙先同	男	58	安徽來安	金陵大學文學士曾任金陵中學教員	數學教員	續聘
李廷康	男	30	浙江鄞縣	上海光華大學土木系畢業曾任中央大學土木系講師	英數教員	續聘
李杏瑛	女	38	江蘇興化	南開大學畢業曾任天津南開中學數學教員國立清華大學數學助教	數學教員	新聘
楊文壽	男	32	無錫	復旦大學理學士曾任蘇省立工業中學高中數理教員	數學教員	新聘
張璧富	男	42	南京	國立大學文學院教育系畢業曾任金陵中學英文教員	英文教員	續聘
劉秉忱	男	54	南京	金陵大學畢業曾任湖南國立第十八中學英文教員	英文教員	續聘
薛玉英	男	37	南京	上海新華藝術專科學校畢業曾任江蘇省立江寧中學教員	圖畫教員	續聘
吳金蘭	男	39	南京	金陵大學文學士曾任金陵中學音樂教員金女大附中教員	英文教員	新聘
黃長才	男	46	江蘇江都	國立武昌師範大學生物學系畢業曾任國立中央大學助教大學教授	生物教員	續聘

高初中

葛以德	男	32	江蘇泗陽	國立中央大學理學學士曾任中央大學助教	地理教員	新聘
郭際唐	男	28	山東濟南	北平私立輔仁大學畢業	歷史教員	續聘
殷志鐸	男	36	南京	南京市首都女子學校高級師範科畢業曾任鍾英中學冶城中學教員	音樂教員	續聘
李碧蓮	女	31	廣東台山	日本東京女子大學教育系畢業中央政治學校特訓班畢業曾任廣西柳州中學教員	勞作教員	新聘
陳劍霞	女	33	廣東五華	廣東省立勷勤大學教育學院文史系畢業曾任廣西省立北流中學教員	國文教員	續聘
馬穎岫	女	30	山東德平	北平私立輔仁大學西語系畢業曾任山東恩縣縣立中學教員	英文教員	續聘
劉章驊	女	31	湖北黃岡	國立中央大學外國語文系畢業曾任四川省立重慶女子職業學校教員	英文教員	續聘
鄒繼光	女	43	安徽宿縣	國立北平大學女子文理學院數理系畢業曾任國立北平大學附中數學系助教	數學教員	續聘
郁永倪	男	37	江蘇南通	國立浙江大學理學士曾任浙江大學助教	理化教員	續聘
金心農	男	66	南京	寧省師範學堂畢業曾任巴城中華學校恩加勝英華校教員	國文教員	續聘

姓名	性別	年齡	籍貫	學歷及經歷	職務	聘任
周竹猗	女	33	江蘇	國立中央大學畢業國學專修館畢業曾任國立華僑中學教員	國文教員	新聘
符韻道	女	26	湖南衡山	北平私立輔仁大學理學院數學系畢業曾任國立女子師範教員	數學教員	新聘
滿貴	男	45	江蘇江陰	中國公學畢業曾任無錫敦志初中胡氏初中教員	國文教員	續聘
祁雪琴	女	36	北平	北平大學女子文理學院体育系畢業曾任北平師範天津女中教員	童子軍教員	續聘
蔣伯軒	女	27	湖南茶陵	國立重慶師範体育科畢業曾任教育部子弟學校磨光中學教員	体育教員	續聘
傅裕英	女	25	河北永清	北平光華女中畢業北平外語專校修業重慶國立復旦大學借讀	國文教員	新聘
高彩雲	女	33	河北南宮	天津女子師範學院畢業	國文教員	續聘
任佩芬	女	29	江蘇興化	偽中大農學院畢業曾任匯文女中化學教員	英文教員	續聘
金秀鸞	女	25	南京	中大師範專修科畢業曾任中大附屬實驗學校教員	算術教員	續聘
谷曙吟	男	43	湖南	國立中山大學畢業歷任湖南省立各中學教員	國文教員	新聘

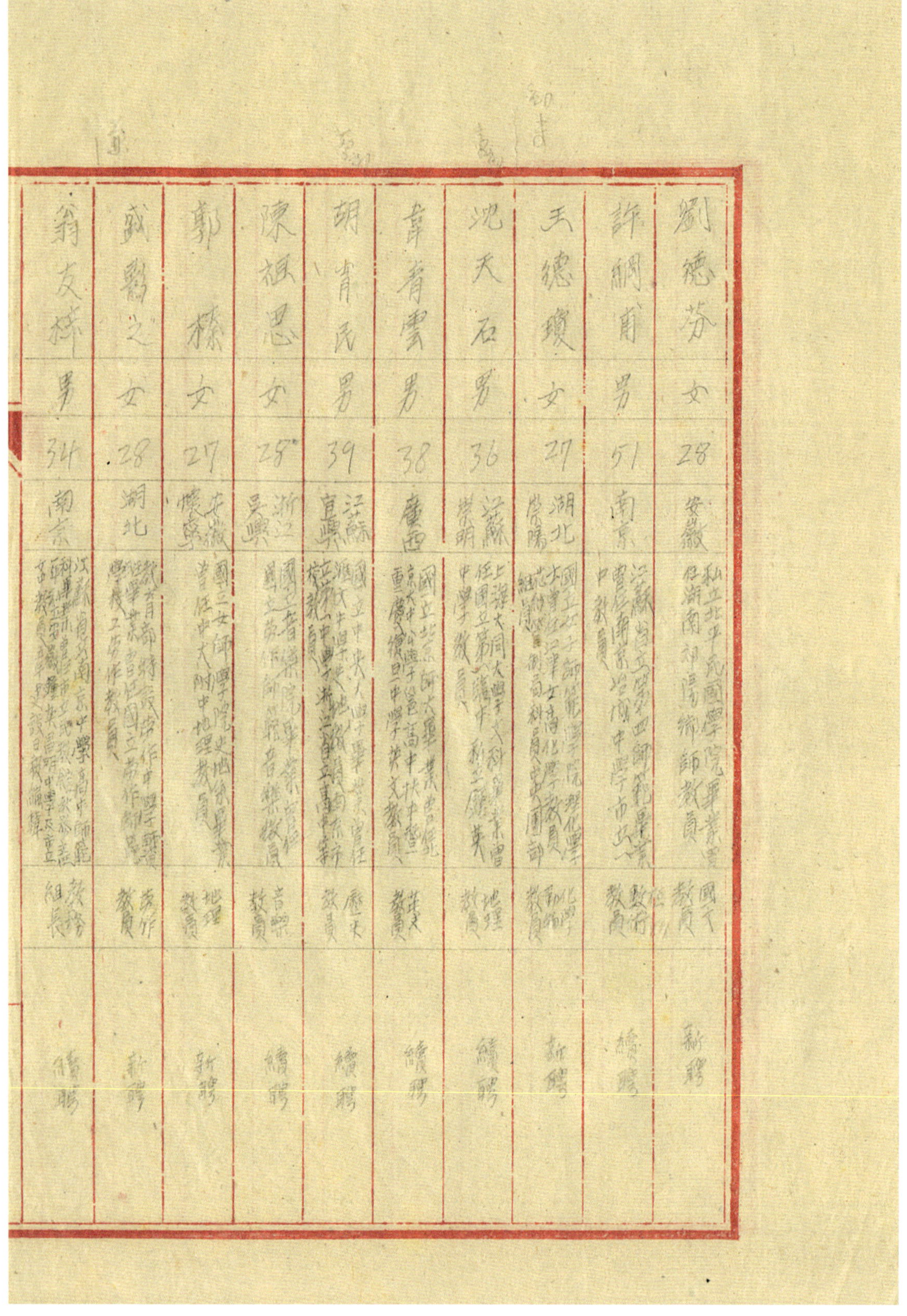

劉穗芬	女	28	安徽	私立北平民國學院畢業，曾任湖南神湘師範教員	國文教員	新聘
許綱甫	男	51	南京	江蘇省立第四師範畢業，曾任南京安徽中學、市立[illegible]中教員	數學教員	續聘
王德瓊	女	27	湖北漢陽	國立女子師範學院理化學系畢業，曾任江津女高化學教員、[illegible]衛司科員、中央團部[illegible]	化學、動物教員	新聘
沈天石	男	36	江蘇崇明	上海大同大學文科畢業，曾任國立第[illegible]中、私立[illegible]英中學教員	地理教員	續聘
章青雲	男	38	廣西	國立北京師大畢業，曾任北京大中、公誠學校、高中、扶中、暨[illegible]、重慶[illegible]中學英文教員	英文教員	續聘
胡肖民	男	39	江蘇宜興	國立中央大學畢業，曾任湖[illegible]中學、浙江[illegible]、[illegible]立高中等校教員	歷史教員	續聘
陳祖思	女	28	浙江吳興	國立音樂院畢業，曾任國立第[illegible]師範音樂教員	音樂教員	續聘
鄭榛	女	27	安徽懷寧	國立女師學院史地系畢業，曾任中大附中地理教員	地理教員	新聘
戴翳之	女	28	湖北	教育部特設勞作師資訓練班畢業，曾任國立[illegible]勞作師範學校勞作教員	勞作教員	新聘
翁友樑	男	34	南京	江蘇省立南京中學高中師範科畢業，曾任市立小學教員、[illegible]	教務組長	續聘

王世銓	男	32	江蘇新陽	無錫[illegible]中學畢業，曾任大[illegible]校[illegible]部主任兼[illegible]	教務員	續聘
張明康	女	37	江蘇江寧	江蘇省立南京女子中學畢業，江蘇[illegible]會計補習學校畢業，曾任南京市[illegible]小學教員[illegible]師範[illegible]組長	教務員	續聘
沈淑媛	女	44	南京	江蘇省立第一女子師範本科畢業，曾任江寧女子職業學校教員，[illegible]州[illegible]女子中學教員	訓育組長	續聘
王世馨	女	42	浙江鄞縣	國立北平大學女子師範學院教育系畢業，曾任浙江開化縣社會股[illegible]處附設初中教員	訓育員	新聘
呂振	男	42	江蘇如皋	上海新民大學法科[illegible]畢業，[illegible]中學[illegible]教員[illegible]	文書組長	續聘
唐炳春	女	28	廣東	桂林西南商業專科學校畢業，曾任南京市政府科員	會計員	續聘
毛長瑜	女	22	南京	南京市立第二中學[illegible]畢業，曾任江寧縣第六區中心小學教員，南京市立女子中學書記	出納員	續聘
江家驊	男	28	南京	私立[illegible]中學畢業，曾任[illegible]軍[illegible]大學[illegible]管理員	庶務組長	續聘
李恩明	女	27	江蘇興化	江蘇省立第八臨時師範畢業，曾任[illegible]中心小學教員	庶務員	新聘
黃執和	男	30	義烏	浙江省立[illegible]畢業，曾任浙江青田戰時中學教員，浙江[illegible]縣黨部幹事	圖書館管理員	續聘

謝玉紋	女	24	南京	南京市立女子中學畢業曾任南京市立女子中學書記	體育衛生幹事	續聘
天汝玲	女	20	南京	南京市立女子中學畢業	書記	新聘
李秀芳	女	34	南京	復旦大學肄業曾任上海務本女中事務員	書記	新聘
錢玉珍	女	24	上海	上海華東女中畢業	書記	新聘
吳新民	男	35	安徽和州	省立揚州中學畢業曾任省立鎮江中學書記	書記	新聘

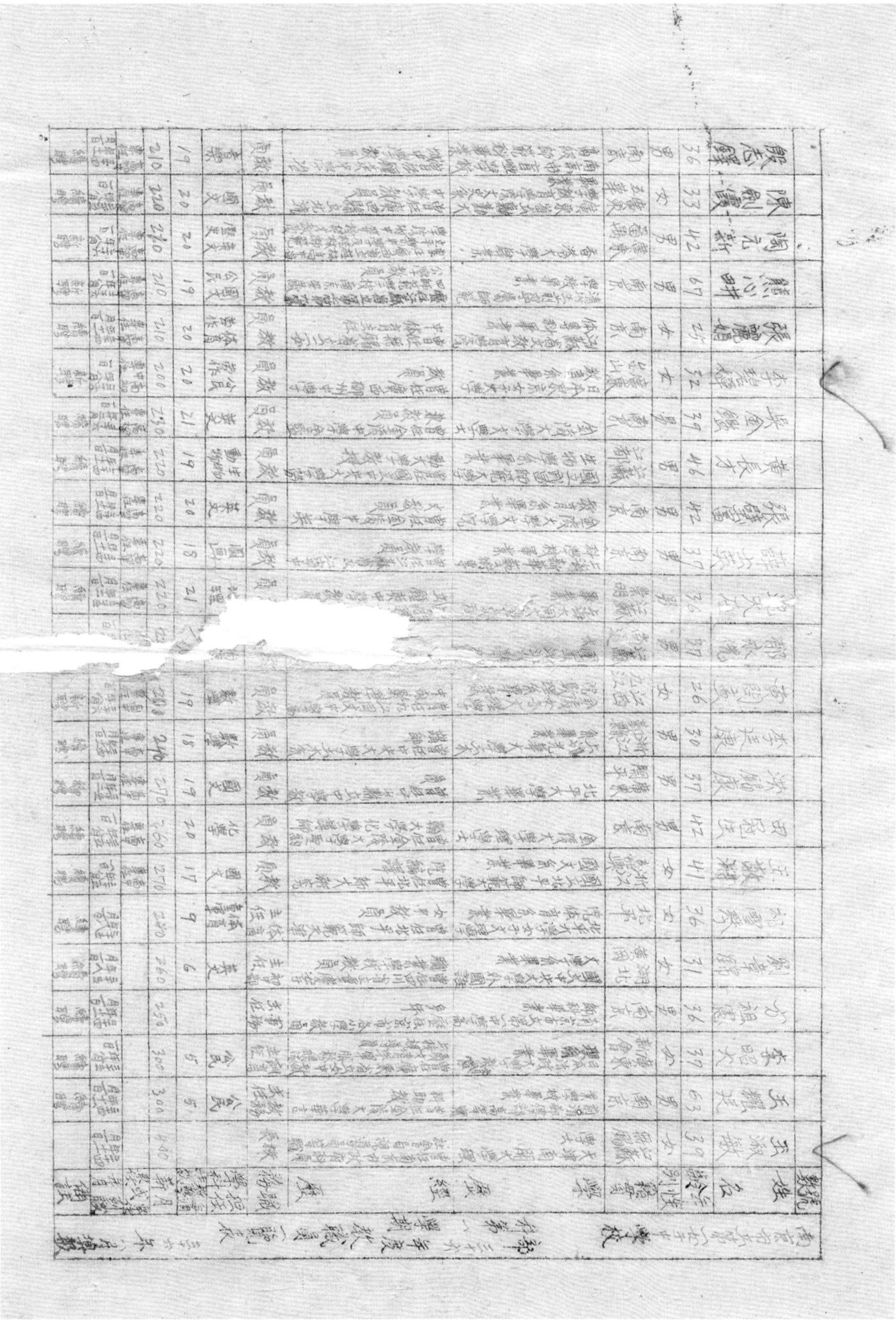
南京市立第一女子中學校 三十六年度第一學期教職員一覽表 三十六年八月填報

號數	姓名	年齡	性別	籍貫	學歷	經歷	職務	担任學科	每週教學時數	月薪	專兼任	到職年月	備註
	王淑敏	39	女	江蘇無錫	天津南開大學心理學士	曾任南京市政府科員[illegible]	校長			400		[illegible]	
	王耀廷	63	男	南京	前清郵傳部高等實業學校畢業	曾任金陵大學華言科助教	教務主任	公民	5	300		[illegible]	續聘
	李昭大	37	女	廣東新會	日本[illegible]理科畢業	曾任廣東省立女中教員[illegible]	訓育主任	公民	5	300		[illegible]	續聘
	方祖憲	36	男	南京	南京市立第一中學高師科畢業	曾任京市各小學教員多年	事務主任			250		[illegible]	續聘
	劉章錦	31	女	湖北黃岡	國立中央大學外國語文學系畢業	曾任四川省立重慶女子職業學校教員	初中部主任	英文	6	260		[illegible]	續聘
	[illegible]	36	女	北平	北平大學女子文理學院体育系畢業	曾任北平師範大學女中教員	体育主任	体育、童軍	9	220		[illegible]	續聘
	[illegible]	41	女	浙江[illegible]	國立北平師範大學國文系畢業	曾任北平師大研究院編譯	教員	國文	17	270	專任	[illegible]	續聘
	田冠生	42	男	南京	金陵大學理學士	曾任金陵大學化學講師	教員	化學	20	260	專任	[illegible]	續聘
	[illegible]	37	男	廣東開平	北平大學畢業	曾任[illegible]中學教員	教員	國文	19	270	專任	[illegible]	續聘
	李廷康	30	男	浙江[illegible]	上海光華大學[illegible]系畢業	曾任中央大學[illegible]講師	教員	數學	18	240	專任	[illegible]	續聘
	[illegible]	26	女	江西九江	金陵女子文理學院數理系畢業	曾任九江[illegible]中學數學教員	教員	數學	19	[illegible]	專任	[illegible]	新聘
	[illegible]	37	男	[illegible]	[illegible]	[illegible]	[illegible]	[illegible]	[illegible]	[illegible]	[illegible]	[illegible]	[illegible]
	[illegible]	36	男	江蘇崇明	[illegible]	[illegible]	教員	[illegible]	21	220	專任	[illegible]	續聘
	[illegible]	37	男	南京	上海新華藝術專科學校畢業	曾任[illegible]中學教員	教員	圖畫	18	220	專任	[illegible]	續聘
	[illegible]	42	男	南京	金陵大學文學院教育系畢業	曾任金陵中學英文教員	教員	英文	20	220	專任	[illegible]	續聘
	黃長才	46	男	江蘇江都	國立武昌師範大學生物學系畢業	曾任國立中央大學[illegible]教授	教員	生物、動物	19	220	專任	[illegible]	續聘
	吳金鑑	39	男	南京	金陵大學文學士	曾任金陵中學舍監兼教員	教員	英文	21	230	專任	[illegible]	續聘
	[illegible]	32	女	廣東台山	日本東京女子大學教育系畢業	曾任廣西柳州中學教員	教員	公民、勞作	20	200	專任	[illegible]	新聘
	張麗娟	25	女	南京	江蘇省立教育學院体育專科畢業	曾任[illegible]省立二女中体育主任	教員	体育、勞作	20	210	專任	[illegible]	續聘
	[illegible]	67	男	南京	[illegible]師範學校畢業	[illegible]	教員	國文、公民	19	210	專任	[illegible]	新聘
	陶元新	42	男	廣東番禺	香港大學畢業	[illegible]	教員	英文、歷史	20	220	專任	[illegible]	新聘
	陳劍霞	33	女	廣東五華	廣東省立勷勤大學教育學院文史系畢業	曾任廣西縣立北流中學教員	教員	國文	20	220	專任	[illegible]	續聘
	[illegible]	36	男	南京	南京市盲啞學校高級師範科畢業	曾任[illegible]中學教員	教員	音樂	19	210	專任	[illegible]	續聘

南京市立第一女子中學一九四七年度第一學期教職員一覽表（一九四七年八月）

檔號：1009-1-262

南京市立第一女子中學校 部 科 二十六年度第一學期教職員一覽表 年 月填報

號數	姓名	年齡	性別	籍貫	學歷	經歷	職務	擔任學科	每週授課時數	月薪	專任或兼任	到校年月	備註
	余明亮	46	女	北平	北平女子師範學院畢業	曾任省立女子中學教員	教員	物理 [illegible]	20	200	高中專任	二十六年八月一日	新聘
	馬家榮	[illegible]	男	廣東	國立廣東中山大學法學士		教員	國文 歷史	20	180	高中專任	二十六年八月一日	新聘
	俞秀鸞	25	女	南京	中大師範專修科畢業	曾任中大附屬實驗學校教員	教員	數學 地理	19	200	高中專任	二十[illegible]年十二月一日	續聘
	俞心農	66	男	南京	寧省師範學堂畢業	曾任巴縣中學校、思加勝慈善學校教員	教員	國文	22	210	初中專任	二十年十二月一日	續聘
	馬嶺岫	30	女	山東德平	北平私立輔仁大學西語系畢業	曾任山東滕縣縣立中學專任教員	教員	英文 公民	21	210	初中專任	二十五年二月一日	續聘
	高彩雲	33	女	河北南宮	天津女子師範學院畢業		教員	國文	19	210	初中專任	二十[illegible]年[illegible]月一日	續聘
	潘寅	45	男	江蘇江陰	中國公學畢業	曾任無錫競志女中、胡氏初中教員	教員	國文 歷史	20	210	初中專任	二十四年十一月一日	續聘
	任佩芬	27	女	江蘇興化	偽中大農學院畢業	曾任滙文女中化學教員	教員	英文	20	200	初中專任	二十四年十一月一日	續聘
	符韞道	26	女	湖南瀏陽	北平私立輔仁大學理學院數學系畢業	曾任國立女子師範教員	教員	數學	20	220	初中專任	二十六年二月一日	續聘
	王德瓊	27	女	湖北[illegible]	國立女子師範學院理化學士	曾任江[illegible]女子高化學教員，[illegible]	教員	物理 數學	22	190	初中專任	二十六年二月一日	續聘
	孫[illegible]贊	31	女	浙江吳興	國立中央大學[illegible]師範[illegible]畢業	曾[illegible]女中教員	教員	圖畫	20	180	初中專任	二十六年八月一日	新聘
	周竹猗	38	女	江蘇	[illegible]國學專修館畢業	[illegible]教員	教員	國文 歷史	20	200	初中專任	二十[illegible]年[illegible]月一日	續聘
	張崇基	27	女	山東	國立女子師範學院畢業		教員	數學 植物	20	180	初中專任	二十六年八月一日	新聘
	馬浩然（字秀卿）	24	女	山東德平	國立北京大學文學院畢業		教員	國文 公民	19	180	初中專任	二十六年八月一日	新聘
	劉德芬	28	女	安徽	私立北平民國學院畢業	曾任湖南郴縣師範教員	教員	國文 地理	22	190	初中專任	二十六年二月一日	續聘
	蔣伯軒	27	女	湖南茶陵	國立重慶師範[illegible]体育畢業	曾任教育部主辦學校聖光中學教員	教員	体育	20	200	初中專任	二十五年二月一日	續聘
	鄭篤慶	32	女	南京	金陵大學畢業	曾任金大附中[illegible]長兼教員	教員	化學 英文	22	190	初中專任	二十六年八月一日	新聘
	趙先同	58	男	安徽來安	金陵大學文學士	曾任金陵中學教員	教員	數學	15	215	高中兼任	二十四年十二月一日	續聘
	張德民	35	男	河北定縣	北平私立輔仁大學西語系畢業	曾任輔仁附中、徐州中學英文數學教員	教員	英文 數學	17	170	初中兼任	二十六年八月一日	新聘
	胡育民	39	男	江蘇宜興	國立中央大學畢業	曾任滙文中學史地教員、南京市立一中、浙江省立高中等校教員	教員	歷史	6	90	高中兼任	二十五年二月一日	續聘
	郭際唐	28	男	山東濟南	北平私立輔仁大學畢業		教員	歷史	10	120	高中兼任	二十五年八月一日	續聘
	王文彬	64	男	南京	江南高等學堂畢業	曾任中學國文教員多年	教員	國文	10	100	高中兼任	二十六年八月一日	新聘
	吳[illegible]	47	男	江蘇	國立北京大學畢業、美國伊利諾大學研究	曾任北平中國大學、中大、國立專科學校、[illegible]學校教授	教員	國文 歷史	9	120	高中兼任	二十六年八月一日	新聘

南京市立第一女子中學校 部 科 三十六年度第八學期教職員一覽表 年 月 填報

姓名	年齡	性別	籍貫	學歷	經歷	職務	擔任學科	每週時數	月薪	專任或兼任	到職年月	新聘或續聘 備註
岳龢先	43	女	安徽宿縣	國立北平大學女子文理學院數學系畢業	曾任國立北平大學附中數學系助教	教員	數學	17	170	兼任	三十五年二月一日	續聘
何守鳳	30	女	江蘇鎮江	中山[illegible]國民[illegible]畢業	曾任中央[illegible]部考[illegible]省中等學校[illegible]教員五年	教員	童軍	16	150	兼任	三十六年八月一日	新聘
李靜遠	36	女	北平	國立北平師範大學英文系畢業	曾任中大附中高初中英文教員	教員	英文	18	180	兼任	三十六年八月一日	新聘
張相曹	38	男	安徽祁門	天津南開大學畢業	曾任天津南開中學、揚州美漢中學等校教員	教員	英文	6	50	兼任	三十六年八月一日	新聘
衛雅南	26	女	安徽涇縣	中央大學醫學院畢業	曾任南京市衛生局第一衛生所醫師	教員	衛生	5	45	兼任	三十六年八月一日	新聘
陳祖思	28	女	浙江吳興	國立音樂院畢業	曾任國立戲劇學校師範音樂教員	教員	音樂	10	95	兼任	三十五年八月一日	續聘
翁友梓	34	男	南京	江蘇省立南京中學高中師範科畢業	曾任市立民教館[illegible]教務主任及市立女中教務主任[illegible]	教務組長			200	專任	三十四年十二月一日	續聘
王世銓	32	男	江蘇無錫	無錫江南中學畢業	曾任上海[illegible]部主任、無錫[illegible]事務主任	教務員			140	專任	三十四年十一月一日	續聘
王淑媛	44	女	南京	江蘇省立第一女子師範本科畢業	曾任江寧女子職業學校教員、徐州基督女子中學教員	訓育組長			170	專任	三十四年十一月一日	續聘
劉秀蘭	30	女	江蘇銅山	國立女師學院教育系畢業	曾任[illegible]教員	訓育員			170	專任	三十六年八月一日	新聘
冒振	42	男	江蘇如皋	上海法政大學法律系畢業	曾任上海[illegible]中學教員、如皋[illegible]	文書組長			200	專任	三十四年十一月一日	續聘
周文傑	45	女	江蘇江陰	江蘇[illegible]女子師範畢業	曾任江陰縣教育局[illegible]教育科員	文書員			160	專任	三十六年八月一日	新聘
唐楊春	28	女	廣東	桂林西南商業專科學校畢業	曾任南京市政府科員	會計員			200	專任		
鄭玉琨	24	女	南京	私立美以美會匯文中學畢業	曾任南京市政府會計處雇員	會計佐理員			100	專任		
毛長琦	22	女	南京	南京市立女子中學畢業、職業專修學校簿記班畢業	曾任江寧縣第六區中心小學教員、南京市立女子中學書記	出納組長			180	專任	三十四年十一月一日	續聘
江家驊	28	男	南京	私立滙光中學畢業	曾任軍械保管[illegible]、廣西大學圖書館管理員	庶務組長			140	專任	三十五年八月一日	續聘
李思明	27	女	江蘇興化	江蘇省立第一臨時師範畢業	曾任金壇縣秀塘中心小學教員	事務員			120	專任	三十六年二月一日	續聘
沈毓賢	23	女	江蘇揚州	揚州省中高中部肄業	曾任[illegible]	事務員			110	專任	三十六年八月一日	新聘
黃光和	30	男	義烏	浙江省立民教實校肄業	曾任浙江青田戰時中國電信學校教員、浙江縣黨部幹事	事務員			120	專任	三十四年十二月一日	續聘
趙澤芳	20	女	南京	南京市立女子中學畢業		書記			70	專任	三十六年八月一日	新聘
陳麗如	26	女	南京	滙文女中畢業		書記			70	專任	三十六年八月一日	新聘
謝玉紅	24	女	南京	南京市立女子中學畢業	曾任南京市立女子中學書記	書記			110	專任	三十四年十一月一日	續聘
徐蔚南	28	女	浙江紹興	國立中央大學[illegible]畢業	曾任南京市立第二中學會計員	會計佐理員			90	專任	三十四年十二月一日	

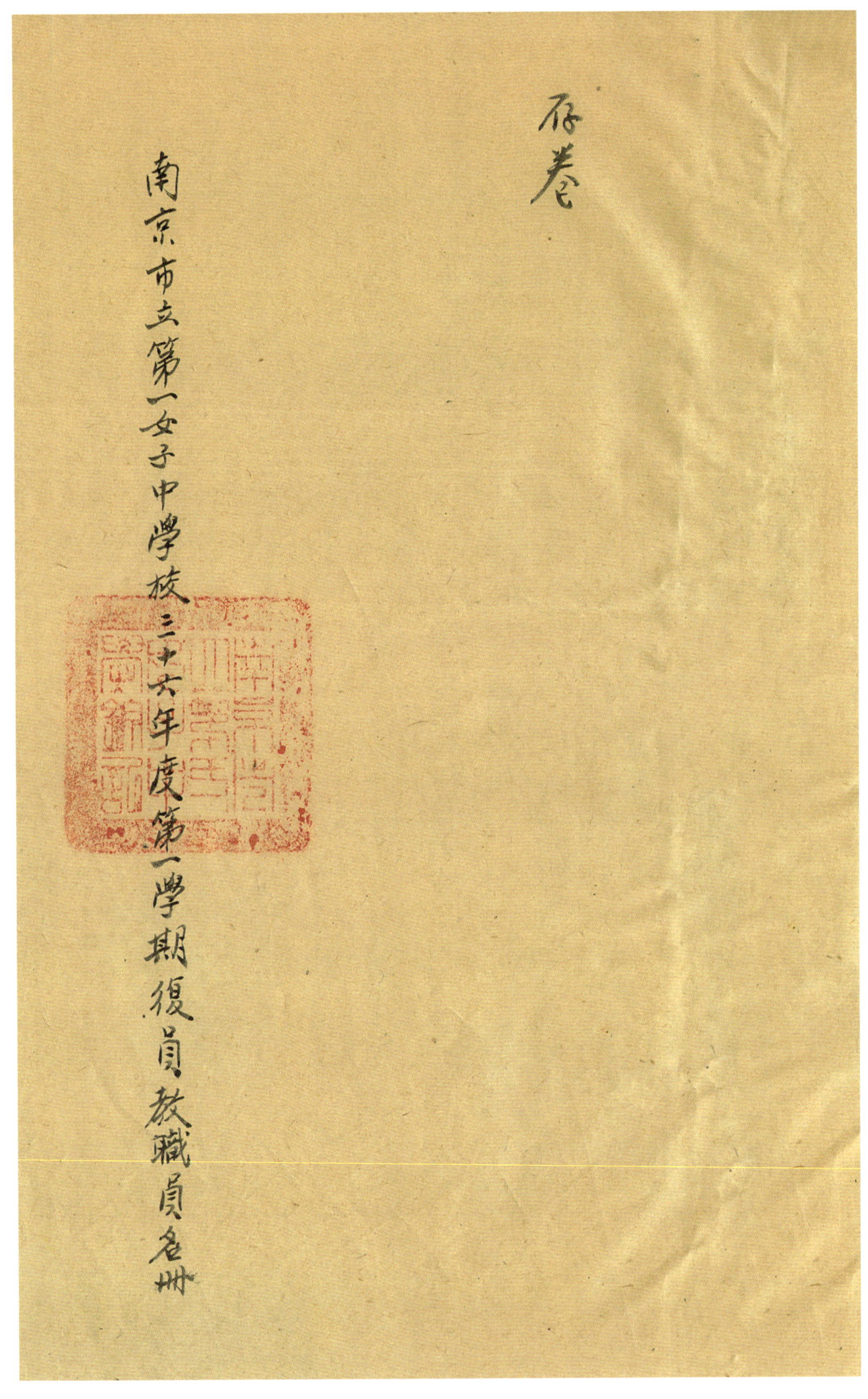
存卷

南京市立第一女子中學校三十六年度第一學期復員教職員名册

南京市立第一女子中學一九四七年度第一學期復員教職員名册（一九四七年十二月五日）

檔號：1009-1-262

南京市立第八女子中學校三十六年度第一學期教職員名冊（續頁）

號數	職別	姓名	性別	核定薪額	備註（兼職人員請在此欄內註明）
1	教員	賁大光	男	一〇〇	
2	〃	劉繼安	男	一〇〇	
3	教務員	張明康	女	一六〇	
4	工友	丁士生	男	四〇	
		以上共計肆人			

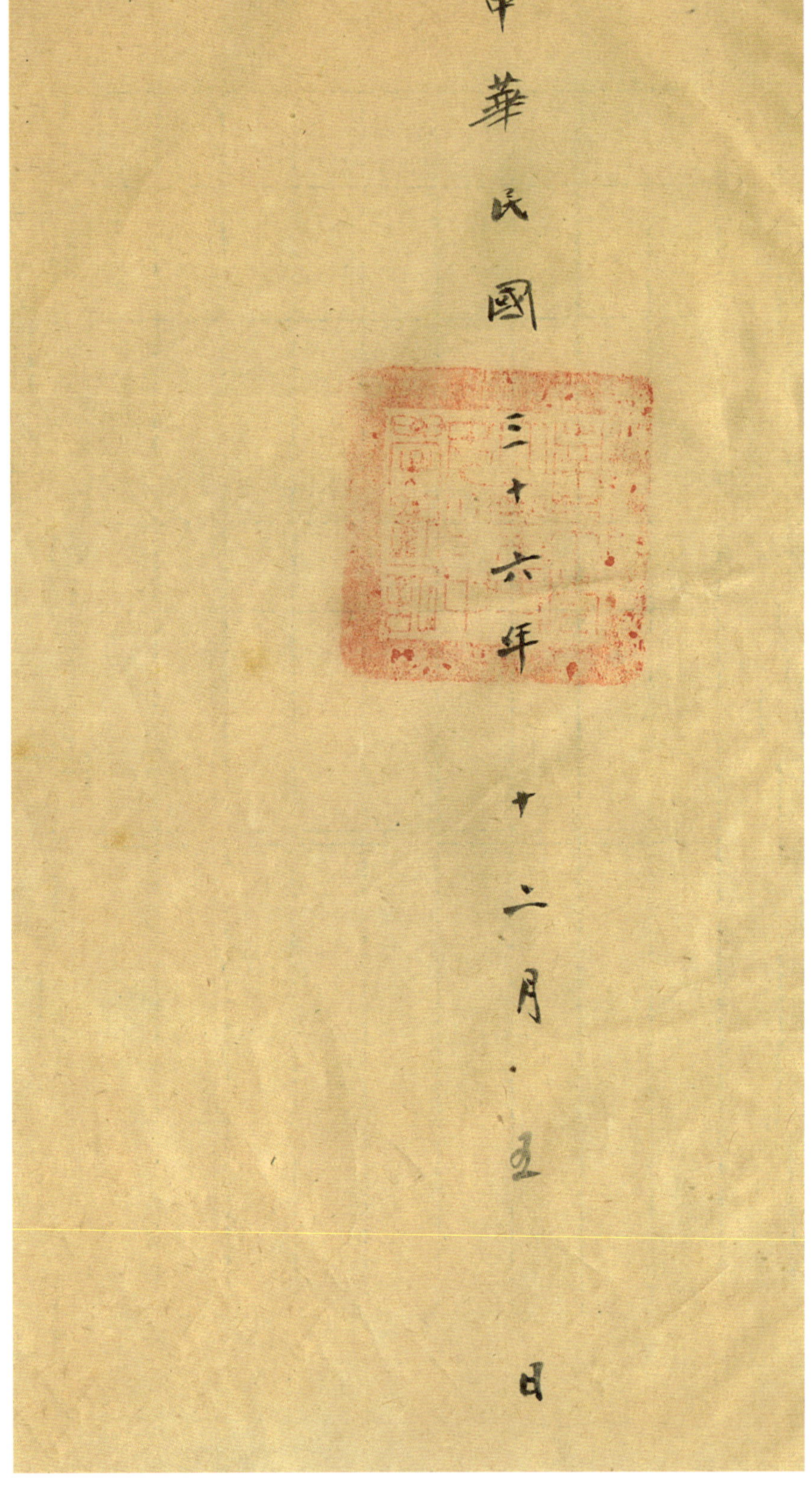
中華民國三十六年十二月五日

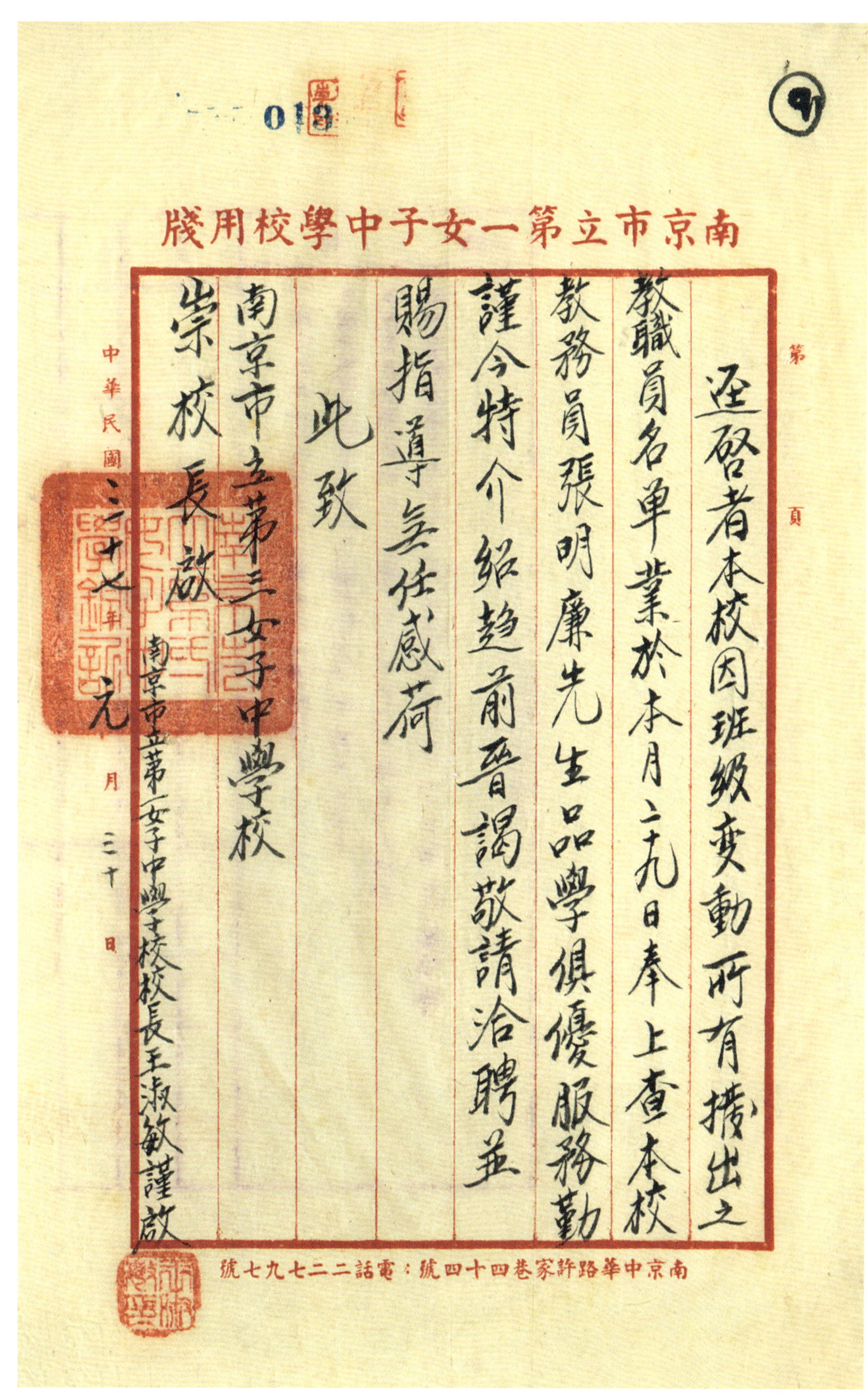

南京市立第一女子中學用牋

第　頁

逕啓者本校因班級變動所有撥出之教職員名單業於本月二十九日奉上查本校教務員張明廉先生品學俱優服務勤謹今特介紹趋前晉謁敬請洽聘並賜指導無任感荷

此致

南京市立第三女子中學校

崇校長

南京市立第一女子中學校校長王淑敏謹啟

中華民國三十七年元月三十日

南京中華路許家巷四十四號：電話二二七九七號

關于南京市立第一女子中學一九四七年度第二學期撥出教職員由他校選聘的一組文件

南京市立第一女子中學王淑敏校長爲推介本校教務員張明廉給市立第三女子中學校長的箋函

（一九四八年一月三十日）

檔號：1009-1-336

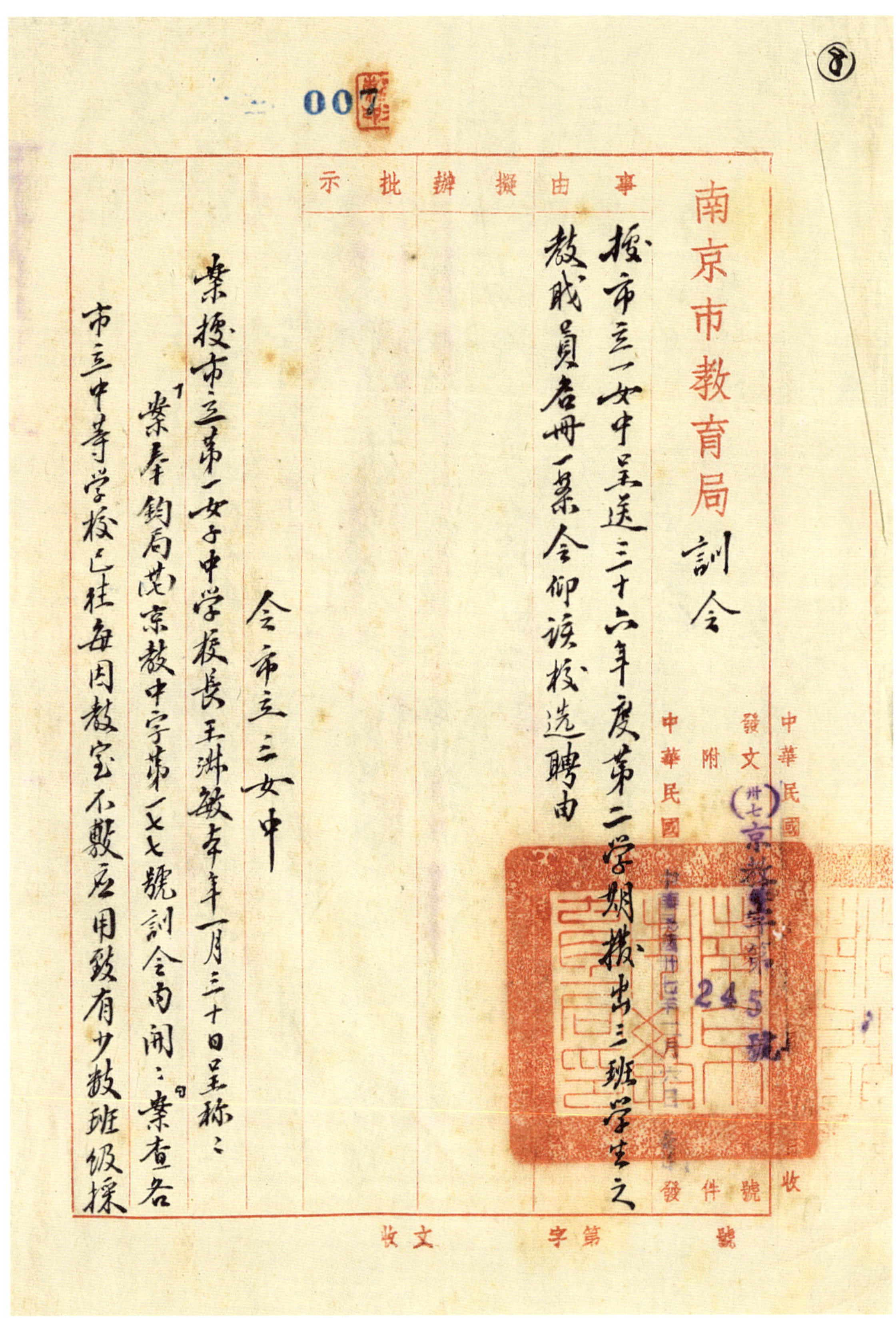

南京市教育局訓令

事由：據市立一女中呈送三十六年度第二學期撥出三班學生之教職員名冊一案令仰該校選聘由

中華民國　年　月　日收

發文京教（中）字第245號

附件

中華民國三十七年二月六日發

令市立三女中

案據市立第一女子中學校長王淋敏本年一月三十日呈稱：「案奉鈞局蒞京教中字第一七七號訓令內開：『案查各市立中等學校已往每因教室不敷應用致有少數班級採

文收　字第　號

南京市教育局給市立第三女子中學的訓令（一九四八年二月六日）

附：南京市立第一女子中學撥出之教職員名冊

檔號：1009-1-336

用二部制教学者對于学生學業不無影響且有一部分班級因学生人數不多而年級相同應予緊縮茲為減少二部制之班級及補充學額起見特調整各校班級並調整各校員工名額製表頒發各校班級如有裁併撥出撥入及補招等情應依照表內規定辦理至撥出撥入班級之有關各校應互相洽議劃撥辦法具報備查規定招生各校應將招考日期連同招生簡章具報除分令外合行撥發三十六年度第二学期市立各中等学校班級調整表及員工人數調整表各一份令仰遵照辦理為要此令等因附頒發三十六年度第二学期市立各中等学校班級調整表及員工人數調整表各一份奉此自應遵辦查職校三十六年度第二学期遵照規定應撥歸京市立三女中班級計為三班（高二下高一下初一下）除遵造該三班学生名冊另行呈報外茲先將本校三十六年度第二学期撥出三班学生之教職員名冊一式二份理合備文呈請鑒核並請准予轉知該

校對 監印

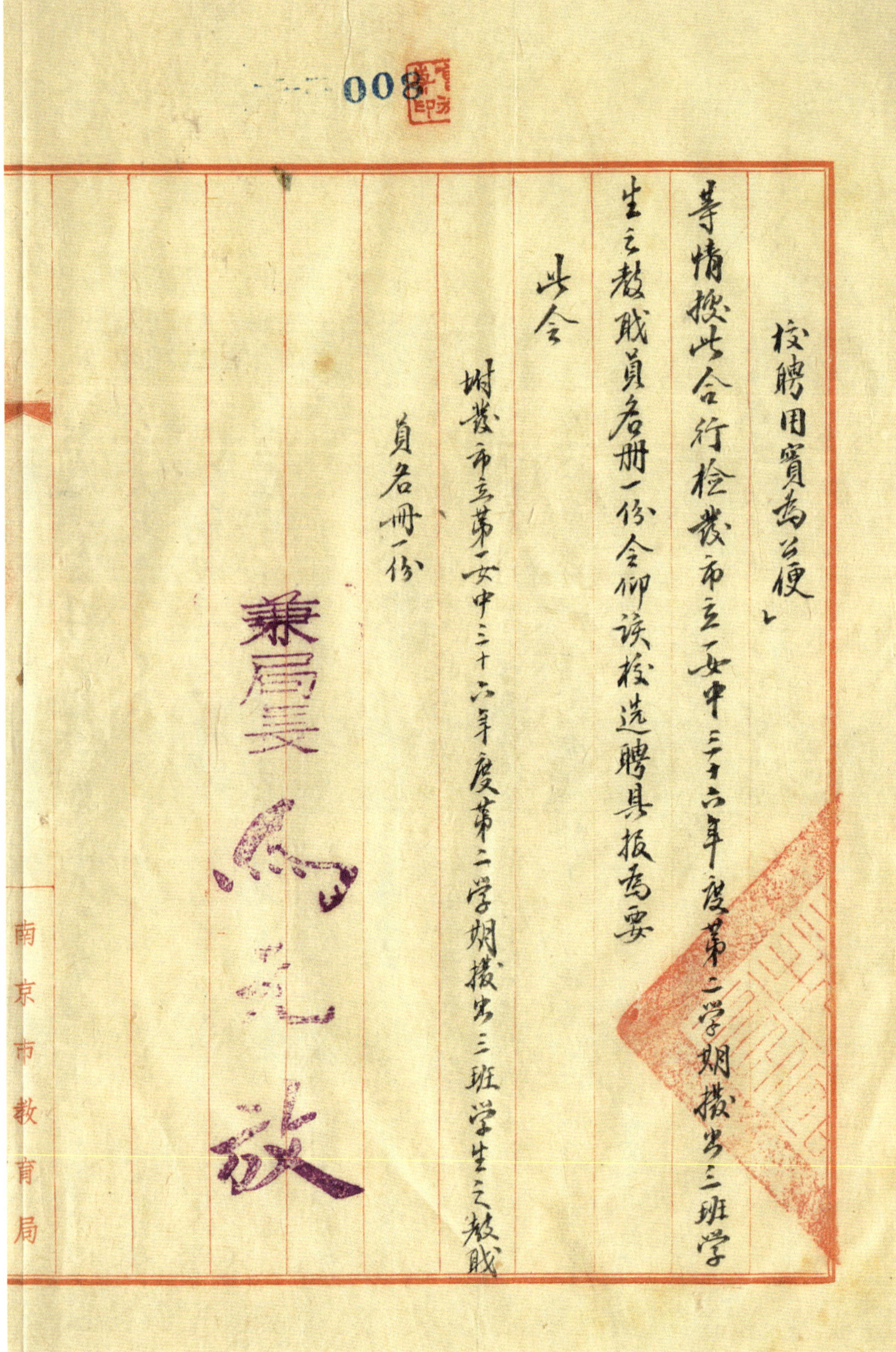
校聘用實為公便

等情據此合行檢發市立一女中三十六年度第二學期撥出三班學生之教職員名冊一份令仰該校遴聘具報為要

此令

附發市立第一女中三十六年度第二學期撥出三班學生之教職員名冊一份

兼局長 馬元放

南京市教育局

009

南京市立[illegible]六年度第八學期擔卅三班學生之教職員名冊

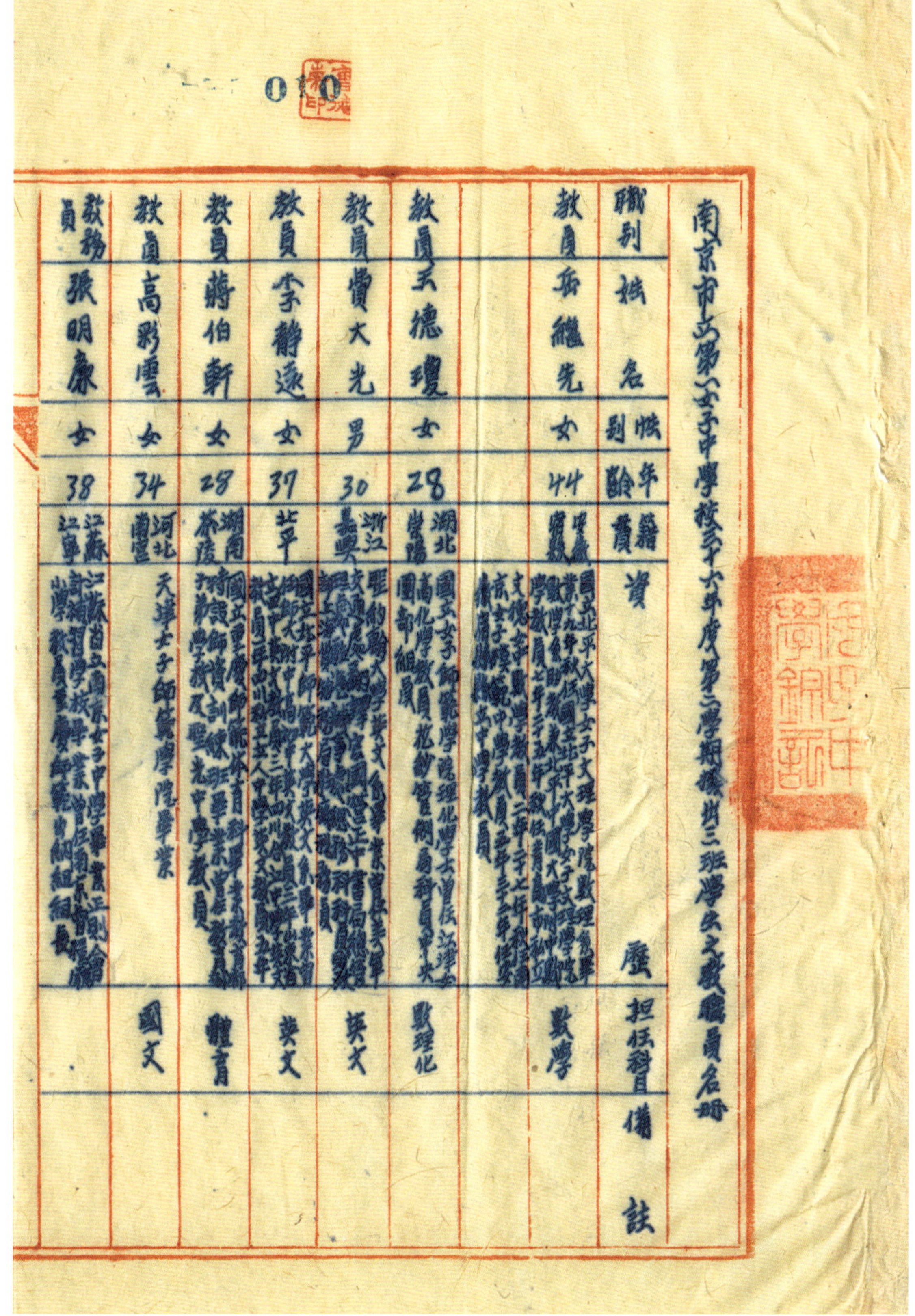

南京市立第八女子中學校三十六年度第二學期擬增三班學生之教職員名册

職別	姓名	性別	年齡	籍貫	資歷	担任科目	備註
教員	岳繼先	女	44	[illegible]	國立北平大學女子文理學院數理系畢業，[illegible]九年秋任國立北平大學女子文理學院數學系助教，[illegible]學教員七年，二十五年[illegible]文德女中學教員二年，二十七年任[illegible]京女子中學教員五年，三十年[illegible]省立[illegible]中學教員	數學	
教員	王德瓊	女	28	湖北[illegible]陽	國立女子師範學院理化學系畢業，曾任江津[illegible]高化學教員，[illegible]圖部組員	數理化	
教員	費大光	男	30	浙江嘉興	聖約翰大學英文系畢業，[illegible]	英文	
教員	李靜遠	女	37	北平	國立北平師範大學英文系畢業，曾任北平師大附中[illegible]教員三年，四川[illegible]中學英文教員[illegible]	英文	
教員	蔣伯新	女	28	湖南茶陵	國立中央大學師範學院體育系畢業，[illegible]體育教員[illegible]訓練班[illegible]中學教員	體育	
教員	高彩雲	女	34	河北南宮	天津女子師範學院畢業	國文	
教務員	張明康	女	38	江蘇江寧	江蘇省立南京女子中學畢業，正則會計補習學校畢業，曾任南京[illegible]小學教員[illegible]組組長		

書記 謝玉紅 女 25 南京 南京市立女子中學畢業 曾任南京市立第一女子中學書記

以上總計八人（教員六人 職員二人）

011

中華民國三十八年一月二十日

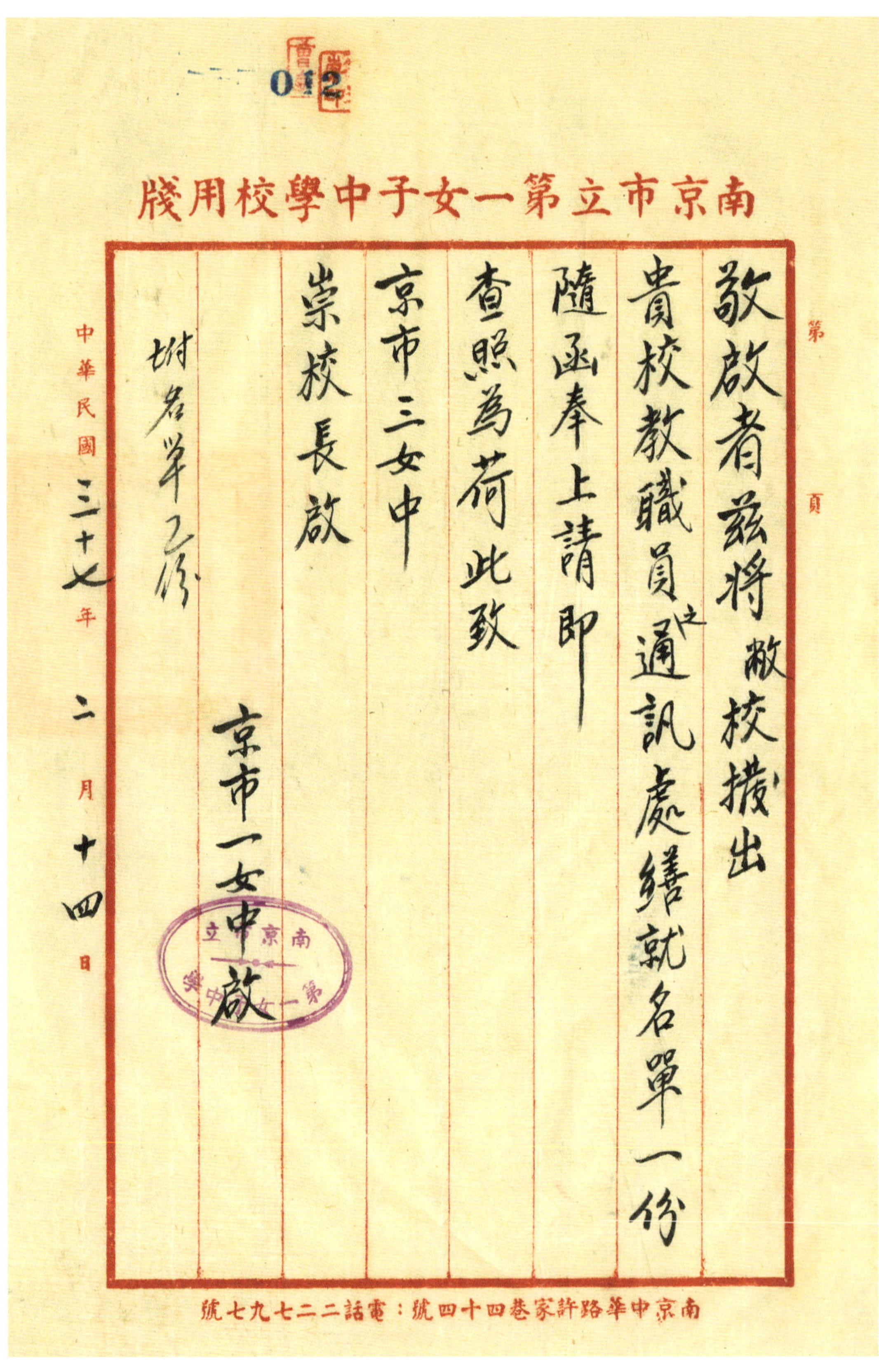
南京市立第一女子中學牋用

敬啟者茲將敝校撥出
貴校教職員之通訊處繕就名單一份
隨函奉上請即
查照為荷此致
京市三女中
崇校長

京市一女中啟

附名單乙份

中華民國三十七年二月十四日

南京中華路許家巷四十四號　電話：二二七九七號

南京市立第一女子中學給市立第三女子中學的箋函（一九四八年二月十四日）

檔號：1009-1-336

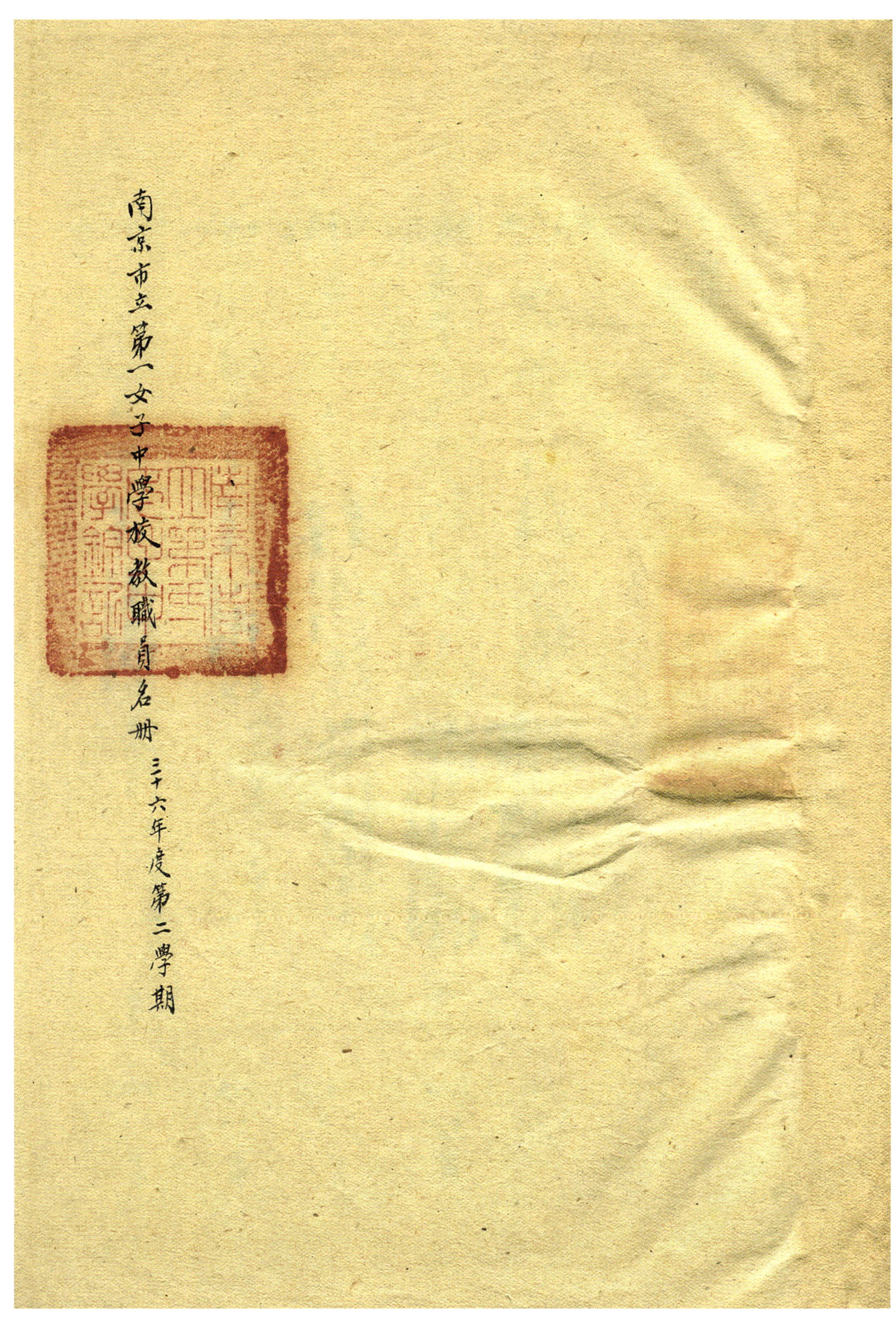

南京市立第一女子中學一九四七年度第二學期教職員名册（一九四八年五月）

檔號：1009-1-1170

南京市立第一女子中学校教職員名冊 三十六年度第二學期

職別	姓名	性別	年齡	籍貫	學歷	經歷	担任學科(高中或初中)	教學時數	月支薪額(底薪)	專任或兼任	備註
校長	王淑敏	女	40	江蘇無錫	天津南開大學理學士	曾任南京市政府社會局視導員新運婦女工作委員會總幹事上海華東大學[illegible]			400	專任	
教務主任	王清泉	男	31	南京	國立浙江大學理學士	曾任國立浙江大學附中高中數學教員湖南雅禮中學數學教員南京市立師範訓育主任	數學	5	300	專任	新聘
訓育主任	李昭大	女	38	廣東新會	日本法政大學教育心理系畢業	曾任廣東省立女中教員女青年軍服務總隊上校視導員	公民	6	300	專任	續聘
事務主任	方祖憲	男	37	南京	南京市立第一中學高師科畢業	歷任京市各小學多年			250	專任	續聘
體育主任	祁雪琴	女	37	北平	北平大學女子文理學院體育系畢業	曾任北平師範天津女中教員	体育		240	專任	續聘

會計員	唐楊春	女	29	廣東	桂林西南商業專科學校畢業	曾任南京市政府科員			200	專任	
教員	王敬淵	女	42	浙江嘉興	國立北平師範大學國文系畢業	曾任北平師大研究院編譯	國文 高中		270	高中專任	續聘
〃	吳金鑑	男	40	南京	金陵大學文學士	曾任金陵中學舍監兼教員	英文 高中		240	高中專任	續聘
〃	趙先同	男	59	安徽來安	金陵大學文學士	曾任金陵中學教員	數學 高中		260	高中專任	續聘
〃	田冠生	男	43	南京	金陵大學理學士	曾任金陵大學暨約翰大學化學講師	理化 高中		260	高初中專任	續聘
〃	沈天石	男	37	江蘇崇明	上海大同大學大科畢業	曾任國立第八聯中暨鍾英中學教員	代數 高中		200	高初中專任	續聘

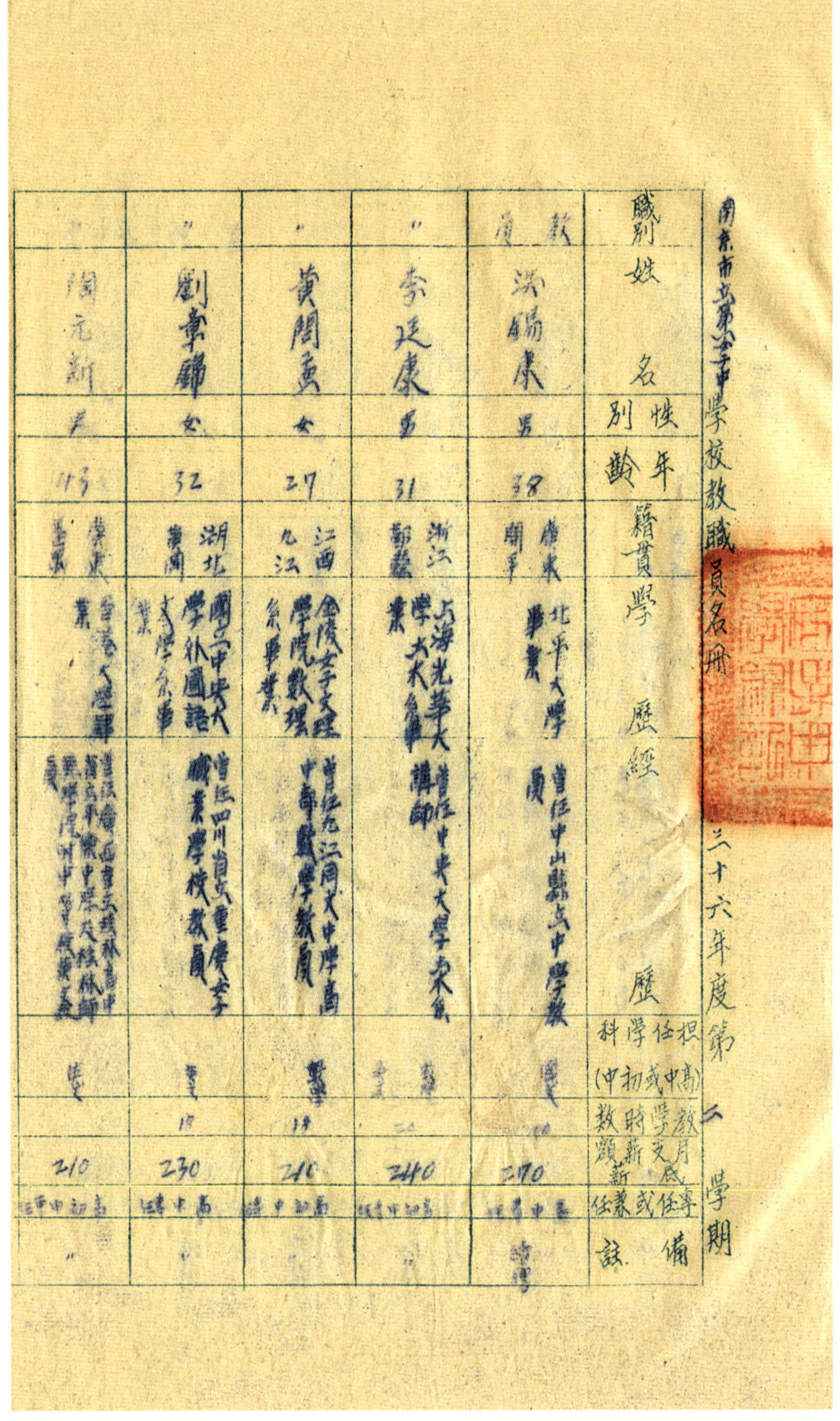

南京市立第[illegible]中學校教職員名冊 三十六年度第一學期

職別	教員	〃	〃	〃	
姓名	洪錫康	李廷康	黃閏貞	劉秉歸	陶元新
性別	男	男	女	女	男
年齡	38	31	27	32	43
籍貫	廣東開平	浙江鄞縣	江西九江	湖北黃岡	廣東[illegible]
學歷	北平大學畢業	上海光華大學[illegible]畢業	金陵女子文理學院數理系畢業	國立中央大學外國語文學系畢業	[illegible]大學[illegible]畢業
經歷	曾任中山縣立中學教員	曾任中央大學[illegible]講師	曾任九江同文中學高中部數學教員	曾任四川省立重慶女子職業學校教員	[illegible]
擔任學科（高中或初中）	[illegible]	[illegible]	數學	[illegible]	[illegible]
教學時數	[illegible]	[illegible]	19	18	
月支薪額（底薪）	270	240	210	230	210
專任或兼任	高中專任	高初中專任	高初中專任	高中專任	高初中專任
備註	[illegible]			〃	〃

〃	〃	〃	〃	〃	〃
黄長才	薛公英	蔡鼎新	熊心畊	張麗娟	李碧嬋
男	男	男	男	女	女
47	38	35	65	26	33
江蘇江都	南京	江蘇丹陽	南京	南京	廣東台山
國立武昌師範大學生物學系畢業	上海新華藝術專科學校畢業	交通大學工學院畢業	清附生兩江優級師範學校畢業	江蘇省立教育學院体育專科畢業	日本東京女子大學教育系畢業
曾任國立中央大學勞動大學教授	曾任江蘇省立江寧中學教員	曾任上海電力公司工程師南京[illegible]備股長上海工專講師南京市三中教員	歷任江蘇省立第七第九第四師範南京安徽公學教員	曾任無錫女中体育主任	曾任廣西柳州中學教員
動植物	圖畫	物理	國文 公民	体育	公民 史地
20	19	19	21	20	20
220	230	230	210	210	200
任專中初高	任專中初高	任專中初高	任專中初高	任專中初高	任專中初高
〃	〃	新聘	續聘	〃	〃

南京市私立[illegible]中學校教職員名冊　三十六年度第一學期

職別	姓名	性別	年齡	籍貫	學歷	經歷	擔任學科（高中或初中）	每周教學時數	月支薪額	專任或兼任	備註
教員	林潤田	男	37	南京	國立東南大學文理學院史地學系畢業	曾任國立[illegible]大學附中、南京市立一中、南京市立一師等校初中史地教員	史地	19	200	初中專任	新聘
〃	鄒際慶	男	23	山東	北平私立輔仁大學畢業		歷史 公民	17	200	高初中專任	新聘
〃	馬黛岫	女	31	山東德平	北平私立輔仁大學西語系畢業	曾任山東滕縣縣立中學專任教員	英文	22	210	初中專任	〃
〃	張慶富	男	43	南京	金陵大學文學院教育系畢業	曾任金陵中學英文教員	英文	20	220	初中專任	〃
〃	俞心農	男	41	南京	皖省師範學校畢業	曾任[illegible]中學[illegible]教員	國文	22	210	初中專任	〃

〃	周竹猗	女	37	江蘇	國立中央大學肄業、國學專修館畢業	曾任國立暨南中學教員、	國文 歷史	20	200	初中專任	〃
〃	陳劍霞	女	34	廣東五華	廣東省立勷勤大學教育學院文史系畢業	曾任廣西鬱林北流中學教員	國文 歷史	20	220	初中專任	〃
〃	符韞道	女	27	湖南衡陽	北平私立輔仁大學經濟學系畢業、	曾任國立女子師範教員、	[illegible]	20	220	初中專任	〃
〃	金玉鸞	女	26	南京	中大師範專修科畢業、	曾任中大附屬實驗學校教員、	[illegible]	14	200	初中專任	〃
〃	伍佩芬	女	30	江蘇興化	國立中大理學院畢業	曾任匯文女中化學教員	英文	20	200	初中專任	〃
〃	鄭鶯慶	女	33	南京	金陵大學畢業	曾任金女大附中訓育組長兼教員、	[illegible]	20	190	初中專任	〃

南京市立第六女子中學校教職員名冊 三十六年度第二學期

職別	姓名	性別	年齡	籍貫	學歷	經歷	擔任學科（高中或初中）	教學時數	月支底薪薪額	專任或兼任	備註
教員	馮浩然	女	24	山東德平	國立北京大學文學院畢業		國文	20	190	初中專任	續聘
〃	張崇基	女	28	山東	國立女子師範學院畢業		[illegible]	22	150	初中專任	〃
〃	王淑媛	女	45	南京	江蘇省立第一女子師範本科畢業	曾任江寧女子職業學校教員、滁州省立女子中學教員	勞作	21	170	初中專任	〃
〃	何宇鳳	女	31	江蘇鎮江	中山[illegible]專科學校及中央訓練團國民軍事訓練教官班女生隊畢業	曾任教育部派充安徽省中等學校女子軍訓教員五年	童軍 [illegible]	21	200	初中專任	〃
[illegible]	[illegible]黃	男	44	江蘇江陰	中國公學畢業	曾任無錫縣立女中湖州中教員	[illegible]	20	220	初中專任	〃

〃	陳祺忠	女	21	浙江吳興	國立音樂院畢業	曾任[illegible]教員	音樂	8	80	任兼中初	〃
〃	衛雅南	女	27	安徽涇縣	中央大學醫學院畢業	曾任南京市衛生局第八衛生所醫師	衛生	4	40	任兼中初	〃
〃	吳應復	男	45	江蘇	國立北京大學畢業，美國伊利諾大學研究	曾任北平中國大學及國立專科學校藥學專校教授	國文	7	90	任兼中高	〃
〃	費大光	男	30	浙江嘉興	聖約翰大學英文系畢業	曾任美軍交通處翻譯官	英文	12	130	任兼中初	〃
〃	劉德芬	女	29	安徽	私立北平民國學院畢業	曾任湖南祁陽鄉師教員	國文 地理	11	95	任兼中初	〃
〃	殷志鐸	男	37	南京	南京市音樂學校高級師範科畢業	曾任鍾英中學冶城中學教員	音樂	18	180	任兼中初高	〃

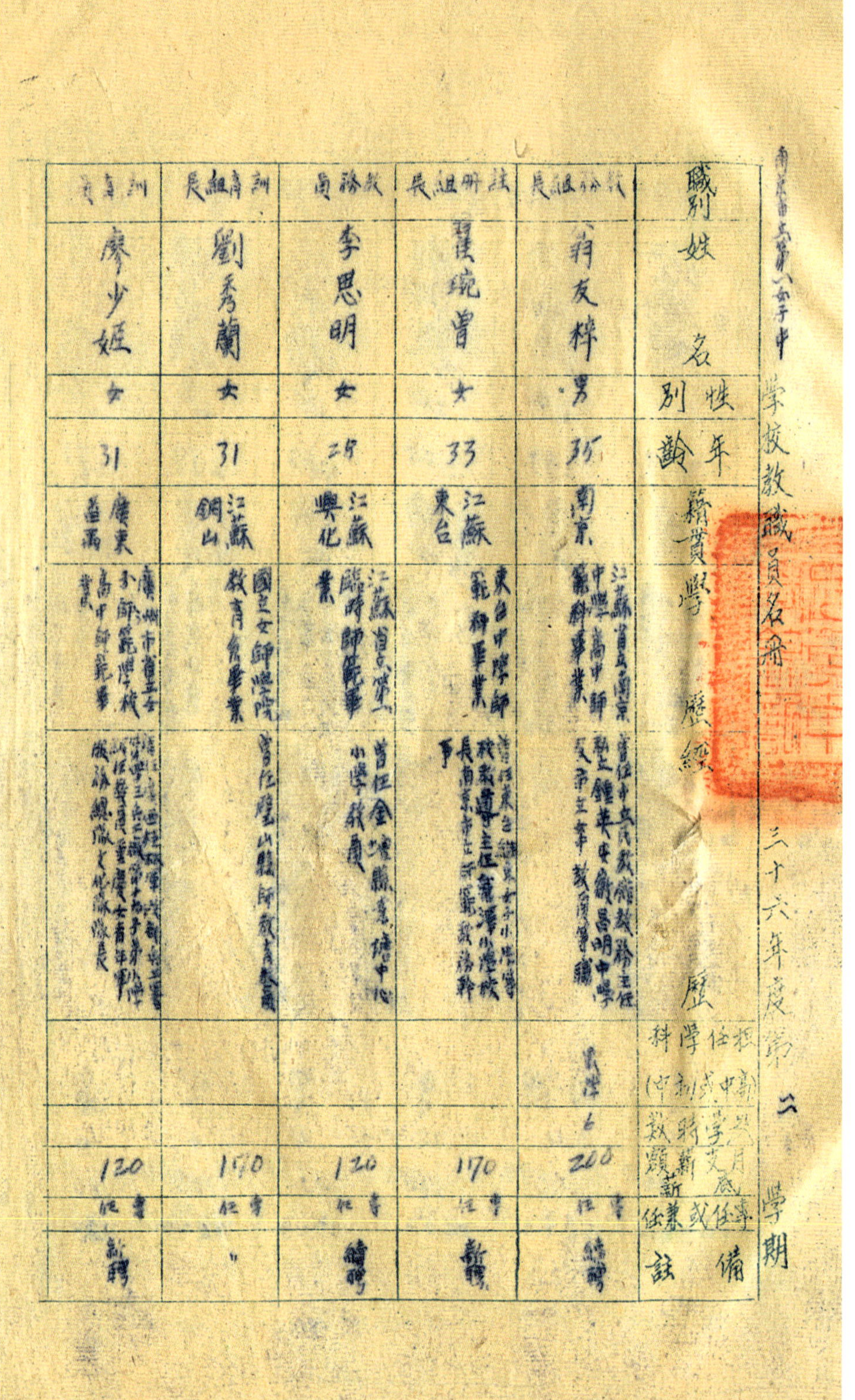

南京市立第八女子中學學校教職員名冊 三十六年度第二學期

職別	姓名	性別	年齡	籍貫	學歷	經歷	擬任學科（中學）	每週時數	月薪數額	專任或兼任	備註
教務組長	蔣友梓	男	35	南京	江蘇省立南京中學高中師範科畢業	曾任中央民衆教育館教務主任、[illegible]鍾英中學、啓明中學及市立[illegible]教員	數學	6	200	專任	續聘
註冊組長	龔琬曾	女	33	江蘇東台	東台中學師範科畢業	曾任東台縣立女子小學校教導主任、[illegible]小學校長、南京市立[illegible]教務幹事			170	專任	新聘
教務員	李思明	女	29	江蘇興化	江蘇省立第一臨時師範畢業	曾任金壇縣[illegible]中心小學教員			120	專任	續聘
訓育組長	劉秀蘭	女	31	江蘇銅山	國立女師學院教育系畢業	曾任璧山縣師教育[illegible]			150	專任	〃
訓育員	廖少娫	女	31	廣東番禺	廣州市省立[illegible]師範學校高中師範畢業	[illegible]			120	專任	新聘

文書組長	冒振	男	43	江蘇如皋	上海新民大學法科法律系畢業	曾任上海私立[illegible]中學國文教員、南京文藝中學國文教員、[illegible]縣長[illegible]秘書兼教育局[illegible]課長			200	專任	續聘
文書員	陳昌穎	男	37	南京	南京市立中區實驗學校高中師範科畢業	曾任小學教員及校長、南京市立第二中學教務員			160	專任	〃
出納組長	王長瑜	女	23	南京	南京市立女子中學畢業、職業專修學校簿記班畢業	曾任江寧縣第六區中心小學教員、南京市立女子中學書記			180	專任	〃
會計佐理員	鄭玉珮	女	25	南京	私立美以美會進修中學畢業	曾任南京市政府會計處雇員			100	專任	
會計佐理員	徐蔚南	女	29	浙江紹興	無錫[illegible]高商學校畢業、國立中央大學肄業	曾任南京市第三中學會計員			90	專任	
庶務組長	江家驊	男	29	南京	私立滙光中學畢業	曾任[illegible]、廣西大學圖書館管理員			160	專任	〃

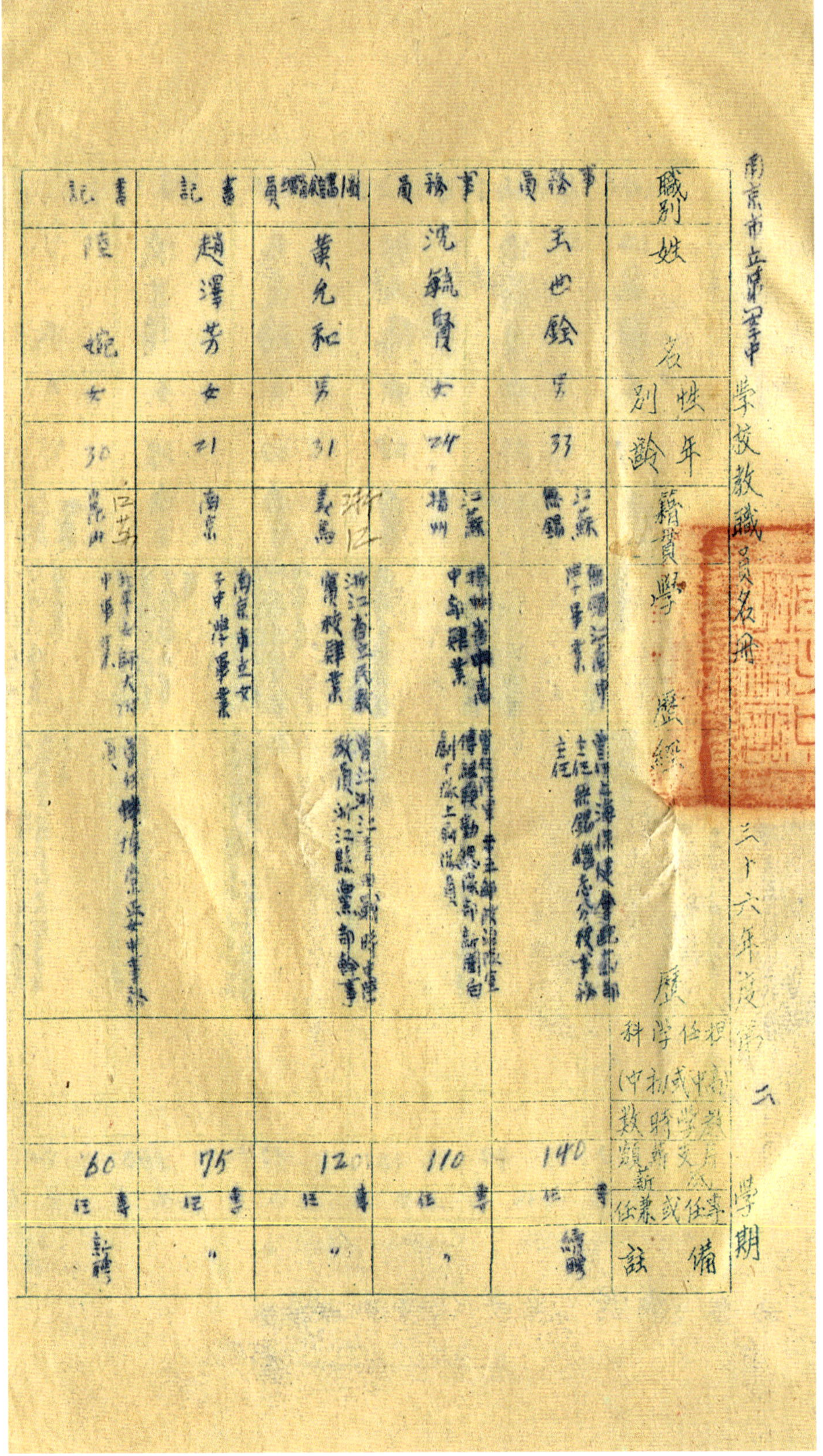

南京市立[illegible]中學校教職員名冊　三十六年度第二學期

職別	姓名	性別	年齡	籍貫	學歷	經歷	擔任學科（中學教員）	每週授課時數	月支薪額	專任或兼任	備註
事務員	王世銓	男	33	江蘇無錫	無錫江南中學畢業	曾任上海保健會[illegible]主任、無錫[illegible]分校事務			140	專任	續聘
事務員	沈毓賢	女	24	江蘇揚州	揚州[illegible]中高中部肄業	曾任陸軍[illegible]政治部宣傳組幹事、[illegible]新劇團白			110	專任	〃
圖書館管理員	黃允和	男	31	浙江義烏	浙江省立民教實校肄業	曾任浙江[illegible]戰時[illegible]教員、浙江縣黨部幹事			120	專任	〃
書記	趙澤芳	女	21	南京	南京市立女子中學畢業				75	專任	〃
書記	陸婉	女	30	江蘇崑山	[illegible]女師大附中畢業	曾任[illegible]女中事務員			60	專任	新聘

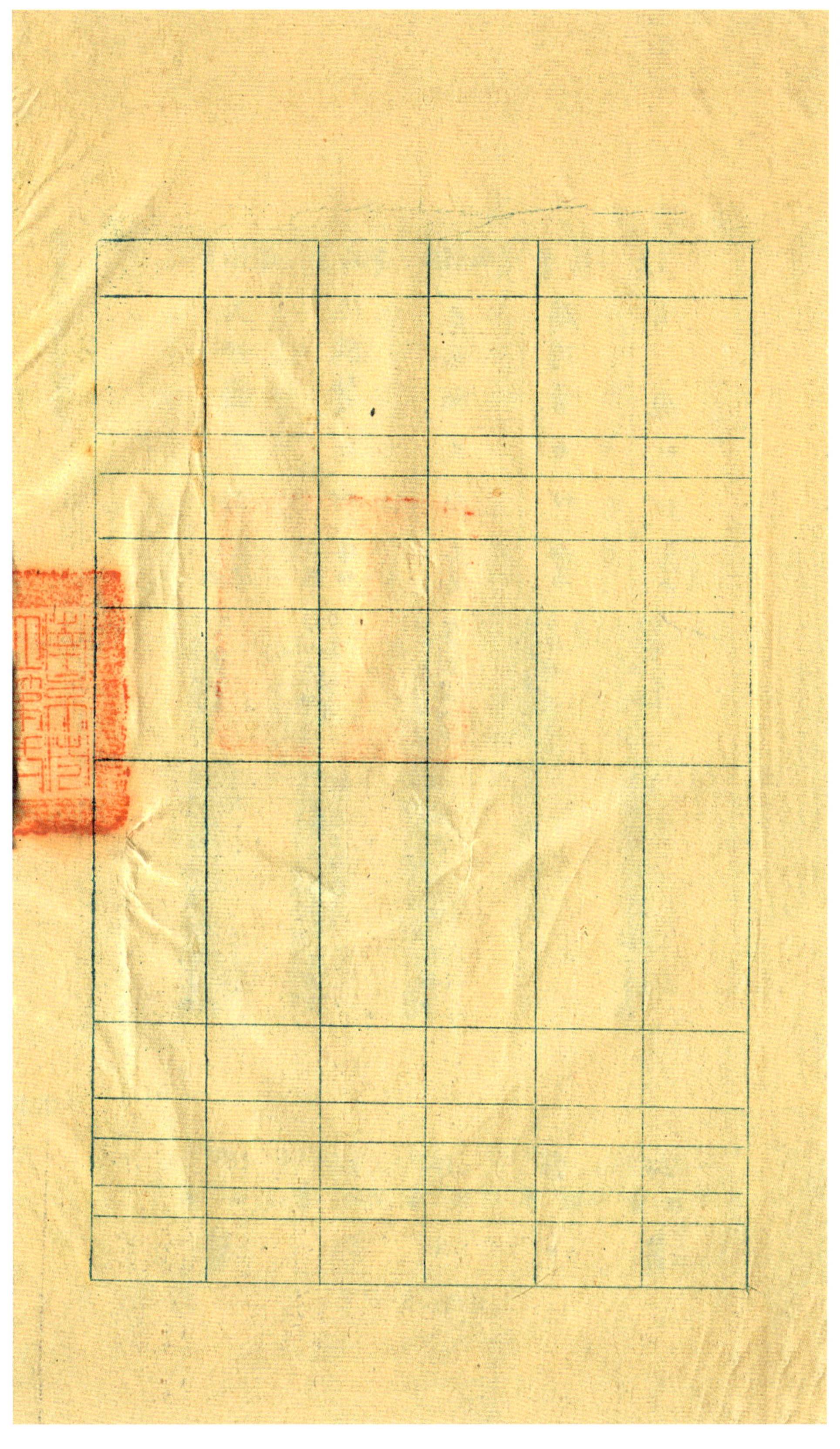

中華民國三十七年五月日

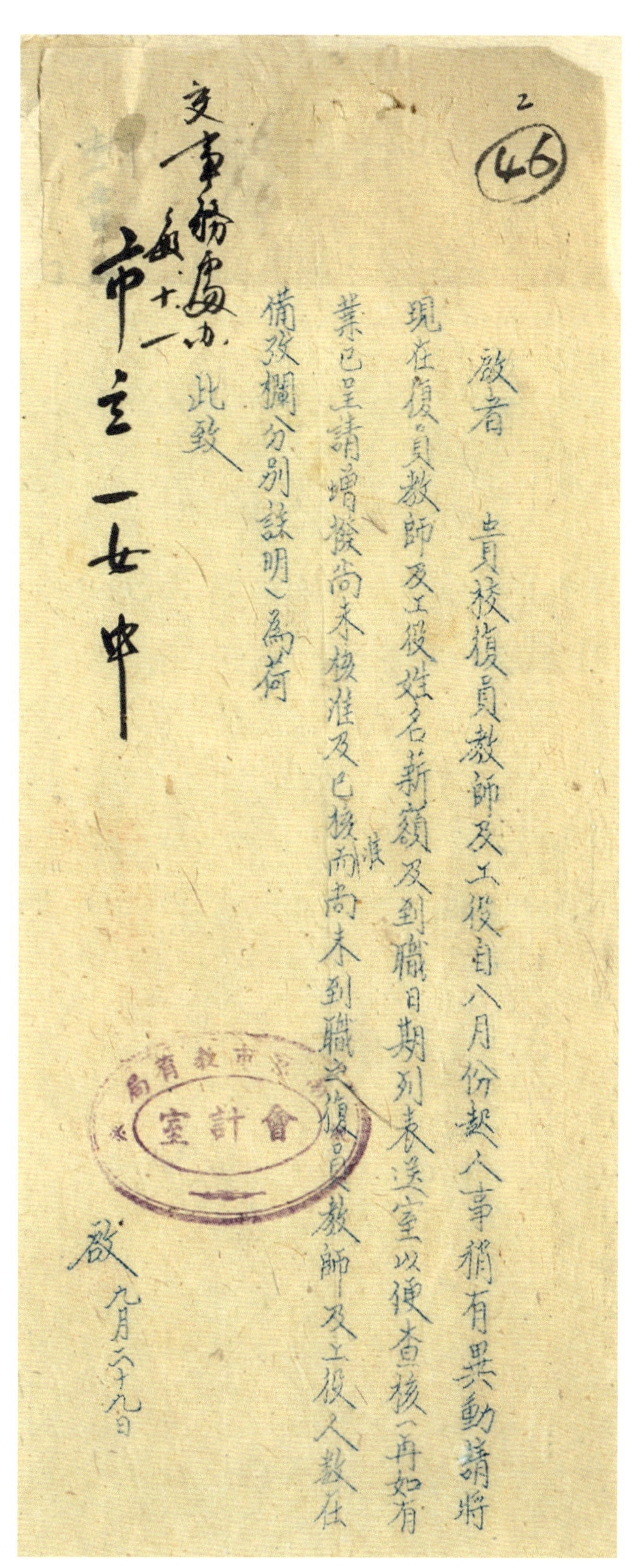

2
46

啟者　貴校復員教師及工役自八月份起人事稍有異動請將現在復員教師及工役姓名薪額及到職日期列表送室以便查核再如有業已呈請增撥尚未核准及已核准而尚未到職之復員教師及工役人數在備攷欄（分別註明）為荷　此致

市立一女中

會計室　啟　九月二十九日

文事務處辦　廿九、十一

關于填報復員教師及工役姓名、薪額及到職日期表册的往來函件

南京市教育局會計室給市立第一女子中學的函（一九四八年九月二十九日）

檔號：1009-1-1355

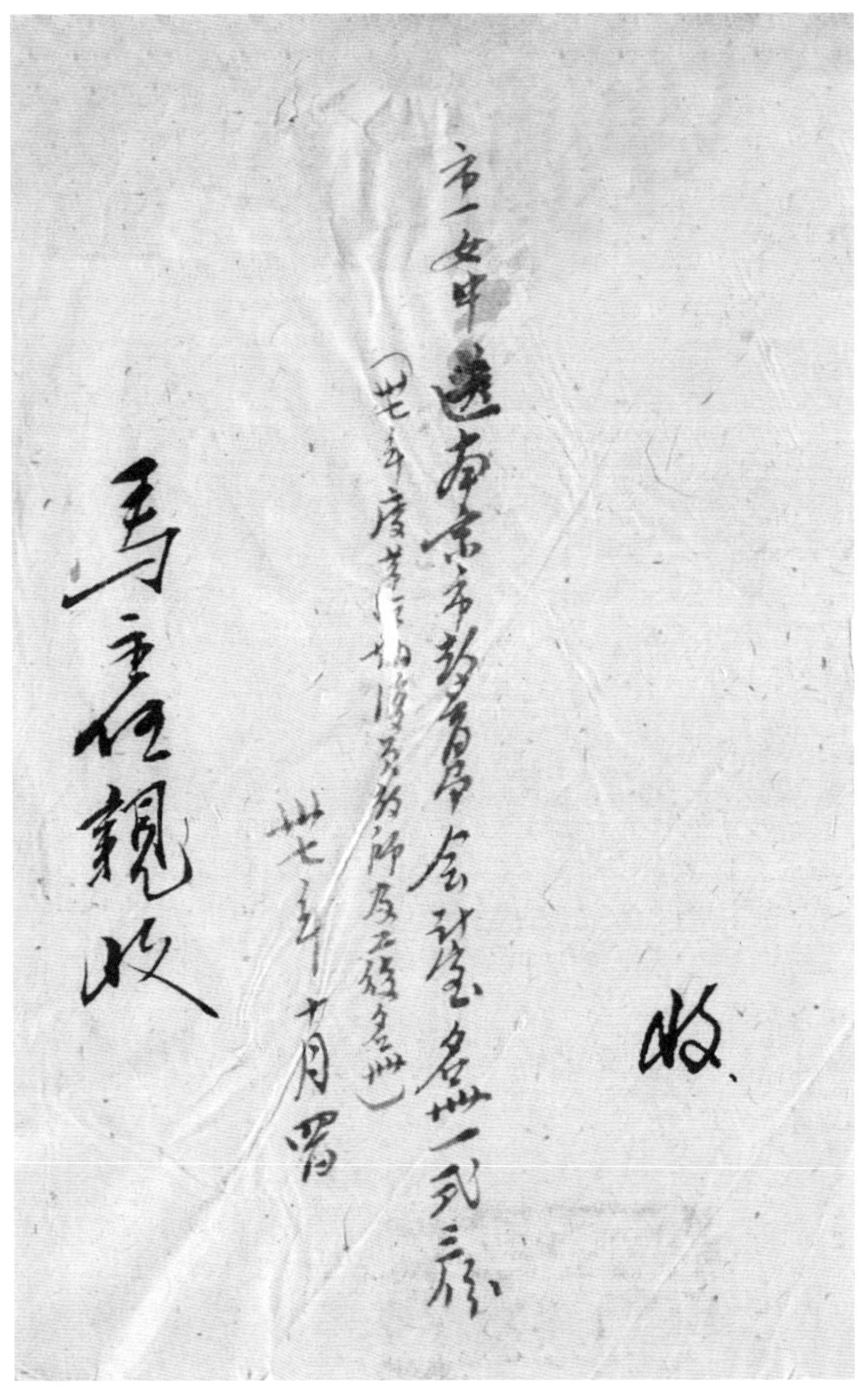

收

市一女中送南京市教育局會計室名冊一式三份

（卅七年度第[illegible]期復員教師及工役名冊）

卅七年十月四日

馬主任親收

南京市立第一女子中學給市教育局會計室的復函（一九四八年十月四日）

附：復員員工名冊

檔號：1009-1-1355

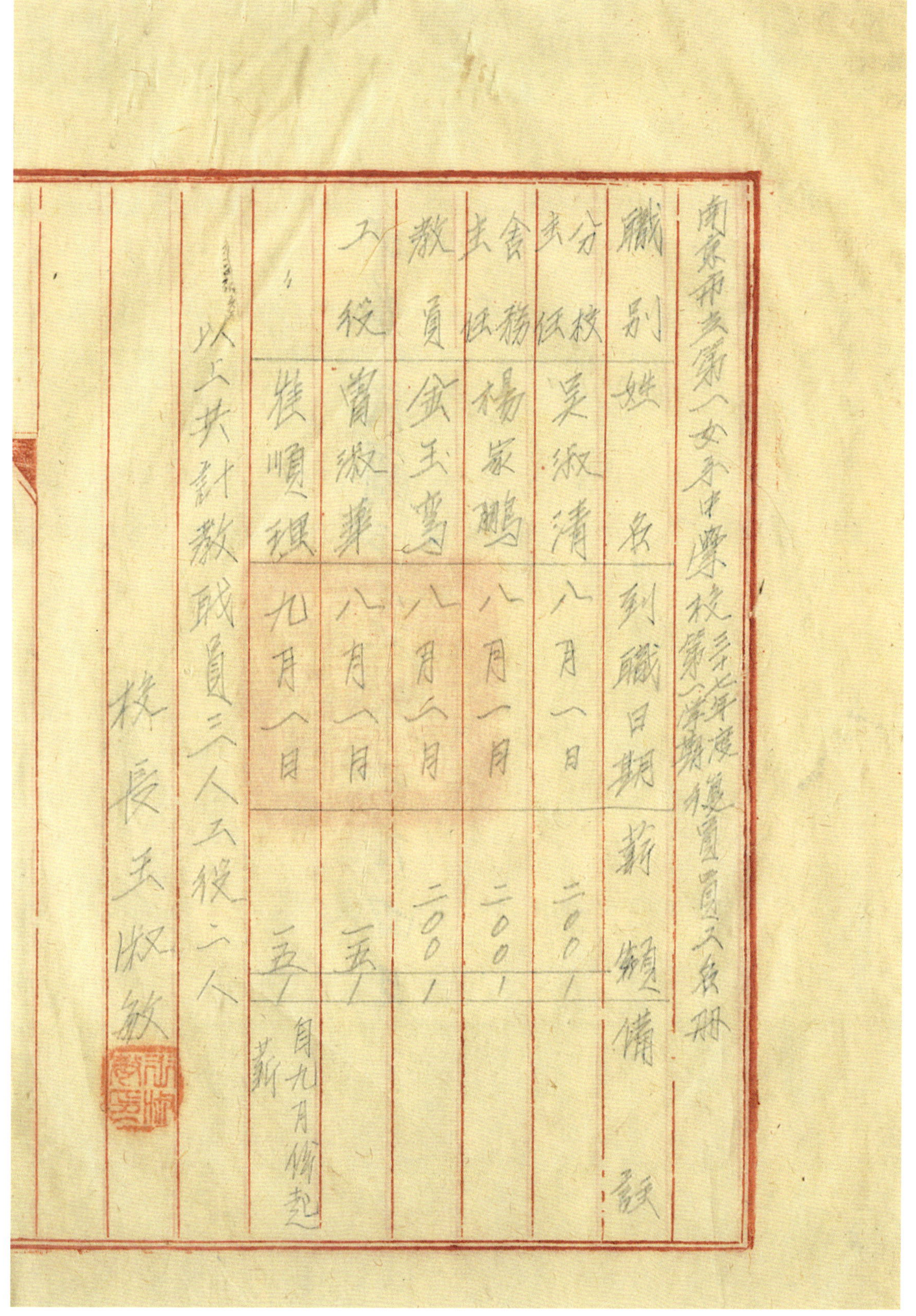

南京市立第一女子中學校三十七年度第一學期補置員名冊

職別	姓名	到職日期	薪額	備註
分校主任	吳淑清	八月一日	二〇〇	
舍務主任	楊家鵬	八月一日	二〇〇	
教員	錢玉鳳	八月一日	二〇〇	
工役	曾淑華	八月一日	五	
〃	張順琪	九月一日	五	自九月份起薪

以上共計教職員三人工役二人

校長 王淑敏

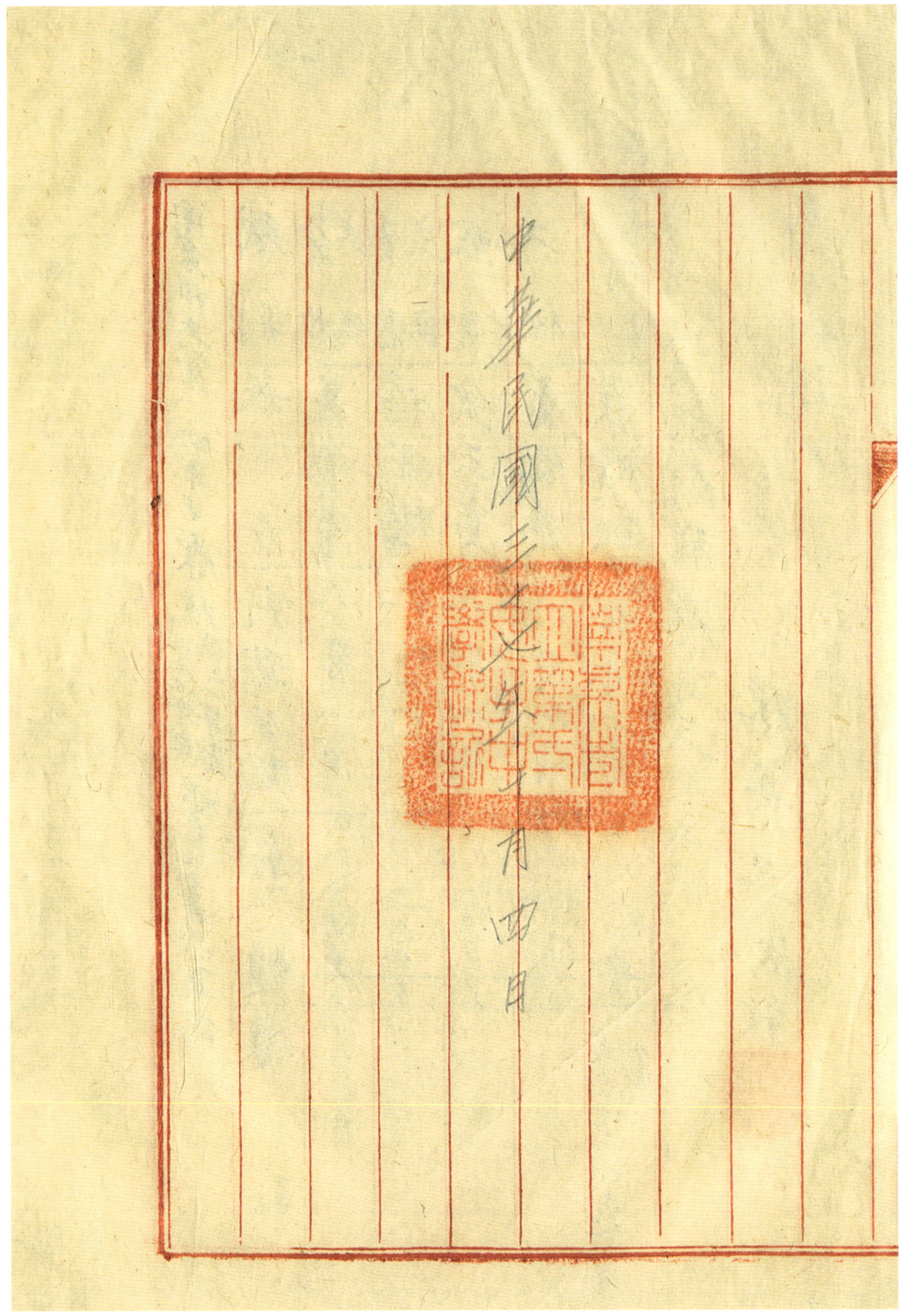
中華民國三十七年十月四日

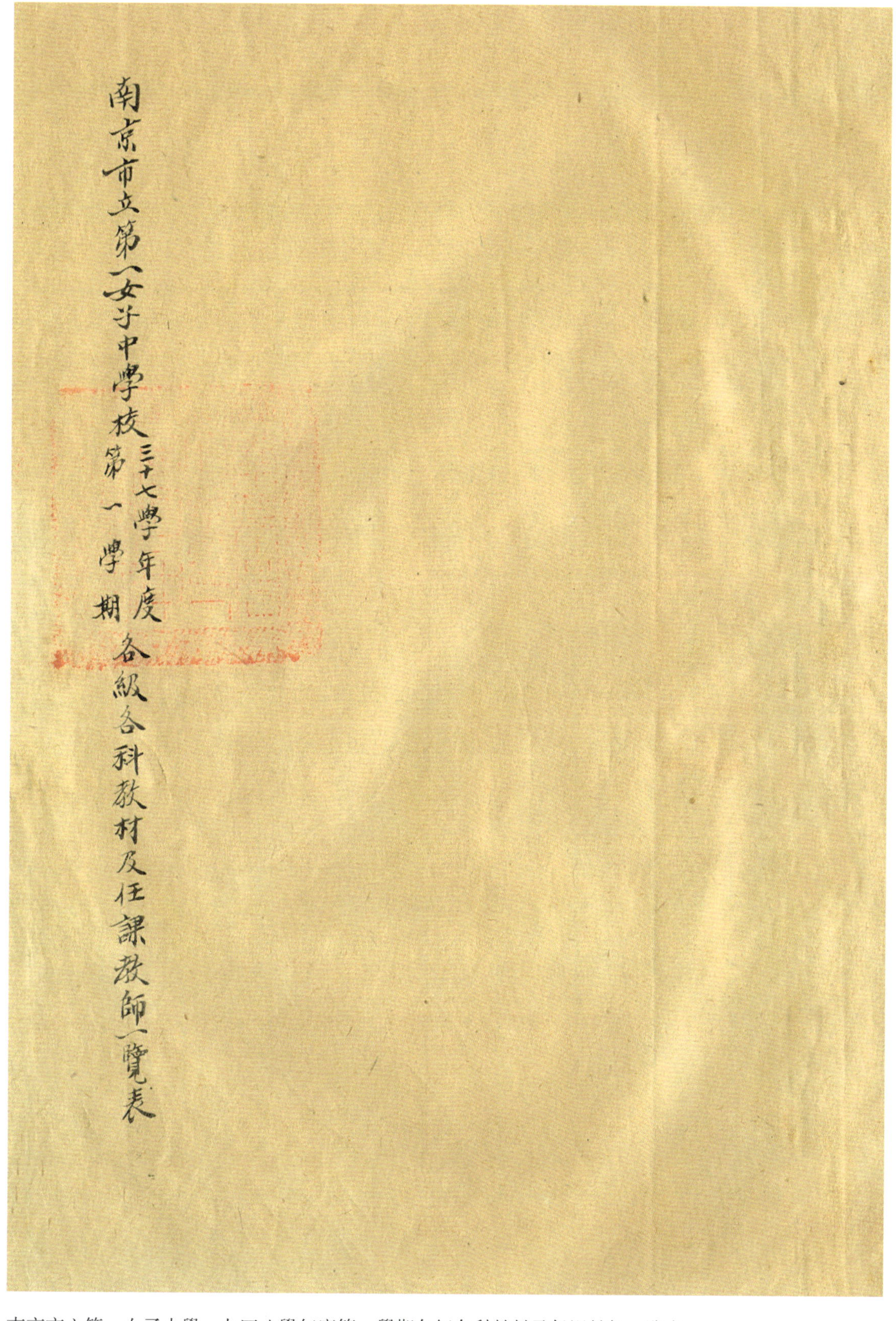
南京市立第一女子中學校三十七學年度第一學期各級各科教材及任課教師一覽表

南京市立第一女子中學一九四八學年度第一學期各級各科教材及任課教師一覽表
（一九四八年十一月）
檔號：1009-1-262

南京市立第一女子中學校三十七學年度第一學期各級各科教材及任課教師一覽表

三十七年　月　日　校長

級別	科目	書名	編著人	出版書局	任課教師	備註
高三甲乙	公民	高中公民(三)	阮毅成	正中	李昭大	
〃	國文	高中國文(五)	葉楚傖	正中	沃薇瑞	
〃	英文	高中英文選(二)	蘇州中學教員英文研究會	中華	吳金鑑	
〃	英文	短篇英文背誦文選(三)	張雲谷 姚志英	建國	吳金鑑	
〃	英文	實驗高級英文法	鄧達澄	商務	吳金鑑	
〃	數學	甲三民 乙三民 解析幾何	Smith-Gale-Neelley Smith-Gale [illegible]	世界	趙先同	譯本
〃	數學	高中平面幾何	胡敦復 榮方舟	商務	甲 符觀道 乙 蕭閔孟	選科
〃	物理	高中物理	張浦沂	正中	高安振	

〃	歷史	復興外國史（上）	何炳松	商務	林潤田
〃	地理	標準外國地理（上）	丁紹桓　彭叔功	中華	沈天石
高二甲乙	公民	高中公民（二）	壽勉成	正中	洪鎬康
〃	國文	高中國文（三）	葉楚傖	正中	洪鎬康
〃	英文	高中英文選（二）	蘇州中學教員英文研究會	中華	費大光
〃	英文	短篇英文背誦選（二）	張夢谷　姚志英	建國	費大光
〃	英文	實驗高級英文法	鄧達澄	商務	費大光
〃	數學	范氏大代數	Henry Burchard Fine	世界	李足康
〃	化學	更新高級中學教科書	王箴	商務	歐冠[illegible]
〃	歷史	[illegible]		[illegible]	郭[illegible]唐 [illegible]

南京市立第一女子中學校三十七學年度第一學期各級各科教材及任課教師一覽表 三十七年 月 日 校長

級別	科目	書名	編著人	出版書局	任課教師	備註
〃	地理				林潤田	講義
高一下	公民	高中公民(二)	應成一 藩子武	正中	洪錫康	
〃	國文	高中國文(二)	葉楚傖	正中	吳應德	
〃	英文	新中國	[illegible]	[illegible]書社	張國政	
〃	英文	短篇英文背誦文選	張雪谷 姚志英	建國	張國政	
〃	英文	實驗高級英文法	鄭達澄	商務	張國政	
〃	數學	葛氏平面幾何	Granville Smith	世界	黃潤孟	
〃	數學	復興高中平面幾何	胡敦復 榮方舟	商務	黃潤孟	

〃	生物	高中適用生物學	黄長才	中國文化服務社	黄長才	
〃	歷史				郭際唐	講義
〃	地理				林潤田	講義
高三甲乙丙	公民	高中公民(七)	應成一、薩孟武	正中	李碧禪、葉徽霜、洪錫康	
〃	國文	高中國文(一)	葉楚傖	正中	熊心畊、鄭際唐	
〃	英文	新中國	Granville Ca Chen	求益書社	劉章錦	
〃	英文	短篇英文背誦文選	張雲谷、姚志英	建國	劉章錦	
〃	英文	實驗高級英文法	鄧達澄	商務	劉章錦	
〃	數學	葛氏平面三角	Granville Smith	世界	符韶道、黄問孟	
〃	數學	復興高中平面幾何	胡敦復、榮方舟	商務	符韶道	

南京市立第八女子中學校三十七學年度第八學期各級各科教材及任課教師一覽表 三十七年 月 日 校長

級別	科目	書名	編著人	出版書局	任課教師	備註
〃	生物	高中適用生物學	黃長才	中國文化服務社	黃長才	
〃	歷史	高中本國史	羅香林	正中	孫盤壽	
〃	地理	新中國高中本國地理(二)	鄭敦東	正中	林瀾田	
初三下	公民	國定初中公民(三)	夏貫中	世界	李達	
〃	國文	國定初中國文(六)	桑繼芬 徐世榮	中華	郭隆唐	
〃	英文	直接法英語讀本	文幼章	中華	李廷康	
〃	英文	簡要英文法	[illegible]	商務	李廷康	
〃	數學	三S平面幾何	駱承緒	世界	傅耀道	譯本

〃	物理	開明初中物理(下)	戴運軌	開明	張崇基	
〃	歷史	國定初中歷史(六)	聶家裕	中華	周竹猗	
〃	地理	國定初中地理(六)	任美鍔	中華	沈天石	
〃	衛生	新生理衛生(六)	袁浦達	世界	劉湘雲	
初三上甲乙	公民	國定初中公民(三)	夏貫中	世界	李達	
〃	國文	國定初中國文 甲 第五冊	蔡繼芬	世界	金心農	
〃	英文	直接法英語讀本(五)	文幼章	中華	馬嶺岫	
〃	英文	簡要英文法	Nesfield	商務	馬嶺岫	
〃	數學	三S平面幾何	駱承緒	世界	王滄泉 王維之	譯本
〃	物理	開明初中物理	戴運軌	開明	張崇基 李達	

南京市立第八女子中學校三十七學年度第一學期各級各科教材及任課教師一覽表

三十七年 月 日 校長

級別	科目	書名	編著人	出版書局	任課教師	備註
〃	歷史	初中歷史修定本(四)	國立編譯館	世界	周竹猗	
〃	地理	初中地理(五)	沈汝生 任美鍔	正中	沈天石	
初二下甲乙	公民	國定初中公民(二)	夏[illegible]中	世界	李懋輝	
〃	國文	國定初中國文(四)	國立編譯館	世界	周竹猗	
〃	英文	直接法英語讀本(四)	文幼章	商務	馬頌迪	
〃	英文	簡要英文法	〃	商務	丘書紳	
〃	數學	復興初中代數	虞明禮	商務	翁友梓 張國政	
〃	化學	開明化學新教本	沈鼎三	開明	田[illegible]庭	

班級	科目	教科書	編著者	出版	教員
〃	歷史	部定初中歷史	聶家裕	聯合供應處	金心農
〃	地理	部定初中地理	沈汝生 任美鍔	正中	沈夫石 孫盤壽
初三上甲乙	公民	國定初中公民(三)	夏贊中	世界	王維之
〃	國文	國定初中國文(三)	葉[illegible]芬	中華	吳淑清 馮[illegible]
〃	英文	直接法英語讀本(三)	文幼章	中華	張[illegible]瑩
〃	數學	復興初中代數(上)	虞明禮	商務	陳梅
〃	化學	開明化學新教本	沈昌三	開明	李達
〃	歷史	國定初中歷史(三)	聶家裕	世界	林潤田
〃	地理	國定初中地理(三)	任美鍔 夏開儒	世界	劉秀蘭
初一下甲乙	公民	國定初中公民(一)	夏贊中	世界	劉秀蘭

南京市立第八女子中學校三十七學年度第一學期各級各科教材及任課教師一覽表

三十七年　月　日　校長

級別	科目	書名	編著人	出版書局	任課教師	備考
〃	國文	國定初中國文(二)	徐世瑞 桑緝芬	世界	陳劍霞	
〃	英文	直接法英語讀本(二)	文幼章	中華	丘書紳	
〃	數學	復興初中算學(四)	駱師曾	商務	張崇基 王繼之	
〃	歷史	國定初中歷史(二)	聶家裕	中華	陳劍霞	
〃	地理	國定初中地理(四)	任美鍔	中華	劉秀蘭	
〃	動物	復興初中動物(下)	周建人	商務	黃長才	
〃	植物	復興初中植物(下)	童致棱	商務	劉湘雲	
初三上	公民	國定初中公民(一)	夏承中	世界	劉秀蘭	

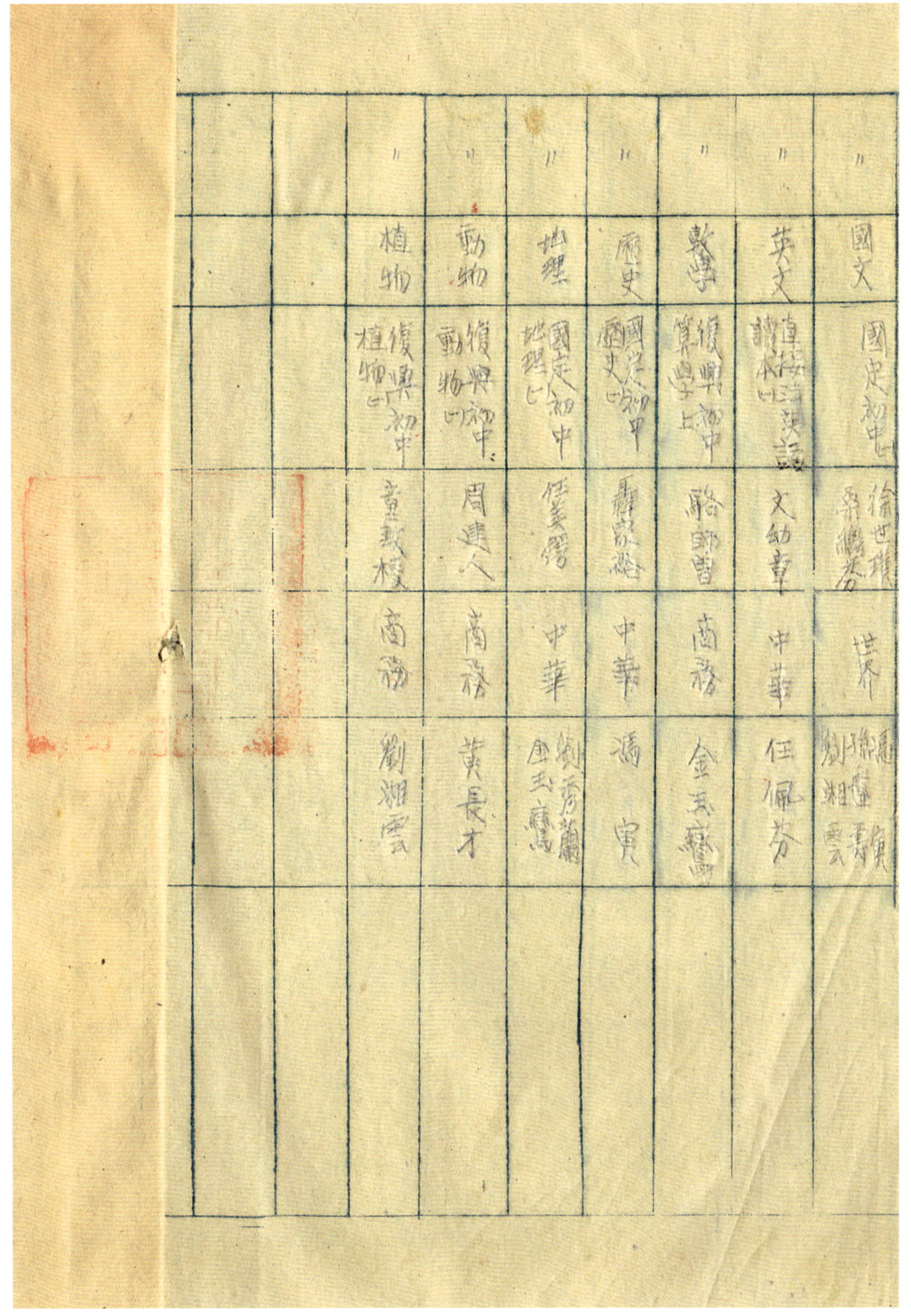

〃	國文	國定初中[illegible]	徐世璜 孫鶴芬	世界	孫澄 劉湘雲
〃	英文	直接法英語讀本	文幼章	中華	任佩芬
〃	數學	復興初中算學上	駱師曾	商務	金玉鸞
〃	歷史	國定初中歷史	聶家裕	中華	馮寅
〃	地理	國定初中地理	任美鍔	中華	劉秀蘭 金玉鸞
〃	動物	復興初中動物	周建人	商務	黃長才
〃	植物	復興初中植物	童致棱	商務	劉湘雲

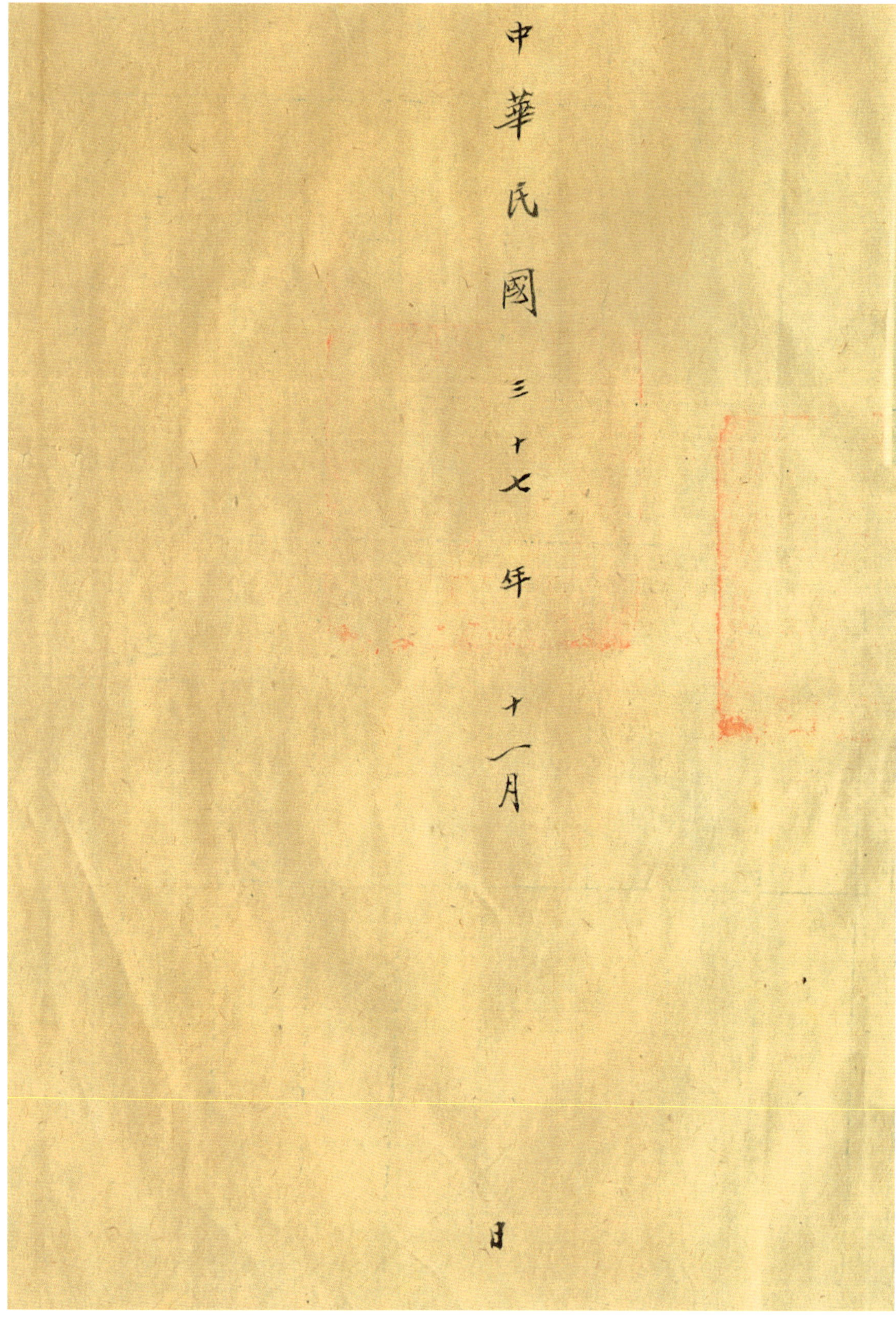

中華民國三十七年十一月　日

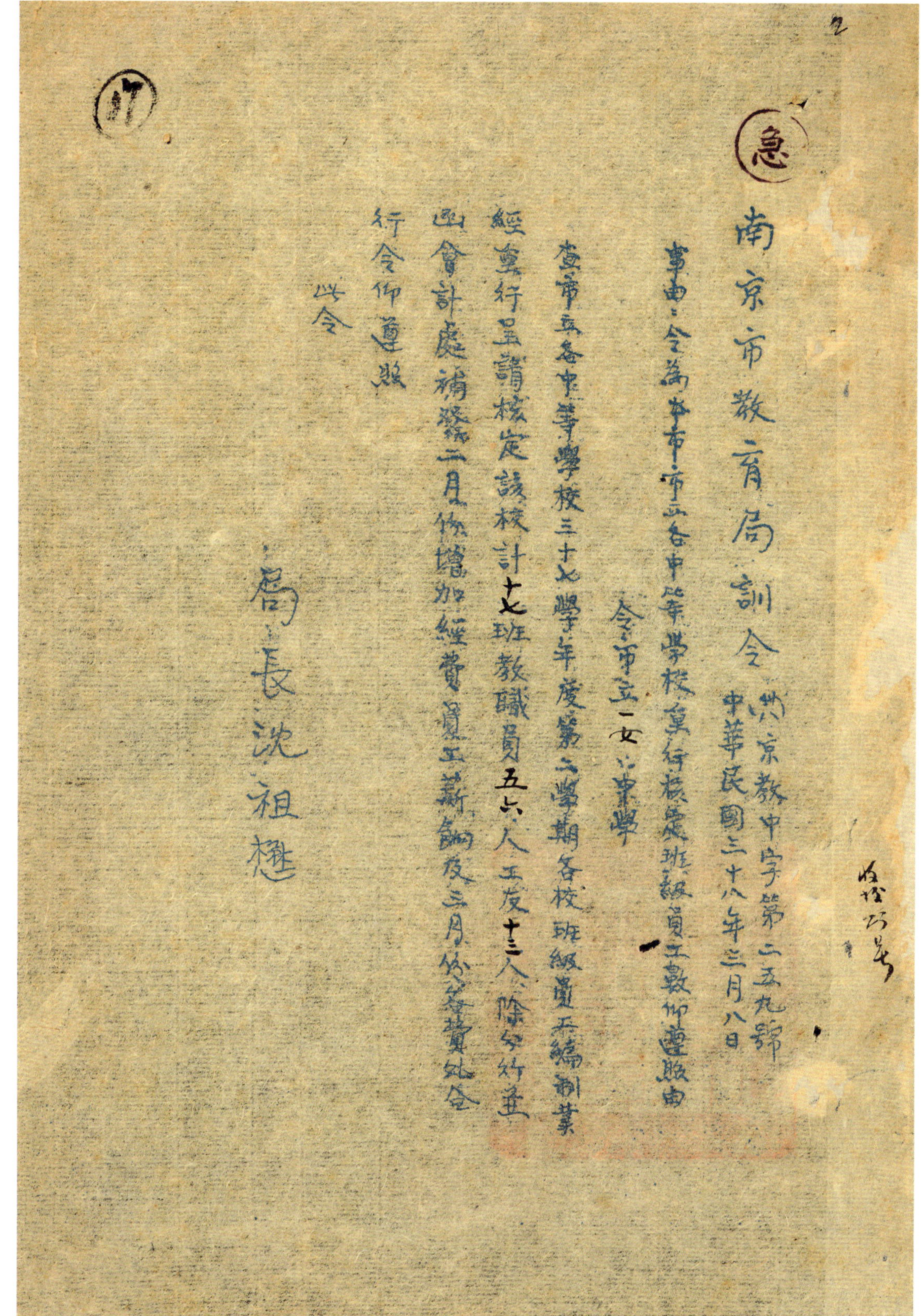

急

南京市教育局訓令

（卅八）京教中字第二五九號

中華民國三十八年三月八日

事由：令爲本市市立各中等學校重行核定班級員工數仰遵照由

令市立一女子中學

查市立各中等學校三十七學年度第二學期各校班級員工編制業經重行呈請核定該校計十七班教職員五六人工友十三人除分行並函會計處補發二月份增加經費員工薪餉及三月份經費外合行令仰遵照

此令

局長沈祖懋

南京市教育局爲本市市立各中等學校重行核定班級員工數的訓令（一九四九年三月八日）

南京市立第一女子中學一九四八學年度第二學期教職員工移交總清册（一九四九年）

檔號：1009-1-262

南京市立第八女子中學校三十七學年度第二學期教職員立移交清冊

職别	姓名	薪額	到校年月	備註
校長	李棠		三十八年二月一日	
教務主任	王清泉	300	三十七年二月一日	
訓育主任	武世鈞	300	三十八年二月一日	
事務主任	方祖憲	250	三十四年十一月一日	
体育主任	吳鈞	200	三十七年八月一日	
會計主任	姚駿程	260	三十八年二月十六日	
分部主任	傅炳瑜	240	三十八年二月一日	
教員	熊心畊	260	三十六年八月一日	
〃	吳金鑑	260	三十六年二月一日	

南八女中

〃	趙先同	260	三十四年十一月一日
〃	田爾忠	260	三十五年八月一日
〃	沈天石	260	三十五年二月一日
〃	李廷康	240	三十四年十一月一日
〃	劉章歸	230	三十五年八月一日
〃	李紹良	260	三十八年二月一日
〃	吳啟瀾	200	三十五年八月一日
〃	郭際唐	210	三十四年十一月一日
〃	黄長才	220	三十四年十一月一日
〃	李達	210	三十七年八月一日
〃	孫盤壽	220	三十七年八月一日

〃	馬家振	210	三十七年八月一日
〃	薛士英	230	三十四年十一月一日
〃	王維之	200	三十七年八月一日
〃	殷志驊	200	三十四年十一月一日
〃	馬嶺岫	220	三十五年二月一日
〃	周竹犄	210	三十六年二月一日
〃	金心農	210	三十四年十一月一日
〃	馮寅	220	三十四年十一月一日
〃	黄大光	200	三十六年八月一日
〃	任佩芬	200	三十四年十一月一日
〃	丘書紳	170	三十七年八月一日

〃	金玉[illegible]	200	三十四年十一月一日
〃	張杞	180	三十八年二月一日
〃	郝亦非	170	三十八年二月一日
〃	張國政	200	三十七年八月一日
〃	鄔國玲	170	三十八年二月一日
〃	任球	200	三十八年二月一日
〃	葉章和	150	三十八年二月一日
〃	張一元	175	三十八年二月一日
〃	林潤田	160	三十七年二月一日
〃	胡建中	50	三十八年二月一日
〃	張壁富	120	三十四年十二月一日

〃	趙琴舟	90	三十八年二月一日
〃	黃菊畦	95	三十八年二月一日
〃	李道允	85	三十八年二月一日
〃	何宇鳳	160	三十六年八月一日
教員兼教學組長	翁友梓	200	三十四年十一月一日
教員兼訓導組長	王淑媛	180	三十四年十一月一日
註冊組長	瞿琬曾	180	三十七年二月一日
文書組長	冒　振	200	三十四年十一月一日
事務組長	江家驊	160	三十五年八月一日
出納組長	毛長翰	150	三十四年十一月一日
會計助理員	舒　彬	160	三十八年三月一日

教務幹事	趙澤芳	100	三十六年八月一日
教務幹事	汪寶瑜	140	三十八年二月一日
訓育幹事	李思明	140	三十六年二月一日
訓育幹事	沈毓賢	110	三十六年八月一日
文書幹事	陳昌穎	160	三十六年十月一日
庶務幹事	程守洛	160	三十八年二月一日
出納幹事	陳榮森	100	三十八年二月一日
書記	汪廷華	75	三十七年八月一日
書記	謝舜華	70	三十八年幺月一日
工反	潘榮福		
〃	莊鏡貴		

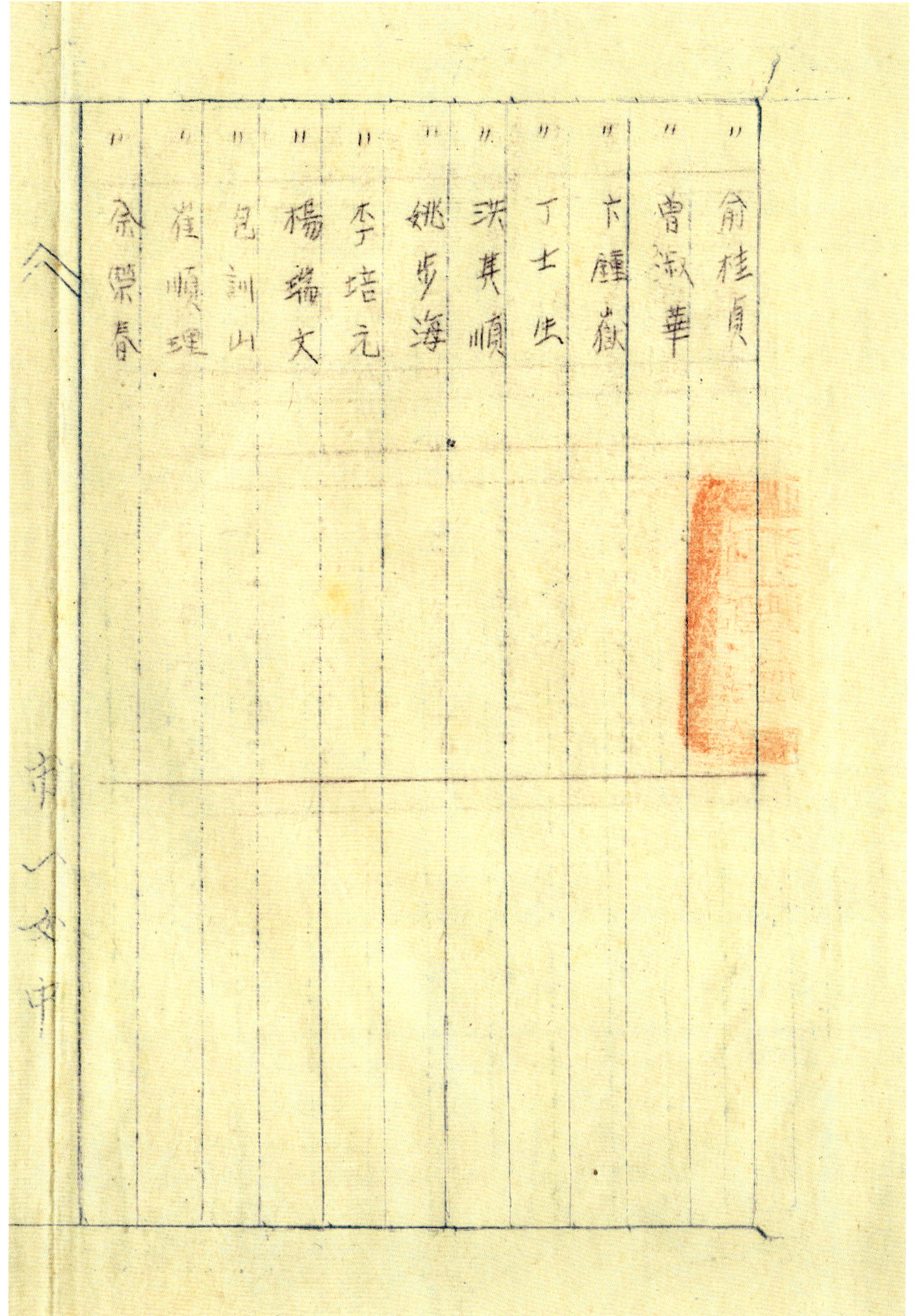

〃 俞桂貞
〃 曾淑華
〃 卞鍾嶽
〃 丁士生
〃 洪其順
〃 姚步海
〃 李培元
〃 楊瑞文
〃 包訓山
〃 崔順理
〃 佘榮春

京八女中

〃檔．元春

移交人　李棠

接收人　校務委員（常務委員）

李紹良

王清泉

吳金鑑

南京市立第一女子中學

叁 学生学籍及名册

南京市立第一女子中學

學號	84	到校日期	34年11月	到校年級	高一上
姓名	羅友馥	籍貫	南京省 縣		
年齡	18	生日	3,26	實足年齡	
曾加入何種團體					
學歷	曾在 市立女中 學校肄業				
	曾在 學校畢業				
住址	現在	千章巷30号			
	永久				
	異動				

家庭狀況				保證人	
家長	父名	羅新吾	職業 商	姓名	施潤千
	母名	戴順蓉		性別	男
兄	人	弟	2人	年齡	51
姊	人	妹	2人	籍貫	南京
	人	共	人	職業	政
經濟狀況	中	印鑑		與學生之關係	親
				住址	顏料坊50号

體格檢查 級別/學期/項目	初一上	初一下	初二上	初二下	初三上	初三下	高一上	高一下	高二上	高二下	高三上	高三下
身長												
體重												
胸圍												
脊柱												
視力												
聽力												
眼疾												
沙眼												
耳病												
牙齒												
沙眼												
扁桃腺												
淋巴腺												
皮膚												
發育概評												
檢查日期												
檢查者												

學籍片

學業成績 級別/學期/科目	初一上	初一下	初二上	初二下	初三上	初三下	高一上	高一下	高二上	高二下	高三上	高三下
公民							86.4	84	65	80		
國文							70	83	72	51.2		
英文							77.5	64	72	50		
數學							66	53	63	55		
體育							81	75	70	60		
童軍												
軍訓							80	95				
歷史							93	80	80	80.8		
地理							96	90	77	79		
生物							76	70				
物理												
化學									77	60		
勞作							85	80				
家事												
圖畫							79	96	70	75		
音樂							95	85	90	90		
衛生							74					
動物												
植物												
均分							81.5	79.6	73.6	68.1		
等第							優	中	中	丁		
操行總評												
升留級							升	升	升	留		

一組南京市立第一女子中學學生學籍卡片

一九四五年羅友馥等學生學籍卡片（一九四五年十一月）

檔號：1009-1-1391

南京市立第一女子中學

學號	92	到校日期	34.11	到校年級	高二
姓名	金相如	籍貫	省		縣
	年齡		生日		實足年齡
	曾加入何種團體				
	學歷	曾在			學校肄業
		曾在			學校畢業
	住址	現在			
		永久			
		興動			

家庭狀況				保證人	
家長	父名		職業	姓名	
	母名			性別	
兄	人	弟	人	年齡	
姊	人	妹	人	籍貫	
	人	共	人	職業	
經濟狀況		印鑑		與學生之關係	
				住址	

體格檢查

項目 \ 學期 \ 級別	初一上	初一下	初二上	初二下	初三上	初三下	高一上	高一下	高二上	高二下	高三上	高三下
身長												
體重												
胸圍												
脊柱												
視力												
聽力												
眼疾												
沙眼												
耳病												
牙齒												
沙眼												
扁桃腺												
淋巴腺												
皮膚												
發育概評												
檢查日期												
檢查者												

學籍片

學業成績

科目 \ 學期 \ 級別	初一上	初一下	初二上	初二下	初三上	初三下	高一上	高一下	高二上	高二下	高三上	高三下
公民							84	86	59			
國文							65	81	61			
英文							39.5	50	44			
數學							60	60	47			
體育							88	75	73			
童軍												
軍訓							72	95				
歷史							84	71	78			
地理							81	77	73			
生物							66	64				
物理												
化學									40			
勞作							80	80				
家事												
圖畫							92	75	70			
音樂							85	75	70			
衛生							45					
動物												
植物												
均分							72.1	74.1	61.5			
等第							中	中	可			
操行總評												
升留級							升	升	轉			

南京市立第一女子中學

學號	104	到校日期	34.11.	到校年級	高一上
姓名	陳中芸	籍貫	省 縣		
年齡		生日		實足年齡	
曾加入何種團體					
學歷	曾在 學校肄業				
	曾在 學校畢業				
住址	現在				
	永久				
	異動				

家庭狀況				保證人	
家長	父名		職業	姓名	
	母名			性別	
兄 人		弟 人		年齡	
姊 人		妹 人		籍貫	
人		共 人		職業	
經濟狀況		印鑑		與學生之關係	
				住址	

體格檢查 項目	初一上	初一下	初二上	初二下	初三上	初三下	高一上	高一下	高二上	高二下	高三上	高三下
身長												
體重												
胸圍												
脊柱												
視力												
聽力												
眼疾												
沙眼												
耳病												
牙齒												
沙眼												
扁桃腺												
淋巴腺												
皮膚												
發育概評												
檢查日期												
檢查者												

學籍片

學業成績 科目	初一上	初一下	初二上	初二下	初三上	初三下	高一上	高一下	高二上	高二下	高三上	高三下
公民							67					
國文							72.7					
英文							55					
數學							53					
體育							84					
童軍												
軍訓												
歷史							81					
地理							68					
生物							86					
物理												
化學												
勞作												
家事												
圖畫							75					
音樂							90					
衛生												
動物												
植物												
均分							73.17					
等第							中					
操行總評												
升留級							[illegible]					

南京市立第一女子中學

學號	107	到校日期	34.11.	到校年級	高二
姓名	張玉芳	籍貫	省　縣		
年齡		生日		實足年齡	
曾加入何種團體					
學歷	曾在　學校肄業				
	曾在　學校畢業				
住址	現在				
	永久				
	異動				

家庭狀況				保證人	
家長	父名	職業		姓名	
	母名			性別	
兄　人	弟　人			年齡	
姊　人	妹　人			籍貫	
人	共　人			職業	
經濟狀況		印鑑		與學生之關係	
				住址	

體格檢查

項目	初一上	初一下	初二上	初二下	初三上	初三下	高一上	高一下	高二上	高二下	高三上	高三下
身長												
體重												
胸圍												
脊柱												
視力												
聽力												
眼疾												
沙眼												
耳病												
牙齒												
沙眼												
扁桃腺												
淋巴腺												
皮膚												
發育概評												
檢查日期												
檢查者												

卅七年九月休學　復學年級高二下　本學組續休學

學籍片

學業成績 科目	初一上	初一下	初二上	初二下	初三上	初三下	高一上	高一下	高二上	高二下	高三上	高三下
公民							69	30	72	77		
國文							73.8	64	68	68		
英文							76	74	74.	67		
數學							88	63	60	40		
體育							82	60	70	89		
童軍												
軍訓												
歷史							73	76.6	68	73		
地理							65	72	67	79		
生物							70	86				
物理												
化學									60	50.8		
勞作								75	85			
家事												
圖畫							70	70	78	70		
音樂							95	90	90	90		
衛生												
動物												
植物												
均分							76.18	69.1	72			
等第							中	丁				
操行總評									中	甲		
升留級							升	升	升	留		

——南京市立第一女子中學——

學號	436	到校日期	34.11.	到校年級	
姓名	湯亞蘭	籍貫	江蘇省丹陽縣		
年齡	17	生日	3月1日	實足年齡	
曾加入何種團體					
學歷	曾在		學校肄業		
	曾在		學校畢業		
住址	現在	慧園街23號			
	永久				
	異動				

家庭狀況

家長	父名	湯哲俊	職業	商
	母名			
兄	人	弟	人	
姊	人	妹	人	
	人	共	人	
經濟狀況		印鑑		

保證人

姓名	王子剛
性別	男
年齡	40
籍貫	江蘇丹陽
職業	商
與學生之關係	世誼
住址	太平路180號

體格檢查

項目 \ 學年學期 \ 級別	初一上	初一下	初二上	初二下	初三上	初三下	高一上	高一下	高二上	高二下	高三上	高三下
身長												
體重												
胸圍												
脊柱												
視力												
聽力												
眼疾												
沙眼												
耳病												
牙齒												
沙眼												
扁桃腺												
淋巴腺												
皮膚												
發育概評												
檢查日期												
檢查者												

——學籍片——

學業成績

科目 \ 成績 \ 級別	初一上	初一下	初二上	初二下	初三上	初三下	高一上	高一下	高二上	高二下	高三上	高三下
公民	68	88	90	86	94	94						
國文	87	87	92	89.2	95	92						
英文	76	84	86	82	93	72						
數學	76.7	83	75.6	90.6	97	90						
體育	77	75	68.5	66	62	86						
童軍	87.5	75	75	65	80							
軍訓												
歷史	96.3	92	98.2	96.8	96	99						
地理	85	89	93	92	92	100						
生物												
物理					89	75						
化學			98	64.4								
勞作	65	78		90	87							
家事												
圖畫	80	80		82	80							
音樂	80	90	90	95	80	90						
衛生	75				98	100						
動物	86	80										
植物	80.1	72										
代數						80						
均分	77.8	82.5	86.63	85	88							
等第	中	優	優	優								
操行總評					超							
升留級	升	升	升	升	升							

南京市立第一女子中學

學號	547	到校日期	34.11.	到校年級	
姓名	劉秀珍	籍貫	南京市省 縣		
年齡	17	生日	21.8.25	實足年齡	
曾加入何種團體					
學歷	曾在 學校肄業				
	曾在 學校畢業				
住址	現在	千章巷10號			
	永久				
	異動				

家庭狀況					
家長	父名	劉慶福	職業	商	
	母名				
兄	人	弟	人		
姊	人	妹	人		
	人	共	人		
經濟狀況		印鑑			

保證人	
姓名	劉炳匠
性別	男
年齡	48
籍貫	南京市
職業	商
與學生之關係	親戚
住址	千章巷10號

體格檢查 級別/學期/項目	初一上	初一下	初二上	初二下	初三上	初三下	高一上	高一下	高二上	高二下	高三上	高三下
身長												
體重												
胸圍												
脊柱												
視力												
聽力												
眼疾												
沙眼												
耳病												
牙齒												
沙眼												
扁桃腺												
淋巴腺												
皮膚												
發育概評												
檢查日期												
檢查者												

學籍片

學業成績 級別/學期/科目	初一上	初一下	初二上	初二下	初三上	初三下	高一上	高一下	高二上	高二下	高三上	高三下
公民	75	66	83	77	75	85						
國文	72.4	71	85.5	81	76.6	74.6						
英文	67	71.6	65	42 60	74	45						
數學	82.6	88	74.8	64	64	78						
體育	77	70	63.5	67	60	71						
童軍	82.5	80	71.5	80	88							
軍訓												
歷史	70	74	59	85	89	88						
地理	78.3	77	66	73	71	66						
生物												
物理					60	70						
化學			86	70.2								
勞作	65	83		92	87							
家事												
圖畫	80	80		70	80							
音樂	75	90	90	80	75	80						
衛生	80				76	70						
動物	74	60										
植物	71.2	60										
幾何						93						
均分	75	74.7	75.03	73.4	74.6							
等第	中	中	中	中								
操行總評					中							
升留級	升	升	升	升	升							

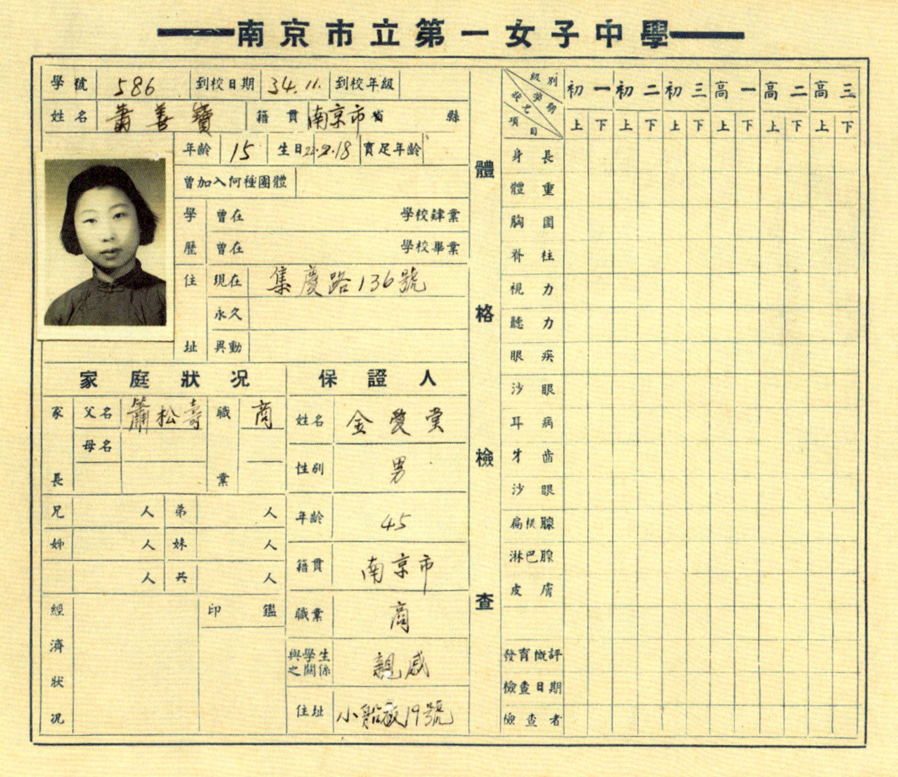

南京市立第一女子中學

學號	586	到校日期	34.11.	到校年級	
姓名	蕭善寶	籍貫	南京市 省 縣		
年齡	15	生日	22.9.18	實足年齡	
曾加入何種團體					
學歷	曾在 學校肄業				
	曾在 學校畢業				
住址	現在	集慶路136號			
	永久				
	異動				

家庭狀況

家長	父名	蕭松壽	職業	商
	母名			
兄 人	弟 人			
姊 人	妹 人			
人	共 人			
經濟狀況		印鑑		

保證人

姓名	金愛棠
性別	男
年齡	45
籍貫	南京市
職業	商
與學生之關係	親戚
住址	小船板19號

體格檢查

項目	初一上	初一下	初二上	初二下	初三上	初三下	高一上	高一下	高二上	高二下	高三上	高三下
身長												
體重												
胸圍												
脊柱												
視力												
聽力												
眼疾												
沙眼												
耳病												
牙齒												
沙眼												
扁桃腺												
淋巴腺												
皮膚												
發育概評												
檢查日期												
檢查者												

學籍片

學業成績 科目	初一上	初一下	初二上	初二下	初三上	初三下	高一上	高一下	高二上	高二下	高三上	高三下
公民	76	79	73	70	80	70						
國文	77	65	78	78.6	68.4	60.21						
英文	94	71.6	61	56.5 60	65	60						
數學	72.8	82	84	62.7	60	30						
體育	80	75	70	69	74	74						
童軍	86.5	80	82.5	75	77							
軍訓												
歷史	82	71	88	82.7	79	87						
地理	81	79	79	79	60	69						
生物												
物理					60	55						
化學			41 60	65.1								
勞作	60	80		80	82							
家事												
圖畫	75	75		70	78							
音樂	80	85	95	95	85	80						
衛生	91				74	75						
動物	79	71										
植物	79.8	52										
代數						60						
均分	79.5	74.3	75.15	73.6	72.5							
等第	中	中	中	中								
操行總評					中							
升留級	升	升	升	升	升							

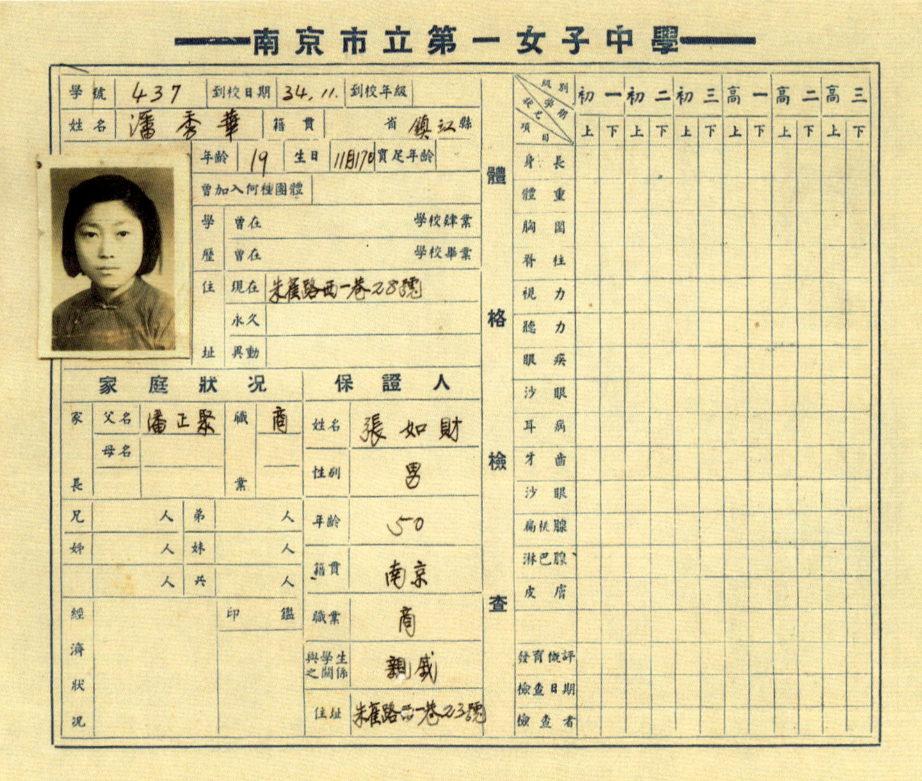

南京市立第一女子中學

學號	437	到校日期	34.11.	到校年級	
姓名	潘秀華	籍貫	省 鎮江 縣		
年齡	19	生日	11月17日	實足年齡	

曾加入何種團體

學歷：曾在　學校肄業；曾在　學校畢業

住址：現在 朱雀路西一巷28號；永久；異動

家庭狀況

家長	父名	潘正聚	職業	商
	母名			
兄	人	弟	人	
姊	人	妹	人	
	人	共	人	
經濟狀況		印鑑		

保證人

姓名	張如財
性別	男
年齡	50
籍貫	南京
職業	商
與學生之關係	親戚
住址	朱雀路西一巷23號

體格檢查

項目	初一上	初一下	初二上	初二下	初三上	初三下	高一上	高一下	高二上	高二下	高三上	高三下
身長												
體重												
胸圍												
脊柱												
視力												
聽力												
眼疾												
沙眼												
耳病												
牙齒												
沙眼												
扁桃腺												
淋巴腺												
皮膚												
發育概評												
檢查日期												
檢查者												

學籍片

學業成績 科目	初一上	初一下	初二上	初二下	初三上	初三下	高一上	高一下	高二上	高二下	高三上	高三下
公民	76	80	85	86	70	86						
國文	77	72	838	82.8	72	72						
外文	70	71	66	60	67	53						
數學	68.6	81	78.4	78.4	60	70						
體育	75	74	71.5	68	67	69						
童軍	81.5	75	76	80	78							
軍訓												
歷史	80.1	82	92.8	94.6	92	70						
地理	89	73	89	73	70	64						
生物												
物理					67	50						
化學			73	72.4								
勞作	65	90		90	85							
家事												
圖畫	75	65		75	78							
音樂	80	90	85	75	70	80						
衛生	76				66	80						
動物	78	77										
植物	70.5	62										
代數						87						
均分	75.6	76.3	79.85	77.8	72.5							
等第	中	中	中	中								
操行總評					中							
升留級	升	升	升	升	升							

南京市立第一女子中學

學號：1981　到校日期：三十七年九月　到校年級：初中叁年級上期

姓名：王曉棠　籍貫：江蘇省東台縣

實足年齡：16　生日：21.11.26

曾加入何種團體：

學歷：曾在 巴蜀中 學校肄業；曾在　學校肄業

住址：現在 釣魚台67號；永久：；與動：

休學年級年月及事由：
年級　中　年級　期　年　月　民國　年　月至　年　月
事由：
年級　中　年級　期　年　月　民國　年　月至　年　月
事由：
年級　中　年級　期　年　月　民國　年　月至　年　月
事由：

中途退學年月及事由：年月　民國　年　月；事由：

畢業年月：民國　年　月

畢業後狀況：

家庭狀況

家長：父名 王叔惠　職業 政；母名：

兄　人　弟 1 人

姊 2 人　妹 2 人

經濟狀況：

保證人

姓名：
性別：
年齡：
籍貫：
職業：
與學生之關係：
住址：

體格檢查

項目 \ 學期 \ 級別	初一上	初一下	初二上	初二下	初三上	初三下	高一上	高一下	高二上	高二下	高三上	高三下
身長												
體重												
視力												
聽力												
眼疾												
沙眼												
耳病												
牙齒												
扁桃腺												
淋巴腺												
皮膚												
循環器												
呼吸器												
檢查日期												

學籍片

學業成績

科目 \ 學期 \ 級別	初一上	初一下	初二上	初二下	初三上	初三下	高一上	高一下	高二上	高二下	高三上	高三下
公民					82							
國文					92.5							
英文												
數學					60							
體育					78.4							
童軍												
軍訓												
歷史					80							
地理												
生物												
物理												
化學												
勞作					70							
家事												
圖畫					70							
音樂												
衛生												
動物												
植物												
均分												
等第												
操行總評					甲							
體育成績												
升留級												

初中			高中		
三學年平均成績	畢業試成績	畢業成績	三學年平均成績	畢業試成績	畢業成績
各科畢業成績總分			各科畢業成績總分		
畢業成績平均			畢業成績平均		
操行成績			操行成績		
體育成績			體育成績		
名次			名次		
證書號數			證書號數		

一九四八年王曉棠等學生學籍卡片（一九四八年九月）

檔號：1009-1-1392

南京市立第一女子中學

學號	1986	到校日期	三十七年九月	到校年級	初中弍年級上期
姓名	王克難	籍貫	江蘇省塩城縣		
實足年齡	12	生日	25.8.7		
曾加入何種團體					
學歷	曾在私立復興中學校肄業				
	曾在　學校肄業				
住址	現在	中山門外孝衛街法官訓練班			
	永久	常州椿桂坊九號（王建今轉）			
	異動				

相片

家庭狀況

家長	父名	王建今	職業	教
	母名			
兄　人	弟 1 人	姊 1 人	妹 2 人	
經濟狀況				

保證人

姓名	史濟中
性別	男
年齡	38
籍貫	江蘇武進
職業	
與學生之關係	親戚
住址	中山門外孝衛街法官訓練班

休學年級年月及事由	
年級	中　年級　期　年　月　民國　年　月至　年　月
事由	
年級	中　年級　期　年　月　民國　年　月至　年　月
事由	
年級	中　年級　期　年　月　民國　年　月至　年　月
事由	
中途退學年月及事由	年月　民國　年　月
	事由
畢業年月	民國　年　月
畢業後狀況	

體格檢查

項目 \ 學年學期 \ 級別	初一上	初一下	初二上	初二下	初三上	初三下	高一上	高一下	高二上	高二下	高三上	高三下
身長												
體重												
視力												
聽力												
眼病												
沙眼												
耳病												
牙齒												
扁桃腺												
淋巴腺												
皮膚												
循環器												
呼吸器												
檢查日期												

三十七年十一月因事休學　復學年級初二上

學籍片

學業成績

科目 \ 學年學期 \ 級別	初一上	初一下	初二上	初二下	初三上	初三下	高一上	高一下	高二上	高二下	高三上	高三下
公民	85	80										
國文	75	80										
英文	100	90										
數學	83	92										
體育	70	70	60									
童軍	70	70	80.8									
軍訓												
歷史	74	78										
地理	83	75										
生物												
物理												
化學			60									
勞作	88	70	80									
家事												
圖畫	68	70	68									
音樂	84	70	60									
衛生												
動物	84	83										
植物	78	80										
均分												
等第												
操行總評	優	優	甲									
體育成績			60									
升留級												

私復興中学

初中			高中		
三學年平均成績	畢業試考成績	畢業成績	三學年平均成績	畢業試考成績	畢業成績
各科畢業成績總分			各科畢業成績總分		
畢業成績平均			畢業成績平均		
操行成績			操行成績		
體育成績			體育成績		
名次			名次		
證書號數			證書號數		

南京市立第一女子中學

學號	1985	到校日期	三十七年九月	到校年級	初中弍年級弍期
姓名	陳延藹	籍貫	廣東省南海縣		
相片		實足年齡	16	生日	22.7.1
		曾加入何種團體			
學歷	曾在	私立東方中學校肄業			
	曾在	學校肄業			
住址	現在	三牌樓模範馬路九十七號			
	永久				
	異動				

休學年級年月及事由			
年級	初中二年級下期	年月	民國卅九年十一月至　年　月
事由	事		
年級	中　年級　期	年月	民國　年　月至　年　月
事由			
年級	中　年級　期	年月	民國　年　月至　年　月
事由			
中途退學年月及事由	年月	民國　年　月	
	事由		
畢業年月	民國　年　月		
畢業後狀況			

家庭狀況			
家長	父名	陳佩藻	職業 政
	母名		
兄	人	弟	人
姊	人	妹	3人
經濟狀況			

保證人	
姓名	
性別	
年齡	
籍貫	
職業	
與學生之關係	
住址	

體格檢查（項目 / 級別 / 學期）	初一上	初一下	初二上	初二下	初三上	初三下	高一上	高一下	高二上	高二下	高三上	高三下
身長												
體重												
視力												
聽力												
眼病												
沙眼												
耳病												
牙齒												
扁桃腺												
淋巴腺												
皮膚												
循環器												
呼吸器												
檢查日期												

學籍片

學業成績（科目 / 學期 / 級別）	初一上	初一下	初二上	初二下	初三上	初三下	高一上	高一下	高二上	高二下	高三上	高三下
公民	92	86	82									
國文	90	85	80									
英文	97	90	95									
數學	98	88	93									
體育				60								
童軍				76.4								
軍訓												
歷史	99	95	84									
地理	100	86	80									
生物												
物理												
化學			89									
勞作		85	85									
家事												
圖畫	80	80	82	75								
音樂	80	70	80									
衛生	91	97										
動物	93	97										
植物	97	98										
均分												
等第												
操行總評	甲	甲	甲	乙								
體育成績	70	丙	丙									
升留級												

東方中学

	初中			高中		
	三年平均學成年績	畢業試考成績	畢業成績	三年平均學成年績	畢業試考成績	畢業成績
各科畢業成績總分						
畢業成績平均						
操行成績						
體育成績						
名次						
證書號數						

南京市立第一女子中學

學號	1980	到校日期	三十七年九月	到校年級	初中叁年級上期
姓名	王維靜	籍貫	江蘇省鹽城縣		
實足年齡	15	生日	22.5.14		
曾加入何種團體					
學歷	曾在 私立復興中 學校肄業				
	曾在 學校肄業				
住址	現住 中山門外孝衛街法官訓練班交通處				
	永久 江蘇武進椿桂坊18號				
	異動				

家庭狀況

家長	父名	王建今	職業	教
	母名			
兄	人	弟	1	人
姊	人	妹	3	人
經濟狀況				

保證人

姓名	史濟中
性別	男
年齡	38
籍貫	江蘇武進
職業	
與學生之關係	親戚
住址	

休學年級年月及事由	年級	中 年級 期	年 月	民國 年 月至 年 月
	事由			
	年級	中 年級 期	年 月	民國 年 月至 年 月
	事由			
	年級	中 年級 期	年 月	民國 年 月至 年 月
	事由			
中途退學	年月	民國 年 月		
年月及事由	事由			
畢業年月	民國 年 月			
畢業後狀況				

體格檢查 項目 \ 級別 學期	初一上	初一下	初二上	初二下	初三上	初三下	高一上	高一下	高二上	高二下	高三上	高三下
身長												
體重												
視力												
聽力												
眼疾												
沙眼												
耳病												
牙齒												
扁桃腺												
淋巴腺												
皮膚												
循環器												
呼吸器												
檢查日期												

三十七年十一月因事休學　復學年級初三上

學籍片

學業成績 科目 \ 級別 學期	初一上	初一下	初二上	初二下	初三上	初三下	高一上	高一下	高二上	高二下	高三上	高三下
公民				82								
國文				79								
英文				82								
數學				82								
體育				70								
童軍				70	76.2							
軍訓												
歷史				81								
地理				89								
生物												
物理												
化學				90								
勞作				84								
家事												
圖畫				80	70							
音樂				70								
衛生				93								
動物												
植物												
均分												
等第												
操行總評				優	甲							
體育成績												
升留級												

初中 三年學期成績平均	畢業試考成績	畢業成績	高中 三年學期成績平均	畢業試考成績	畢業成績

初中		高中	
各科畢業成績總分		各科畢業成績總分	
畢業成績平均		畢業成績平均	
操行成績		操行成績	
體育成績		體育成績	
名次		名次	
證書號數		證書號數	

復興中学

南京市立第一女子中學

學號	1978	到校日期	三十七年九月	到校年級	高中壹年級二期
姓名	夫秀芬	籍貫	南京市 省 縣		
實足年齡	17	生日	20.6.3		
曾加入何種團體					

片

學歷	
曾在	學校肄業
曾在	學校肄業

住址	
現在	中華路南捕廳市立第一中學五
永久	復箋轉
異動	

休學年級年月及事由			
年級	高中一年級下期	年月	民國卅八年二月至 年 月
事由	事		
年級	中 年級 期	年月	民國 年 月至 年 月
事由			
年級	中 年級 期	年月	民國 年 月至 年 月
事由			

中途退學年月及事由	年月	民國 年 月
	事由	
畢業年月	民國 年 月	
畢業後狀況		

家庭狀況

家長	父名	夫耀東	職業	教育
	母名			
兄	1 人	弟	1 人	
姊	人	妹	2 人	
經濟狀況				

保證人

姓名	江菊人
性別	男
年齡	46
籍貫	南京市
職業	教育
與學生之關係	姑嫜
住址	城北老虎橋31号

體格檢查

項目 \ 級別	初一上	初一下	初二上	初二下	初三上	初三下	高一上	高一下	高二上	高二下	高三上	高三下
身長												
體重												
視力												
聽力												
眼疾												
沙眼												
耳病												
牙齒												
扁桃腺												
淋巴腺												
皮膚												
循環器												
呼吸器												
檢查日期												

三十八年二月

學籍片

學業成績

科目 \ 級別	初一上	初一下	初二上	初二下	初三上	初三下	高一上	高一下	高二上	高二下	高三上	高三下
公民							91.3	94				
國文							94.4	94				
英文							66	68				
數學							71	61	62			
體育							74	73				
童軍												
軍訓												
歷史							77	92				
地理							85	70				
生物							79.2	78	70			
物理												
化學												
勞作												
家事							70	75				
圖畫							80	78				
音樂							77.9	82				
衛生												
動物												
植物												
宗教							79	78				
均分							78.46	77.22				
等第												
操行總評							76	80	甲			
體育成績							74	73				
升留級												

初中 三學年平均成績	初中 畢業試考成績	初中 畢業成績	高中 三學年平均成績	高中 畢業試考成績	高中 畢業成績

初中 各科畢業成績總分		高中 各科畢業成績總分	
畢業成績平均		畢業成績平均	
操行成績		操行成績	
體育成績		體育成績	
名次		名次	
證書號數		證書號數	

明德女中

南京市立第一女子中學

學號	1966	到校日期	三十七年九月	到校年級	高中弍年級上期
姓名	王中平	籍貫	江蘇省淮安縣		
實足年齡	17	生日	20.10.18		
曾加入何種團體					
學歷	曾在 中華女子中學校肄業				
	曾在 學校肄業				
住址	現在 中華路562號				
	永久				
	異動				

片

家庭狀況

家長	父名	王慶年	職業	軍
	母名			
兄	人	弟	1	人
姊	1 人	妹	1	人
經濟狀況				

保證人

姓名	支麟書
性別	男
年齡	42
籍貫	江蘇蘇州
職業	軍
與學生之關係	親戚
住址	

休學年級年月及事由		
年級	高中二年級下期	年月 民國卅八年二月至 年 月
事由	因事	
年級	中 年級 期	年月 民國 年 月至 年 月
事由		
年級	中 年級 期	年月 民國 年 月至 年 月
事由		

中途退學年月及事由	年月	民國 年 月
	事由	
畢業年月	民國 年 月	
畢業後狀況		

體格檢查

項目 \ 級別	初一上	初一下	初二上	初二下	初三上	初三下	高一上	高一下	高二上	高二下	高三上	高三下
身長												
體重												
視力												
聽力												
眼疾												
沙眼												
耳病												
牙齒												
扁桃腺												
淋巴腺												
皮膚												
循環器												
呼吸器												
檢查日期												

學籍片

學業成績

科目 \ 級別	初一上	初一下	初二上	初二下	初三上	初三下	高一上	高一下	高二上	高二下	高三上	高三下
公民							65	70	70			
國文							85	87	81	76		
英文							87	89	68	65		
數學							92	83	75	74		
體育							72	74	70	89		
童軍												
軍訓							67	85				
歷史							78	70	90	82		
地理							74	73	80	54		
生物							60	72				
物理												
化學									88	85		
勞作							71	90				
家事												
圖畫							70	70	78	80		
音樂							68	75	80	85		
衛生												
動物												
植物												
幾何									40			
均分							78.2	81.3	75	76.66		
等第												
操行總評							乙上	乙	乙	乙		
體育成績									70			
升留級									升	升		

初中			高中		
三學年平均成績	畢業試考成績	畢業成績	三學年平均成績	畢業試考成績	畢業成績
各科畢業成績總分			各科畢業成績總分		
畢業成績平均			畢業成績平均		
操行成績			操行成績		
體育成績			體育成績		
名次			名次		
證書號數			證書號數		

南京市立第一女子中學

學號	1969	到校日期	三十七年九月	到校年級	高中式年級上期
姓名	張增璉	籍貫	山西省太谷縣		
實足年齡	16	生日	21.1.13		
曾加入何種團體					
學歷	曾在明德女中學校肄業				
	曾在　學校肄業				
住址	現在	昇州路顔料坊90號			
	永久	山西太谷縣石象村			
	異動				

片

休學年級年月及事由	年級	中　年級　期	年　月	民國　年　月至　年　月
	事由			
	年級	中　年級　期	年　月	民國　年　月至　年　月
	事由			
	年級	中　年級　期	年　月	民國　年　月至　年　月
	事由			
中途退學	年月	民國　年　月		
年月及事由	事由			
畢業年月	民國　年　月			
畢業後狀況				

家庭狀況

家長	父名	張秀升	職業	中央銀行行員
	母名			
兄	人	弟	1	人
姊	2 人	妹		人
經濟狀況				

保證人

姓名	王明道
性別	男
年齡	47
籍貫	山西孝義
職業	軍
與學生之關係	世交
住址	顔料坊90號

體格檢查

項目＼級別	初一上	初一下	初二上	初二下	初三上	初三下	高一上	高一下	高二上	高二下	高三上	高三下
身長												
體重												
視力												
聽力												
眼疾												
沙眼												
耳病												
牙齒												
扁桃腺												
淋巴腺												
皮膚												
循環器												
呼吸器												
檢查日期												

學籍片

學業成績

科目＼級別	初一上	初一下	初二上	初二下	初三上	初三下	高一上	高一下	高二上	高二下	高三上	高三下
公民							73	87	85			
國文							87	78	77			
英文							76	75	70			
數學							61	79	60			
體育							76	65	80			
童軍												
軍訓												
歷史							78	84	86			
地理							82	82	78			
生物							79	63				
物理												
化學									80			
勞作												
家事							88	78				
圖畫							70	75	78			
音樂							60	68	90			
衛生												
動物												
植物												
英讀							70	1				
應用文									68			
均分									77.2			
等第												
操行總評							[illegible]	[illegible]	甲			
體育成績							[illegible]	[illegible]	80			
升留級									升			

初中			高中		
三年學均成年績	畢試業成考績	畢業成績	三年學均成年績	畢試業成考績	畢業成績
各科畢業成績總分			各科畢業成績總分		
畢業成績平均			畢業成績平均		
操行成績			操行成績		
體育成績			體育成績		
名次			名次		
證書號數			證書號數		

中華女中

南京市立第一女子中學

學號	1970	到校日期	三十七年九月	到校年級	高中弍年級上期
姓名	施瑪麗	籍貫	浙江省吴興縣		
相片		實足年齡	16	生日	21.6.11
		曾加入何種團體			
學歷	曾在吴興湖畔女子中學校肄業				
	曾在　學校肄業				
住址	現在	建鄴路政治大學208號宿舍			
	永久	上海北成都路長福里3號			
	異動				

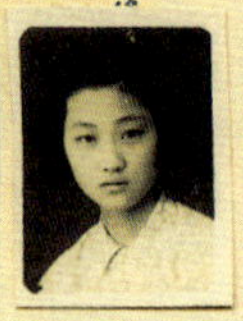

家庭狀况

家長	父名	施鶴齡	職業	政
	母名			
兄　人	弟　人			
姊　人	妹　人			
經濟狀況				

保證人

姓名	吴東藩
性别	男
年齡	37
籍貫	浙江吴興
職業	政
與學生之關係	親戚
住址	

休學年級年月及事由	
年級	中　年級　期　年　月民國　年　月至　年　月
事由	
年級	中　年級　期　年　月民國　年　月至　年　月
事由	
年級	中　年級　期　年　月民國　年　月至　年　月
事由	

中途退學年月及事由	年月	民國 1950 年 7 月
	事由	遷居
畢業年月	民國　年　月	
畢業後狀況		

體格檢查

級別 / 檢查項目	初一上	初一下	初二上	初二下	初三上	初三下	高一上	高一下	高二上	高二下	高三上	高三下
身長												
體重												
視力												
聽力												
眼疾												
沙眼												
耳病												
牙齒												
扁桃腺												
淋巴腺												
皮膚												
循環器												
呼吸器												
檢查日期												

學籍片

學業成績

級別 / 成績 / 科目	初一上	初一下	初二上	初二下	初三上	初三下	高一上	高一下	高二上	高二下	高三上	高三下
公民							90.6	95	75			
國文							91.9	96	76			
英文							51	32	60			
數學							74	84	60			
體育							76	75	80			
童軍							78	82				
軍訓												
歷史							86	93	86			
地理							81.3	77	91			
生物							72.8	84				
物理												
化學									77			
勞作												
家事												
圖畫							65	63	75			
音樂							58.4	63	70			
衛生												
動物												
植物												
宗教							66	74				
應用文									74			
均分							73.1		76.4			
等第												
操行總評							65	68	71			
體育成績							76	75	80			
升留級									升			

明德女中

初中 三年平均學成年績	初中 畢試業成考績	初中 畢業成績	高中 三年平均學成年績	高中 畢試業成考績	高中 畢業成績
各科畢業成績總分			各科畢業成績總分		
畢業成績平均			畢業成績平均		
操行成績			操行成績		
體育成績			體育成績		
名次			名次		
證書號數			證書號數		

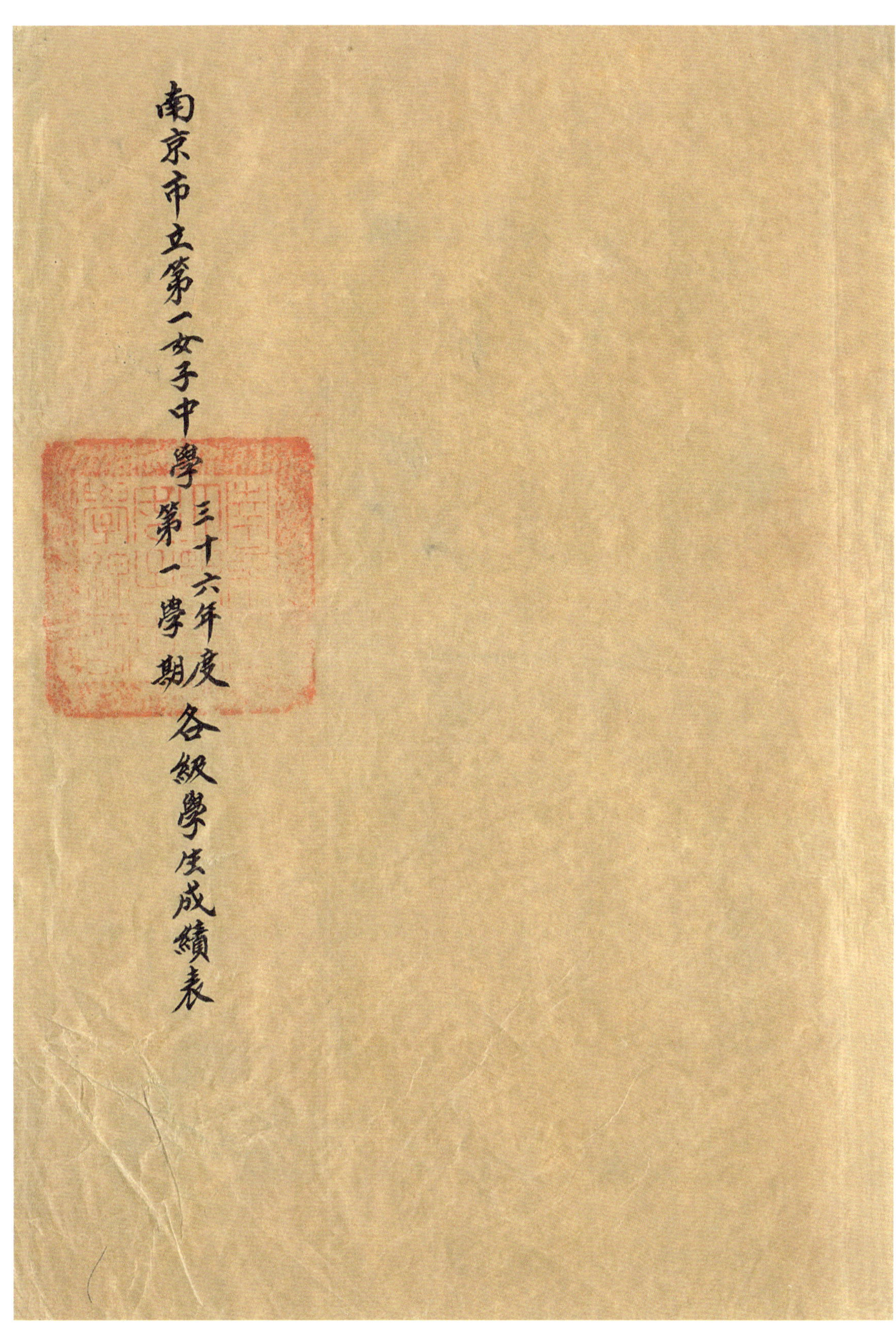

南京市立第一女子中學一九四七年度第一學期各級學生成績表

檔號：1009-1-274

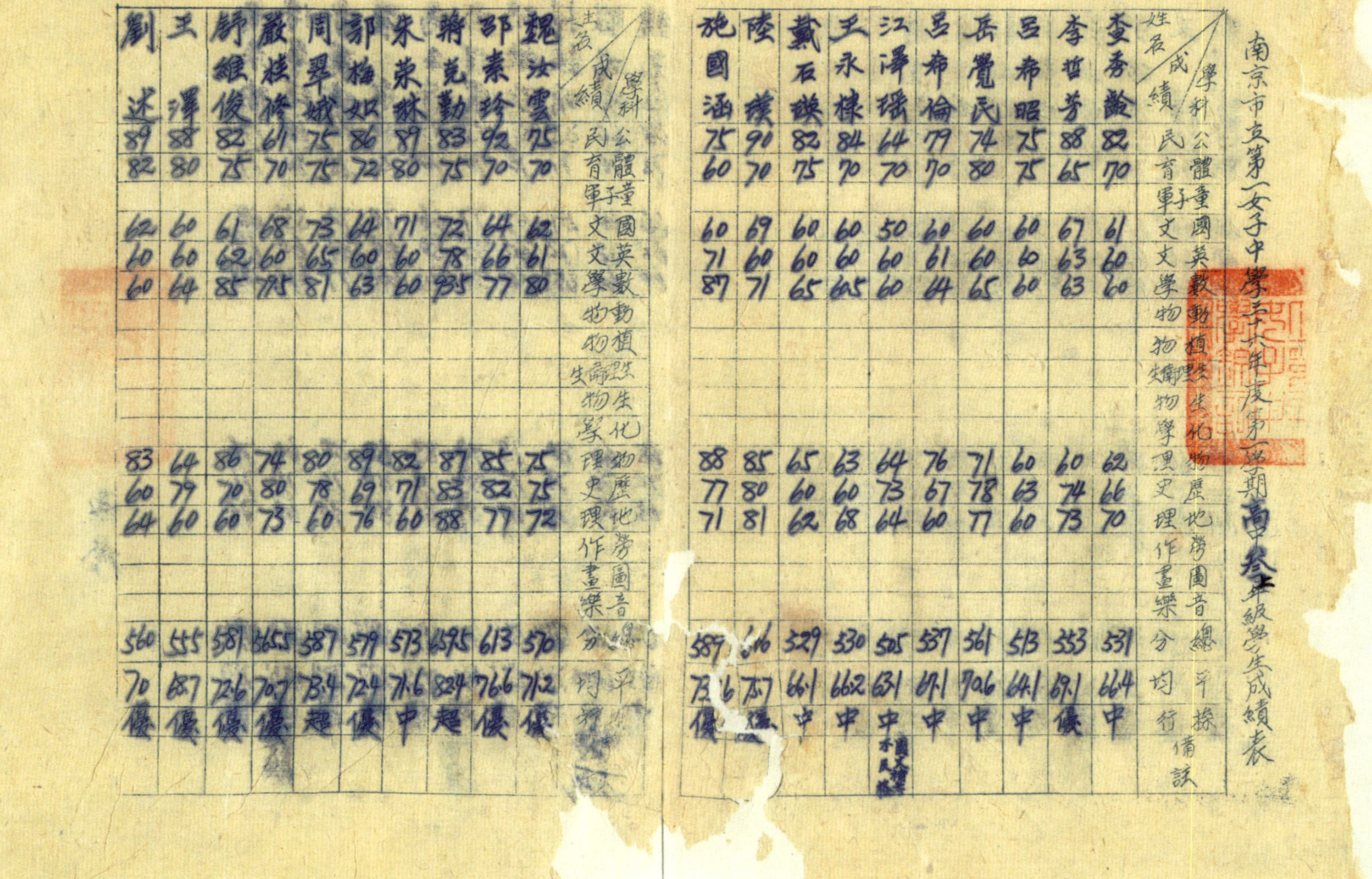

南京市立第一女子中學三十六年度第一學期高中叁上年級學生成績表

姓名	公民	體育	童子軍	國文	英文	數學	動物	植物	生理衛生	生物	化學	物理	歷史	地理	勞作	圖畫	音樂	總分	平均	操行	備註
查秀齡	82	70		61	60	60						62	66	70				531	66.4	中	
李哲芳	88	65		67	63	63						60	74	73				553	69.1	優	
呂希昭	75	75		60	60	60						60	63	60				513	64.1	中	
岳覺民	74	80		60	60	65						71	78	77				561	70.6	中	
呂希倫	79	70		60	61	64						76	67	60				537	67.1	中	
江澤瑤	64	70		50	60	60						64	73	64				505	63.1	中	國文補考不及格
王永棣	84	70		60	60	65						63	60	68				530	66.2	中	
戴石璵	82	75		60	60	65						65	60	62				529	66.1	中	
陸瑛	90	70		69	60	71						85	80	81				[illegible]	75.7	優	
施國涵	75	60		60	71	87						88	77	71				589	73.6	優	
魏汝雲	75	70		62	61	80						75	75	72				570	71.2	優	
邵素珍	92	70		64	66	77						85	82	77				613	76.6	優	
蔣克勤	83	75		72	78	93.5						87	83	88				659.5	82.4	超	
朱荣麟	89	80		71	60	60						82	71	60				573	71.6	中	
郭梅如	86	72		64	60	63						89	69	76				579	72.4	優	
周翠娥	75	75		73	65	81						80	78	60				587	73.4	超	
嚴枝修	61	70		68	60	79.5						74	80	73				565.5	70.7	優	
舒維俊	82	75		61	62	85						86	70	60				581	72.6	優	
王澤	88	80		60	60	64						64	79	60				555	68.7	優	
劉述	89	82		62	60	60						83	60	64				560	70	優	

南京市立第一女子中學三十六年度第一學期高中叁年級學生成績表

姓名	公民	體育	童子軍	國文	英文	數學	動物	植物	生理衛生	化學	物理	歷史	地理	勞作	圖畫	音樂	總分	平均	操行	備註
周榮瑜	79	77		68	69	72.5					76	71	77				589.5	73.7	優	
傅導琪	66	76		55	60	67.5					60	71	61				516.5	64.56	優	[illegible]
曹麗隆	90	75		72	81	77					80	75	77				627	78.4	優	
羅永	86	75		70	60	68.5					62	80	80				581.5	72.7	超	
馬名芳	89	70		66	80	74.5					83	74	81				617.5	77.2	優	
禹順雲	95	70		77	83	81					94	83	89				672	84	超	
胡毓秋	81	78		67	60	60					75	75	60				556	69.5	優	
楊毓明	85	77		69	72	65.5					80	73	78				599.5	74.9	中	
服鴻秀	60	70		66	42	60					60	70	34				[illegible]	[illegible]	中	[illegible]
顧克恭	68	75		66	60	60					68	70	65				532	66.5	中	
高瑞達	82	75		60	60	68					77	68	60				550	68.75	優	
李定慧	93	80		74	73	72					92	75	78				637	79.6	優	
吳鍾玫	92	80		74	61	63.5					80	71	75				596.5	74.6	優	
易云	78	70		60	60	75					79	73	74				569	71.1	優	
金漢卿	85	75		63	68	83.5					81	76	79				600.5	75.1	優	
黃達華	95	81		75	76	81					92	78	83				661	82.6	優	
謝希歐	74	75		76	60	60					60	79	66				550	68.75	中	
夏道興	87	75		60	60	69.5					88	77	65				563.5	70.4	中	
程開[illegible]	80	78		65	60	74.5					60	75	68				560.5	70.1	優	
陶崇英	75	65		67	62	74					69	80	80				572	71.5	優	

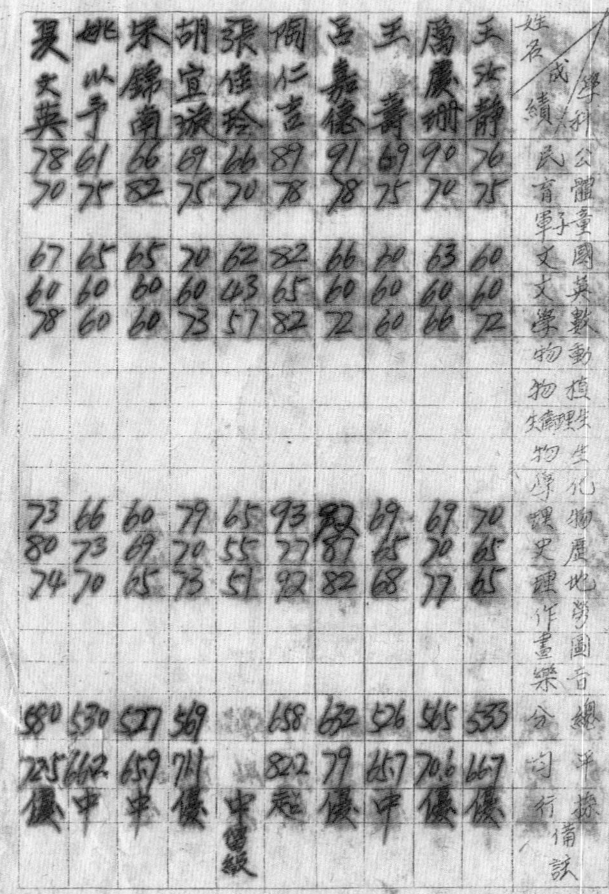

南京市立第一女子中學三十六年度第一學期高中叁上年級學業成績表

學科成績 \ 姓名	王汝靜	厲慶珊	王壽	呂嘉德	陶仁吉	張佳玲	胡宜琰	朱錦南	姚以予	吳文英
公民	76	90	69	91	87	66	69	66	61	78
體育	75	70	75	78	78	70	75	82	75	70
童子軍										
國文	60	63	60	66	82	62	70	65	65	67
英文	60	60	60	60	65	43	60	60	60	60
數學	72	66	60	72	82	57	73	60	60	78
動物										
植物										
生理衛生										
生物										
化學										
物理	70	67	69	92	93	65	79	60	66	73
歷史	65	70	65	87	77	55	70	69	73	80
地理	65	77	68	82	92	51	73	65	70	74
勞作										
圖畫										
音樂										
總分	533	565	526	632	658		569	527	530	580
平均	66.7	70.6	65.7	79	82.2		71.1	65.9	66.2	72.5
操行	優	優	中	優	超	中	優	中	中	優
備註						留級				

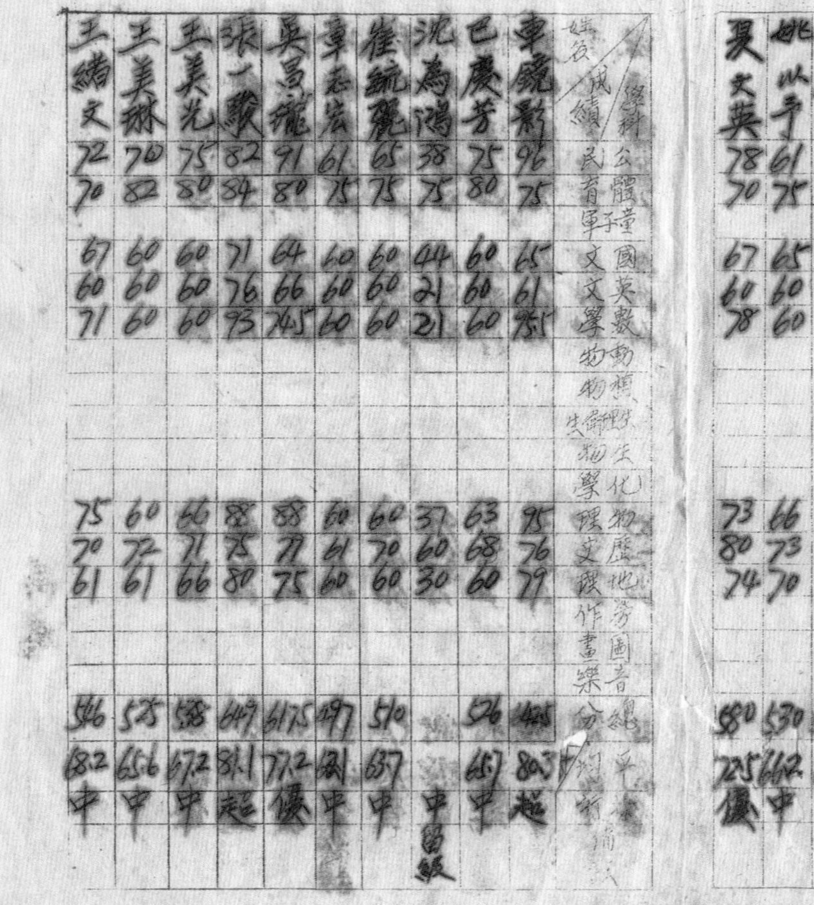

學科成績 \ 姓名	車鏡影	巴慶芳	沈為鴻	崔毓麗	章志宏	吳昌瓏	張一駿	王美光	王美琳	王緒文
公民	96	75	38	65	61	91	82	75	70	72
體育	75	80	75	75	75	80	84	80	82	70
童子軍										
國文	65	60	44	60	60	64	71	60	60	67
英文	61	60	21	60	60	66	76	60	60	60
數學	75.5	60	21	60	60	74.5	93	60	60	71
動物										
植物										
生理衛生										
生物										
化學										
物理	95	63	37	60	60	88	88	66	60	75
歷史	76	68	60	70	61	77	75	71	72	70
地理	79	60	30	60	60	75	80	66	61	61
勞作										
圖畫										
音樂										
總分	[illegible]	526		510	497	617.5	649	538	525	546
平均	80.3	65.7		63.7	62.1	77.2	81.1	67.2	65.6	68.2
操行	超	中	中	中	中	優	超	中	中	中
備註			留級							

南京市立第一女子中學三十六年度第一學期高中叁年級學生成績表

學科／成績／姓名	端木琪	張和美	陳正秀	呂希華	鄭國珍	于秀文	陳寧生	華懷鑫	于婉華	陳慶纓
公民	70	80	68	66	85	94	79	65	78	81
體育	82	75	65	65	65	82	82	75	70	70
童子軍										
國文	73	60	64	57	76	64	65	69	60	60
英文	63	60	60	60	75	81	84	60	60	60
數學	64	60	60	65	60	82.5	69	70	60	64
動物										
植物										
生理衛生										
生物										
化學										
物理	85	66	72	78	78	93	81	90	67	83
歷史	76	69	70	72	69	83	73	65	73	73
地理	68	60	60	60	66	75	72	61	60	60
勞作										
圖畫										
音樂										
總分	581	530	519	523	572	654.5	605	555	528	551
平均	72.6	66.2	64.9	65.4	71.5	81.8	75.6	69.4	66	68.9
操行	優	優	優	優	優	中	超	中	中	優
備註				[illegible]						

學科／成績／姓名	許如集	談光芬	謝修芳	祁金章	李澤琳	李祿明	施際成	吉美華
公民	79	83	90	75	70	90	86	71
體育	70	70	60	80	85	70	65	65
童子軍								
國文	58	61	71	70	66	68	58	63
英文	44	60	60	60	60	60	32	60
數學	45	62.5	64	60	60	76	34.5	60
動物								
植物								
生理衛生								
生物								
化學								
物理	60	83	82	84	81	86	60	60
歷史	65	68	83	75	83	75	69	61
地理	46	60	60	63	64	72	60	60
勞作								
圖畫								
音樂								
總分		547.5	570	567	569	597		500
平均		68.4	71.2	70.9	71.1	74.6		62.5
操行	中	中	中	超	中	超	中	優
備註	留級						留級	

南京市立第一女子中學三十六年度第一學期高中弍上年級學生成績表

學科＼成績＼姓名	桂小鳳	陸景儀	徐文祿	黃瓊君	何昌禮	倪君禾	甘瑞徽	劉遜	張棣華	濮家驊
公民	81	75	71	71	72	71	68	61	75	68
體育	85	80	70	70	70	70	70	80	70	75
童子軍										
國文	80	67	76	71	78	70	72	75	72	79
英文	88	63	75	72	80	72	86	80	78	85
數學	60	52	60	40	70	65	60	60	48	81
動物										
植物										
生理衛生										
生物	83.4	71.4	78.2	60	63.8	62	60	71.6	75.4	88.8
化學										
物理										
歷史	83	75	80	65	94	78	79	85	92	92
地理	93	68	67	68	78	62	62	70	75	77
勞作	92	92	93	90	86	85	90	80	85	90
圖畫	88	85	75	78	70	78	78	78	75	75
音樂	90	80	80	75	90	85	90	90	90	85
總分	923.4	808.4	825.2	760	851.8	798	815	830.6	835.4	895.8
平均	83.9	73.5	75.02	69.1	77.44	72.5	74.1	75.5	75.95	[illegible]4
操行	優	中	中	優	優	中	中	中	優	中
備註		[illegible]							[illegible]	

學科＼成績＼姓名	陸[illegible]援	余宗蓮	易淑清	周薇霞	王永珍	王慧如	趙振懷	張志明	周良珍	夏寧成
公民	65	81	78	76	71	72	78	73	68	74
體育	82	80	70	80	65	65	60	80	70	75
童子軍										
國文	72	74	74	76	64	64	68	70	60	72
英文	80	73	71	80	69	78	74	81	73	91
數學	80	30	60	65	47	75	60	75	48	67
動物										
植物										
生理衛生										
生物	73.8	60	60	87.8	60.2	67.2	54.6	69	60	70
化學										
物理										
歷史	88	87	70	89	73	81	83	84	84	95
地理	64	71	80	78	70	63	67	72	65	67
勞作	80	88	85	84	92	92	90	86	92	86
圖畫	68	88	88	70	75	70	60	85	78	82
音樂	90	90	85	90	90	90	85	85	85	95
總分	842.8	822	821	875.8	776.2	817.2	784.6	860	785	874
平均	76.6	74.7	74.6	79.6	70.6	74.3	71.3	78.2	71.2	79.5
操行	中	優	中	中	優	中	中	中	中	優
備註					[illegible]					

南京市立第一女子中學三十六年度第一學期高中弍上年級學業成績表

學科／成績／姓名	金若鸞	烏寶琴	施瑞蘭	侯素英	李鳴岐	夏碧華	胡湘玲	鄭潔人	熊慶龍	魏祥玉
公民	75	66	74	69	68	77	67	75	71	70
體育	80	75	67	75	75	85	70	80	75	75
童子軍										
國文	80	76	68	72	74	84	77	78	71	72
英文	82	67	76	67	68	92	80	82	73	78
數學	94	60	60	55	48	68	60	76	80	60
動物										
植物										
生理衛生										
生物										
化學	82	70	75.4	72.8	60	93.4	71.8	85.6	66.4	73.8
物理										
歷史	89	82	81	85	53	91	89	88	82	85
地理	83	76	69	80	69	83	76	84	76	74
勞作	92	82	80	78	85	85	85	88	90	95
圖畫	80	78	75	70	78	78	80	78	60	70
音樂	95	90	85	85	98	98	85	90	90	90
總分	932	822	810.4	805.8	776	933.4	814.8	904.6	834.4	842.8
平均	84.7	74.7	73.7	73.5	70.6	84.7	76.4	82.2	75.85	76.6
操行	超	優	中	優	中	超	優	中	中	中
備註										

學科／成績／姓名	孟寶琮	程文江	朱寶華	黃曉君	潘玉蘭	高明球	沈霜蘭	姚禹璞	馬文娣	陳靜嫻
公民	76	71	68	73	84	74	84	76	71	67
體育	80	85	80	75	80	80	80	70	71	70
童子軍										
國文	83	75	70	80	80	79	86	72	70	69
英文	77	67	77	83	82	87	97	83	79	63
數學	70	40	50	50	90	96	92	60	60	25
動物										
植物										
生理衛生										
生物										
化學	85.2	62	63	60	84.4	76.8	84.2	62.2	64.6	60
物理										
歷史	91	64	77	84	90	93	97	87	87	75
地理	72	72	70	61	79	84	86	69	74	70
勞作	78	79	82	80	90	92	92	86	88	90
圖畫	65	78	70	75	80	85	88	78	70	78
音樂	90	98	90	90	90	98	98	90	90	95
總分	870.2	789	797	811	829.4	844.8	864.2	835.2	824.6	762
平均	79.1	71.7	72.5	73.7	84.5	85.9	87.6	75.7	74.96	69.3
操行	優	中	中	優	優	超	優	優	中	中
備註		[illegible]	[illegible]							

南京市立第一女子中學三十六年度第一學期高中弍上年級學生成績表

學科 成績 姓名	方鳳儀	袁壽儀	桑京華	毛長琪	石容淑	伍惠榮	臧幗光	吳本明	姚時珠	楊玉美
公民	71	81	76	69	82	77	83	86	71	75
體育	70	79	70	76	71	72	75	75	67	70
童子軍										
國文	76	84	72	79	71	78	77	82	69	74
英文	76	92	74	64	60	68	71	75	65	72
數學	64	71	62	70	60	60	60	73	60	60
動物										
植物										
生理衛生										
生物										
化學	75.4	90.2	70	62.4	63.4	69.8	65.2	76.8	60	80.4
物理										
歷史	75	93	85	91	88	84	88	90	78	92
地理	70	85	67	75	60	67	85	87	80	69
勞作	89	86	94	90	92	92	90	90	90	80
圖畫	75	78	70	80	70	75	78	75	78	82
音樂	95	80	85	95	90	75	95	95	90	95
總分	836.4	919.2	825	851.4	807.4	837.8	867.2	902.5	821	849.4
平均	76	83.6	75	77.4	73.4	76.2	78.8	82.1	74.6	77.2
操行	中	優	中	優	優	優	中	中	中	優
備註										

學科 成績 姓名	曾鳳弟	王民蘭	王愛玲	江汪舟	王平陵	孫惠之	左幼萍	蒯啟發	楊順喜	馮貫敏
公民	71	78	73	86	76	78	84	88	72	66
體育	80	75	70	70	75	75	85	84	75	75
童子軍										
國文	71	75	79	78	78	78	84	85	76	68
英文	78	80	67	77	88	78	86	85	74	74
數學	64	70	60	63	74	79	60	70	60	62
動物										
植物										
生理衛生										
生物										
化學	63.8	66.2	66	85.2	85.2	80.4	77.2	72.2	64.6	69.8
物理										
歷史	92	91	89	93	90	90	91	93	83	86
地理	63	69	60	71	60	76	67	73	65	70
勞作	92	90	90	87	92	87	95	94	89	90
圖畫	90	85	70	70	78	75	90	90	78	80
音樂	85	85	90	95	98	85	90	98	80	90
總分	849.8	864.2	814	875.2	896.2	881.4	908.2	932.2	816.6	830.8
平均	77.3	78.6	74	79.6	81.5	80.1	82.6	84.7	74.2	75.5
操行	優	優	中	優	優	優	超	超	中	優
備註										

南京市立第一女子中學三十五年度第一學期高中一年級學生成績表

學科＼成績＼姓名	盧淑賢	張模玲	朱士蘭	李家祥	王曉霞	柳克冷	陳紀華	陳文輝	胡媛媛	張雯
公民	79	74	78	76	81	83	79	73	77	81
體育	80	75	75	80	70	80	75	75	80	81
童子軍										
國文	77	78	78	84	79	81	80	71	72	80
英文	72	80	80	72	84	75	74	76	77	87
數學	65	60	60	48	75	71	60	64	60	80
動物										
植物										
生理衛生										
生物										
化學	72.6	70.8	66.8	74	77.2	75.4	67.2	86.6	63	80
物理										
歷史	92	90	90	90	91	90	88	89	90	91
地理	65	76	65	84	85	67	60	66	70	84
勞作	92	72	92	90	89	90	90	84	90	85
圖畫	80	80	88	80	80	78	75	75	90	78
音樂	90	90	95	95	85	90	80	90	80	90
總分	[illegible]	[illegible]	[illegible]	876	[illegible]	[illegible]	[illegible]	[illegible]	881	919
平均	78.7	78.7	72.0	79.6	81.6	80.1	75.5	76.6	72.4	83.5
操行	優	優	優	優	優	中	中	中	優	超
備註										

南京市立第一女子中學三十五年度第一學期高中一年級學生成績表

學科＼成績＼姓名	張美波	許灼華	談珊	朱善美	蕭國瑩	張瑞華	馮曼蘭	張玉芳	徐學蓮	曹綺芬
公民	72	68	47	52	75	69	66	72	78	66
體育	81	65	75	70	65	70	77	70	70	70
童子軍										
國文	66	60	55	70	60	66	66	68	58	77
英文	69	68	55	51	70	72	85	74	61	52
數學	50	35	30	45	45	67	62	60	66	25
動物										
植物										
生理衛生										
生物										
化學	65.6	60	45.8	43	68	67	68	60	61.2	64.8
物理										
歷史	77	72	57	60	76	75	70	68	65	79
地理	75	53	43	54	59	70	65	67	66	60
勞作	88	90	88	82	80	80	75	85	90	88
圖畫	80	78	75	75	70	72	80	78	75	75
音樂	80	75	80	80	75	85	90	90	75	90
總分	775.6				726	791	775	732	766.0	
平均	72.1				66	70.6	72.1	72	69.6	
操行	中	中	中	優	中	優	中	中	中	優
備註	[illegible]	留級	留級	留級						留級

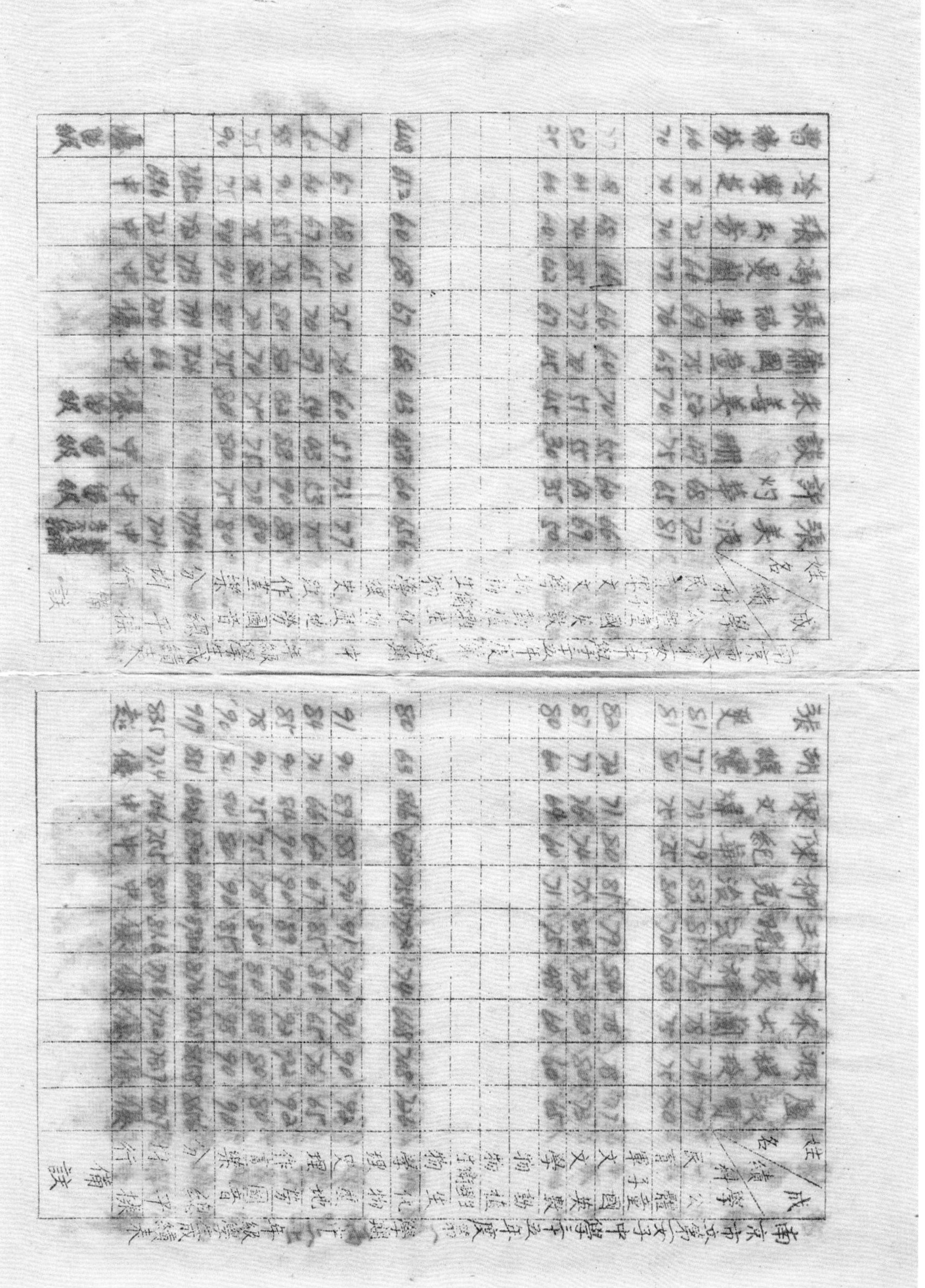

南京市立第一女子中學三十六年度第一學期高中弍乙年級學生成績表

姓名	公民	體育	童子軍	國文	英文	數學	動物	植物	生理衛生	生物	化學	物理	歷史	地理	勞作	圖畫	音樂	總分	平均	操行	備註
李秀玲	76	70		82	64	72					76.8		87	62	90	78	98	857.8	78	超	
張淑蕙	69	75		76	67	50					60		74	63	90	78	80	782	71	優	
程　好	69	75		72	60	30					47.8		83	60	87	80	85			優	留級
陳丹君	74	70		73	67	60					64		80	72	89	75	85	809	73.5	優	
陳荃	74	70		74	77	60					65.6		67	62	90	70	85	794.6	72.2	優	
吳昌璞	78	81		81	80	77					86.2		93	78	92	82	90	918.2	83.5	優	
李兆玲	66	75		75	60	50					67.4		78	60	78	78	90	777.4	70.7	中	[illegible]
吳紹沅	86	70		94	88	96					96.8		97	83	90	90	98	982.8	89.3	超	
顧淑荃	81	85		69	60	81					71.2		72	73	90	85	85	812.2	73.1	超	
朱守城	72	65		70	63	70					63		87	75	88	82	90	825	75	中	
侯亦如	73	65		79	60	68					61		88	73	76	80	80	805	73	中	
尉維謹	73	75		60	62	60					69.6		82	77	80	80	75	798.6	72.1	可	
周桂如	73	75		80	76	68					83.2		92	77	90	78	95	887.2	80.7	中	
李蘊玉	75	70		64	62	30					36.2		78	50	90	78	80			中	留級
陳松明	73	65		78	62	20					60		73	70	86	78	90	755	68.6	中	
雷素蘭	72	75		70	73	40					61.8		79	60	92	70	90	688.8	71.1	優	[illegible]
何寶珍	76	70		75	60	43					53.2		85	53	90	78	90			中	留級
湯　瑞	74	75		84	60	40					60		82	66	92	80	95	808	73.5	優	[illegible]
葉淑和	75	70		84	60	65					60		88	76	85	82	90	835	76	優	
蔡玉華	67	65		72	55	60					60		76	60	87	80	85	767	69.7	中	

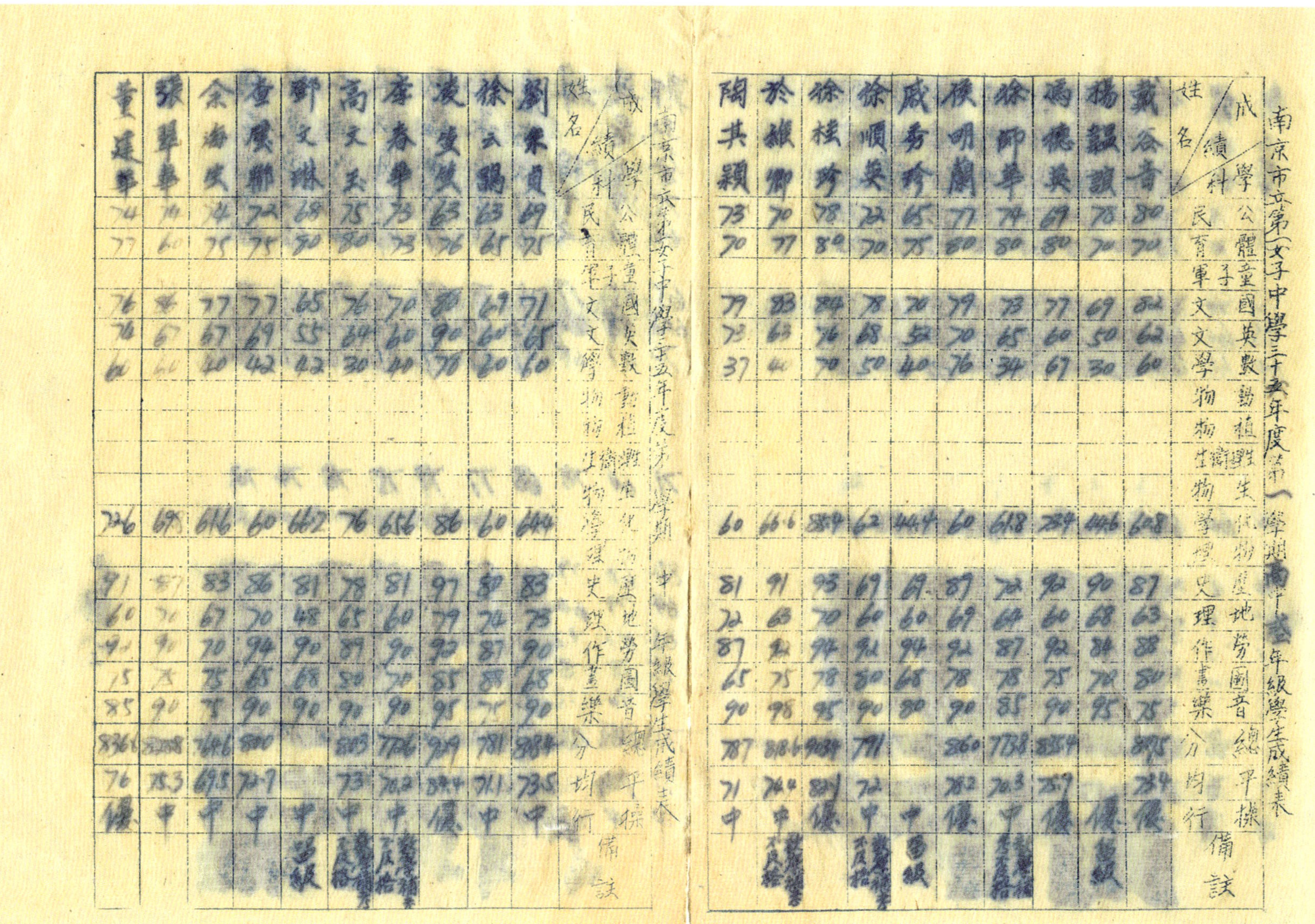

南京市立第一女子中學三十五年度第一學期高中一年級學生成績表

姓名	公民	體育	童子軍	國文	英文	數學	生物	歷史	地理	勞作	圖畫	音樂	總分	平均	操行	備註
戴公音	80	74		82	62	60	60.8	87	63	88	80	75	895	73.4	優	
楊韻韻	78	70		69	50	30	44.6	90	68	84	72	95			優	留級
馮德英	69	80		77	60	67	73.4	90	60	92	75	90	835.4	75.9	優	
徐卿華	74	80		73	65	34	61.8	72	64	87	78	85	773.8	70.3	中	[illegible]
侯明蘭	77	80		79	70	76	60	87	69	92	78	90	860	78.2	優	
戚秀玲	65	75		70	52	40	44.4	69	60	94	65	80			中	留級
徐順英	72	70		78	68	50	62	69	60	91	80	90	791	72	中	[illegible]
徐桂珍	78	80		84	76	70	88.4	93	70	94	78	95	903.4	82.1	優	
於維卿	70	77		88	63	40	66.6	91	63	82	75	98	818.6	74.4	中	[illegible]
陶共穎	73	70		77	73	37	60	81	72	87	65	90	787	71	中	

南京市立第一女子中學三十五年度第一學期　中　年級學生成績表

姓名	公民	體育	童子軍	國文	英文	數學	生物	歷史	地理	勞作	圖畫	音樂	總分	平均	操行	備註
劉朱貞	69	75		71	65	60	64.4	83	73	90	68	90	808.4	73.5	中	
徐文鵑	63	65		69	60	60	60	80	74	87	88	75	781	71.1	中	
凌安娥	63	76		80	90	70	86	97	79	92	85	95	929	84.4	優	
李春華	73	73		70	60	40	65.6	81	60	90	70	90	772.6	70.2	中	[illegible]
高文英	75	80		76	64	30	76	78	65	87	80	90	803	73	中	[illegible]
鄧文琳	68	80		65	55	42	66.2	81	48	90	68	90			中	留級
查屏珊	72	75		77	69	42	60	86	70	94	65	90	800	72.7	中	
余海英	74	75		77	67	40	61.6	83	67	70	75	78	764.6	69.5	中	
張昇華	74	60		[illegible]	[illegible]	60	69.8	87	70	90	75	90	828.8	75.3	中	
董延華	74	77		76	78	60	72.6	91	60	91	75	85	836.6	76	優	

南京市立第一女子中學三十六年度第一學期高中一上年級學生成績表

姓名 \ 成績 \ 學科	公民	體育	童子軍	國文	英文	數學	動物	植物	生理衛生	生物	化學	物理	歷史	地理	勞作	圖畫	音樂	總分	平均	操行	備註
顧蕙慈	86	64		77	70.6	52				72			70	66	90	78	90	823.6	74.9	甲	
童俊華	82	65		67	55	61				74			64	60	90	78	98	794	72.2	甲	
王鴻珍	97	66		81	82.6	71				78			78	86	92	78	90	879.6	81.5	優	
段淑貞	70	67		75	62.8	81				75			79	66	84	78	70	807.8	73.4	甲	
葛鑑媛	88	69		67	61	69				79			81	77.4	85	78	80	814.4	74	甲	
沈承美	88	60		78	60	68				77			83	78	90	80	75	837	76.1	甲	
盧游淑	87	76		75	64.6	57				68			76	75	80	75	95	798.6	72.6	甲	
韓湘	85	62		77	68.4	65				78			79	60	92	78	95	819.4	74.5	優	
吳景雲	89	60		85	78.8	87				60			60	79	92	78	90	858.8	78.07	甲	
鄭玉芬	75	60		65	60.8	72				71			84	64	85	75	70	781.8	71	甲	

姓名 \ 成績 \ 學科	公民	體育	童子軍	國文	英文	數學	動物	植物	生理衛生	生物	化學	物理	歷史	地理	勞作	圖畫	音樂	總分	平均	操行	備註
舒嘉瑞	86	61		82	71.4	78				77			76	76	82	78	85	776	70.6	甲	
陸德楨	91	60		74	68.4	60				73			83	60	87	70	95	789.4	71.8	甲	
鄧念蘇	71	70		67	68.4	65				69			64	60	80	78	90	786.4	71.1	甲	
畢玉珠	94	88		78	80.8	66				75			83	67	96	78	95	894.8	81.3	超	
謝明霞	95	70		84	73.2	60				76			87	79	92	98	95	891.2	81	超	
許淑華	92	80		76	83.6	50				81			81	81	84	82	90	880.6	80	甲	
何玉淑	89	80		76	73.4	60				75			89	73	78	78	85	855.4	77.7	甲	
李炎燕	81	76		74	65.4	60				82			75	75	89	80	90	847.4	77.04	甲	
施國琳	86	60		70	60	64				72			69	68	88	75	85	797	72.5	甲	
邵亞蘭	89	60		83	60.2	66				76			79	81	90	85	95	864.2	78.6	甲	

南京市立第一女子中學三十六年度第一學期高中一上年級學生成績表

學科 成績 姓名	徐國珍	夏祖華	卞歌榆	卜國振	尹玉清	吳祖厚	徐世賢	朱杏初	戴相融	張莉莉
公民	88	94	89	63	88	93	92	68	86	78
體育	80	70	80	80	80	68	70	65	60	80
童子軍										
國文	70	85	74	61	73	63	77	71	73	63
英文	64.4	95	73.8	53.4	70.4	71.6	88.8	70.6	67.8	60
數學	35	80	60	65	64	60	81	71	60	60
動物										
植物										
生理衛生										
生物	72	88	73	71	81	73	75	65	92	70
化學										
物理										
歷史	67	85	76	62	70	60	77	76	77	77
地理	63	86	85	60	62	69	88	72	71	72
勞作	88	88	90	86	90	89	88	78	86	86
圖畫	80	88	80	88	68	70	78	78	65	75
音樂	90	85	90	80	85	75	90	90	90	90
總分	797.4	944	870.8	769.4	831.4	791.6	904.8	804.6	827.8	811
平均	72.5	85.8	79.2	69.9	75.6	72	82.2	73.1	75.2	73.7
操行	中	優	中	中	中	中	優	中	優	中
備註										

學科 成績 姓名	徐鍾秀	王守淑	常德華	陳雲彩	樂壽祉	張明	鄭蕙萱	湯淑如	王紅元	錢家祥
公民	80	88	87	83	86	77	80	80	97	95
體育	64	62	64	60	60	66	60	80	62	60
童子軍										
國文	64	74	82	77	79	74	69	62	81	81
英文	60	47	52.4	62.8	60	66.8	54.6	32.6	71.8	87.6
數學	47	30	55	60	84	60	55	30	66	92
動物										
植物										
生理衛生										
生物	67	73	76	77	70	69	72	70	76	73
化學										
物理										
歷史	75	85	77	85	81	76	78	72	95	92
地理	64	65	68	77	80	71	73	60	74	75
勞作	90	88	80	88	84	80	76	82	90	90
圖畫	78	68	78	78	80	78	75	75	80	88
音樂	85	80	90	85	85	75	85	80	90	90
總分	774			832.8	849	912.8			882.8	925.6
平均	70.4			75.7	77.2	83			80.2	84.1
操行	中	中	中	中	中	中	中	中	超	超
備註		留級	留級				留級	留級		

南京市立第一女子中學三十五年度第一學期高中一年級學生成績表

成績／學科／姓名	顧[illegible]華	李文英	黃[illegible]芳	黃志權	周鐵[illegible]	陳心如	陶家[illegible]	趙[illegible]娟	袁[illegible]	黃杏南
公民	94	77	74	85	77	91	87	79	75	74
體育	92	60	70	81	65	65	70	69	68	65
童子軍										
國文	76	69	76	76	71	64	72	73	77	55
英文	86	71	61	53	68	56	63	60	35	30
數學	86	66	60	66	60	73	60	64	0	36
動物										
植物										
生理衛生										
生物	88	88	74	60	83	80	69	78	62	67
化學										
物理										
歷史	86	73	72	79	62	75	62	65	41	60
地理	89	68	70	60	71	69	65	[illegible]	33	45
勞作	90	88	86	88	85	90	92	80	82	85
圖畫	80	82	80	78	80	70	78	78	56	75
音樂	90	85	80	78	80	85	80	90	65	70
總分	926	807	808	802	802	579	778	805		
平均	84.3	73.4	73	73	72.9	73.1	72.5	73.2		
操行	[illegible]	中	中	中	中	優	優	中	中	中
備註				要補考及格					留級	留級

南京市立女子中學三十五年度第[illegible]學期高中一年級學生成績表

成績／學科／姓名	陸渝蓉	王天真	劉[illegible]起	蔡[illegible]	華佩蓀	李國緯	劉天振	陳[illegible]	吳[illegible]峰	李鳳[illegible]
公民	96	76	90	92	89	92	94	97	87	72
體育	75	78	68	66	82	73	65	65	70	67
童子軍										
國文	82	[illegible]	82	79	68	66	61	72	[illegible]	[illegible]
英文	64	45	75	83	68	69	67	75	19	46
數學	47	55	86	84	64	60	56	[illegible]	[illegible]	42
動物										
植物										
生理衛生										
生物	84	76	80	73	78	72	75	80	72	67
化學										
物理										
歷史	83	[illegible]	83	73	75	72	76	80	86	80
地理	72	68	80	76	69	75	67	83	15	40
勞作	90	90	92	90	85	80	90	90	90	85
圖畫	85	75	72	55	88	90	90	85	80	70
音樂	70	80	80	85	85	75	89	[illegible]	85	80
總分	844		915	833	883	894	868	[illegible]	829	
平均	76.7		83	76.8	76.6	72.6	77	[illegible]	83	
操行	優	優	[illegible]	優	優	優	優	優	優	中
備註	[illegible]	留級								留級

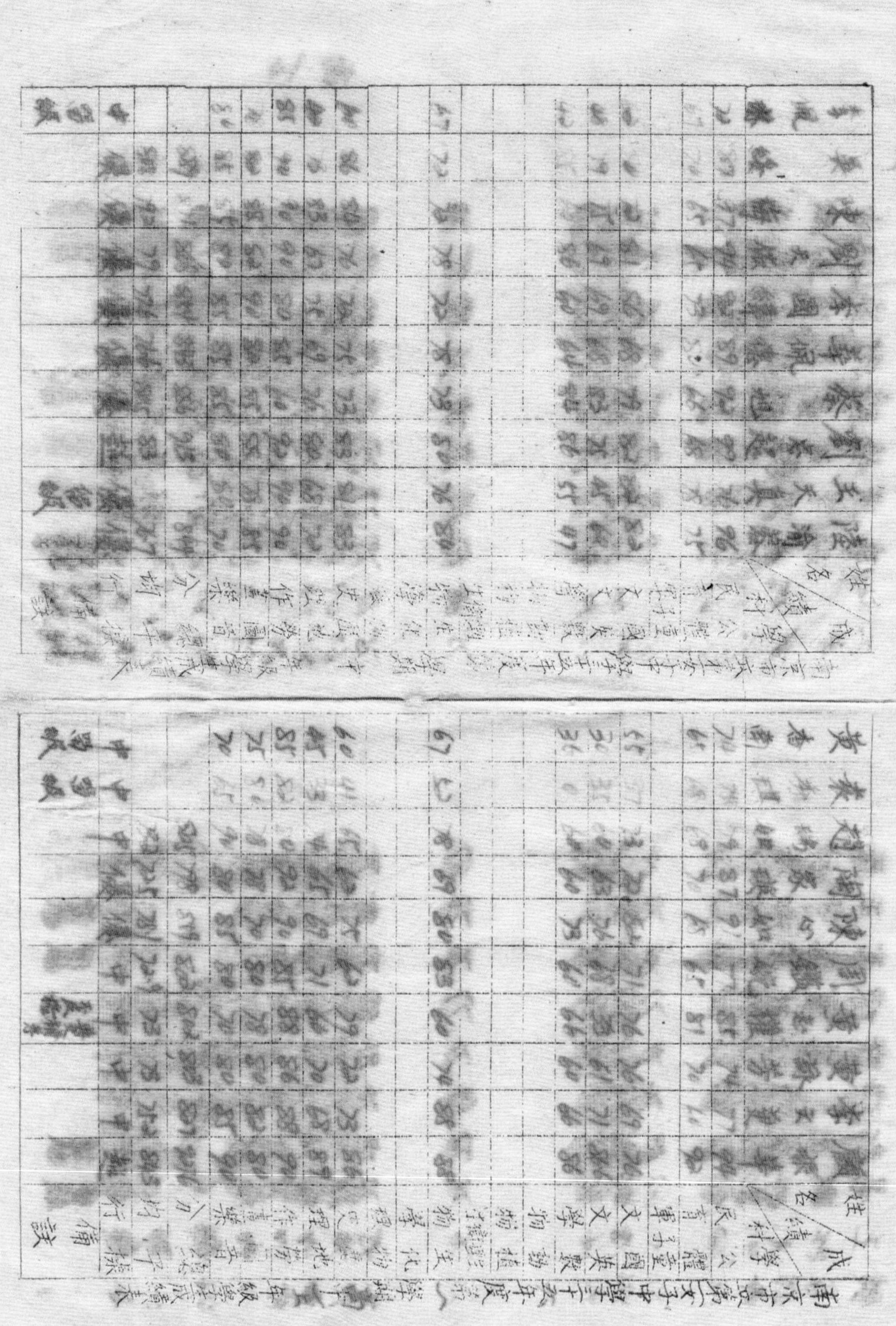

南京市立第一女子中學三十六年度第一學期高一上乙級學生成績表

姓名	公民	體育	童子軍	國文	英文	數學	動物	植物	生理衛生	生物	化學	物理	歷史	地理	勞作	圖畫	音樂	總分	平均	操行	備註
白淑娟	84	71		85	63	60				72			61	71	86	82	85	820	74.5	甲	
姚惠芳	95	70		77	75	67				85			95	84	89	85	85	907	82.5	優	
吳寶義	97	70		91	92	88				88			89	88	92	86	85	962	87.5	超	
柳惠林	96	70		79	91	67				76			69	82	90	82	85	887	80.6	超	
蕭秀湖	97	88		85	84	67				89			69	88	90	75	85	892	81.1	優	
徐永鶴	87	72		78	72	64				78			73	75	90	80	85	856	77.8	優	
洪崇敏	92	70		85	82	66				81			77	74	90	88	95	894	81.3	超	
袁淑貞	81	75		64	60	40				68			75	62	88	75	85	773	70.3	甲	[illegible]
楊詢	93	60		70	82	10				68			61	67	80	75	85	741	67.5	甲	[illegible]
王秀林	93	70		67	49	62				75			75	60	80	60	85	776	70.5	甲	[illegible]

姓名	公民	體育	童子軍	國文	英文	數學	動物	植物	生理衛生	生物	化學	物理	歷史	地理	勞作	圖畫	音樂	總分	平均	操行	備註
毛琳	78	65		56	60	6				62			64	71	75	75	80			丙	
江希瑩	67	70		76	63	5				58			74	73	76	70	80			丙	留級
趙玉華	83	60		60	45	22				70			69	75	78	80	85			甲	留級
孫碧華	88	60		62	30	10				64			60	58	80	85	85			甲	留級
秦静波	70	60		63	19	8				67			62	68	78	80	80			丙	留級
高同文華	83			72	42	14				66			68	60	80	75	85			丙	留級
高德永	87	76		76	65	62				72			83	74	85	80	85	845	76.8	甲	
汪積敏	83			64	34	15				60			57	60	75	70	70			甲	留級
錢惠蘭	90	60		76	72	75				82			82	67	80	80	85	849	77.2	甲	
李克溫	85	73		66	60	68				73			72	70	78	78	85	808	73.5	甲	

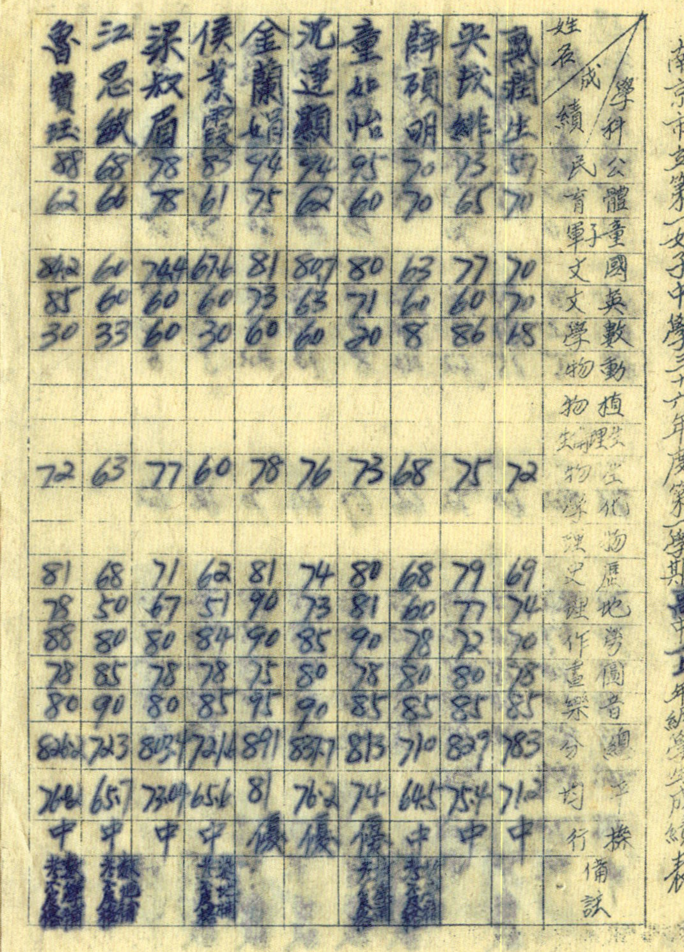

南京市立第一女子中學三十六年度第一學期高中一上年級學生成績表

姓名	公民	體育	童子軍	國文	英文	數學	動物	植物	生理衛生	生物	化學	物理	歷史	地理	勞作	圖畫	音樂	總分	平均	操行	備註
戴潤生	57	70		70	70	48				72			69	74	70	78	85	783	71.2	中	
吳茂緋	73	65		77	60	86				75			79	77	72	80	85	829	75.4	中	
薛碩明	70	70		63	60	8				68			68	60	78	80	85	710	64.5	中	[illegible]
童如怡	95	60		80	71	20				73			80	81	90	78	85	813	74	優	[illegible]
沈蓮顯	94	62		80.7	63	60				76			74	73	85	80	90	833.7	76.2	優	
金蘭娟	94	75		81	73	60				78			81	90	90	75	95	891	81	優	
侯葉霞	85	61		67.6	60	30				60			62	51	84	78	85	721.6	65.6	中	[illegible]
梁淑眉	78	78		74.4	60	60				77			71	67	80	78	80	803.4	73.04	中	
江思鐵	68	66		60	60	33				63			68	50	80	85	90	723	65.7	中	[illegible]
魯寶廷	88	62		84.2	85	30				72			81	78	88	78	80	826.2	76.6	中	[illegible]
邱玉珠	87	60		68.6	97	38				75			78	83	88	85	80	835.6	76	中	[illegible]
陳進	72	75		75.6	60	34				68			71	60	86	85	86	771.6	70.0	中	[illegible]
張巧雲	90	78		68.8	60	30				74			74	60	89	78	75	771.8	70.02	優	[illegible]
鄭鷗	95	60		75.8	90	83				74			84	78	90	78	95	882	73	優	
石琴英	85	63		62.2	64	63				69			78	64	92	78	95	813.2	74	優	
宋雪芳	93	61		73.8	76	35				67			78	71	89	78	85	806.8	73.3	中	[illegible]
梁聯華	94	60		80.6	75	20				73			79	79	84	78	85	807.6	73.1	優	[illegible]
葉景林	93	66		68.4	71	10				73			69	64	90	88	80	724.4	70.04	優	[illegible]
張世珠	80	60		60	61	13				67			78	60	90	70	80	719	65.4	中	[illegible]
楊玉生	88	64		66.6	60	22				71			79	38	70	75	70	703.6	64	可	

南京市立第一女子中學三十六年度第一學期高中一上年級學生成績表

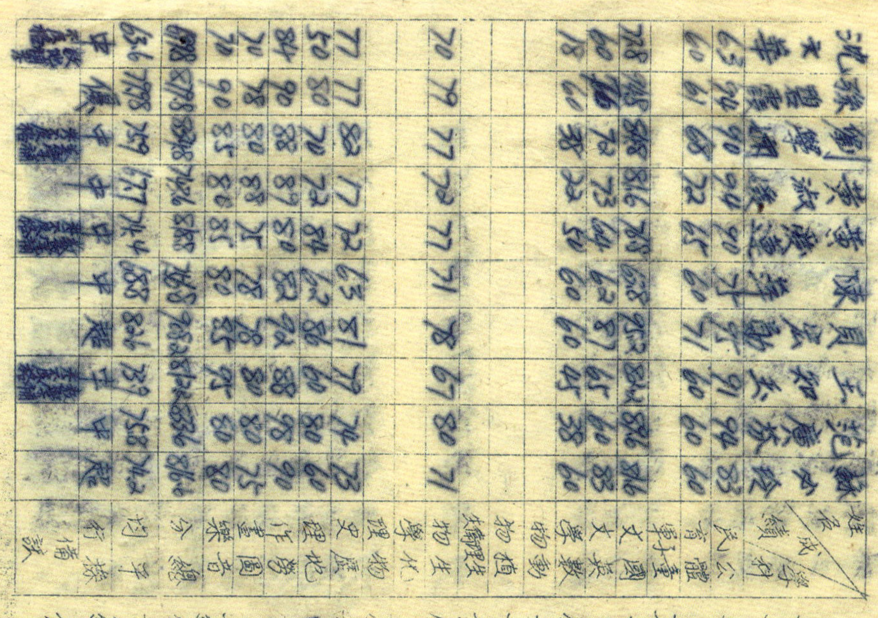

姓名 \ 成績 \ 學科	公民	體育	童子軍	國文	英文	數學	動物	植物	生理衛生	生物	化學	物理	歷史	地理	勞作	圖畫	音樂	總分	平均	操行	備註
鄒少玲	83	60		81.6	83	60				71			73	60	90	75	80	816.6	74.2	起	
范廣芬	94	60		88.6	60	38				80			74	80	98	80	80	833.6	75.8	中	
王知禾	91	60		84.2	65	45				67			79	60	88	80	95	812.8	73.9	中	[illegible]
貝宏勳	95	71		95.2	87	60				78			81	86	92	78	85	908.2	82.6	起	
陳萍	75	60		65.8	62	60				71			63	62	82	78	80	756.8	68.8	中	
黃愛達	90	65		78.8	64	50				77			72	84	80	75	85	818.8	74.4	中	[illegible]
黃淑秀	94	72		81.6	73	22				70			17	72	87	88	80	744.6	67.7	中	
劉學娴	90	68		84.8	72	38				77			82	70	88	80	85	834.8	75.9	中	[illegible]
孫碧霞	94	61		91.8	76	60				79			77	80	90	78	90	877.8	79.8	優	
沈文華	63	60		77.8	60	18				70			77	50	84	70	70	699.8	63.6	中	[illegible]

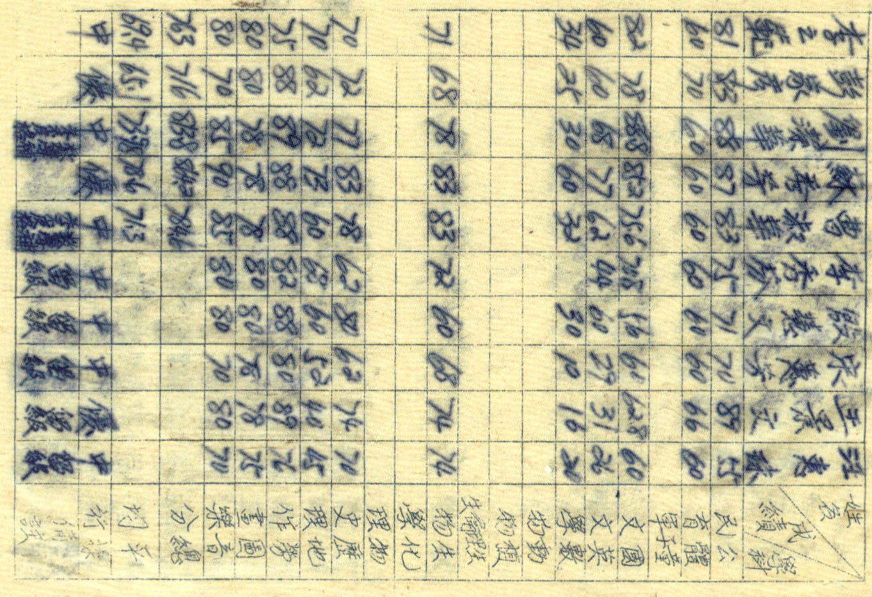

姓名 \ 成績 \ 學科	公民	體育	童子軍	國文	英文	數學	動物	植物	生理衛生	生物	化學	物理	歷史	地理	勞作	圖畫	音樂	總分	平均	操行	備註
汪惠珠	55	60		60	26	20				74			70	45	76	75	70			中	留級
王景文	89	66		62.8	31	16				74			74	40	89	78	80			優	留級
宋蕙芳	70	60		61	27	10				68			62	52	80	78	70			中	留級
殷慧文	71	60		56	60	30				60			80	60	88	80	80			中	留級
李秀芬	75	60		70.8	44					72			62	68	82	80	80			中	留級
曹淑華	83	60		75.6	62	32				83			78	60	88	78	85	784.6	71.3	中	[illegible]
林秀芳	87	60		85.2	77	60				83			83	73	88	78	90	864.2	78.6	優	
劉潔華	88	60		88.8	68	30				78			77	72	89	78	85	813.8	73.98	中	[illegible]
彭家彥	83	70		78	60	25				68			72	62	88	80	70	716	65.1	優	
李之範	81	60		82	60	34				71			70	70	75	80	80	763	69.4	中	

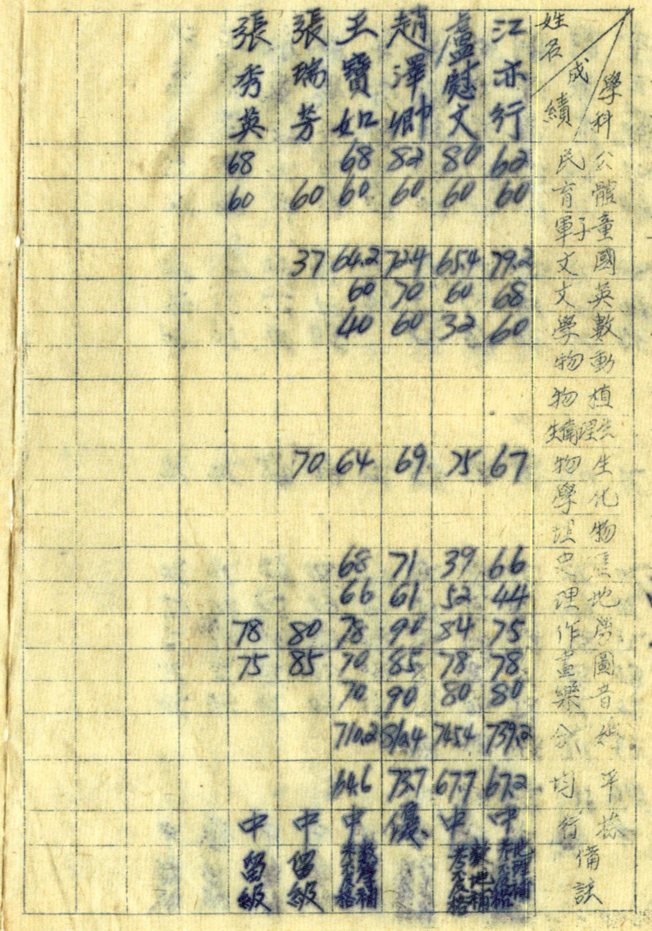

南京市立第一女子中學三十六年度第一學期高中一上年級學生成績表

學科 \ 成績 \ 姓名	江亦行	盧魁文	趙澤卿	王寶如	張瑞芳	張秀英
公民	62	80	82	68		68
體育	60	60	60	60	60	60
童子軍						
國文	79.2	65.4	72.4	64.2	37	
英文	68	60	70	60		
數學	60	32	60	40		
動物						
植物						
生理衛生						
生物	67	75	69	64	70	
化學						
物理						
歷史	66	39	71	68		
地理	44	52	61	66		
勞作	75	54	90	73	80	78
圖畫	78	78	85	70	85	75
音樂	80	80	90	70		
總分	739.2	745.4	812.4	710.2		
平均	67.2	67.7	73.7	64.6		
操行	中	中	優	中	中	中
備註	地理補考及格	數學地理補考及格		數學補考及格	留級	留級

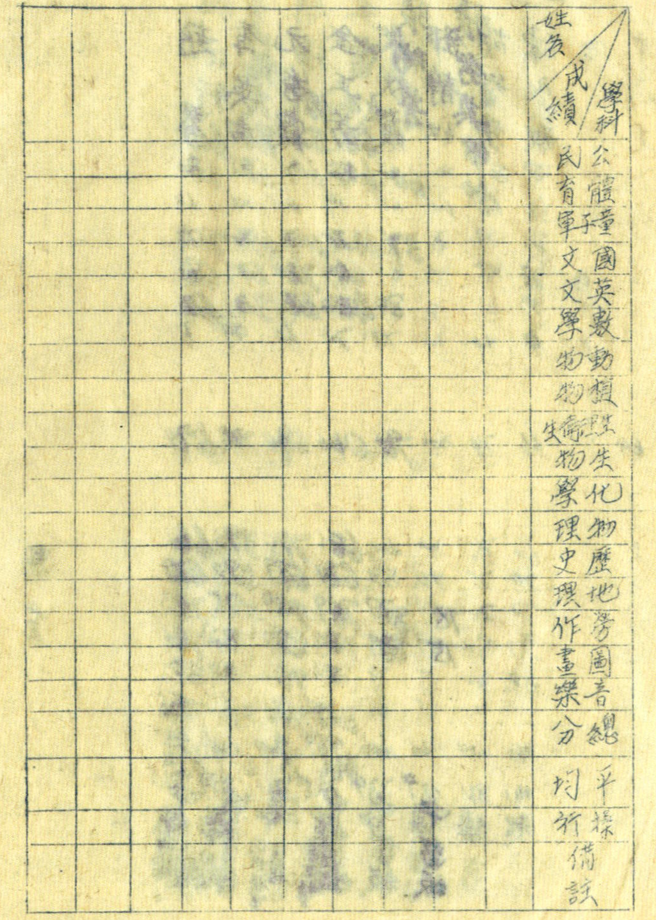

學科 \ 成績 \ 姓名																
公民																
體育																
童子軍																
國文																
英文																
數學																
動物																
植物																
生理衛生																
生物																
化學																
物理																
歷史																
地理																
勞作																
圖畫																
音樂																
總分																
平均																
操行																
備註																

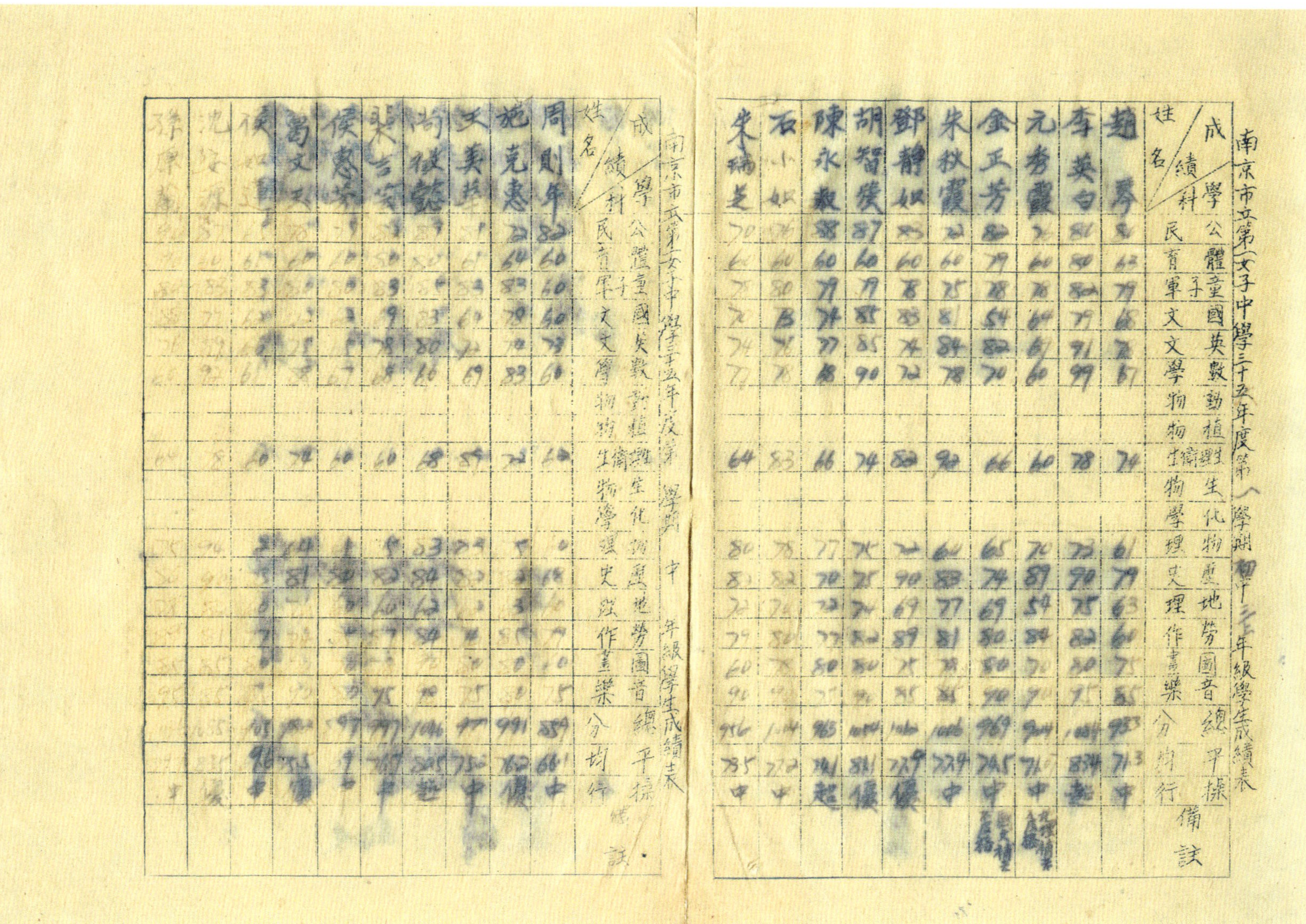

南京市立第一女子中學三十五年度第一學期初中二年級學生成績表

科目	趙琴	李英白	元秀霞	金正芳	朱秋霞	鄧靜如	胡智雯	陳永淑	石小如	朱瑞芝
公民	[illegible]	81	[illegible]	80	72	85	87	88	[illegible]	70
體育	63	80	60	79	60	60	60	60	60	60
童子軍	79	80	78	78	75	78	79	79	80	75
國文	68	79	64	54	81	83	85	74	73	72
英文	72	91	61	82	84	74	85	77	74	74
數學	87	99	60	70	78	72	90	88	78	72
動物										
植物										
生理衛生	74	78	60	66	92	80	74	66	83	64
生物										
化學										
物理	61	72	70	65	60	72	74	77	78	80
歷史	79	90	89	74	88	90	75	70	82	83
地理	63	75	54	69	77	69	72	72	74	72
勞作	60	82	84	80	81	89	80	77	80	79
圖畫	75	80	70	80	78	75	80	80	78	60
音樂	85	75	70	90	85	85	90	75	[illegible]	90
總分	953	1004	904	969	1006	1060	1004	965	1014	956
平均	713	834	716	745	724	759	831	761	772	785
操行	中	甚	中	中	中	優	優	超	中	中
備註			[illegible]	[illegible]						

南京市立第一女子中學三十五年度第一學期初中二年級學生成績表

科目	周則年	施克惠	文美[illegible]	尚彼[illegible]	吳[illegible]	侯惠[illegible]	葛文[illegible]	侯[illegible]	沈[illegible]	孫康[illegible]
公民	82	72	[illegible]	[illegible]	[illegible]	[illegible]	[illegible]	[illegible]	[illegible]	[illegible]
體育	60	64	[illegible]	[illegible]	[illegible]	[illegible]	[illegible]	[illegible]	[illegible]	[illegible]
童子軍	60	83	[illegible]	[illegible]	[illegible]	[illegible]	[illegible]	[illegible]	[illegible]	[illegible]
國文	60	70	[illegible]	[illegible]	[illegible]	[illegible]	[illegible]	[illegible]	[illegible]	[illegible]
英文	78	70	[illegible]	80	78	[illegible]	[illegible]	[illegible]	[illegible]	[illegible]
數學	60	83	69	60	[illegible]	[illegible]	[illegible]	[illegible]	[illegible]	[illegible]
生理衛生	60	72	54	58	60	60	74	60	[illegible]	[illegible]
物理	[illegible]	[illegible]	[illegible]	83	[illegible]	[illegible]	[illegible]	[illegible]	[illegible]	[illegible]
歷史	[illegible]	[illegible]	[illegible]	84	[illegible]	[illegible]	81	[illegible]	[illegible]	[illegible]
地理	[illegible]	[illegible]	[illegible]	62	[illegible]	[illegible]	[illegible]	[illegible]	[illegible]	[illegible]
勞作	[illegible]	[illegible]	[illegible]	80	[illegible]	[illegible]	[illegible]	[illegible]	[illegible]	[illegible]
圖畫	[illegible]	[illegible]	[illegible]	[illegible]	[illegible]	[illegible]	[illegible]	[illegible]	[illegible]	[illegible]
音樂	75	88	75	78	75	[illegible]	[illegible]	[illegible]	[illegible]	[illegible]
總分	854	991	977	1016	997	[illegible]	[illegible]	[illegible]	[illegible]	[illegible]
平均	661	762	730	825	757	[illegible]	[illegible]	[illegible]	[illegible]	[illegible]
操行	中	優	中	甚	中	[illegible]	[illegible]	[illegible]	[illegible]	中

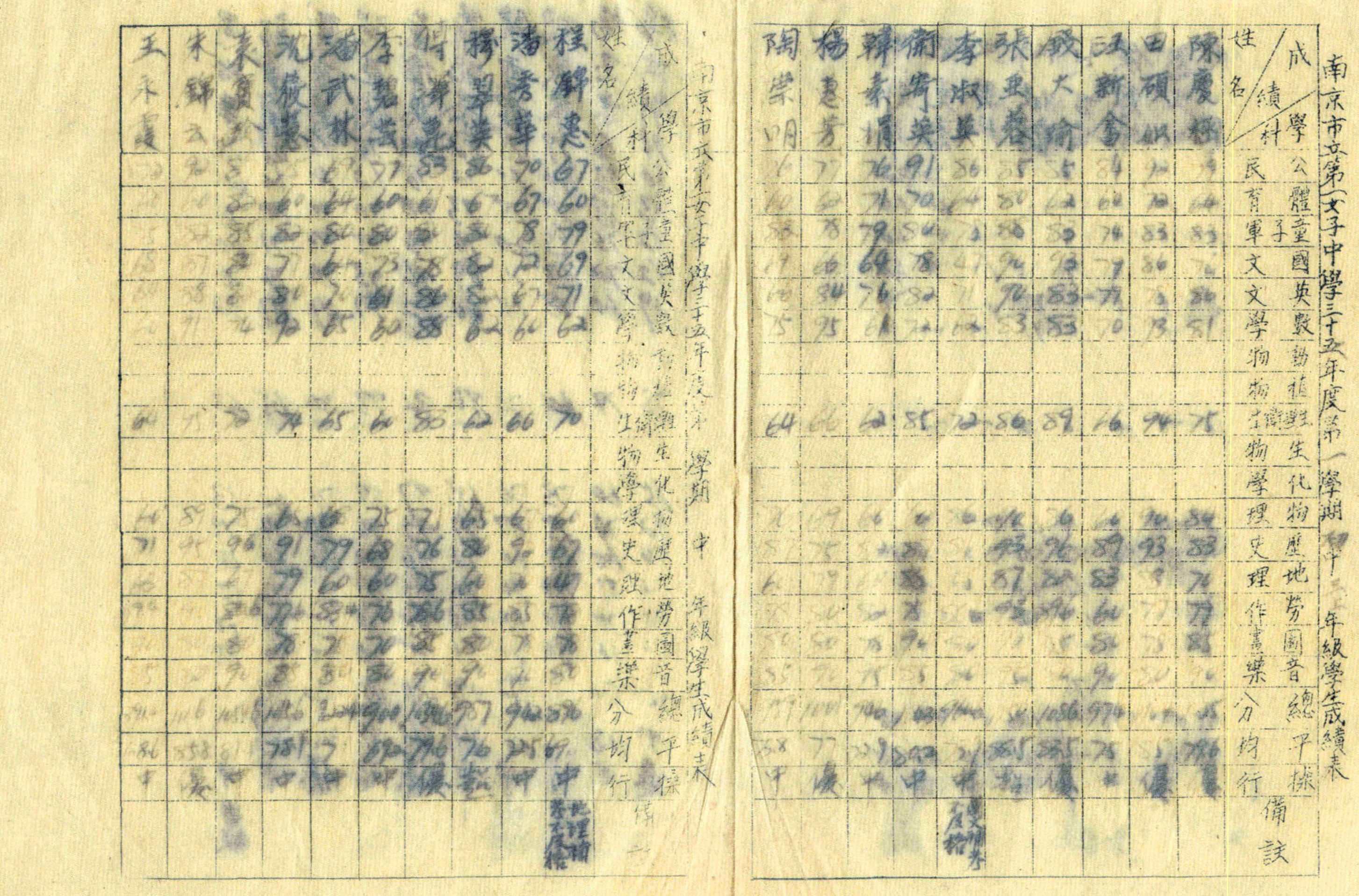

南京市立第一女子中學三十五年度第一學期初中 [illegible] 年級學生成績表

成績 / 學科 / 姓名：公民、體育、童子軍、國文、英文、數學、動物、植物、[illegible]、生理衛生、化學、物理、歷史、地理、勞作、圖畫、音樂、總分、平均、操行、備註

陳慶[illegible]、田碩[illegible]、汪新[illegible]、錢大[illegible]、張[illegible]、李淑[illegible]、衛[illegible]、韓[illegible]、楊惠芳、陶崇明

南京市立第一女子中學三十五年度第一學期初中 [illegible] 年級學生成績表

程[illegible]、潘[illegible]、[illegible]、[illegible]、李[illegible]、潘武林、沈[illegible]、袁[illegible]、宋[illegible]、王[illegible]

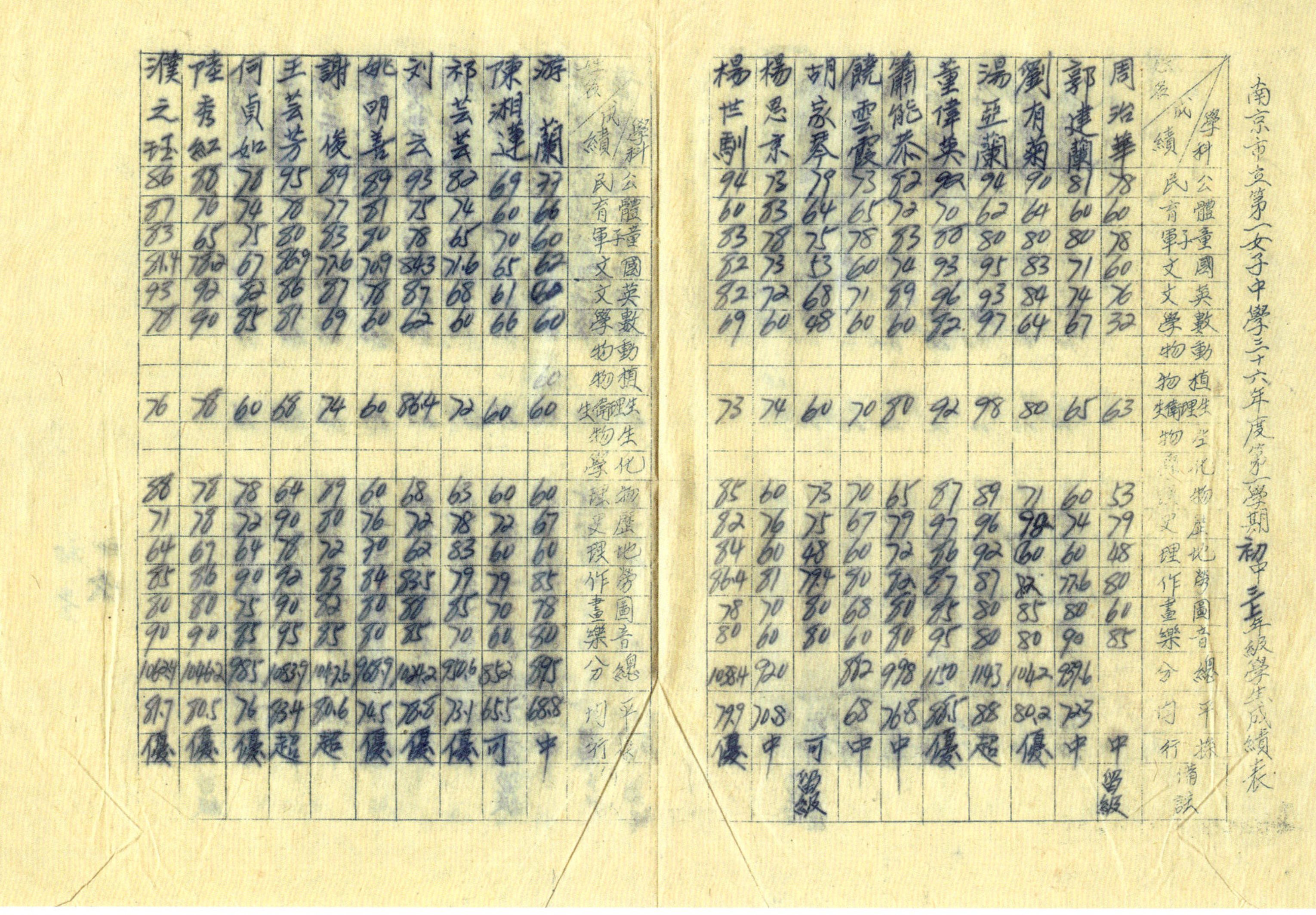

南京市立第一女子中學三十六年度第一學期初中三年級學生成績表

姓名	公民	體育	童子軍	國文	英文	數學	動物	植物	生理衛生	生物	化學	礦物	歷史	地理	勞作	圖畫	音樂	總分	平均	操行	備註
周治華	78	60	78	60	76	32			63			53	79	48	80	61	85			中	留級
郭建蘭	81	60	80	71	74	67			65			60	74	60	77.6	80	90	896	723	中	
劉有菊	90	64	80	83	84	64			80			71	98	60	84	85	80	1042	80.2	優	
湯亞蘭	94	62	80	95	93	97			98			89	96	92	87	80	80	1143	88	良	
董偉英	92	70	88	93	96	82			92			87	97	96	97	95	95	1150	885	優	
蕭能蓀	82	72	83	74	89	60			80			65	77	72	80	85	90	998	768	中	
饒雲霞	73	65	78	60	71	60			70			70	67	60	80	68	60	882	68	中	
胡家琴	79	64	75	53	68	48			60			73	75	48	794	80	80			可	留級
楊恩京	73	83	78	73	72	60			74			60	76	60	81	70	60	920	708	中	
楊世劇	94	60	83	82	82	69			73			85	82	84	864	78	80	1084	799	優	

姓名	公民	體育	童子軍	國文	英文	數學	動物	植物	生理衛生	生物	化學	礦物	歷史	地理	勞作	圖畫	音樂	總分	平均	操行	備註
游蘭	77	66	60	62	60	60		60	60			60	67	60	85	78	80	895	688	中	
陳湘蓮	69	60	70	65	61	66			60			60	72	60	79	70	60	852	655	可	
祁芸芸	80	74	65	716	68	60			72			63	78	83	79	85	70	9506	731	優	
劉云	93	75	78	843	87	62			884			68	72	62	835	80	85	10242	788	優	
姚明善	89	81	90	709	78	60			60			60	76	70	84	80	80	9689	745	優	
謝俊	89	77	83	726	87	69			74			79	80	72	83	85	85	10476	806	良	
王芸芳	95	78	80	859	86	81			88			64	90	78	90	90	95	10839	834	良	
何貞如	78	74	75	67	82	85			60			78	72	64	90	75	85	985	76	優	
陸秀紅	80	70	65	782	90	90			78			78	78	67	86	80	90	10462	80.5	優	
濮之珏	86	87	83	814	93	78			76			88	71	64	85	80	90	10894	837	優	

南京市立第一女子中學三十六年度第一學期高三年級學生成績表

學科／成績／姓名	公民	體育	童子軍	國文	英文	數學	動物	植物	生理衛生	生物	化學	物理	歷史	地理	勞作	圖畫	音樂	總分	平均	操行	備註
劉有芳	86	69	77	61.3	84	71			76			72	78	74	82	80	85	996.3	76.6	中	
王鶴英	90	60	78	82.1	81	60			84			75	87	66	84	80	95	1022.1	78.6	中	
孫荣生	91	68	70	83.7	89	68			62			80	78	60	81	80	90	992.7	76.2	中	
程大鈞	82	73	70	75.1	81	60			63			78	79	71	92	88	95	1007.5	77.5	優	
黃家如	89	71	83	91	91	66			66			80	84	79	83	80	95	1060	81.5	優	
濮存義	86	78	78	71.2	85	60			63.4			63	73	72	81	78	90	978.6	75.3	中	
楊承宜	93	72	65	78.4	86	60			73			75	82	75	74	70	85	989.4	76.1	優	
蘇梅芳	84	69	75	73.4	76	61			70.8			67	84	62	85	78	95	979.2	75.3	中	
陳景雯	67	74	78	70.1	54	68			60			65	72	60	77	75	90			中	留級
韋麗芳	73	82	75	60	68	60			60			61	70	63	77	78	85	915	70.3	優	
李潔	88	83	80	90	76	47			69.2			60	70	69	79	58	90	977.2	75.3	中	數學補考不及格
程采蘇	85	73	80	80.4	68	60			61.2			68	70	62	70	50	60	917.6	70.6	優	
湯璘	91	78	82	76.8	84	60			80			75	78	83	83	90	90	1054.8	81.1	甚	
王寶慶	81	70	75	70.5	67	34			70			54	75	48	75	78	90			優	留級
葛瑞琴	50	66	75	60	70	60			63			60	65	63	76	60	80	878	67.5	中	
戴朝清	64	78	70	60.8	72	49			66			56	61	54	79	55	95			中	留級
黃富文	75	74	65	76.8	82	60			60			75	75	70	83	75	90	960.8	73.9	優	
戚葆琴	58	69	77	74.1	68	63			64			61	70	83	85	88	85	962.2	74	中	
宰鳳仙	81	73	77	67.7	91	60			63			60	75	60	79	78	85	949.1	73.0	優	
龐善寶	80	74	77	68.4	65	60			74			60	79	60	82	78	85	942	72.4	中	

市立第一女子中學三十[illegible]年度第一學期初中三年級學生成績表

學科＼成績	王慕娥	鮑業芳	張翠珍	葉淑英	劉淑泉	李康	張小綺	傅家琴	史嫚娜	寧秀雯
公民	75	86	75	84	86	82	91	75	88	60
體育	71	72	69	71	65	69	73	76	76	72
童子軍	77	80	79	80	80	77	77	77	77	78
國文	62.1	70	60	74.4	85.5	85	89.2	64.2	83.8	62
英文	65	89	72	75	82	75	80	64	75	60
數學	67	62	62	60	47	77	65	60	41	32
動物										
植物										
生理衛生	66	72	75	66	73.6	63	83.2	74	67.2	70.8
生物										
化學										
物理	76	64	60	71	69	79	73	67	60	65
歷史	61	61	70	70	52	72	85	78	75	47
地理	60	60	64	61	68	80	85	65	72	60
勞作	76	85	81	81	80	60	84	83	82	83
圖畫	88	70	78	80	78	78	80	80	88	88
音樂	85	90	60	85	85	80	90	90	85	85
總分	927.1	961.1	905	958.4	951.1	977	1055.4	953.3	897.0	862.[illegible]
平均	71.3	74	69.6	73.7	73.2	75.2	81.2	73.3	74.6	66.4
操行	優	中	中	中	中	優	優	中	中	中
備註					數學歷史不及格				數學補考不及格	數歷補考不及格

學科＼成績	潘瑞成	李文絢	徐小云	邵淑賢	程文滙	劉家英	左佩蘭	邊翠珍	張清芬	段汝儀
公民	80	89	78	79	94		79	83	86	98
體育	74	77	67	75	72	66	72	65	75	87
童子軍	79	79	78	75	78	75	78	78	75	80
國文	69.5	89.1	60	60.8	88.8		55.4	75.7	73.[illegible]	92
英文	76	96	50	60	90	43	62	60	60	90
數學	60	90	60	60	69	67	41	60	61	99
動物										
植物										
生理衛生	68	74	60	60	71		65	72	85	80.2
生物										
化學										
物理	69	91	65	63	82		60	68	76	84
歷史	76	75	70	70	74		72	74	77	89
地理	70	75	60	66	78	48	60	64	75	85
勞作	76	77	76	81	76	84	83	83	90	85
圖畫	82	84	78	85	78	65	75	78	78	90
音樂	80	84	85	85	80	80	80	84	75	94
總分	959.5	1070	885	921.8	1030.8			[illegible]	[illegible]	[illegible]
平均	73.8	82	68	70.9	79.3			[illegible]	[illegible]	[illegible]
操行	中	超	優	優	中	中	中	中	優	超
備註			英文補考不及格				留級			

南京市立第一女子中學三十六年度第一學期初中三年級學生成績表

學科 成績 名字	吳冬華	於寅華	劉蘭英	沈承麗	李素行	朱蓮寶	張瑞英	賀耀英	周序芳	徐潤遠
公民	78	76	67	78	81	74	75	76	76	83
體育	67	60	60	60	65	60	60	60	77	66
童子軍	65	65	68	85	80	80	80	85	75	78
國文	88.1	63.1	62.9	64	70.6	84	76.6	64	69.8	69.6
英文	89	54	44	82	86	81	68	60	74	68
數學	60	60	60	60	60	46	41	60	60	60
動物										
植物										
生理衛生	78	72	60	60	66	63	48	60	62	62
生物										
化學										
物理	60	72	70	60	66	60	41	60	67	60
歷史	87	60	67	74	86	76	60	78	78	75
地理	75	71	65	60	62	64	64	60	60	60
勞作	76	80	74	80	82	76	85	65	75	70
圖畫	70	68	68	72	71	62	74	78	70	72
音樂	85	85	85	85	80	90	75	90	95	85
總分	976.1	856.1	854.9	966	945.6	916	847.6	896	933.8	908.6
平均	75.1	65.2	65.7	74.3	72.7	70.5	65.2	69	71.8	69.9
操行	優	中	中	超	超	優	優	超	中	中
備考		英文補考不及格	英文補考五〇分			數學補考不及格				

學科 成績 名字	王瑞云	徐桂華	張蕙云	李敏	諸逸	趙佩華	盧桂英	徐楚玉	鄭杏林	梅蓉芳
公民	68	75	73	82	85	88	64	71	79	84
體育	60	60	62	75	60	61	73	68	78	60
童子軍	60	80	78	85	70	78	82	85	80	80
國文		74.1	62.8	60	88.1	67.8	58.6	60	71.6	68
英文	52	64	60	61	91	63	37	65	83	84
數學	57	60	60	60	60	60	60	59	60	60
動物										
植物										
生理衛生		64	60	60	74	78	62	70	68	66
生物										
化學										
物理		62	60	60	80	68		62	71	74
歷史		60	63	66	80	61	60	83	76	72
地理	66	60	60	60	76	60	38	74	70	68
勞作	77	75	82	86	75	84	77	84	81	41
圖畫	65	73	80	82	74	73	70	76	72	70
音樂	65	80	95	65	85	85	70	90	75	75
總分		885.1	895.8	876.2	997.1	926.8		927	984.6	952
平均		68.1	68.9	67.4	76.9	71.4		71.3	75.7	73.2
操行	中	優	平	中	優	優	可	中	中	優
備考	留級						留級	英數學補考不及格		

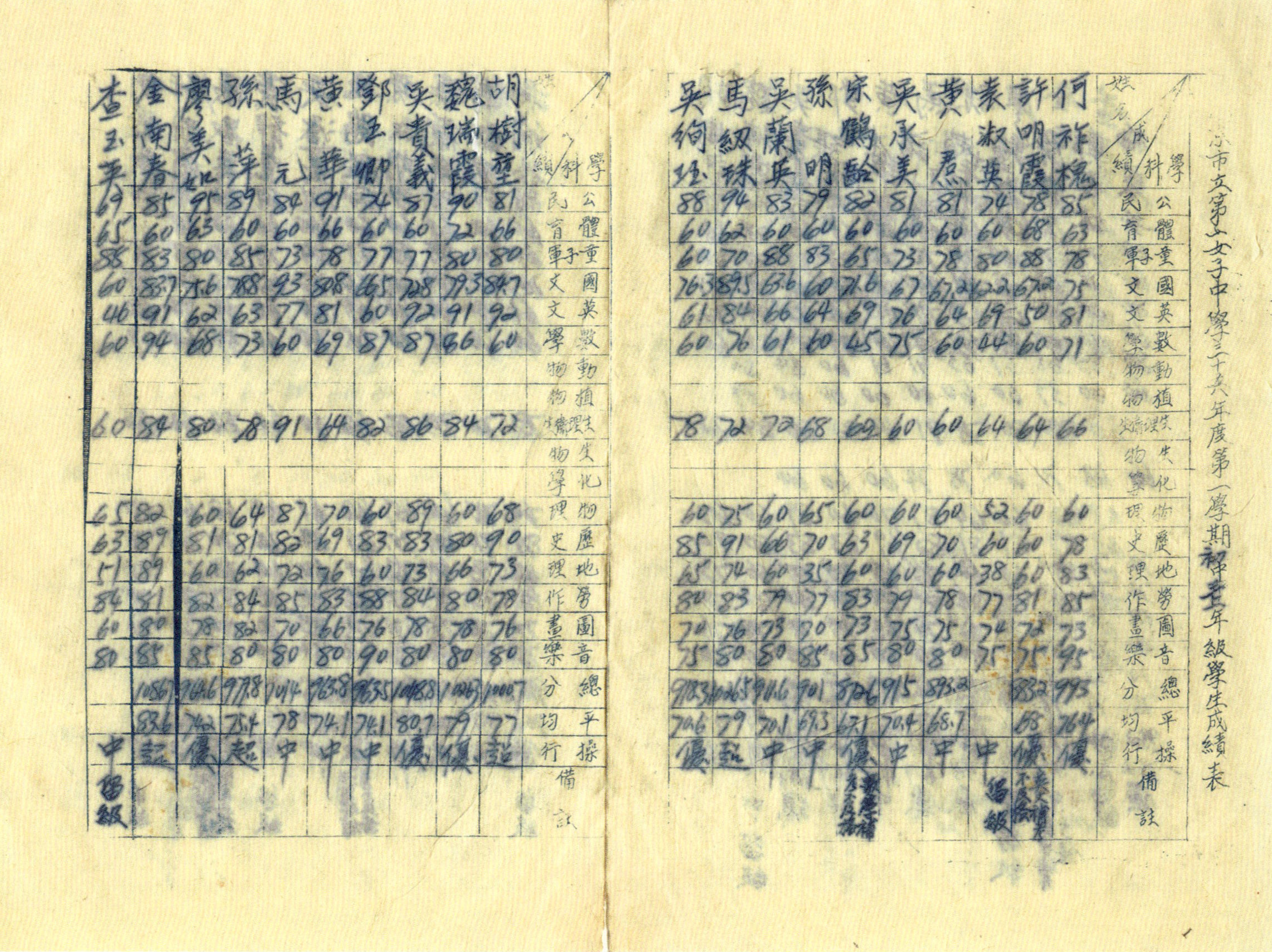

市立第三女子中學三十六年度第一學期初中二年級學生成績表

學科＼成績＼姓名	何祚棕	許明霞	袁淑英	黃熹	吳承美	宋鶴齡	孫明	吳蘭英	馬級珠	吳絢珏
公民	85	78	74	81	81	82	79	83	94	88
體育	63	68	60	60	60	60	60	60	62	60
童子軍	78	88	80	78	73	65	83	88	70	60
國文	75	67.2	62.2	67.2	67	71.6	60	65.6	89.5	76.3
英文	81	50	69	64	76	69	64	66	84	61
數學	71	60	44	60	75	45	60	61	76	60
動物										
植物										
生理衛生	66	64	64	60	60	69	68	72	72	78
生物										
化學										
物理	60	60	52	60	60	60	65	60	75	60
歷史	78	60	60	70	69	63	70	66	91	85
地理	83	60	38	60	60	60	35	60	74	65
勞作	85	81	77	78	79	83	77	79	83	80
圖畫	73	72	74	75	75	73	70	73	76	70
音樂	95	75	75	80	80	85	85	80	80	75
總分	995	883.2		893.2	915	872.6	901	911.6	1026.5	918.3
平均	76.4	68		68.7	70.4	67.1	69.3	70.1	79	70.6
操行	優	優	中	中	中	優	中	中	超	優
備註		英文補考不及格	留級			數學補考不及格				

學科＼成績＼姓名	胡樹望	魏瑞霞	吳貴義	鄧玉卿	黃華	馬元	孫萍	廖美如	金南春	查玉英
公民	81	90	87	74	91	84	89	95	85	69
體育	66	72	60	60	66	60	60	63	60	65
童子軍	80	80	77	77	78	73	85	80	83	88
國文	84.7	79.3	72.8	66.5	80.8	93	78.8	71.6	88.7	60
英文	92	91	92	60	81	77	63	62	91	46
數學	60	66	87	87	69	60	73	68	94	60
動物										
植物										
生理衛生	72	84	86	82	64	91	78	80	84	60
生物										
化學										
物理	68	60	89	60	70	87	64	60	82	65
歷史	90	80	83	83	69	82	81	51	89	63
地理	73	66	73	60	76	72	62	60	89	51
勞作	78	80	84	88	83	85	84	82	81	84
圖畫	76	78	78	76	66	70	82	78	80	60
音樂	80	80	80	90	80	80	80	85	85	80
總分	1000.7	1026.3	1048.8	963.5	963.8	1014	977.8	964.6	1085.7	
平均	77	79	80.7	74.1	74.1	78	75.4	74.2	83.6	
操行	超	優	優	中	中	中	超	優	超	中
備註										留級

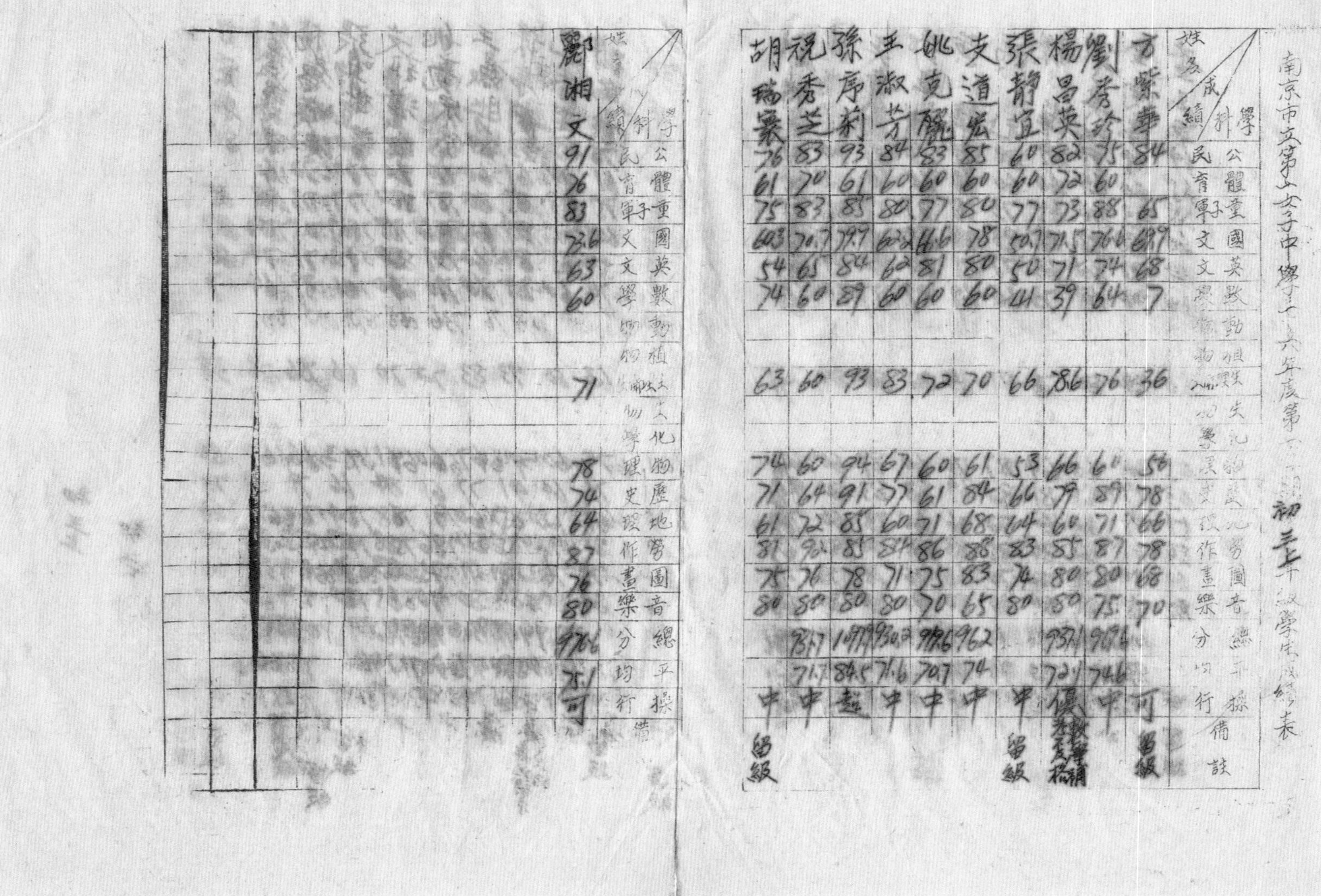

南京市立第一女子中學三十六年度第[illegible]學期初三上年級學生成績表

學科 \ 成績 \ 姓名	方紫華	劉秀玲	楊昌英	張靜宜	支道宏	姚克麗	王淑芳	孫序莉	祝秀芝	胡瑞褰	鄺湘文
公民	84	75	82	60	85	83	84	93	83	76	91
體育		60	72	60	60	60	60	61	70	61	76
童子軍	65	88	73	77	80	77	80	85	83	75	83
國文	68.7	76.6	71.5	50.7	78	66.6	60.2	79.7	70.7	60.3	73.6
英文	68	74	71	50	80	81	62	84	65	54	63
數學	7	64	39	41	60	60	60	89	60	74	60
動物											
植物											
生理衛生	36	76	78.6	66	70	72	83	93	60	63	71
[illegible]											
化學											
物理	56	60	66	53	61	60	67	94	60	74	78
歷史	78	89	79	66	84	61	77	91	64	71	74
地理	66	71	60	64	68	71	60	85	72	61	64
勞作	78	87	85	83	88	86	84	85	92	81	87
圖畫	68	80	80	74	83	75	71	78	76	75	76
音樂	70	75	80	80	65	70	80	80	80	80	80
總分		967.4	937.1		962	919.6	930.2	1097.4	931.7		976.6
平均		74.6	72.1		74	70.7	71.6	84.5	71.7		不
操行	可	中	優	中	中	中	中	超	中	中	可
備註	留級		[illegible]	留級						留級	

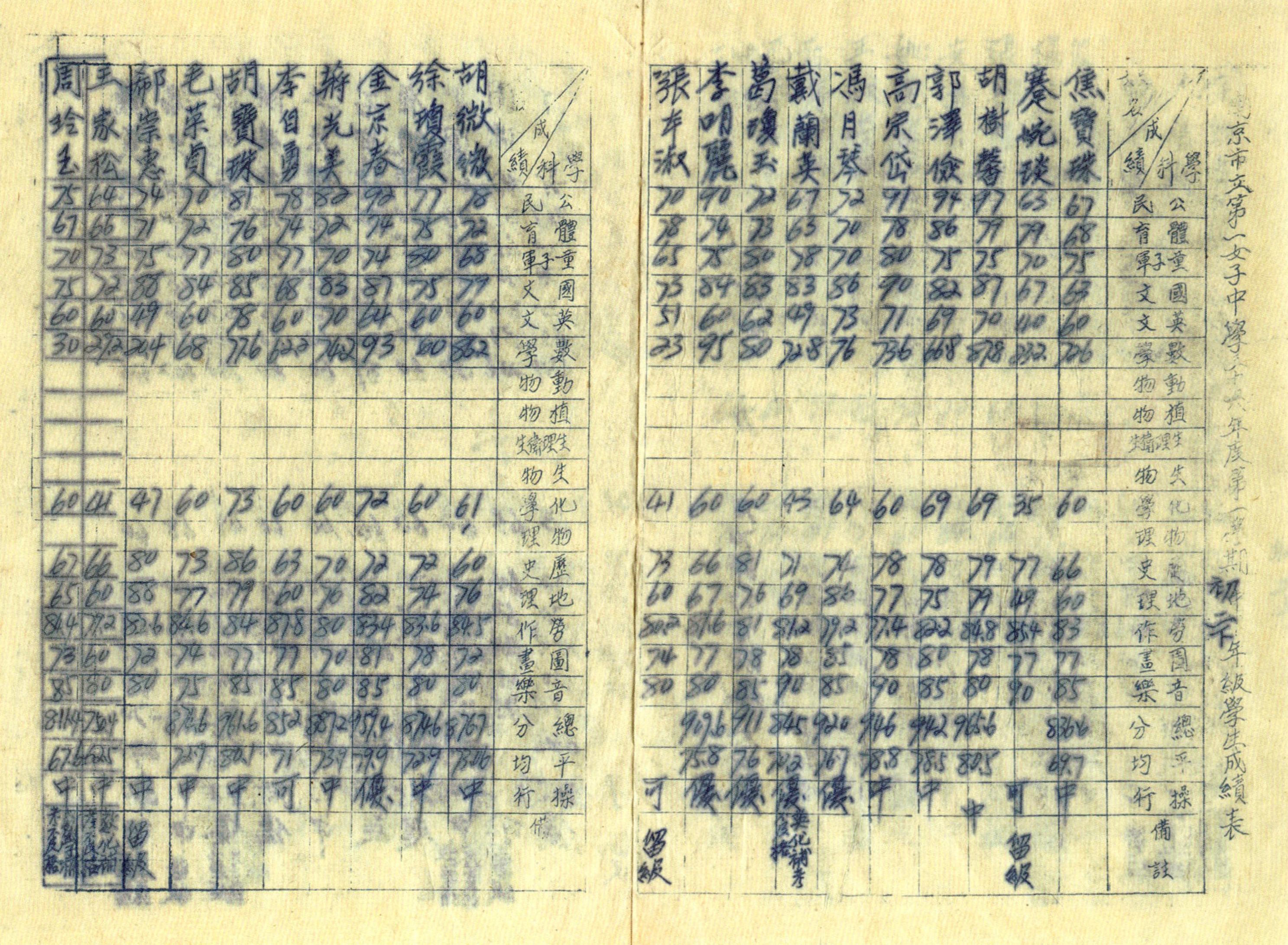

南京市立第一女子中學三十六年度第一學期初三年級學生成績表

學科＼成績＼姓名	焦寶珠	蹇曉瑛	胡樹馨	郭澤儉	高宗岱	馮月琴	戴蘭英	葛瓊玉	李明麗	張本淑
公民	67	63	97	94	91	72	67	72	90	70
體育	68	79	77	86	78	70	65	73	74	78
童子軍	75	70	75	75	80	70	78	80	75	65
國文	68	67	87	82	90	56	83	83	84	73
英文	60	40	70	69	71	73	49	62	60	51
數學	226	222	878	668	736	76	728	80	95	23
動物										
植物										
生理衛生										
生物										
化學	60	35	69	69	60	64	43	60	60	41
物理										
歷史	66	77	79	78	78	74	71	81	66	73
地理	60	49	79	75	77	86	69	76	67	60
勞作	83	85.4	84.8	82.2	77.4	79.2	81.2	81	81.6	80.2
圖畫	77	77	78	80	78	85	78	78	77	74
音樂	85	90	80	85	90	85	90	85	80	80
總分	836.6		965.6	944.2	946	920	845	911	909.6	
平均	69.7		80.5	78.5	78.8	76.7	70.2	76	75.8	
操行	中	可	中	中	中	優	優	優	優	可
備註		留級					英化補考及格			留級

學科＼成績＼姓名	胡徽徵	徐瓊霞	金宗春	蔣光美	李自勇	胡寶珠	毛菜貞	鄒崇惠	王家松	周玲玉
公民	78	77	98	82	78	81	70	74	64	75
體育	72	78	74	72	74	76	72	71	66	67
童子軍	65	80	74	70	77	80	77	75	73	70
國文	77	75	87	83	68	85	84	88	72	75
英文	60	60	64	70	60	78	60	49	60	60
數學	832	80	93	762	622	776	68	20.4	21.2	30
動物										
植物										
生理衛生										
生物										
化學	61	60	72	60	60	73	60	47	44	60
物理										
歷史	60	72	72	70	63	86	73	80	66	67
地理	76	74	82	70	60	79	77	88	60	65
勞作	84.5	83.6	83.4	80	87.8	84	84.6	82.6	77.2	81.4
圖畫	72	78	81	70	77	77	74	72	60	73
音樂	80	80	85	80	85	85	75	80	80	85
總分	876.7	874.6	957.4	887.2	852	961.6	874.6		750.4	811.4
平均	73.06	72.9	79.9	73.9	71	80.1	72.9		62.5	67.6
操行	中	中	優	中	可	中	中	中	中	中
備註								留級	英化補考不及格	數學補考不及格

南京市立第一女子中學三十六年度第一學期初中二下年級學生成績表

姓名	公民	體育	童子軍	國文	英文	數學	動物	植物	生理衛生	生物	化學	物理	歷史	地理	勞作	圖畫	音樂	總分	平均	操行	備註
錢素娥	78	62	75	81	65	43.6					60		70	70	88.8	70	70	839.4	69.1	中	數學補考不及格
潘宗如	62	63	68	76	44	40.2					48		84	67	87.6	72	60			中	留級
陸九英	93	72	80	83	60	76.2					49		72	67	82.3	76	80	891	74.2	優	化學補考不及格
陳愛英	75	71	75	75	60	60					60		71	64	81.2	73	85	850.2	70.9	優	
王宗德	78	81	75	83	60	60					60		70	70	84	74	80	875	73	中	
石守端	86	71	75	94	72	59					66		70	82	88.4	77	80	920.4	76.7	超	
崔毓華	90	65	80	80	60	60					62		78	75	84.9	73	85	894.9	74.5	超	
朱鳳仙	96	66	80	78	60	40					62		71	72	87	77	98	887	74	中	數學補考不及格
周保裕	85	61	80	82	34	22.6					63		64	63	84.8	65	95			可	留級
丁芳	87	72	78	72	65	65.4					63		72	70	88.8	70	80	882.6	73.5	優	
刘首	75	74	78	80	60	60					60		70	65	82.4	73	90	867.4	72.4	優	
顧春英	86	76	75	78	45	65					62		62	60	82	78	85	854	71.2	中	數學補考不及格
高紅英	83	63	75	89	76	37.6					61		81	79	87.6	78	80	872.2	74.4	中	數學補考不及格
郭學楨	81	67	75	86	66	60.6					65		72	72	77	77	80	878.6	73.4	中	
彭學嫻	75	72	70	60	43	20.6					49		79	66		60	98			可	留級
王洸	93	77	80								46		80		87.8	78	90			可	
姜文娟	92	78	78								37		77		82.8	78	85			中	
朱春如	79	84	70	75	60	27					60		72	69	82.6	60	70	808	67.3	可	數學補考不及格
貝桂華	74	62	70	64	60	60					63		78	60	88.8	62	80	821.8	68.5	可	
蔣寶琳	76	71	73	60	48	15					47		67	66	82.4	73	80			中	留級

京市立第一女子中學三十六年度第一學期初二年級學生成績表

學科成績＼姓名	孫碧芳	馬鳳英	毛有華	蔣起慧	袁大華	楊亞民	劉有珍	高玉蓉	朱昭賢	衛佩蘭
公民	60		94	93	93	88	76	88	93	76
體育	72	64	72	60	68	64	67	71	76	69
童子軍	83	80	75	70	70	75	70	80	83	73
國文	75		84	81	88	73	76	82	85	63
英文	70		60	60	66	60	66	65	65	41
數學	60		60	32	904	832	404	362	708	254
動物										
植物										
生理衛生										
生物										
化學	64		71	67	82	88	64	68	51	60
物理	1									
歷史	69		78	76	81	66	64	72	76	81
地理	68		74	63	77	67	73	81	62	60
勞作	84	85.4	87.8	85.4	85.2	87	85.2	81	84.8	81.8
圖畫	76	60	74	60	76	72	72	74	73	72
音樂	70		85	80	85	80	85	85	80	80
總分	851		914.8	827.4	964.6	903.8	833.6	863.2	857.6	
平均	71		76.2	69	82.1	75.3	69.9	73.6	74.8	
操行	超	中	中	可	中	中	中	中	中	中
備註		留級		數學補考不及格			數學補考不及格	數學補考不及格		留級

學科成績＼姓名	蕭善球	張鏞淳	陳麗娟	丁翊美	謝績達	林綺霞	戴佩瑛	舒維三	張明霞	張承英
公民	91	93	94	86	73	78	85	89	65	80
體育	72	78	63	84	77	74	70	71	73	66
童子軍	70	73	70	78	73	73	65	73	78	80
國文	79	82	88	90	80	75	77	73	56	80
英文	50	70	80	60	39	45	60	68	60	65
數學	268	60	60	222	234	202	214	422	33	60
動物										
植物										
生理衛生										
生物										
化學	52	60	60	60	23	43	27	60	33	60
物理										
歷史	74	83	70	70	73	72	66	72	80	74
地理	62	72	69	82	68	69	73	68	60	77
勞作	83.6	85.6	82.8	76	81.6	87.8	86	82.6	84.2	84.6
圖畫	70	70	72	76	60	74	60	73	70	73
音樂	90	90	90	80	80	75	70	90	85	80
總分		914.6	878.8	868			760.4	866.8		878.6
平均		76.2	74.9	72			63.4	72.1		73.3
操行	中	中	中	中	中	中	中	中	優	中
備註	留級			數學補考不及格	留級	留級	數學補考不及格	數學補考不及格	留級	

南京市立第一女子中學三十六年度第一學期初中三下年級學生成績表

學科／成績／姓名	水秦氏	康迪瑞	孫祥清	周玉貞	江寶如	陳祖餘	馮蕙蘭	王育英	潘馥成
公民	64	78	94	82	56	86	87	95	72
體育	88	68	70	72	72	70	65	68	85
童子軍	83	80	70	80	75	70	75	80	80
國文		83	86	81	80	78	82	81	70
英文		67	92	66	60	60	60	63	67
數學		36.6	97.6	30	26.2	63.6	40	61.8	89.6
動物									
植物									
生理衛生									
生物									
化學	38	60	84	60	39	64	60	61	73
物理									
歷史	74	78	85	84	85	73	82	80	80
地理		70	82	70	67	72	68	70	69
勞作	84.6	83	85.4	77	84.8	81.6	78.4	83.4	80.2
圖畫	72	72	68	77	72	70	70	70	77
音樂	80	85	90	80	85	80	95	70	80
總分		860.6	1004	859		868.2	862.4	963.2	922.8
平均		71.7	84	71.6		72.4	71.9	80.3	76.9
操行	中	可	超	中	中	中	中	可	可
備註		數學補考不及格		數學補考不及格	留級		數學補考不及格		

學科／成績／姓名										
公民										
體育										
童子軍										
國文										
英文										
數學										
動物										
植物										
生理衛生										
生物										
化學										
物理										
歷史										
地理										
勞作										
圖畫										
音樂										
總分										
平均										
操行										
備註										

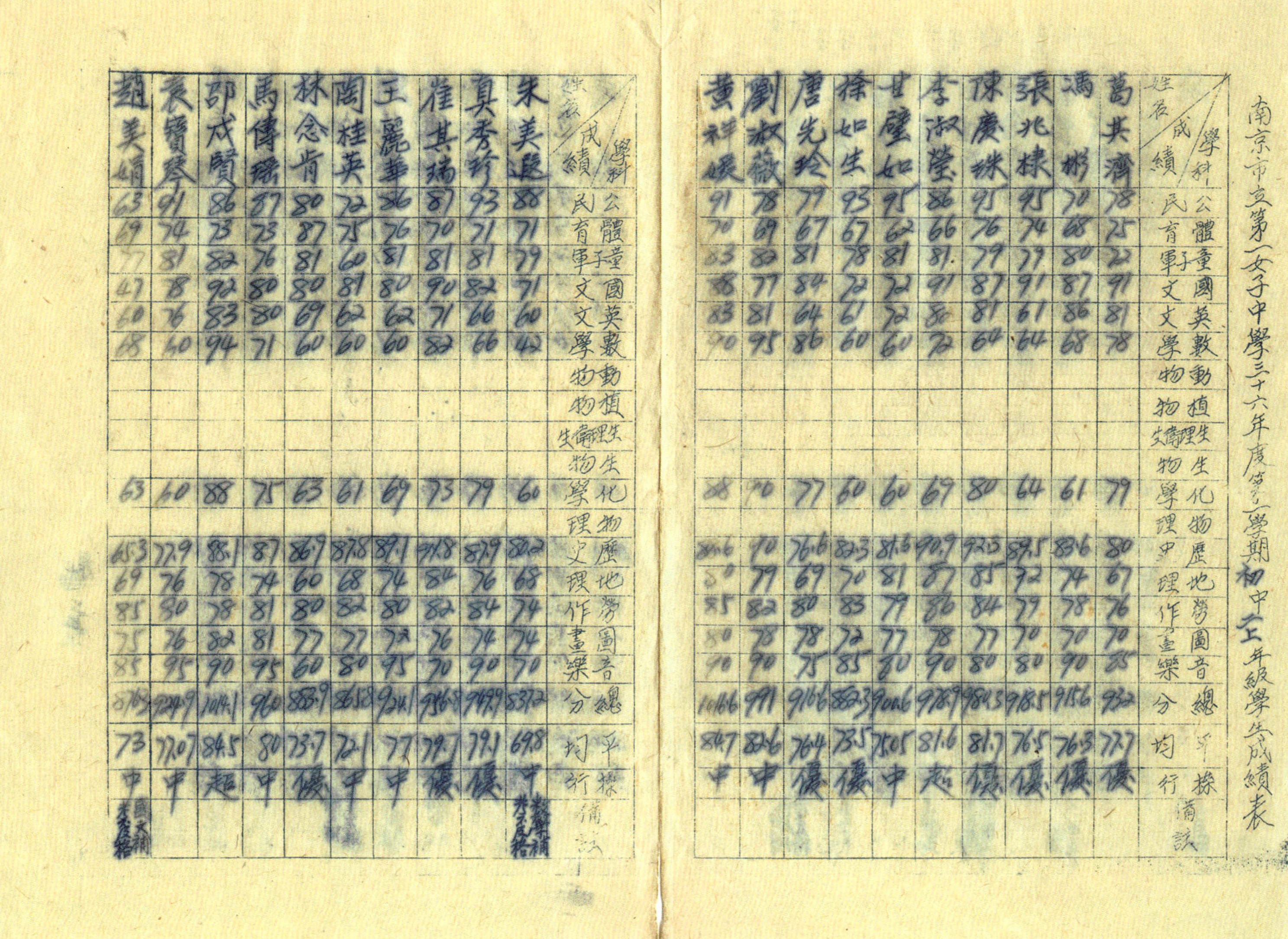

南京市立第一女子中學三十六年度第二學期初中三上年級學生成績表

姓名	公民	體育	童子軍	國文	英文	數學	動物	植物	生理衛生	生物	化學	物理	歷史	地理	勞作	圖畫	音樂	總分	平均	操行	補試
葛共濟	78	75	82	91	81	78					79		80	67	76	70	85	932	77.7	優	
馮彬	70	68	80	87	86	68					61		83.6	74	78	70	90	915.6	76.3	優	
張兆棣	95	74	77	91	61	64					64		89.5	72	79	70	80	918.5	76.5	優	
陳康妹	95	76	79	87	81	64					80		92.5	85	84	77	80	984.3	81.7	優	
李淑瑩	86	66	81	91	80	72					67		90.7	87	86	78	90	978.9	81.6	超	
甘璧如	95	62	81	72	72	60					60		81.6	81	79	77	80	906.6	75.05	中	
徐如生	95	67	78	72	61	60					60		82.3	70	83	72	85	882.3	73.5	優	
唐先玲	77	67	81	84	64	86					77		76.6	67	80	78	75	916.6	76.4	優	
劉淑薇	78	69	82	77	81	95					90		90	77	82	78	90	991	82.6	中	
黃梓媛	91	70	83	88	83	90					88		86.6	80	85	80	90	1066	84.7	中	
朱美蓮	88	71	79	71	60	62					60		80.2	68	74	74	70	837.2	69.8	中	數學補考及格
吳秀珍	93	71	81	82	66	66					79		87.9	76	84	74	90	949.9	79.1	優	
崔其瑞	87	70	81	90	71	82					73		91.8	84	82	76	70	956.8	79.7	優	
王麗華	86	76	81	80	62	60					69		87.1	74	80	72	95	924.1	77	中	
閻桂英	72	75	60	81	62	60					61		87.8	68	82	77	80	865.8	72.1	中	
林念肯	80	87	81	80	69	60					63		86.7	60	80	77	60	883.9	73.7	優	
馬傳瑞	87	73	76	80	80	71					75		87	74	81	81	95	960	80	中	
邵成賢	86	73	82	92	83	94					88		88.1	78	78	82	90	1014.1	84.5	超	
袁寶琴	91	74	81	78	76	60					60		77.9	76	80	76	95	924.9	77.07	中	
趙美娟	63	69	77	47	60	68					63		65.3	69	85	75	85	876	73	中	國文補考及格

南京市立第一女子中學三十六年度第一學期初中三上年級學生成績表

學科＼成績＼姓名	陸秀英	何祚平	金宏雲	甘以賢	劉慧琳	王鳳儀	巴慶棣	周淑訓	方墅生	侯琪
公民	75	88	90	73	80	68	83	98	86	95
體育	78	62	71	70	68	66	80	64	73	68
童子軍	81	81	81	81	88	81	81	79	82	83
國文	87	82	78	68	78	70	84	92	71	93
英文	74	87	71	65	81	60	69	59	67	83
數學	77	75	78	60	97	84	67	60	66	74
動物										
植物										
生理衛生										
生物										
化學	77	71	70	60	71	76	83	74	73	78
物理										
歷史	70.7	83.8	93	82.6	91.6	73.6	70.1	83.6	85	82.6
地理	76	84	84	69	84	70	70	76	70	84
勞作	84	81	85	84	86	77	78	83	83	81
圖畫	77	76	80	80	84	73	82	72	78	82
音樂	90	85	80	80	90	90	85	90	90	90
總分	940.7	957.8	961	862.6	972.6	888.6	882.1	914.6	911.5	1006
平均	78.5	80	80.01	71.9	82.7	74.05	77.7	80	76	83.6
操行	超	中	中	中	中	中	中	優	中	超
補試				國文補考及格						

學科＼成績＼姓名	金敏	汪廷懷	夏惜芝	趙文娟	陳馨兒	陳劍秋	黃慧蘭	張金書	劉惠如	張家珍
公民	81	82	90	62	75	74	72		77	65
體育	70	70	76	67	73	75	68	90	65	75
童子軍	80	81	80	74	79	78	81	84	83	81
國文	94	70	76	19	57	64	60		82	72
英文	74	70	50	25	60	63	60		72	64
數學	27	76	64	15	18	74	66		60	35
動物										
植物										
生理衛生										
生物										
化學	83	60	63	34	49	35	61		50	27
物理										
歷史	86.2	82.6	84.6	51.9	72	82.8	78.7		86.9	55.5
地理	90	73	66	56	65	60	67		72	63
勞作	77	82	86	85	83	82	83	71.8	83	84
圖畫	86	80	80	78	75	72	66	65	77	74
音樂	60	95	95	70	90	90	75		80	90
總分	938.2	921.6				849.2	837.7		887.9	
平均	80	76.8				70.8	69.8		74	
操行	超	中	中	中	中	中	中	中	中	中
補試			留級	留級	留級			留級	[illegible]補考	留級

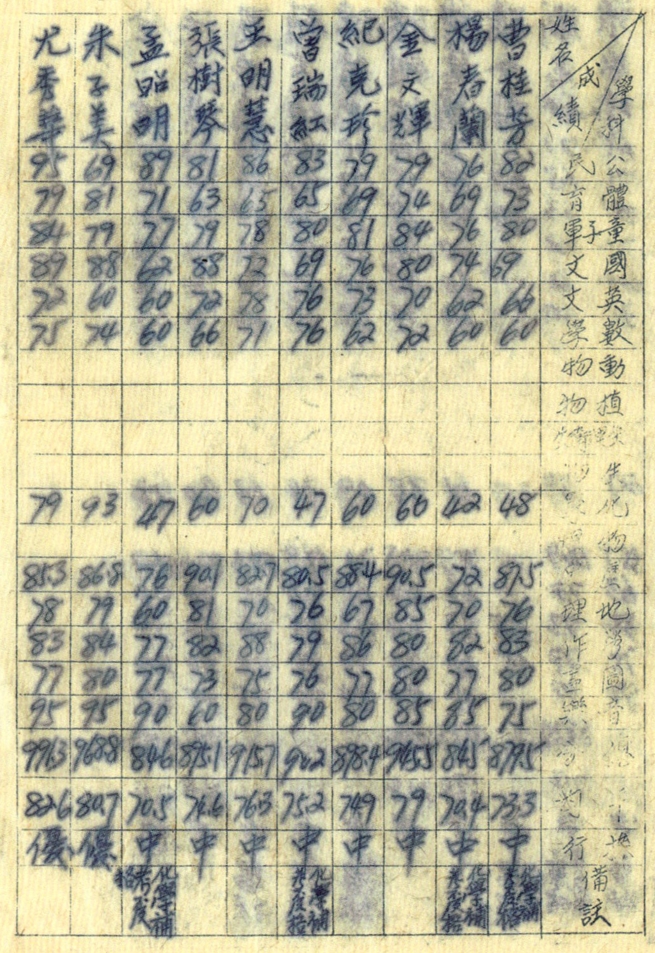

南京市立第一女子中學三十六年度第一學期初中二上年級學生成績表

學科 \ 成績 \ 姓名	曹桂芳	楊春蘭	金文輝	紀克珍	曾瑞紅	王明慧	張樹琴	孟昭明	朱子美	尤秀華
公民	82	76	79	79	83	86	81	89	69	95
體育	73	69	74	69	65	65	63	71	81	79
童子軍	80	76	84	81	80	78	79	77	79	84
國文	69	74	80	76	69	72	88	62	88	89
英文	66	62	70	73	76	78	72	60	60	72
數學	60	60	72	62	76	71	66	60	74	75
動物										
植物										
生理衛生										
化學	48	42	60	60	47	70	60	47	93	79
物理										
歷史	87.5	72	90.5	88.4	80.5	82.7	90.1	76	86.8	85.3
地理	76	70	85	67	76	70	81	60	79	78
勞作	83	82	80	86	79	88	82	77	84	83
圖畫	80	77	80	77	76	75	73	77	80	77
音樂	75	85	85	80	90	80	60	90	95	95
總分	879.5	845	945.5	898.4	902	915.7	885.1	846	968.8	991.3
平均	73.3	70.4	79	74.9	75.2	76.3	76.6	70.5	80.7	82.6
操行	中	中	中	中	中	中	中	中	優	優
備註	化學補考及格	化學補考及格			化學補考及格			化學補考及格		

學科 \ 成績 \ 姓名	周鳳鸞	陳永清	郝棠昭	范文漪	杜菊仁	姚業誽	張文蓉	徐文德	吳靜	賀夢梅
公民	93	80	81	87	71	81	75	85	83	88
體育	63	78	71	78	75	75	71	77	75	78
童子軍	81	69	81	79	78	64	86	79	83	77
國文	74	60	72	81	63	70	72	66	78	77
英文	74	60	75	63	60	60	60	71	72	61
數學	72	60	60	76	66	78	69	88	97	75
動物										
植物										
生理衛生										
化學	64	60	60	60	47	60	61	79	84	71
物理										
歷史	81.8	60	88.9	84.6	66	85	87	86	81	8[illegible]
地理	80	68	60	73.2	72.4	83.6	72.4	73	81	79
勞作	84	83	85	83	78.6	77.2	78.8	80.8	79.8	72.4
圖畫	77	68	72	84	77	80	81	74	85	76
音樂	75	85	50	85	90	75	85	90	90	81
總分	847.8	831	870.9	933.8	794	888.2	912.2	950.8	988.8	920.4
平均	70.6	69.2	72.6	77.8	66.2	74.0	76	79.2	82.4	76.7
操行	優	中	中	優	中	中	中	中	中	中
備註					化學補考及格					

南京市立第一女子中學三十六年度第一學期初中三上年級學生成績表

學科／成績／姓名	計瑞秀	盧玫	李月英	吳俊墻	姚文英	貝淑琳	劉璧如	趙守明	賴蓮蓮	袁罕純
公民	92	82	90	95	92	84	81	78	90	73
體育	79	74	70	69	66	66	71	74	85	68
童子軍	88	77	82	79	76	78	80	60	84	77
國文	62	74	66	86	79	68	73	69	79	76
英文	75	66	68	74	60	73	60	62	66	75
數學	69	69	66	62	64	41	60	60	79	70
動物										
植物										
生理衛生										
生物										
化學	70	69	60	64	62	42	30	50	60	78
物理										
歷史	91	86	83	93	86	81	87.2	84	88	84
地理	75	79	75.8	77	70	82	72	72.8	89	72
勞作	78.2	81.4	79	82.8	81	80.2	85.2	81.4	78.4	80.6
圖畫	72	76	82	78	71	71	77	76	78	74
音樂	95	90	85	80	70	75	85	80	95	85
總分	938.2	923.4	906.8	929.8	877	841.2	859.2	847.2	972.4	914.6
平均	78.2	77	75.6	77.5	73.1	70.1	71.6	70.6	81.03	76.2
操行	中	中	中	中	中	中	中	中	超	中
備註				化學補考不及格		數化補考不及格		化學補考不及格		

學科／成績／姓名	唐璡	魏汝玲	周洪慶	江家凝	詹愛玲	程書霖	李澤璞	夏祖春	陳煥蘭	徐慎琴
公民	80	69	70	61	81	94	68	93	96	65
體育	68	65	64	74	76	86	69	72	74	66
童子軍	76	80	77	79	79	78	76	79	79	78
國文	75	60	64	53	65	64	61	81	68	61
英文	60	60	62	52	61	62	63	86	60	15
數學	60	70	68	80	60	76	76	77	83	35
動物										
植物										
生理衛生										
生物										
化學	62	38	35	65	33	65	84	68	49	44
物理										
歷史	76	70	73	78	73	84	61	84	73	68
地理	71.2	73	73	75	71.2	76.8	75	82.8	72.1	53.6
勞作	81	82	76	80.2	84	86	78.4	80.4	82.6	77
圖畫	78	74	74	76	81	74	72	78	78	62
音樂	75	90	75	75	90	80	75	85	70	65
總分	808.4	831	811		854.2	925.8	858.4	966.2	888.7	
平均	67.4	69.2	67.6		71.2	77.1	71.5	80.5	74.1	
操行	中	中	中	中	中	中	中	中	中	中
備註		化學補考不及格	化學補考不及格	留級	化學補考不及格				化學補考不及格	留級

南京市立第一女子中學三十六年度第一學期初中二年級學生成績表

姓名＼成績＼學科	公民	體育	童子軍	國文	英文	數學	動物	植物	生理衛生	生物	化學	物理	歷史	地理	勞作	圖畫	音樂	總分	平均	操行	備註
王明先	81	83	84	80	60	89					80		89	84.8	83.6	80	95	989.4	82.4	超	
黃資慧	80	75	78	71	60	75					60		86	84	83	84	70	906	75.5	超	
范啓英	63	79	77	70	60	60					52		86	64	78	78	95	876.4	73	中	
蘇建坤	78	72	83	65	73	79					62		80	80	87.8	80	85	924.8	77.07	中	
汪麗華	84	69	79	84	69	83					65		91	78	82.2	75	85	944.2	78.7	中	
汪金華	94	75	78	81	74	60					60		82	72.2	85.2	77	90	927.3	77.4	超	
朱順華	86	73	80	73	60	79					60		91	67.6	84	84	90	927.6	77.5	中	
甘景榮	75	72	80	74	74	60					48		82	63	84.8	80	70	860.8	71.7	中	化學補考及格
沙康懿	81	74	82	71	60	75					60		87	60.4	84.8	74	75	884.2	73.7	中	
蕭映雪	60	80	70	75	60	81					35		60	74.6	85	60	70	834.6	69.5	中	化學補考及格
許文華	69	67	80	83	62	97					85		88	75	82.6	80	95	965.6	80.5	優	
趙承衍		78	70												81.8	76	95			中	留級
朱道瑛	93	65	60	57	87	66					73		90	82.8	82	75	75	935.8	78	超	
潘淑君	91	69	60	76	77	40					87		86	78	80.8	73	70	939.8	78.3	優	
劉芬芬	84	71	79	70	72	61					45		83	70	83	70	85	873	72.8	優	化學補考及格
許芝蘭	69	65	78	56	41	44					46		68	69.8	85.8	72	75			中	留級
周映雪	53	80	70	72	53	60					51		70	68	81.8	68	75			優	留級
吳毓群	85	73	77	74	81	81					50		85	73.4	81.2	68	75	903.6	75.3	優	化學補考及格
張家慶	87	72	78	60	60	68					60		81	75	80	68	60	851	71	中	
劉寯英	78	72	60	70	69	84					71		83	79	82.4	68	70	894.1	74.5	中	

南京市立第一女子中學三十六年度第一學期初中三乙年級學生成績表

學科 成績 姓名	陸淑琴	吉景韓	朱霞	舒昌慶	楊甲葉	王玉佩	馬麗華	陳俊俊	柯綺霞	王慧琴
公民	92	67	95	65	85	87	65	80	88	89
體育	73	87	74	78	71	74	74	80	81	75
童子軍	80	79	81	84	60	81	76	76	80	76
國文	76	63	85	75	78	82	60	68	80	62.3
英文	60	60	80	38	65	66	60	74	73	68
數學	60	69	82	50	60	60	65	89	80	60
動物										
植物										
生理衛生										
生物										
化學	65	60	75	54	78	68	65	74	65	28
物理										
歷史	79	73	91	70	81	77	67	83	90.8	80.6
地理	81	62.8	81	65	87	75	68	80	82	80
勞作	83.6	85.2	82.4	83.6	83.2	82.8	82.2	73.8	80	78
圖畫	74	75	76	75	60	68	70	75	72	76
音樂	70	60	85	75	60	70	80	85	90	80
總分	893.6	842.2	987.4		870.2	878.8	812.2	937.8	871.8	862.7
平均	74.5	70.2	82.3		72.5	73.2	67.7	78.1	72.6	71.07
操行	優	優	超	優	超	優	優	中	中	中
備註				留級			化學補考不及格			化學補考不及格

學科 成績 姓名	余玲	袁寶球	陳友慈	邵學靜	宋貞祥	法積美	吳俊芳	陶其佩	呂愛琦	高琢如
公民	79	91	69	91	78	87	85	92	94	88
體育	80	73	71	78	79	76	75	80	76	77
童子軍	76	78	73	78	77	67	77	66	80	77
國文	62.9	84.8	75	76.4	72	71.8	70	60.2	77.5	70.1
英文	70	85	80	85	79	87	67	85	91	73
數學	73.5	68	90	63	31	45	60	62.2	94.8	60.2
動物										
植物										
生理衛生										
生物										
化學	44	68	72	76	60	55	31	56	80	66
物理										
歷史	83.8	86.6	71.8	88.4	81.9	80.1	81.4	85.3	92.2	91.1
地理	69	72	69	86	75	63	60	70	77	73
勞作	76	77	78	77	78	78	78	80	82	81
圖畫	70	75	71	72	65	66	79	70	74	90
音樂	80	85	60	90	80	80	85	80	80	90
總分	894.2	943.4	879.8	960.8		855.9	868.4	886.7	1000.5	916.4
平均	74.5	78.6	73.3	80.06		71.3	72.4	73.9	83.4	76.4
操行	中	中	中	中	中	中	中	中	優	超
備註	化學補考不及格				留級	數化補考不及格	化學補考不及格	化學補考不及格		

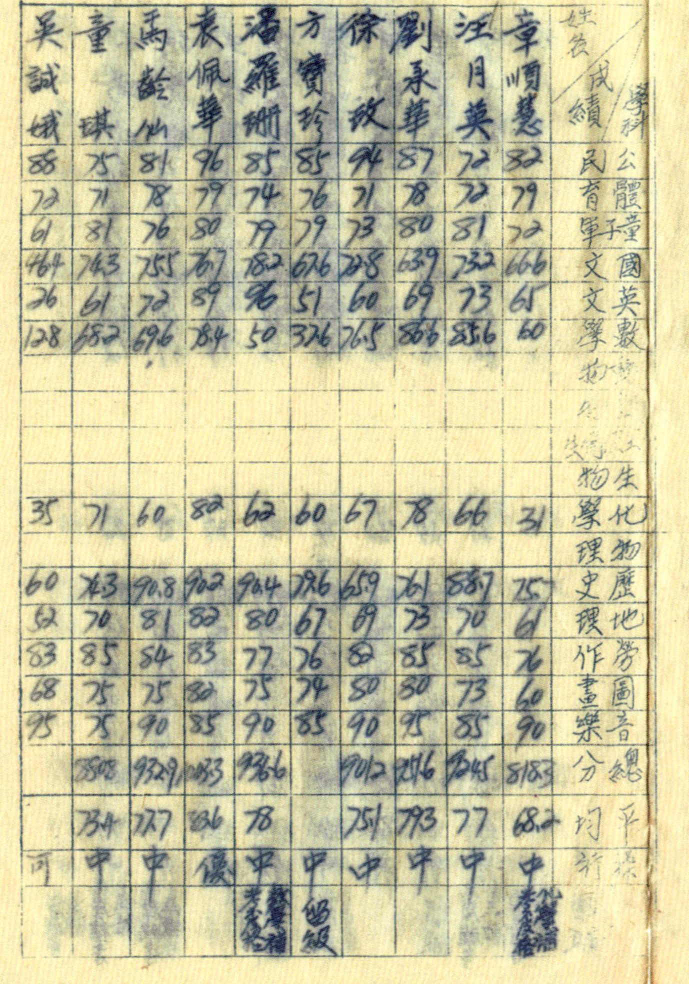
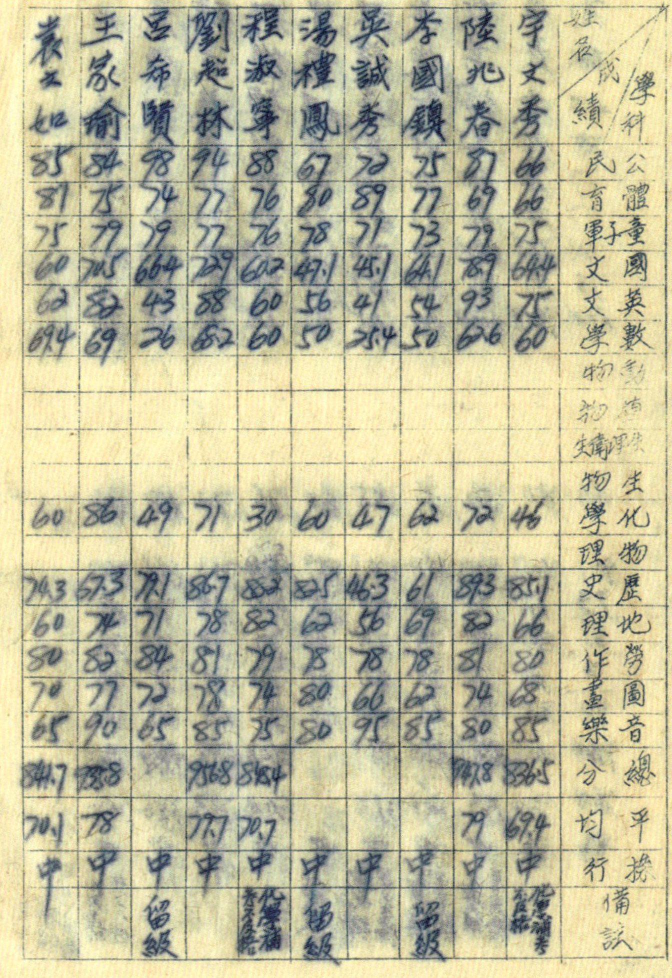

南京市立第一女子中學三十六年度第一學期初中二上年級學生成績表

學科成績 姓名	字文秀	陸兆春	李國鎮	吳誠秀	湯禮鳳	程淑箏	劉超林	呂希賢	王家俞	袁文如
公民	66	87	75	72	67	88	94	98	84	85
體育	66	69	77	89	80	76	77	74	75	81
童子軍	75	79	73	71	78	76	77	79	79	75
國文	64.4	78.9	64.1	45.1	47.1	60.2	72.9	66.4	70.5	60
英文	75	93	54	41	56	60	88	43	82	62
數學	60	62.6	50	25.4	50	60	65.2	26	69	69.4
動物										
植物										
生理衛生										
生物										
化學	46	72	62	47	60	30	71	49	86	60
物理										
歷史	85.1	89.3	61	46.3	82.5	88.2	86.7	78.1	67.3	74.3
地理	66	82	69	56	62	82	78	71	74	60
勞作	80	81	78	78	75	79	81	84	82	80
圖畫	68	74	62	66	80	74	78	72	77	70
音樂	85	80	85	95	80	75	85	65	90	65
總分	836.5	947.8				848.4	956.8		935.8	841.7
平均	69.4	79				70.7	79.7		78	70.1
操行	中	中	中	中	中	中	中	中	中	中
備試	化學補考及格		留級		留級	化學補考及格		留級		

學科成績 姓名	章順慧	汪月英	劉承華	徐玫	方寶玲	潘羅珊	袁佩華	馬齡仙	童琪	吳誠娥
公民	82	72	87	94	85	85	96	81	75	88
體育	79	72	78	71	76	74	79	78	71	72
童子軍	72	81	80	73	79	79	80	76	81	61
國文	66.6	73.2	63.9	72.8	62.6	78.2	76.7	75.5	74.3	46.4
英文	65	73	69	60	51	96	89	72	61	26
數學	60	85.6	86.6	76.5	32.6	50	78.4	69.6	65.2	12.8
動物										
植物										
生理衛生										
生物										
化學	31	66	78	67	60	62	82	60	71	35
物理										
歷史	75.5	88.7	76.1	65.9	78.6	90.4	90.2	90.8	74.3	60
地理	61	70	73	69	67	80	82	81	70	62
勞作	76	85	85	82	76	77	83	84	85	83
圖畫	60	73	80	80	74	75	80	75	75	68
音樂	90	85	95	90	85	90	85	90	75	95
總分	818.3	924.5	951.6	901.2		936.6	1003.3	932.9	880.8	
平均	68.2	77	79.3	75.1		78	83.6	77.7	73.4	
操行	中	中	中	中	中	中	優	中	中	可
備試	化學補考及格				留級	數學補考及格				

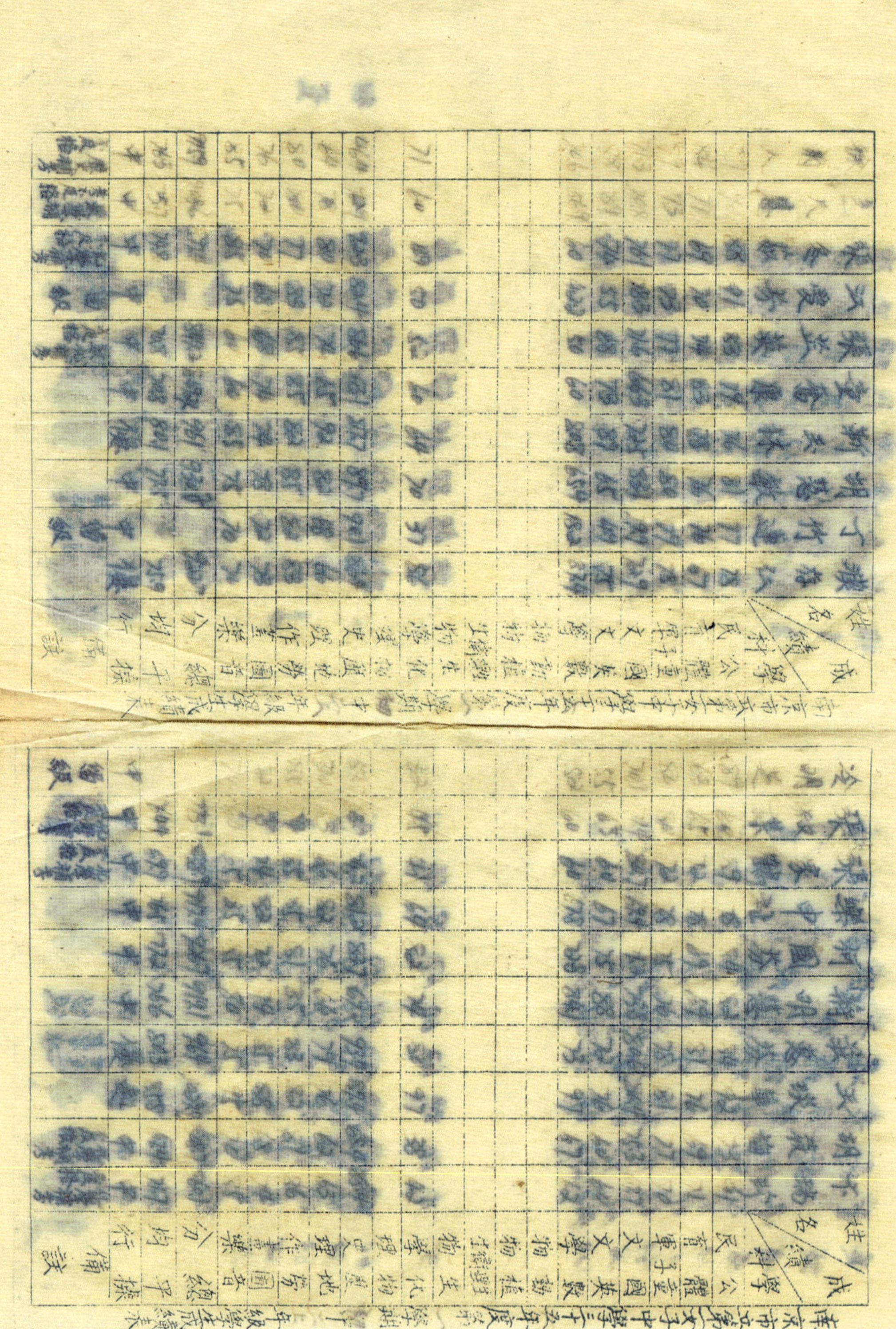

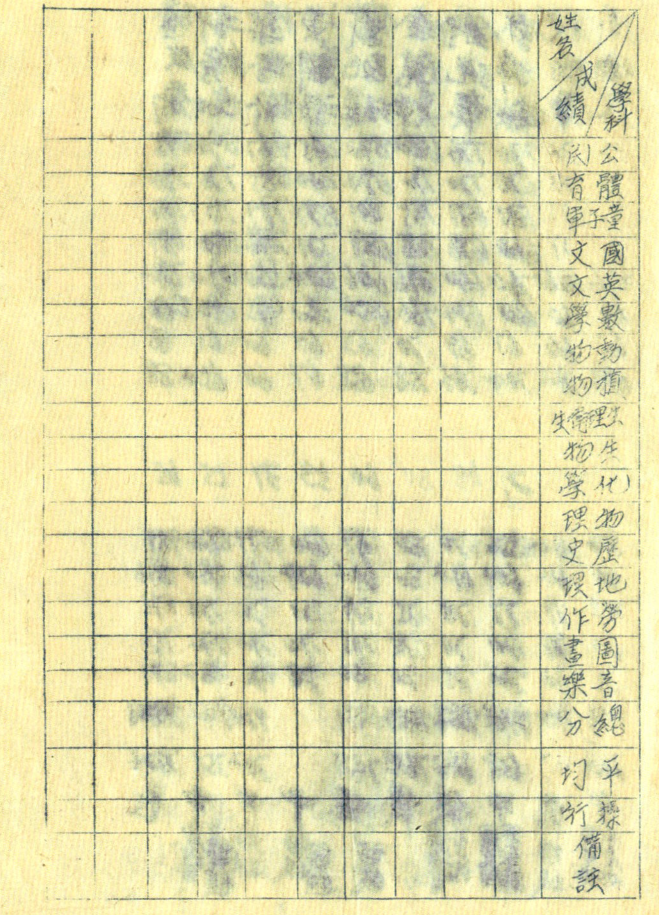

南京市立第一女子中學三十六年度第一學期初中二上年級學生成績表

姓名 \ 成績 \ 學科	公民	體育	童子軍	國文	英文	數學	動物	植物	生理衛生	生物	化學	物理	歷史	地理	勞作	圖畫	音樂	總分	平均	操行	備註
陳啟秀	88	79	78	64	73	82.4					65		91.4	68	81	75	80	924.8	77.07	中	
王毓世	80	77	75	81.4	89	60					55		89.8	68	75	72	85	906.2	75.5	中	[illegible]
陳世誠	90	80	79	78.5	55	49					37		88.9	68	83	74	85			中	留級
卜蕙云	84	82	83	72	52	35					53		68	65	82	70	90			中	留級
傅家珏	80	69	80	68.9	60	68.2					60		61	61	80	76	85	849.1	70.8	中	
陳冠美	68	73	78	78.5	89	93					80		75.6	70	86	78	90	[illegible]	79.5	中	
金弘孝	77	73	67	63	64	60					48		83.6	60	84	73	70	822.6	68.5	中	[illegible]
李瑛	70	69	60	68.2	71	60					29		85.6	60	77	60	70	771.8	65	平	[illegible]
顏金陵			60													60				優	留級

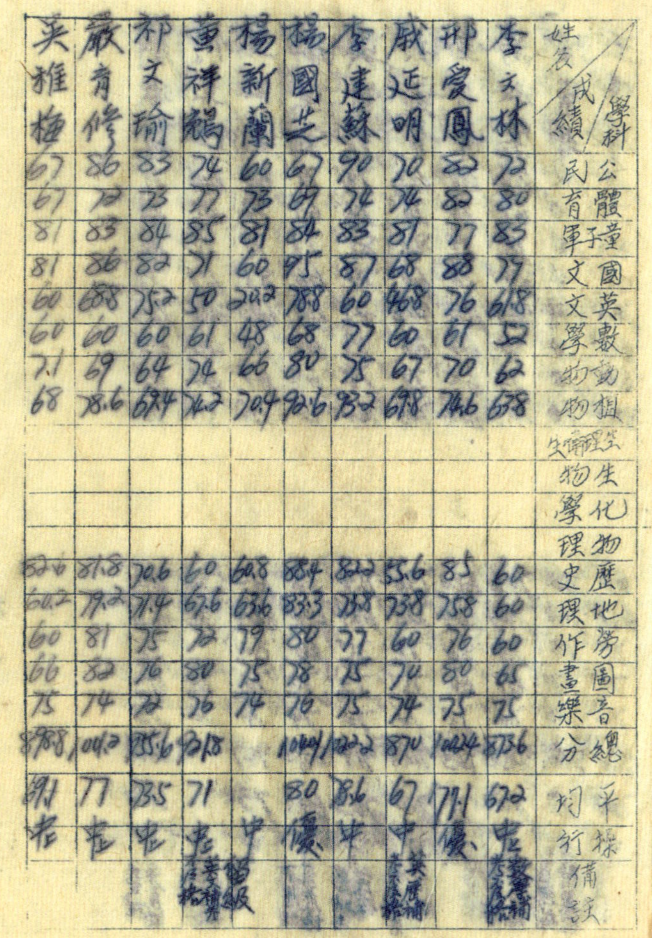
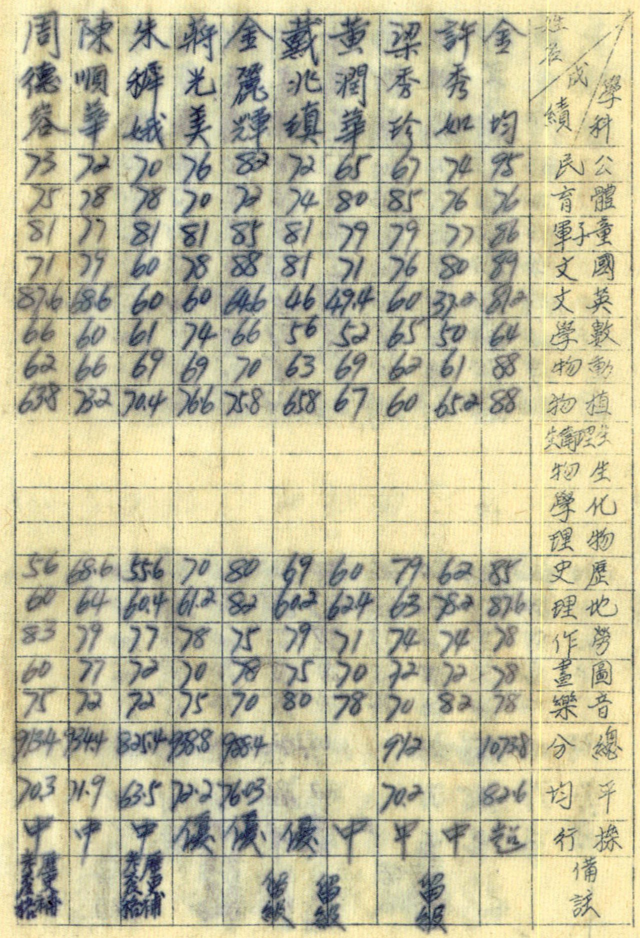

南京市立第一女子中學三十六年度第一學期初中一下年級學生成績表

學科＼姓名	金均	許秀如	梁秀玲	黃潤華	戴兆禎	金麗輝	蔣光美	朱舜娥	陳順華	周德容
公民	95	74	67	65	72	82	76	70	72	73
體育	76	76	85	80	74	72	70	78	78	75
童子軍	86	77	79	79	81	85	81	81	77	81
國文	89	80	76	71	81	88	78	60	77	71
英文	81.2	37.0	60	49.4	46	64.6	60	60	68.6	87.6
數學	64	50	65	52	56	66	74	61	60	66
動物	88	61	62	69	63	70	69	69	66	62
植物	88	65.2	60	67	65.8	75.8	76.6	70.4	73.2	63.8
生理衛生										
生物										
化學										
物理										
歷史	85	62	79	60	69	80	70	55.6	68.6	56
地理	87.6	78.2	63	62.4	60.2	82	61.2	60.4	64	60
勞作	78	74	74	71	79	75	78	77	79	83
圖畫	78	72	72	70	75	78	70	72	77	60
音樂	78	82	70	78	80	70	75	72	72	75
總分	1075.8		912			988.4	988.8	835.4	934.4	913.4
平均	82.6		70.2			76.03	76.2	63.5	71.9	70.3
操行	超	中	中	中	優	優	優	中	中	中
備註			留級	留級	留級			英歷史補考		英歷史補考

學科＼姓名	李文林	邢愛鳳	戚延明	李建蘇	楊國芝	楊新蘭	董祥鶴	祁文瑜	嚴育修	吳雅梅
公民	72	82	70	90	67	60	74	83	86	67
體育	80	82	74	74	69	73	77	73	72	67
童子軍	83	77	81	83	84	81	85	84	83	81
國文	77	88	68	87	95	60	71	82	86	81
英文	61.8	76	46.8	60	78.8	20.2	50	75.2	68.8	60
數學	52	61	60	77	68	48	61	60	60	60
動物	62	70	67	75	80	66	74	64	69	71
植物	63.8	74.6	69.8	73.2	92.6	70.4	76.2	69.4	78.6	68
生理衛生										
生物										
化學										
物理										
歷史	60	85	55.6	82.2	88.4	60.8	60	70.6	81.8	82.6
地理	60	75.8	73.8	75.8	83.3	63.6	67.6	71.4	79.2	60.2
勞作	60	76	60	77	80	79	72	75	81	60
圖畫	65	80	74	75	78	75	80	76	82	66
音樂	75	75	74	75	76	74	76	72	74	75
總分	873.6	1022.4	870	1022.2	1064.4		921.8	935.6	1041.2	878.8
平均	67.2	77.1	67	78.6	80		71	73.5	77	67.1
操行	中	優	中	中	優	中	中	中	中	中
備註	英歷史補考		英歷史補考			留級	英數補考			

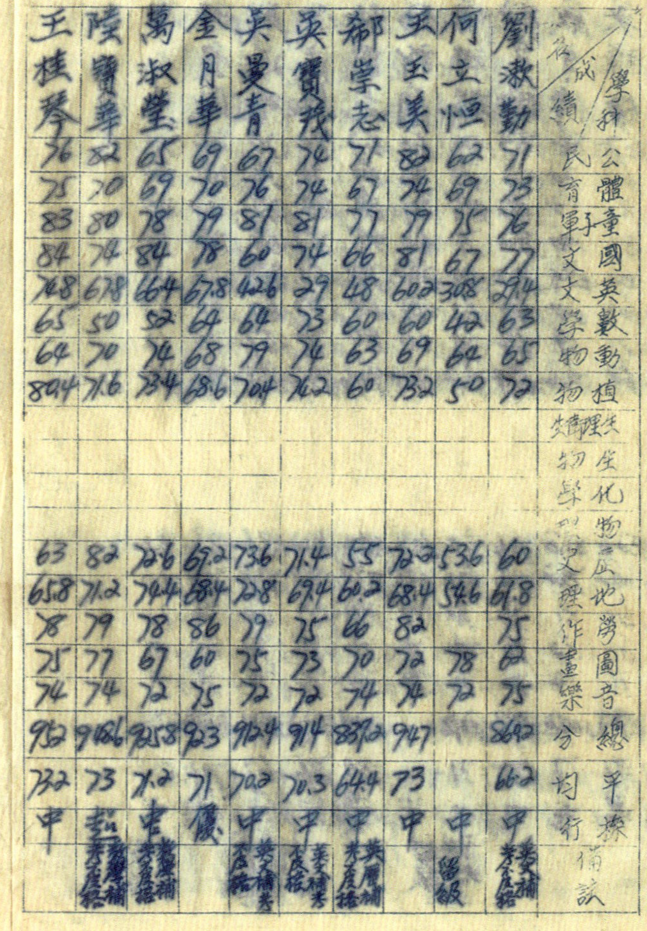

南京市立第一女子中學三十六年度第二學期初中一下年級學生成績表

學科 成績 姓名	劉漱勤	何立恒	吳玉美	郁棠志	吳寶莪	吳曼青	金月華	楊淑瑩	陸寶華	王桂琴
公民	71	62	82	71	74	67	69	65	82	76
體育	73	69	74	67	74	76	70	69	70	75
童子軍	76	75	79	77	81	81	79	78	80	83
國文	77	67	81	66	74	60	78	84	74	84
英文	27.4	30.8	60.2	48	29	42.6	67.8	66.4	67.8	76.8
數學	63	42	60	60	73	64	64	52	50	65
動物	65	64	69	63	74	79	68	74	70	64
植物	72	50	73.2	60	76.2	70.4	68.6	73.4	71.6	80.4
生理衛生										
生物學										
化學										
物理										
歷史	60	53.6	72.2	55	71.4	73.6	69.2	72.6	82	63
地理	61.8	54.6	68.4	60.2	69.4	72.8	68.4	74.4	71.2	65.8
勞作	75		82	66	75	79	86	78	79	78
圖畫	68	78	72	70	73	75	60	67	77	75
音樂	75	72	74	74	72	72	75	72	74	74
總分	864.2		947	837.2	914	912.4	923	925.8	906.6	952
平均	66.2		73	64.4	70.3	70.2	71	71.2	73	73.2
操行	中	中	中	中	中	中	優	中	[illegible]	中
備註	英文補考及格	留級		英文補考及格(?)	英文補考及格	英文補考及格		英數補考及格(?)	英數補考及格(?)	

學科 成績 姓名	江燃焱	郭杏枝	萬承珂	宇桂芸	王桂英	時永利	鍾慧菁	馬秀琴	陳明瑞	朱錫華
公民	72	66	72	67	60	76	61	68	64	88
體育	80	74	76	71	72	72	68	69	73	65
童子軍	80	82	70	78	75	77	77	72	86	81
國文	78	76	70	66	66	80	82	88	90	91
英文	65.2	85.4	61.2	60	68.6	50.8	63.4	71.2	73.6	72
數學	60	52	60	60	60	65	60	82	77	69
動物	76	69	60	60	60	64	67	73	67	70
植物	72.2	69	76	79.6	77.8	68	72.6	81.2	83.6	83.6
生理衛生										
生物學										
化學										
物理										
歷史	68	74.8	53	60	65	64	73	75.6	78	66
地理	69.6	69.6	60	60	67.6	70.6	76.2	66.8	72	77.4
勞作	79	80	73	77	72	77	81	76	71	87
圖畫	80	72	60	60	68	76	67	68	72	78
音樂	70	75	60	75	74	74	74	74	75	75
總分	950	944.4	851.2	873.6	879	914.4	924.2	964.8	984.2	1003
平均	73	72.6	65.5	67.2	67.6	70.3	71.1	74.2	75.7	77
操行	優	中	中	中	中	中	優	中	中	優
備註		數學補考及格	歷史補考及格			英文補考及格				

南京市立第一女子中學三十六年度第一學期初中一下年級學生成績表

姓名	公民	體育	童子軍	國文	英文	數學	動物	植物	生理衛生	生物	化學	物理	歷史	地理	勞作	圖畫	音樂	總分	平均	操行	備註
閻翠玉	94	70	82	89	71	93	67	81					80.6	73.8	81	77	76	1035.4	79.6	優	
高華芳	64	72	84	84	76.2	71	66	82.8					70	75	80	76	78	977	75.2	優	
徐春麗	67	65	77	83	64.4	92	67	79.6					69	63	80	70	76	953	73.3	中	
張惠民	60	74	82	84	60	74	70	72.4					75.6	77.4	81	70	75	955.4	73.5	中	
何祚玲	60	75	74	87	67.8	64	71	73.3					67.2	71.4	78	68	75	931.7	71.7	優	
程振英	60	79	78	83	60	74	63	68.2					73.6	68.8	80	75	78	939.6	72.3	優	
朱鳳雲	71	69	71	84	66.4	65	68	70.8					69.6	73.2	80	60	76	904	69.5	中	英文補考及格
張兆云	66	67	76	73	46.4	50	63	78					60	70.6		65	76			中	留級
馮洛琳	88	75	83	98	93.8	80	89	87					89.4	87.6	85	72	78	1107.8	85.2	優	
陳士美	78	67	78	80	60	79	74	74.6					79.2	78.6	84	76	75	1003.4	77.2	優	

姓名	公民	體育	童子軍	國文	英文	數學	動物	植物	生理衛生	生物	化學	物理	歷史	地理	勞作	圖畫	音樂	總分	平均	操行	備註
江寧生	71	70	84	90	60	70	65	78.2					68.4	70.8	82	78	76	983.4	75.6	中	
汪墨林	81	80	85	99	97.4	87	91	95.2					93.4	75.8	85	80	78	1125.8	86.6	甚	
秦素琴	63	76	79	69	60	60	64	60					60.4	65.4	84	60	76	884.8	68.06	中	
洪彥玲	65	75	82	76	60	60	74	77					62	69.4	77	78	76	933.4	71.8	中	
徐秀英	75	80	78	82	73.4	62	64	64.8					60	62.6	75	60	76	863.8	66.4	中	英文補考及格
龔曄	82	69	61	83	70	60	66	61					85.4	74.8	60	67	75	922.2	70.9	中	
徐秀蘭	70	71	63	70	75.2	50	60	62.4					60	60.8	81	60	75			中	留級
劉淑靜	60	69	76	74	63.4	72	70	74.2					67.2	61.8	60	65	75	887.6	68.3	中	
唐心平	60	80	73	72	60	49	62	70.6					66	54.2		64	76			中	留級
陳英義	65	81	78	68	58.8	65	65	65.2					67.4	68.8	60	68	78	858.2	66	優	英文補考及格

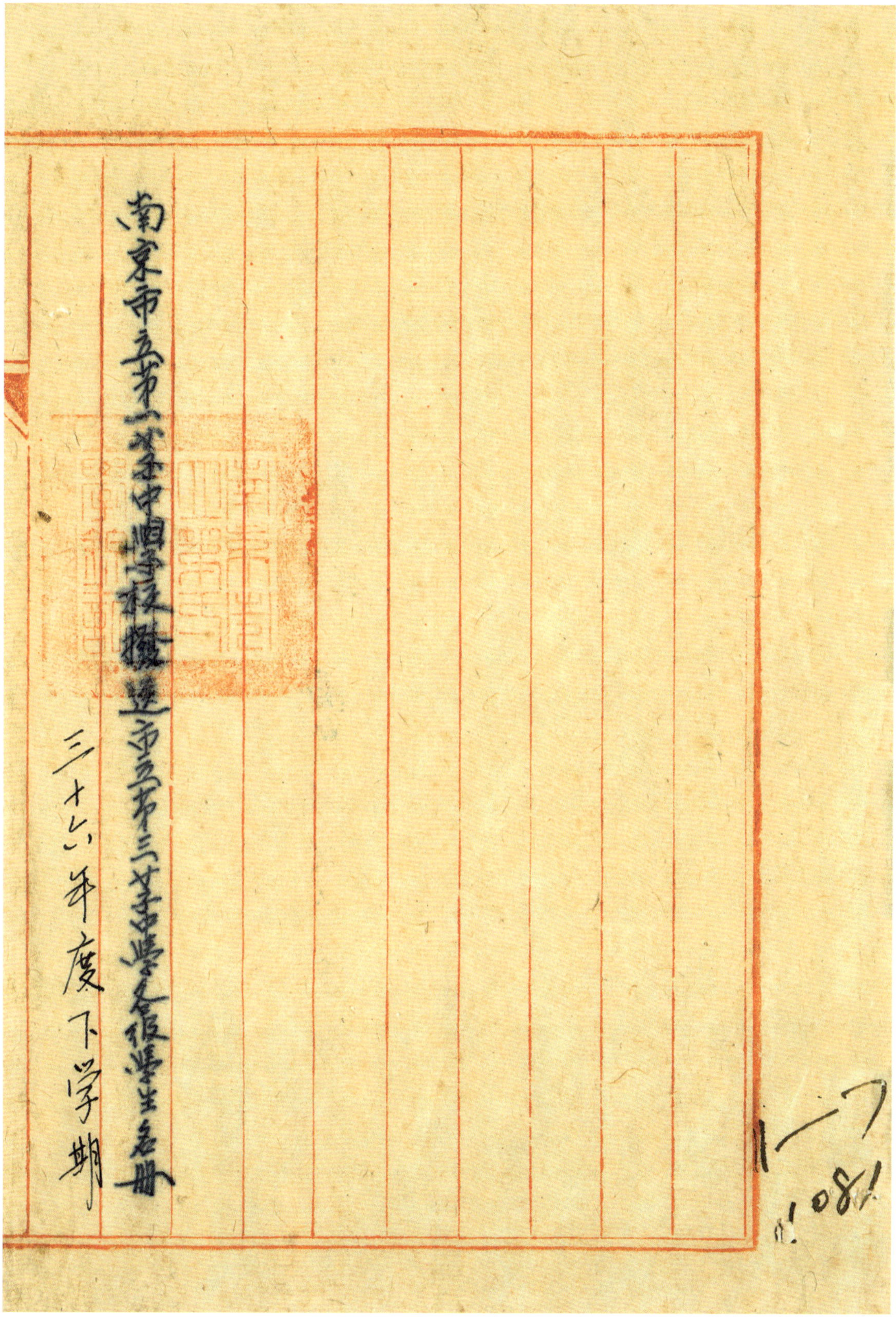

南京市立第一女子中學校撥送市立第三女子中學各級學生名冊

三十六年度下学期

1-7

1081

關于劃撥分發學生的一組文件

南京市立第一女子中學撥送市立第三女子中學各級學生名冊（一九四八年二月二十日）

檔號：1009-1-1360

南京市[illegible]學生名冊

高六[illegible] 學號	姓名	備註
717	何昌礼	公費生
727	周筱霞	
719	施瑞蘭	
734	黄毓君	公費生
1180	陳静娟	
1199	方鳳儀	
48	趙根㟧	
212	李康祥	

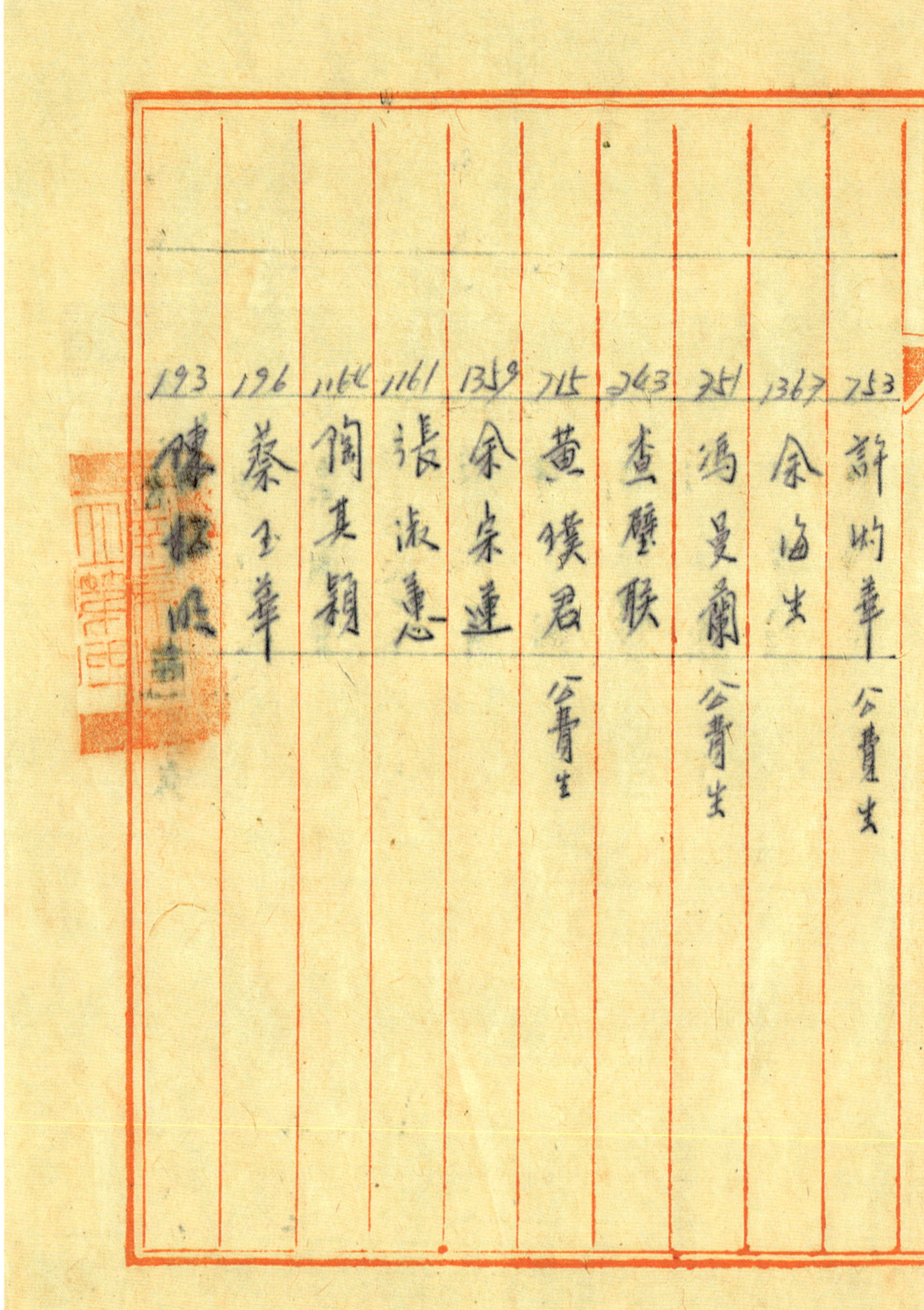
753 許灼華 公費生
1367 余海生
251 馮曼蘭 公費生
243 查璧联
715 黄璞君 公費生
1319 余宗蓮
1161 張淑惠
1166 陶其穎
196 蔡玉華
193 陳淑貞

級別	學號	姓名	備考
高二級	1194	周良珍	
	1360	蕭國覺	
小計 高二級學生二十名			
高一級丙	1204	段淑貞	公費生
	1372	韓湘	
	1374	鄭玉芬	
	842	何玉琳	公費生
	772	尹玉清	公費生
	869	梁壽祉	

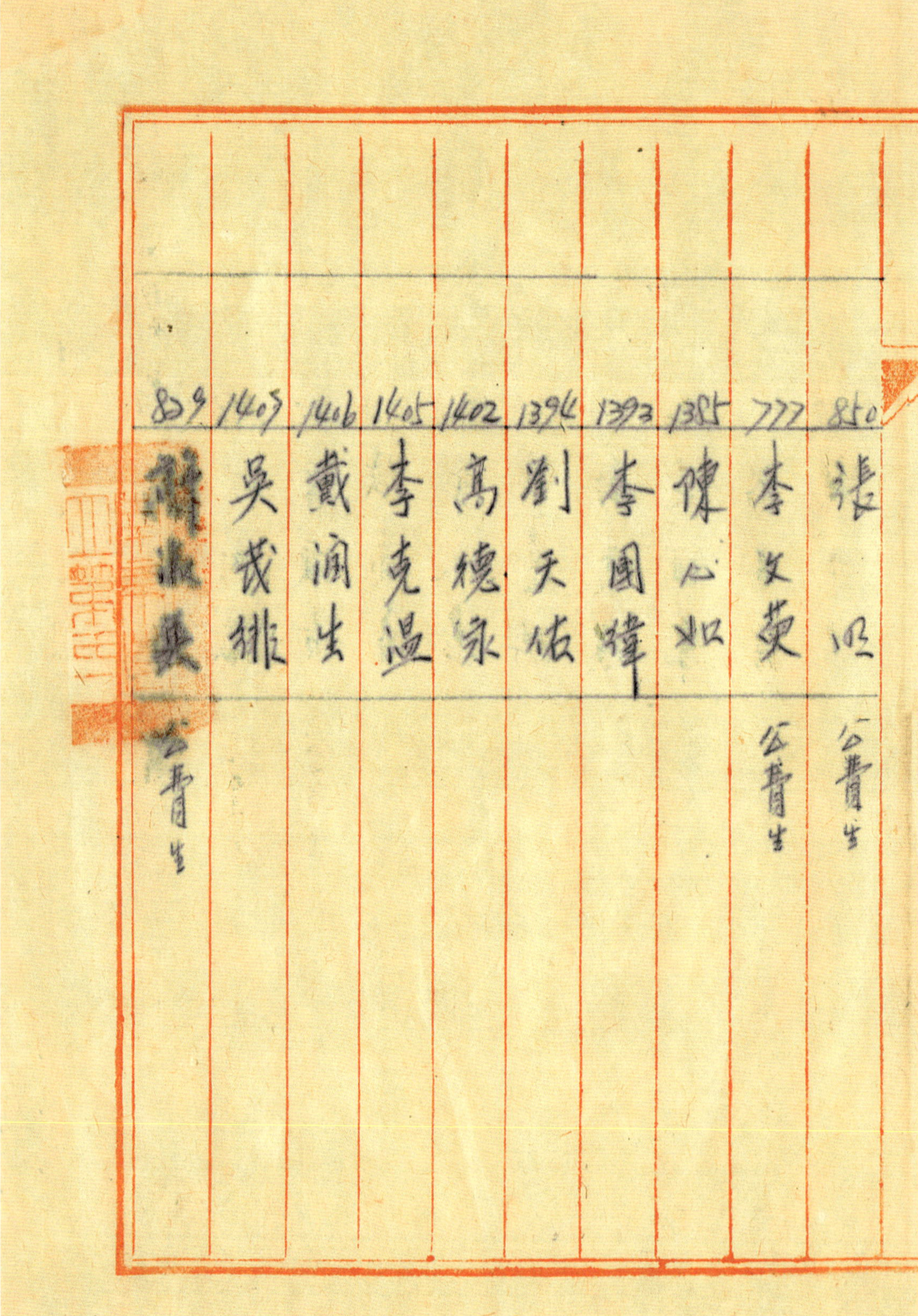

850 張昭 公費生
777 李文英 公費生
1385 陳心如
1393 李國偉
1394 劉天依
1402 高德永
1405 李克温
1406 戴润生
1407 吴茂排
829 謝淑英 公費生

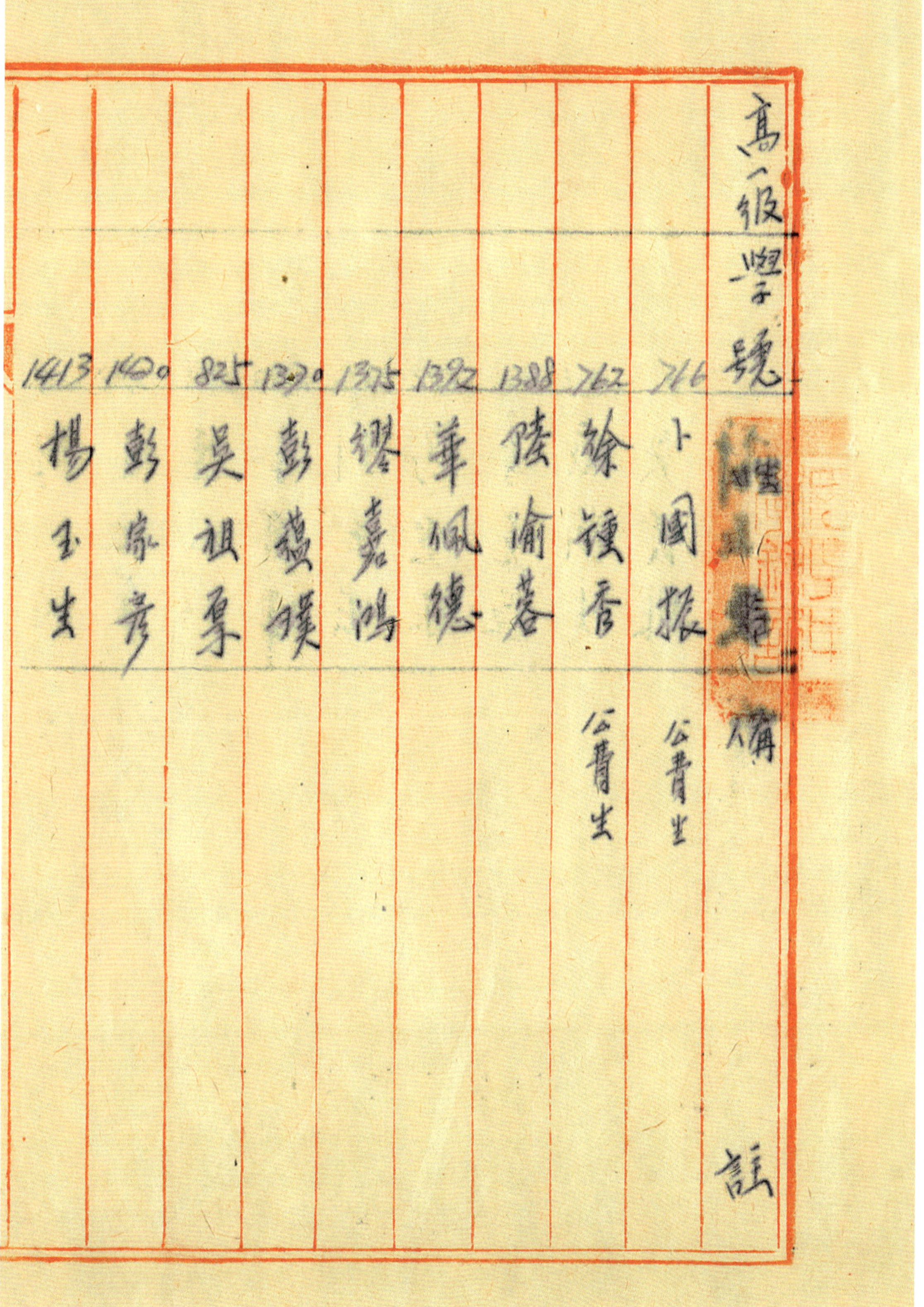

高級學號	姓名	備註
716	卜國振	公費生
762	徐鍾香	公費生
1388	陸渝蓀	
1392	華佩德	
1375	繆嘉鴻	
1390	彭蘊璞	
825	吳祖皋	
1400	彭家彥	
1413	楊玉生	

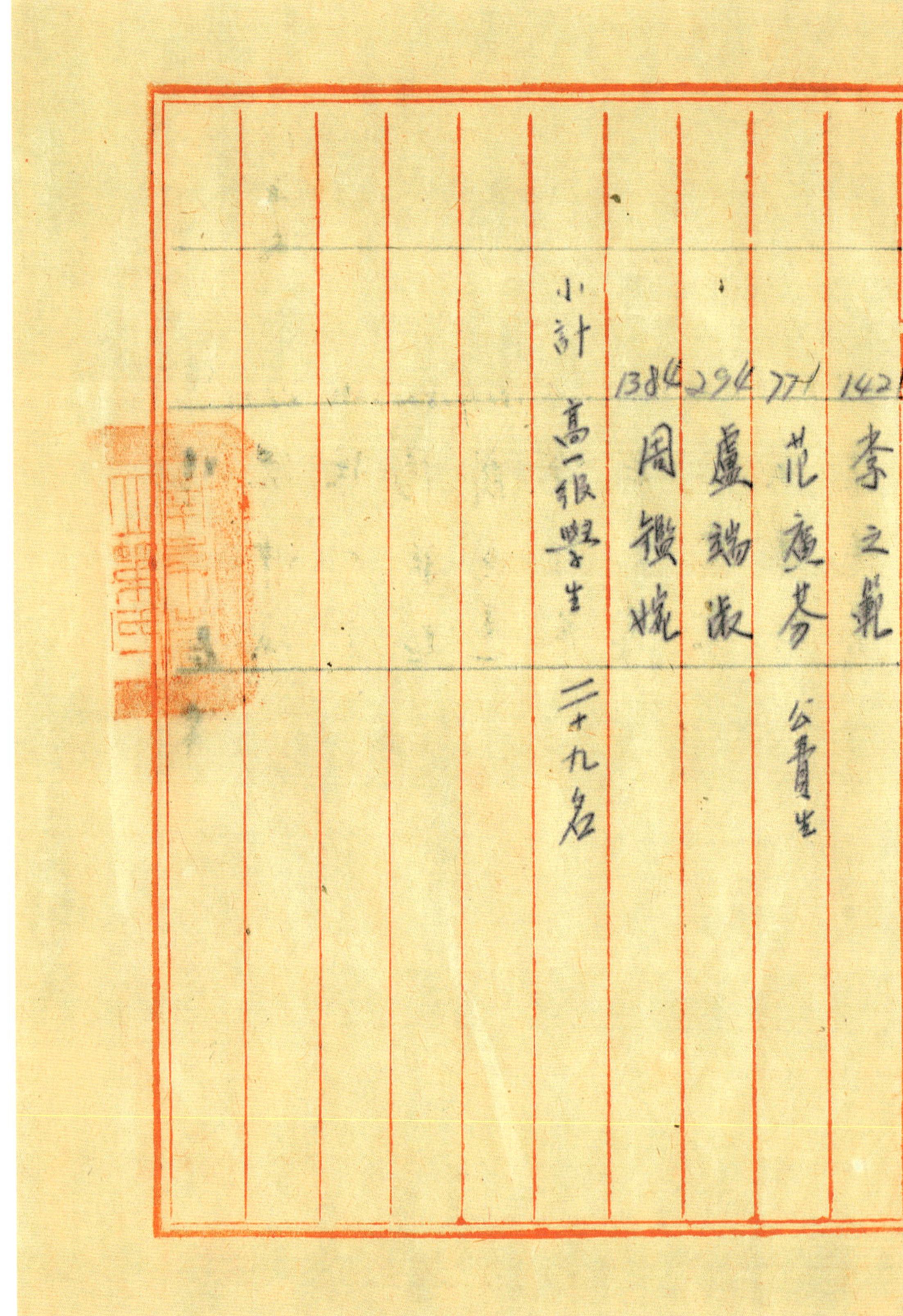
1421 李之龍
771 范應芬 公費生
294 盧瑞淑
1384 周徵嫦
小計 高一級學生 二十九名

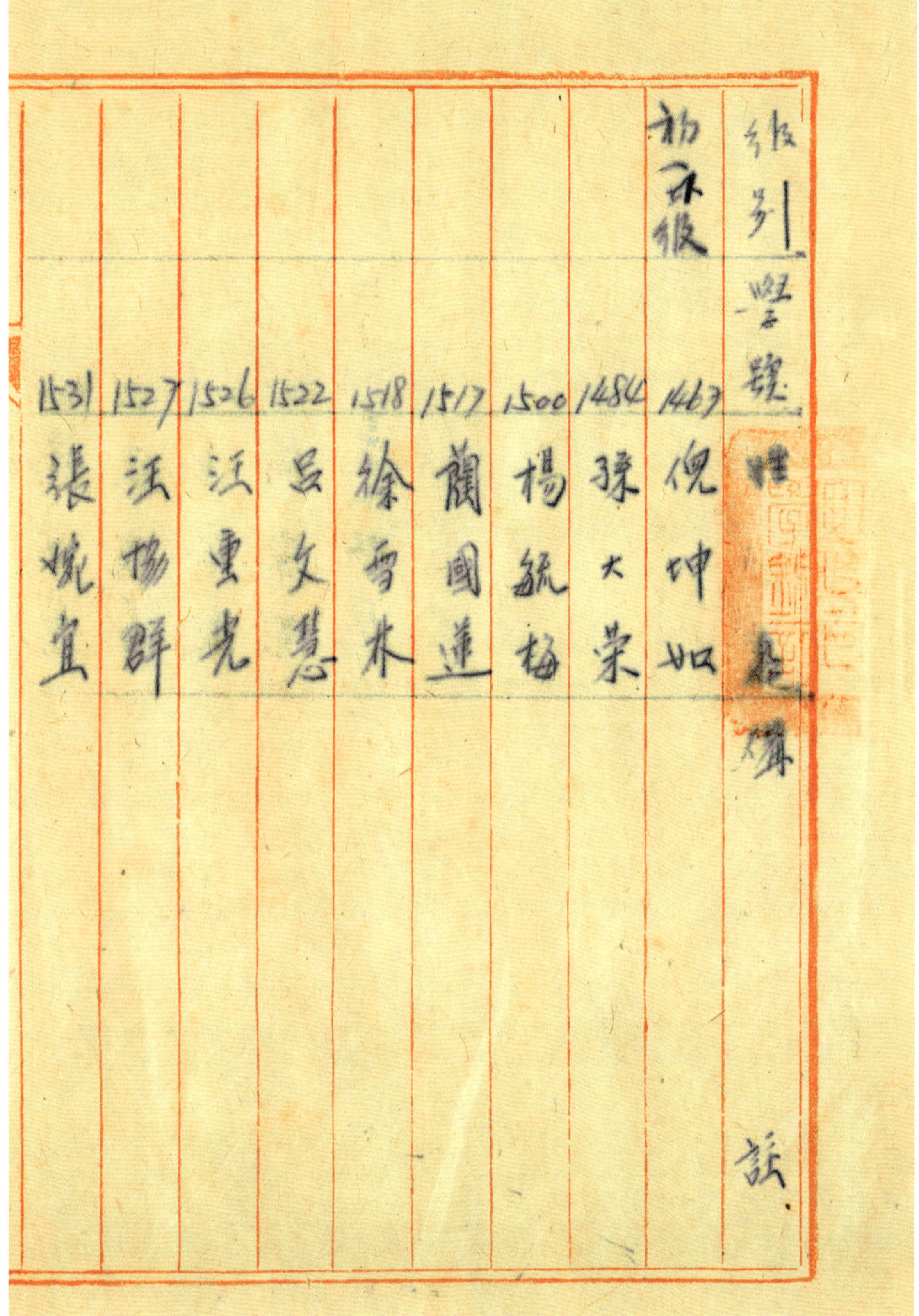

級別	學號	姓名	備註
初一下級	1463	倪坤如	
	1484	孫大榮	
	1500	楊毓梅	
	1517	蘭國蓮	
	1518	徐雪林	
	1522	呂文慧	
	1526	汪重光	
	1527	汪惕群	
	1531	張婉宜	

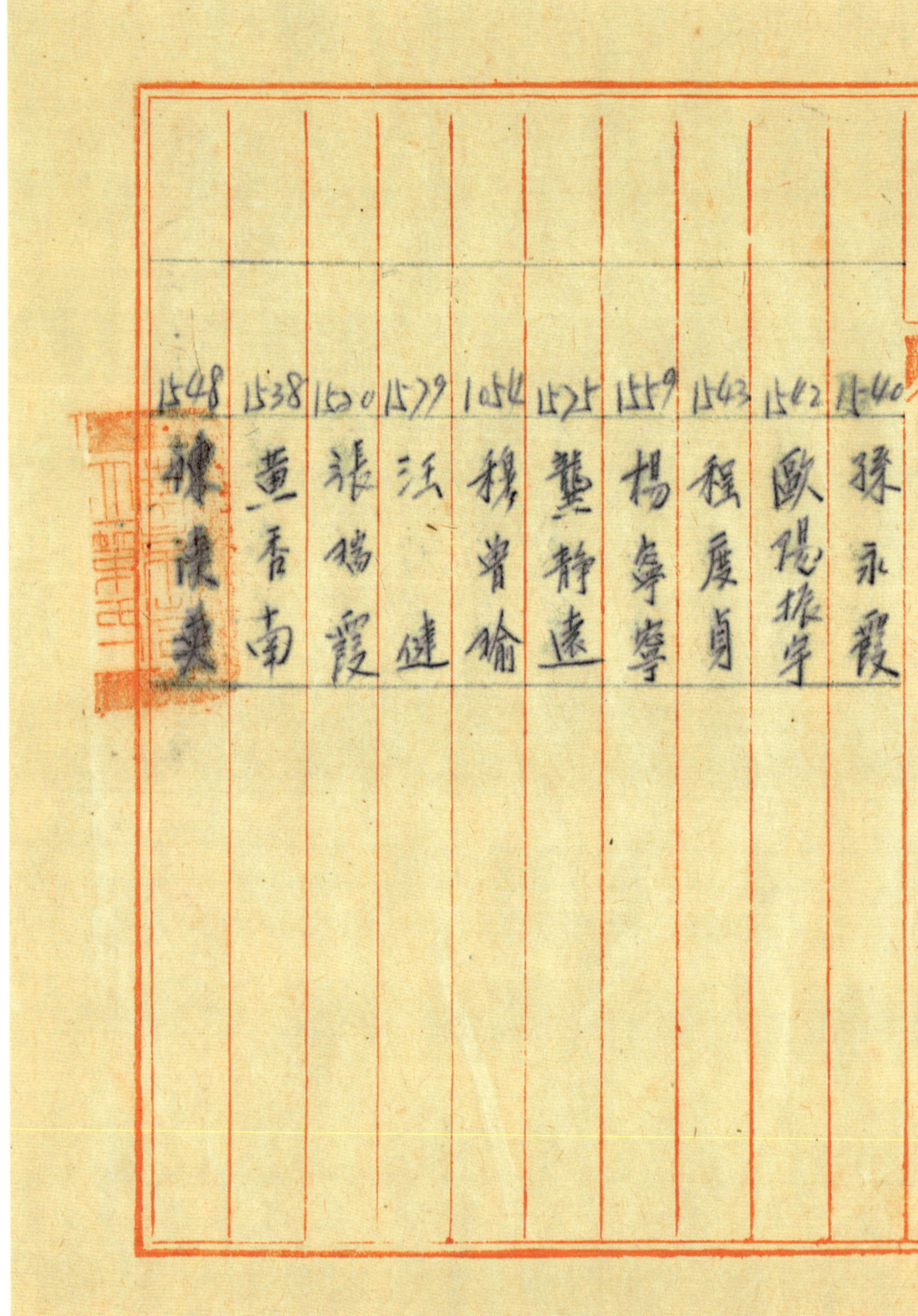

1540	1542	1543	1559	1525	1054	1579	1520	1538	1548
孫永霞	歐陽振宇	程度貞	楊亭寧	龔靜遠	穆曾綸	汪健	張錫霞	黃香南	韓淑英

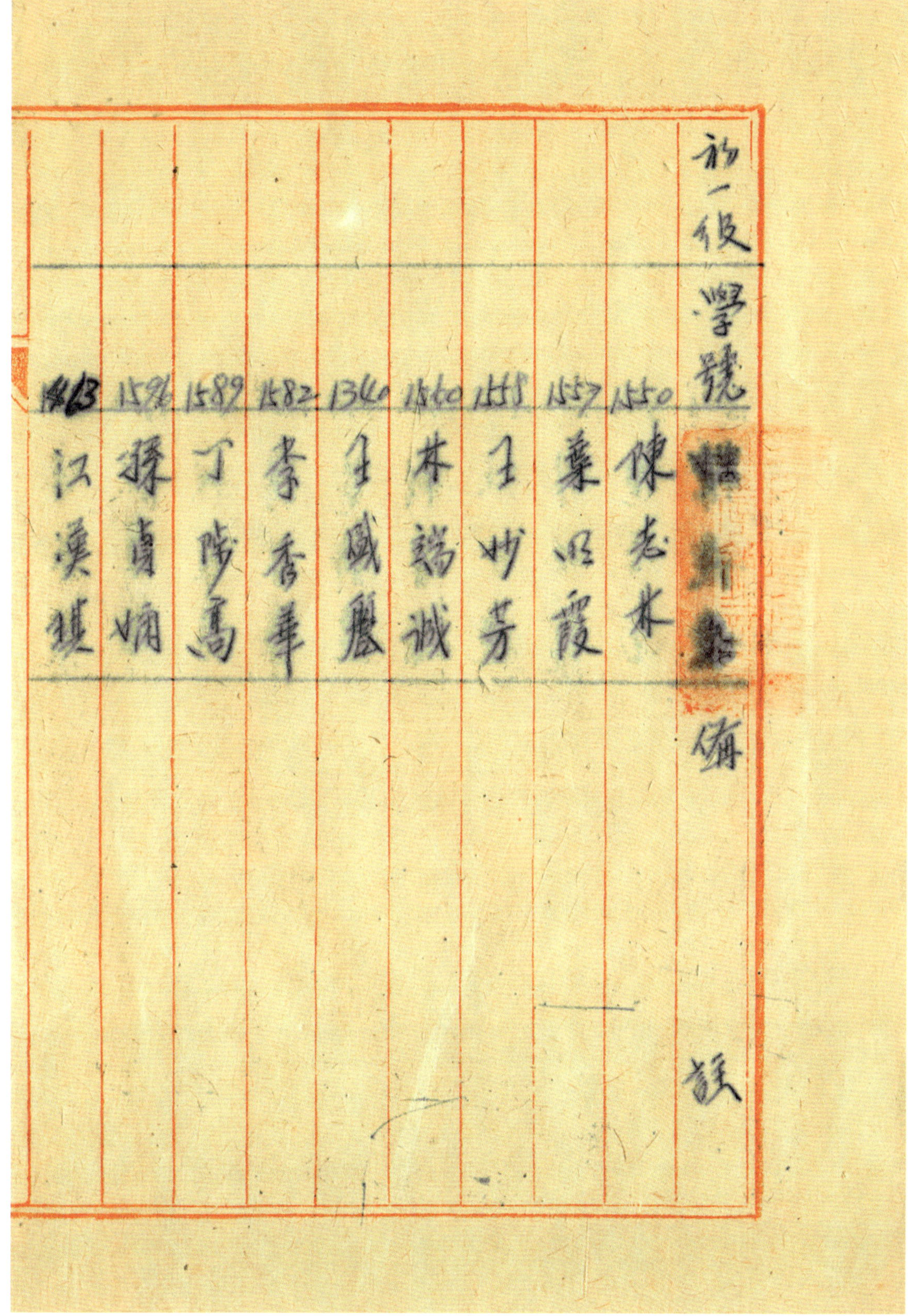

初一級

學號	姓名	備註
1550	陳志林	
1557	葉昭霞	
1558	王妙芳	
1560	林端誠	
1366	王盛慶	
1582	李香華	
1589	丁陵高	
1596	孫貞娟	
1613	江漢琪	

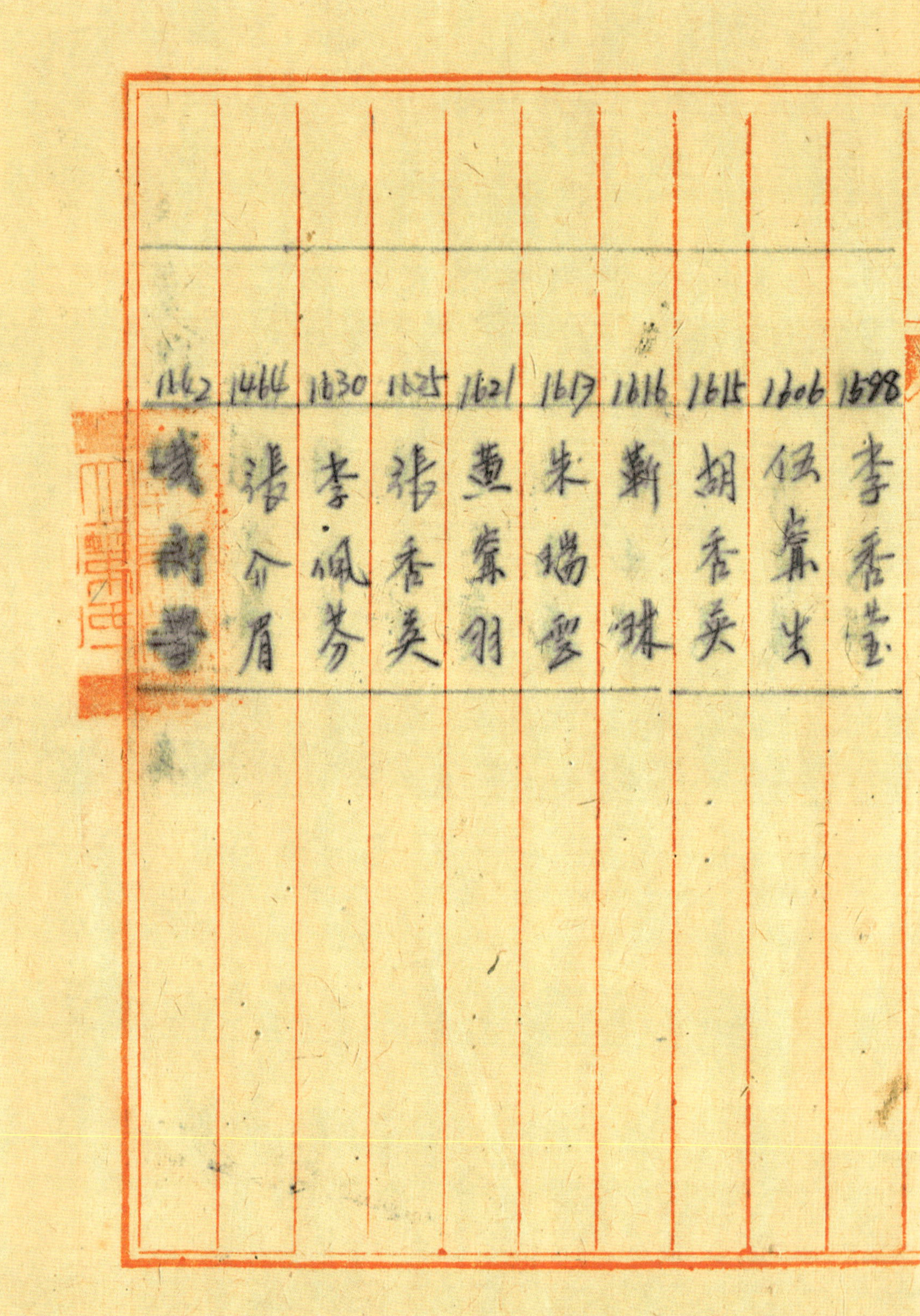

编号	姓名
1598	李香萱
1606	伍賓生
1615	胡香英
1616	靳　珠
1617	朱瑞雲
1621	黃賽羽
1625	張香英
1630	李佩芬
1464	張介眉
1662	錢[illegible]學

初一級

學號	姓名	備註
1154	劉代雋	
1159	許香華	
1162	馬玲	
1168	王木蘭	
1670	陶志南	
1628	戴火路	
1485	方正	
1539	羅吉鳳	
1549	鄭家璉	

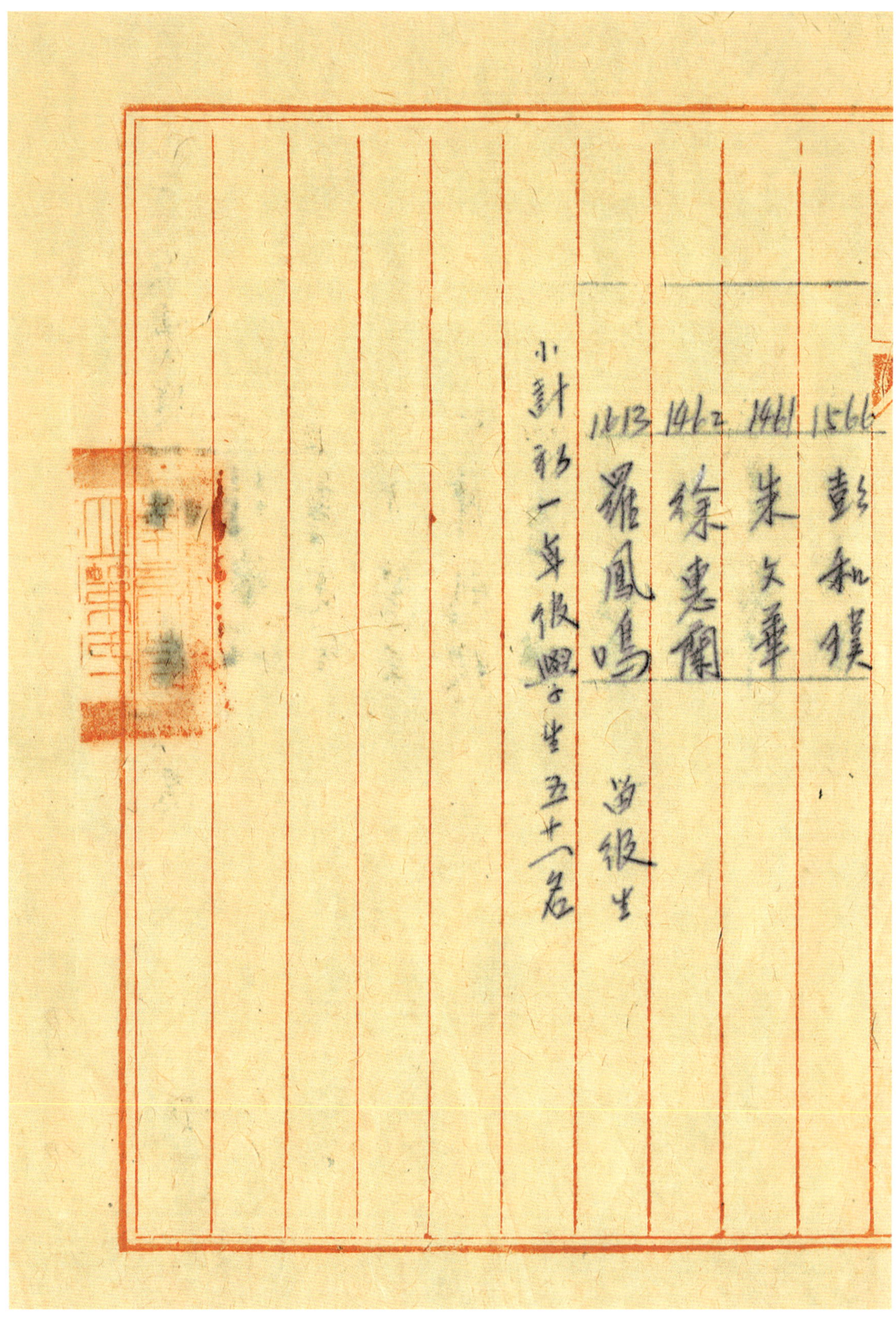
1566 彭和謨
1461 朱文華
1462 徐惠蘭
1613 羅鳳鳴
留級生
小計初一年級肄業生五十八名

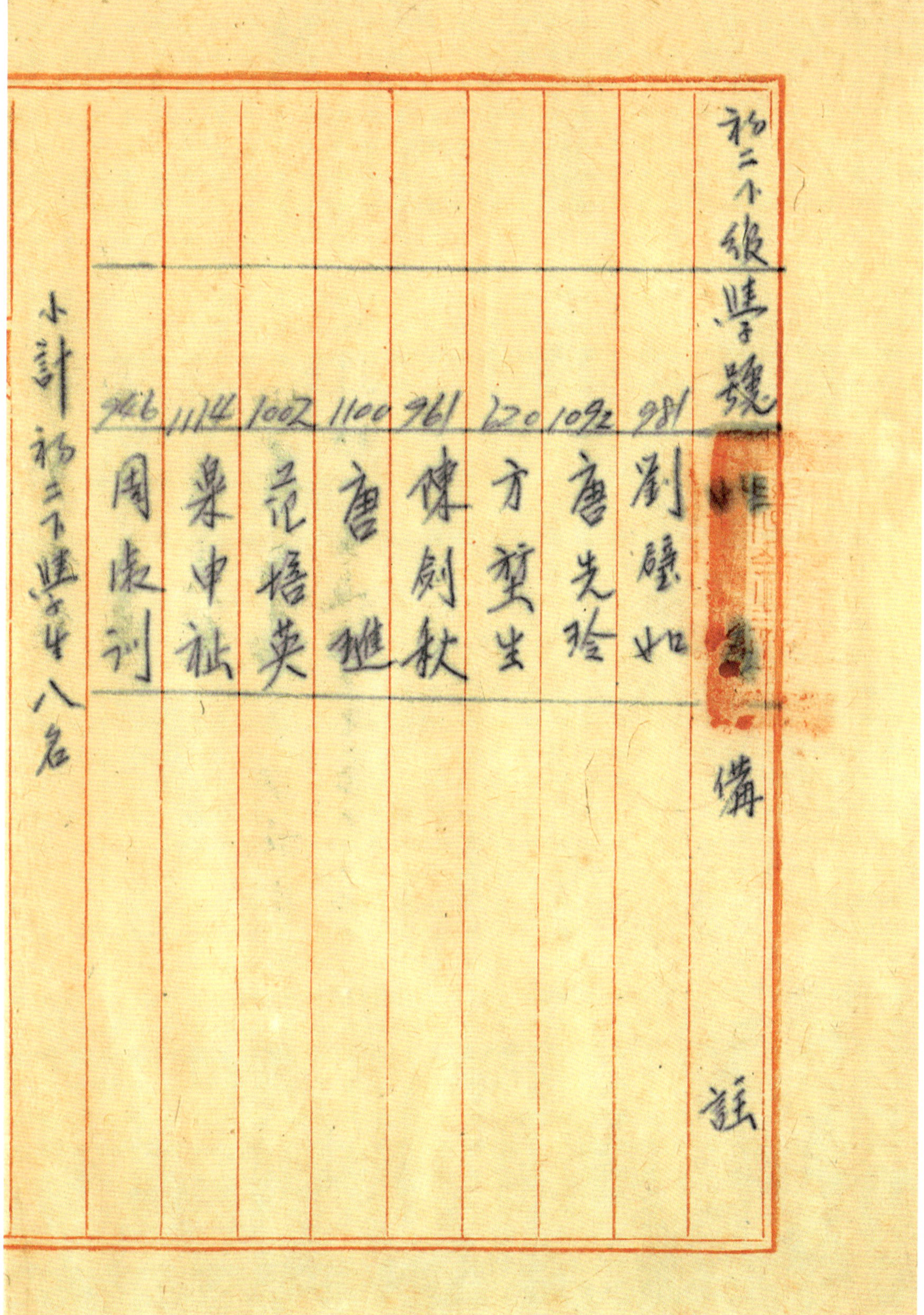

初二下級

學號	姓名	備註
981	劉蘊如	
1092	唐先玲	
720	方蓺生	
961	陳劍秋	
1100	唐雄	
1002	范培英	
1114	梁中祉	
946	周淑訓	

小計　初二下學生八名

計共各級學生壹佰叁拾名

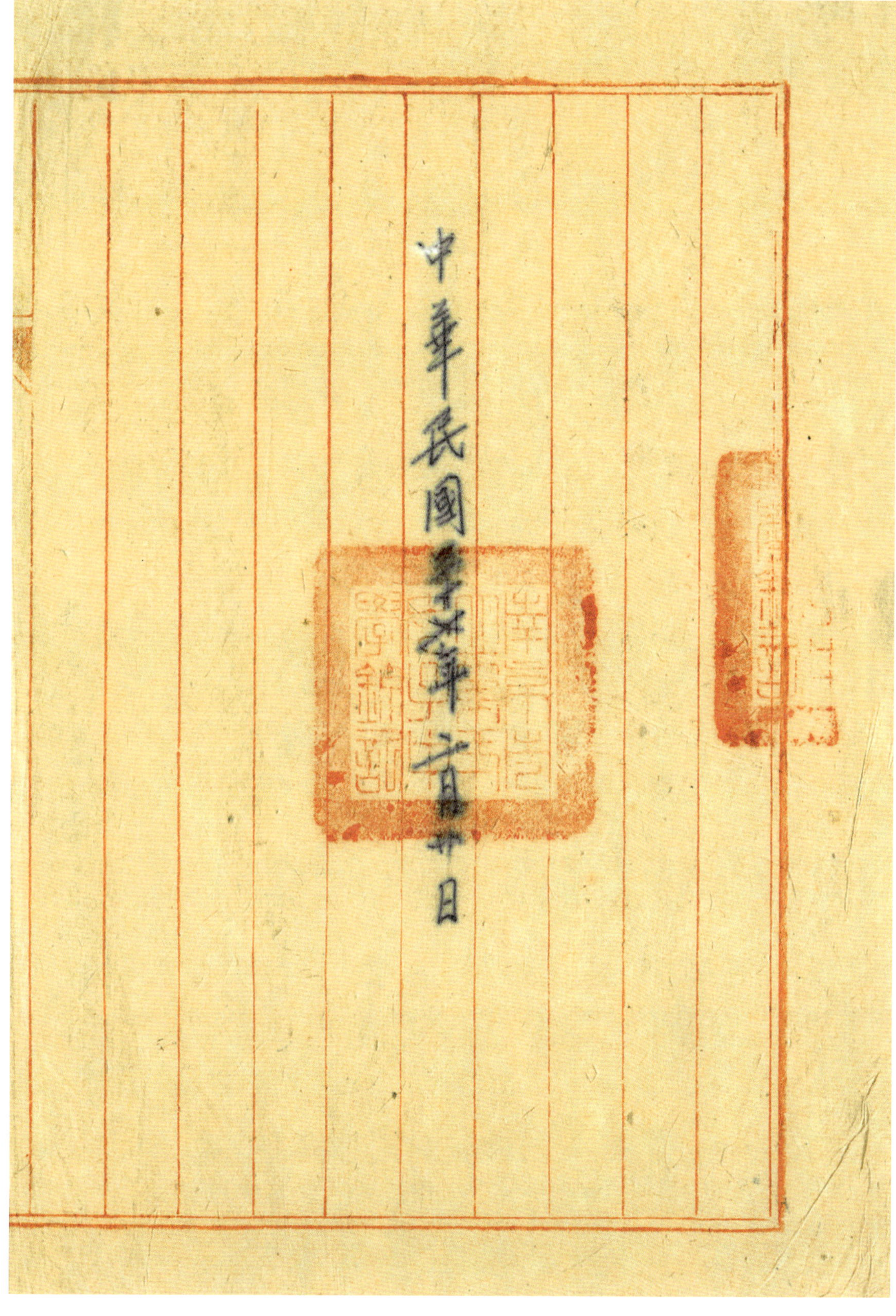

中華民國二十七年[illegible]月廿日

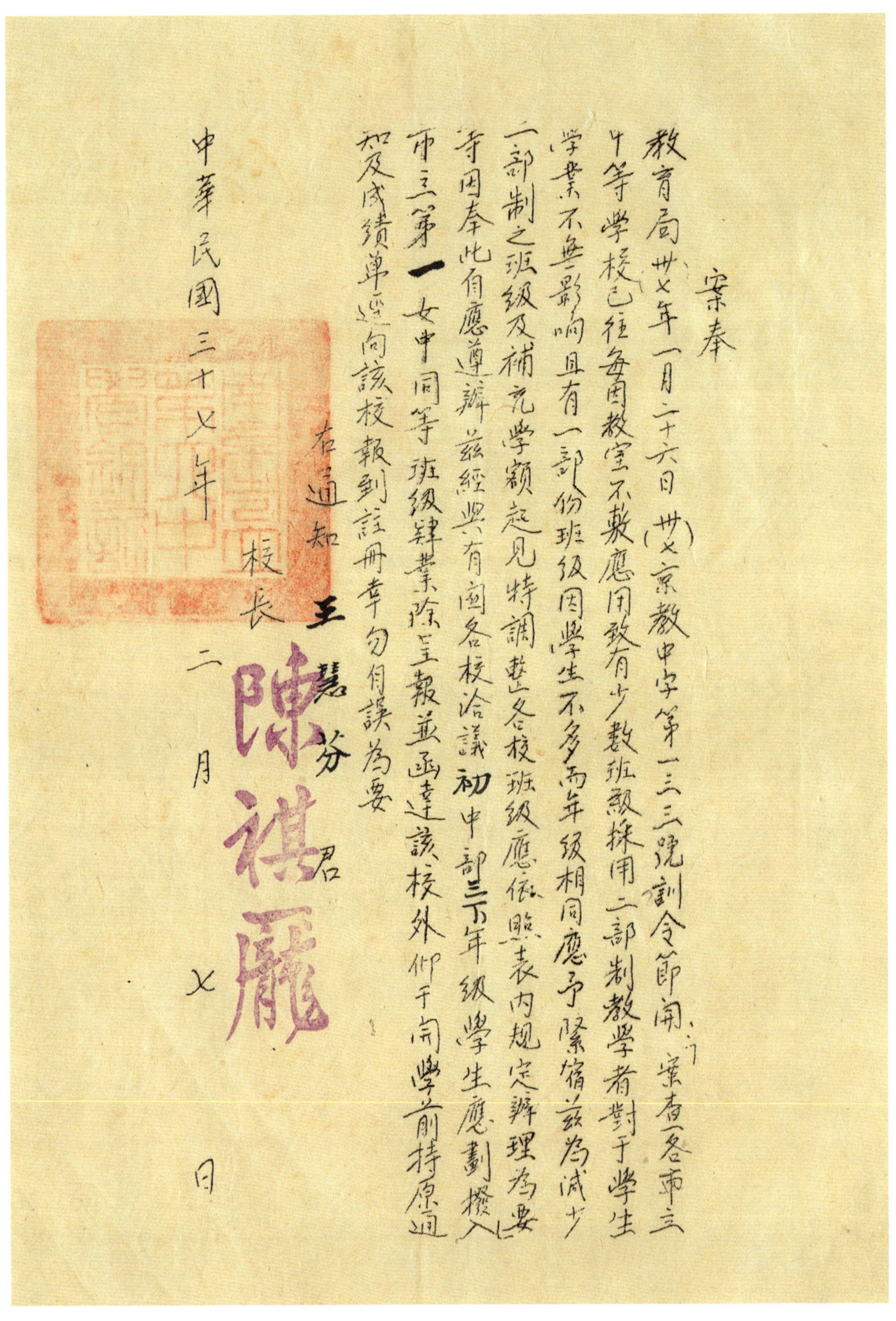

案奉

教育局卅七年一月二十六日(卅七)京教中字第一三三號訓令節開：「案查各市立中等學校已往每因教室不敷應用，致有少數班級採用二部制教學者，對于學生學業不無影响，且有一部份班級因學生不多而年级相同，應予緊縮，茲為減少二部制之班级及補充學額起見，特調整各校班級，應依照表内規定辦理為要」等因，奉此，自應遵辦，茲經與有關各校洽議，初中部三下年级學生應劃撥入市立第一女中同等班级肄業，除呈報並函達該校外，仰于開學前持原通知及成績單逕向該校報到註册，幸勿貽誤為要。

右通知王慧芬君

校長 陳祺麗

中華民國三十七年二月七日

南京市立第六中學爲劃撥王慧芬等學生到市立第一女子中學報到注册的通知書（一九四八年二月七日）

檔號：1009-1-1357

案奉

教育局卅七年一月二十六日（卅七）京教中字第一三三號訓令節開：「案查各市立中等學校已往每因教室不敷應用致有少數班級採用二部制教學者對于學生學業不無影响且有一部份班级因學生不多而年级相同應予緊縮茲為減少二部制之班级及補充學額起見特調整各校班级應依照表内規定辦理為要」等因奉此自應遵辦茲經與有関各校洽議初中部三下年级學生應劃撥入市立第一女中同等班级肄業除呈報並函達該校外仰于開學前持原通知及成績單逕向該校報到註冊幸勿自誤為要

右通知　劉慧英君

校長　陳祺龍

中華民國三十七年二月七日

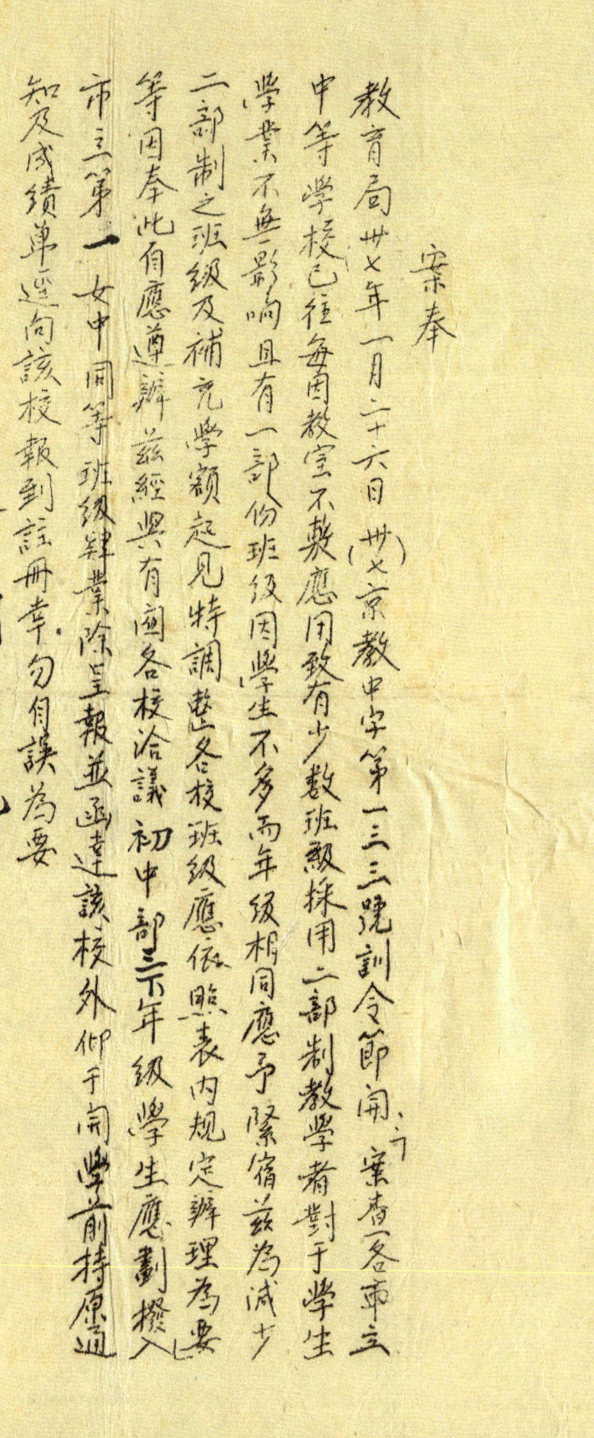

案奉

教育局卅七年一月二十六日（卅七）京教中字第一三三號訓令節開：「案查各市立中等學校已往每因教室不敷應用致有少數班級採用二部制教學者對于學生學業不無影響且有一部份班級因學生不多而年級相同應予緊縮茲為減少二部制之班級及補充學額起見特調整各校班級應依照表內規定辦理為要」等因奉此自應遵辦茲經與有關各校洽議初中部三下年級學生應劃撥入市立第一女中同等班級肄業除呈報並函達該校外仰于開學前持原通知及成績單逕向該校報到註冊幸勿自誤為要

右通知周辦龍君

校長 陳祺麟

中華民國三十七年二月七日

案奉

教育局卅七年一月二十六日卅七京教中字第一三三號訓令節開：「……案查各市立中等學校已往每因教室不敷應用致有少數班級採用二部制教學者對于學生學業不無影响且有一部份班级因學生不多而年级相同應予緊縮兹為減少二部制之班级及補充學額起見特調整各校班级應依照表内规定辦理為要」等因奉此自應遵辦兹經與有関各校洽議初中部三下年级學生應劃撥入市立第一女中同等班级肄業除呈報並函達該校外仰于開學前持原通知及成績單逕向該校報到註冊幸勿自誤為要

右通知 潘本義 君

校長 陳祺麗

中華民國三十七年二月七日

案奉

教育局卅七年一月二十六日（卅七）京教中字第一三三號訓令節開：“案查各市立中等學校已往每因教室不敷應用致有少數班級採用二部制教學者對于學生學業不無影响且有一部份班级因學生不多而年级相同應予緊縮茲為減少二部制之班级及補充學額起見特調整各校班级應依照表内规定辦理為要”等因奉此自應遵辦茲經與有關各校洽議初中部三下年级學生應劃撥入市立第一女中同等班级肄業除呈報並函達該校外仰于開學前持原通知及成績單逕向該校報到註冊幸勿自誤為要

右通知 徐富思君

校長 陳祺龐

中華民國三十七年二月七日

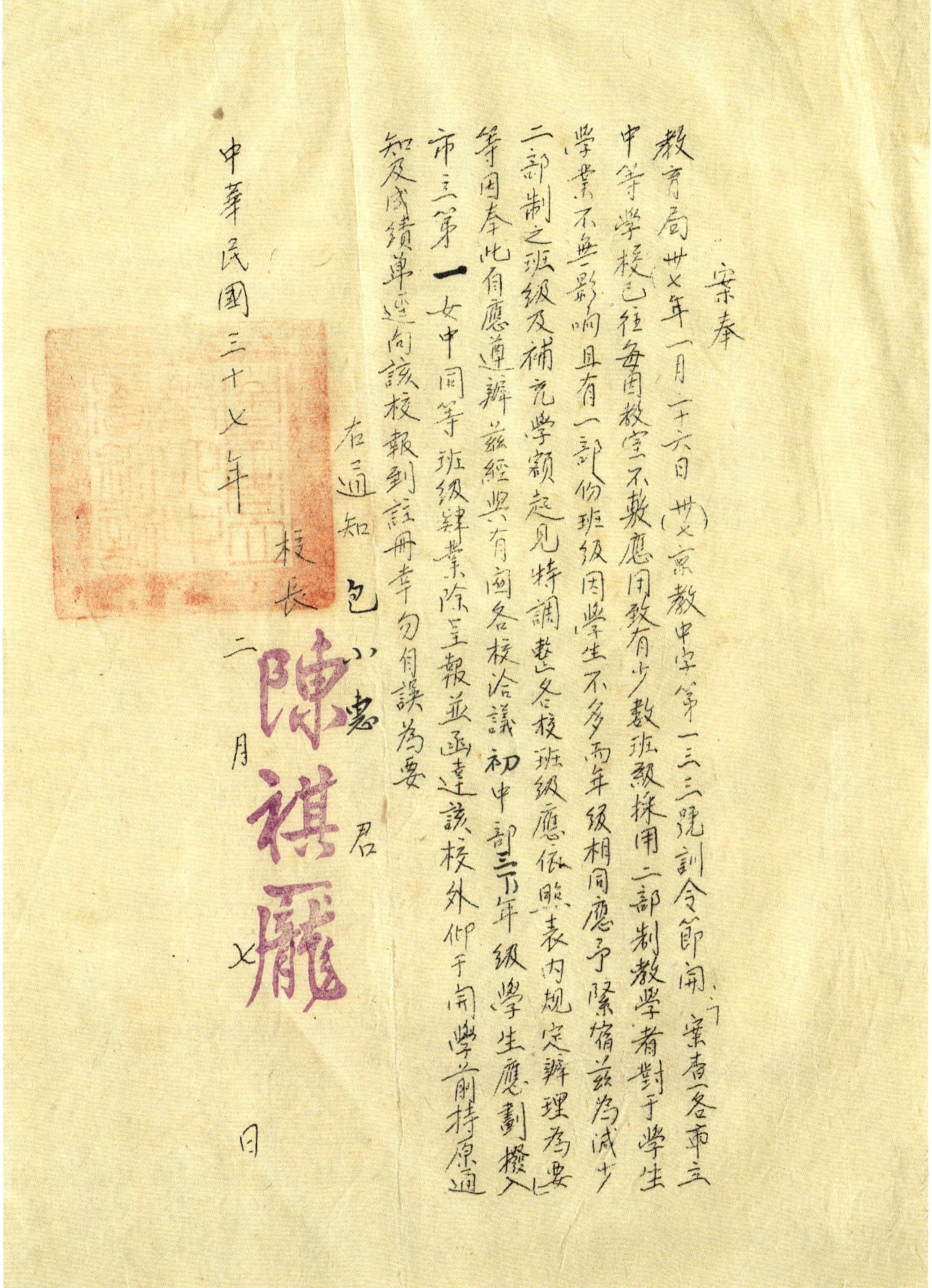
案奉
教育局卅七年一月十六日（卅七）京教中字第一三三號訓令節開：「案查各市立
中等學校已往每因教室不敷應用致有少數班級採用二部制教學者對於學生
學業不無影響且有一部份班級因學生不多而年級相同應予緊縮茲為減少
二部制之班級及補充學額起見特調整各校班級應依照表内規定辦理為要」
等因奉此自應遵辦茲經與有關各校洽議初中部三下年級學生應劃撥入
市立第一女中同等班級肄業除呈報並函達該校外仰于開學前持原通
知及成績單逕向該校報到註冊幸勿自誤為要

右通知 包小惠 君

校長 陳祺龐

中華民國三十七年二月七日

案奉

教育局卅七年一月二十六日（卅七）京教中字第一三三號訓令節開："案查各市立中等學校已往每因教室不敷應用致有少數班級採用二部制教學者對于學生學業不無影响且有一部份班級因學生不多而年級相同應予歸併茲為減少二部制之班級及補充學額起見特調整各校班級應依照表內規定辦理為要"等因奉此自應遵辦茲經與有関各校洽議初中部三年級學生應劃撥入市立第一女中同等班級肄業除呈報並函達該校外仰于開學前持原通知及成績單逕向該校報到註冊幸勿自誤為要

右通知姚佩璵君

校長 陳祺巖

中華民國三十七年二月七日

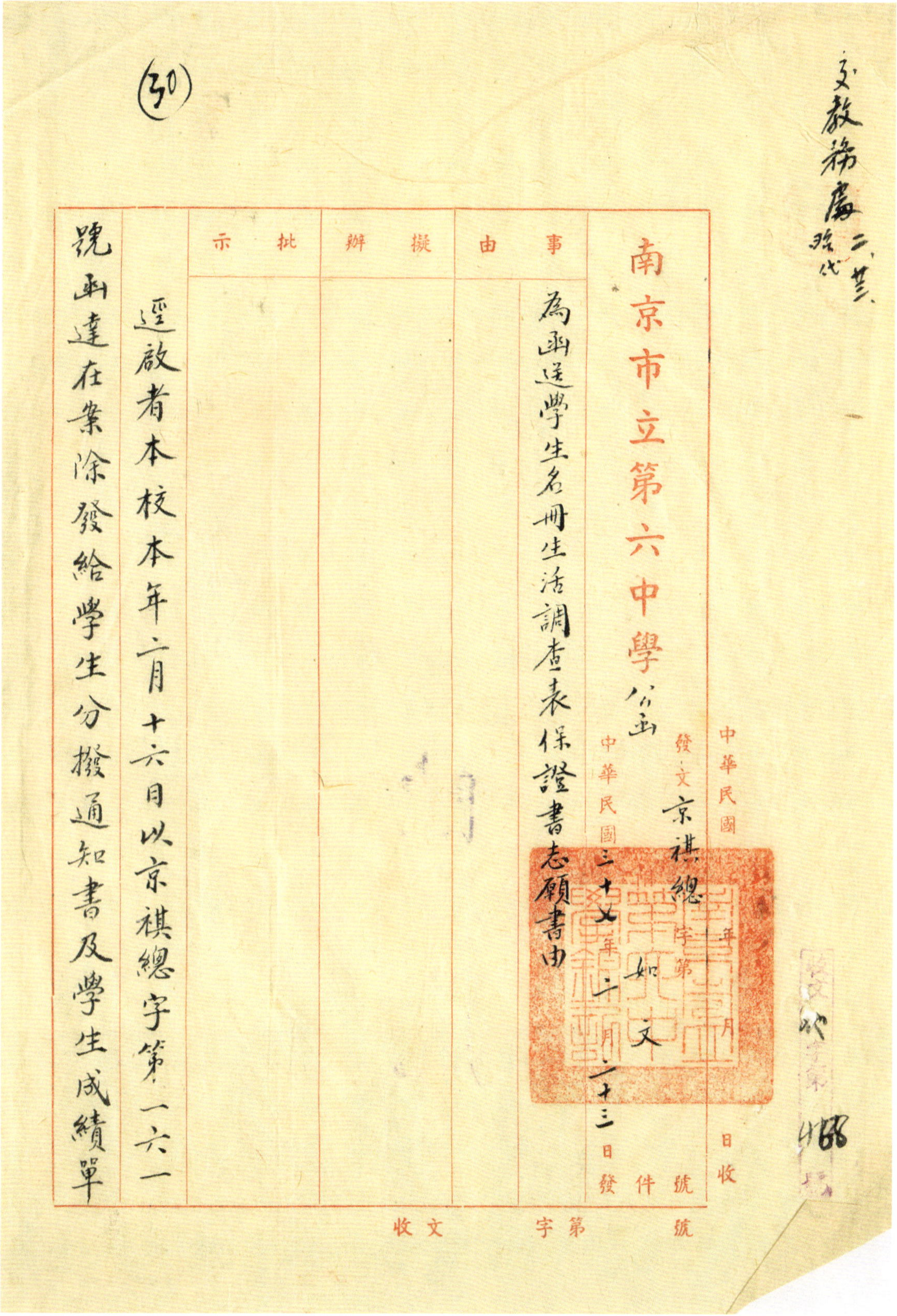

(50)

文教務處 二、廿三

南京市立第六中學公函

事由	爲函送學生名冊生活調查表保證書志願書由
擬辦	
批示	

中華民國　年　月　日收

發文京祺總字第　如文　號件

中華民國三十七年二月二十三日發

逕啓者本校本年二月十六日以京祺總字第一六一號函達在案除發給學生分撥通知書及學生成績單

收文　字第　號

南京市立第六中學爲送分發學生名冊等給市立第一女子中學的公函（一九四八年二月二十三日）

附：女生名冊

檔號：1009-1-275

准予報到入學外相應檢附分發學生名冊乙份生活調查表志願書保證書九份函請

詧照并希見復爲荷

此致

南京市立第一女子中學

附送名冊壹份生活調查表志願書保證書各九份

校長 陳祺

監印
校對

南京市立第六中學分發一女中女生名冊

南京市立第六中學分發一女中女生名冊　三十七年二月

年級	姓名	年齡	籍貫	是否公費	是否免費	備註
初三下	包小惠	一六	湖北黄岡	全公費	未	
	姚佩璵	一六	浙江杭州	否	〃	
	劉鴻梅	一六	南京	全公費	〃	
	王慧芬	一六	江蘇淮安	否	〃	
	劉慧英	一六	江蘇吳縣	全公費	〃	
	周舜龍	一七	安徽合肥	〃	免	
	陳曾澍	一五	江蘇江寧	〃	未	
	潘本義	一六	湖南長沙	半公費	未	

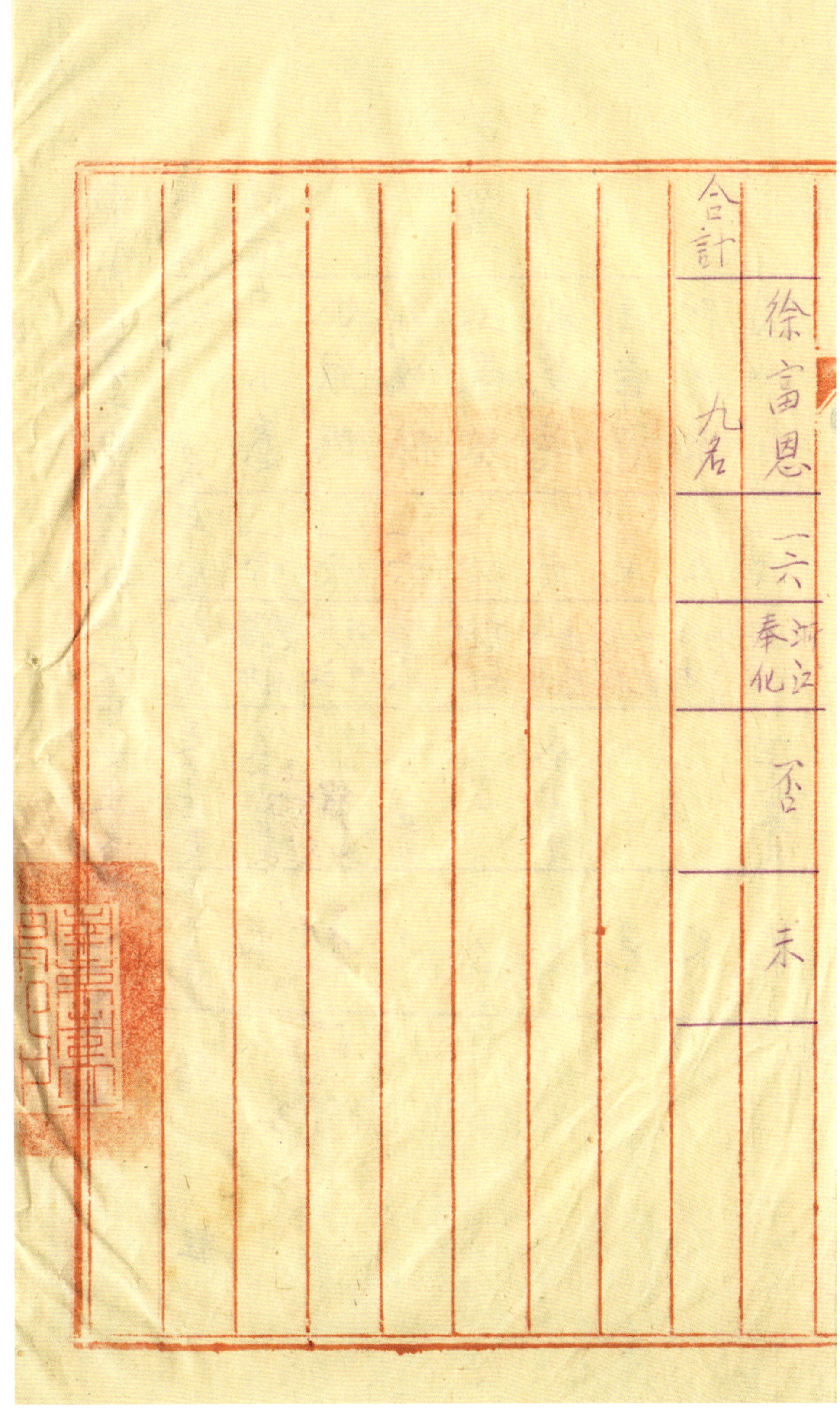
徐富恩	一六	浙江奉化	否	未
合計	九名			

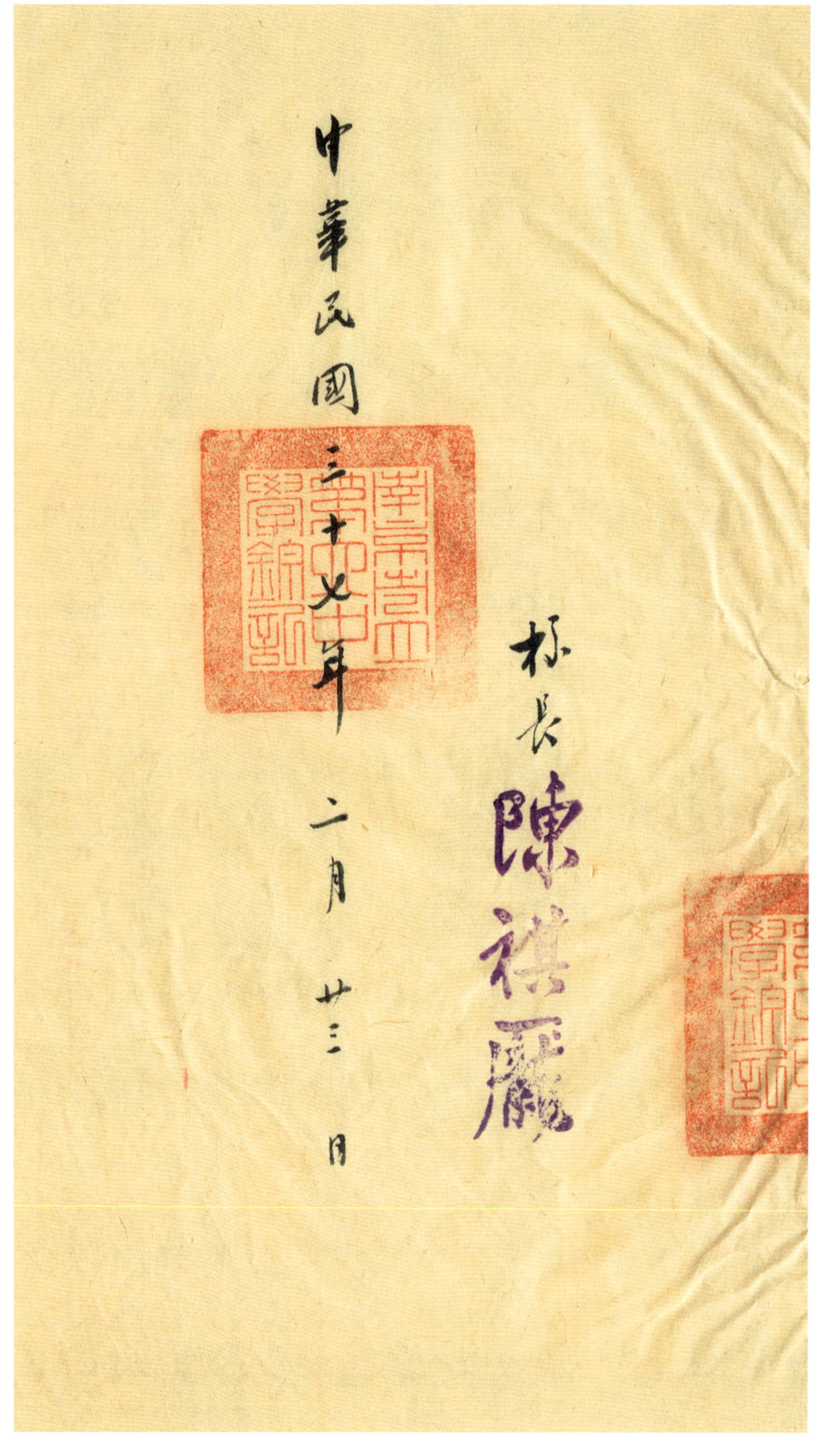

中華民國三十七年二月廿三日

校長陳祺麗

南京市立第六中學分發一女中公費生名冊

年級	姓名	年齡	籍貫	公費類別	備註
初三下	包小惠	16	湖北黃崗	全	
〃	劉鴻梅	16	南京	全	
〃	劉慧英	16	江蘇吳縣	全	
〃	周舜龍	17	安徽合肥	全	
〃	陳曾澍	15	江蘇江寧	全	
〃	潘本義	16	湖南長沙	半	

以上全公費伍名 半公費生壹名 合計陸名

羅志平 全

三十七年二月

南京市立第六中學分發市立第一女子中學公費生名冊（一九四八年二月）

檔號：1009-1-242

校長陳[illegible]

中華民國三十七年一月　日

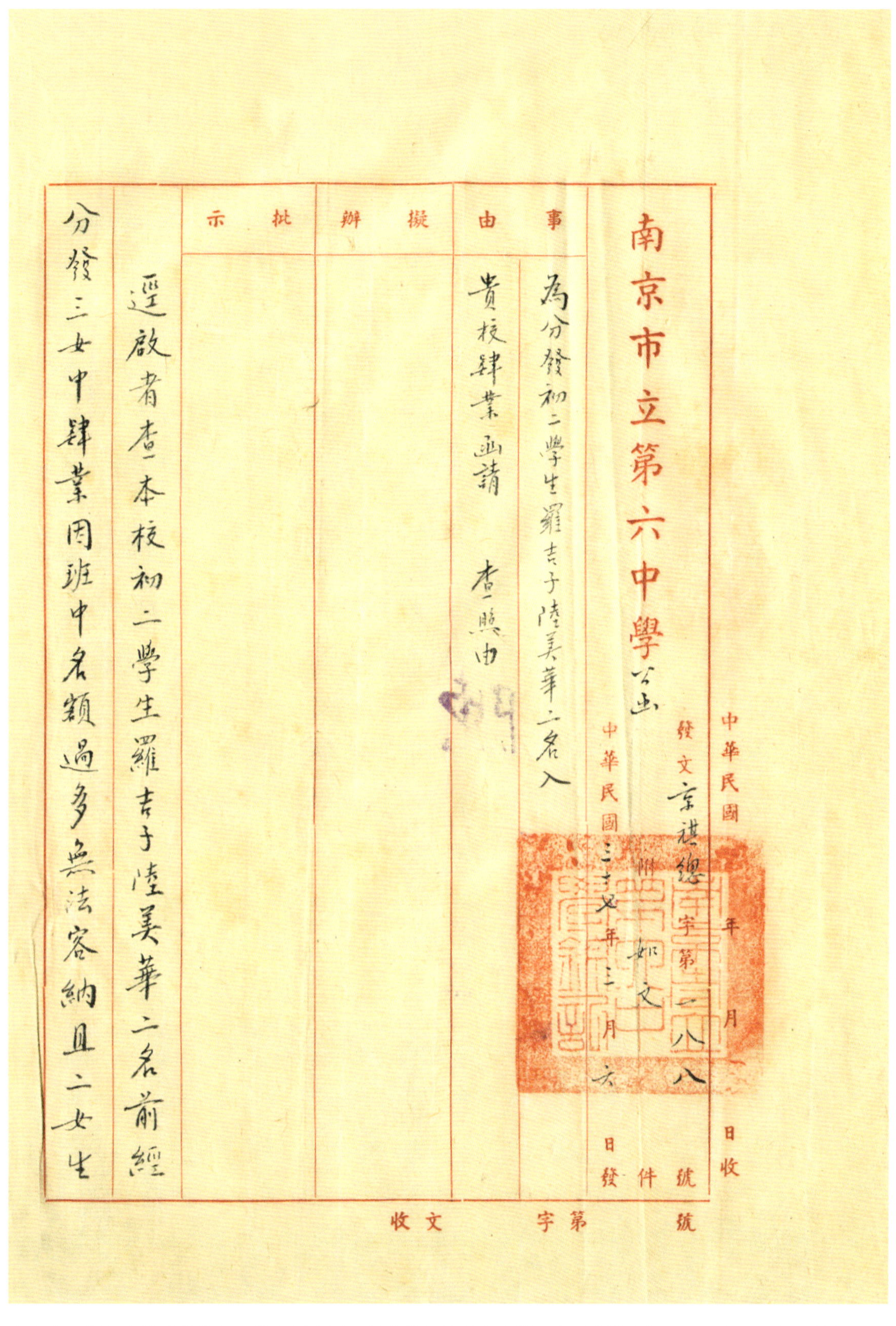
南京市立第六中學公函

事由：爲分發初二學生羅吉子陸美華二名入貴校肄業函請查照由

擬辦

批示

逕啟者查本校初二學生羅吉子陸美華二名前經分發三女中肄業因班中名額過多無法容納且二女生

中華民國三十七年三月六日發

發文京祺總字第一八八號

附件

中華民國　年　月　日收

收文　字第　號

南京市立第六中學爲分發初二學生羅吉子、陸美華入校給市立第一女子中學的公函（一九四八年三月六日）
檔號：1009-1-1357

家距　貴校相近茲將該生等分發
貴校初二上肄業相應函請
查照准予報到入學爲荷
此致
南京市立第一女子中學
附入學志願書調查表各學期成績表各一件
校長　陳祺麗
監印
校對

南京市立第六中學分發市一女中學生成績冊

教務處

三七年
三月

南京市立第六中學分發市立第一女子中學學生成績册（一九四八年三月）
檔號：1009-1-1357

[illegible]市立[illegible]六中學三十 年度第 學期初中二年級 組學生成績表

姓名 / 科目 / 成績		包小惠 第一學期	包小惠 第二學期	包小惠 第三學期	包小惠 第四學期	包小惠 第五學期	姚佩璵 第一學期	姚佩璵 第二學期	姚佩璵 第三學期	姚佩璵 第四學期	姚佩璵 第五學期
公民				88	75	83				81	74
國文				86	71.2	67.6			83	78	70
英文				65	69	95			84	89	94
數學	算術								62		
	代數			87	72					64	
	幾何					84					31
	三角										
博物											
生理衛生				70	84					60	
生物											
化學				80	67				93	78	
物理						67					62
歷史				70	80	88			97	79	84
地理				74	74	74			90	84	69
勞作				85	78	80				70	80
美術				78	78	80				70	80
音樂				74	76	90			94	79	80
總分					824.2	808.6				832	724
平均				77.9	74.9	80.9				75.6	72.4
體育				75	75	75			64	70	68
童子軍				80	70	70				70	66
操行				乙	丙	甲下			甲	乙	乙上
備考		查初三第二學期係在渝青木關上課該兩學期成績前迁京後之社教附中即付缺如亦未能移交本校故缺									

學科／成績	劉鴻梅 第一學期	劉鴻梅 第二學期	劉鴻梅 第三學期	劉鴻梅 第四學期	劉鴻梅 第五學期	王慧芬 第一學期	王慧芬 第二學期	王慧芬 第三學期	王慧芬 第四學期	王慧芬 第五學期
公民			92	84	83			85	82.5	90
國文			68	65.6	69.2			79	65.5	65.5
英文			77	77	96			38	75	83
算術										
代數			81	69				79	90	
幾何					57					48
三角										
動物										
生理衛生			74	86				72	67	
植物										
化學			78	76				65	77	
物理					76					82
歷史			80	73	92			82	83	90
地理			74	72	69			80	78	73
勞作			80	75	78			80	75.5	85
美術			75	78	80			80	75	82
音樂			76	78	82			77	80	88
總分				833.6	782.2				846.5	786.5
平均			77.7	75.7	78.2			74.3	76.9	78.7
體育			79	70	88			72	72	68
童子軍			77	68	66			88	85	70
操行			丙	乙	乙上			乙	乙下	乙上
備考										

南京市立第六中學三十年度第 學期中 年級 組學生成績表

學科＼成績＼姓名	劉慧英 第一學期	劉慧英 第二學期	劉慧英 第三學期	劉慧英 第四學期	劉慧英 第五學期	周舜龍 第一學期	周舜龍 第二學期	周舜龍 第三學期	周舜龍 第四學期	周舜龍 第五學期
公民			72	96	83			96	94	92
國文			84	81.8	68			82	70.8	78.8
英文			84	81	92			60	70	97
數學 算術										
數學 代數			94	93				81	80	
數學 幾何					83					80
數學 三角										
博物										
生理衛生			80	93				74	85	
生物			84							
化學				80				60	77	
物理					81					80
歷史			92	86	91			60	84	96
地理			77	83	67			41	75	80
勞作			78	80	80			60	85	85
美術			88	80	80			78	80	85
音樂			81	88	85			76	82	82
總分				951.8	810				882.8	855.8
平均			82.8	86.5	81			62.9	80.2	85.5
體育			80	85	92			70	85	90
童子軍			77	78	90			60	80	95
操行			乙	乙	甲			乙	甲下	甲
備註										

學科 成績 姓名	陳曾澍 第一學期	第二學期	第三學期	第四學期	第五學期	潘本義 第一學期	第二學期	第三學期	第四學期	第五學期
公民			97	80.3	87			67	88.3	81
國文			78	74	62.3			68	77.4	78
英文			83	87	88			60	75	93
數學 算術										
代數			80	74				74	63	
幾何					68					77
三角										
博物										
生理衛生			83	92				68	98	
生物										
化學			74	74				79	75	
物理					60					91
歷史			88	80	92			86	82	93
地理			67	80	70			72	87	80
勞作			90	75	80			85	78	82
美術			85	80	85			78	82	85
音樂			78	80	80			79	85	90
總分				876.3	772.3				890.7	850
平均			82.1	79.6	77.2			74.2	80.9	85
體育			70	77	60			70	70	78
童子軍			85	70	60			62	66	70
操行			乙	乙	乙上			乙	丙下	乙
備考										

南京市立第六中學三十　年度第　學期中　年級　組學生成績表

學科＼成績＼姓名	徐 第一學期	第二學期	富 第三學期	第四學期	恩 第五學期
公民			78	71.3	78
國文			73	67.6	67
英文			60	63	88
數學 算術					
數學 代數			81	72	
數學 幾何					63
數學 三角					
博物					
生理衛生			72	95	
生物					
化學			68	77	
物理					87
歷史			78	75	91
地理			90	89	80
勞作			92	78	80
美術			82	80	85
音樂			76	85	85
總分				852.9	804
平均			77.3	77.5	80.4
體育			75	77	65
童子軍			75	68	65
操行			丙	甲下	乙上
備註					

南京市立第一女子中學學生報到表

初中一年級第二學期甲組

姓名	錢國安	性別	女	籍貫	江蘇省(市)鎮江縣
年齡	民國廿四年二月三日生	填表年月日		民國三十七年二月廿四日	
現在通訊處	般高巷十二號	永久通訊處		許家巷二區電信管理局錢永亨轉	
入校前 曾在	南京市立高崗里國民學校(肄業 年)畢業				
入校前 又在	學校(肄業 年)畢業				
入本校年月日	民國三十六年九月 日到校	入本校年級		初中部一年級甲組	

家長姓名	錢永亨	字	嘉會	年齡	四十七	性別	男	籍貫	江蘇鎮江縣
職業	電信	服務處所	交通部二區電信管理局	與學生之關係	父女				
住址	般高巷十二號	電話	21141	通訊處	許家巷二區電信管理局				
保証人姓名	朱國楨	字	士希	年齡	50	性別	男	籍貫	江蘇省(市)崇明縣
職業	電信	服務處所	二區電信管理局	與學生之關係	父執				
在京住址	小大匠巷和會村	電話		通訊處	許家巷二區電信管理局				

南京市立第一女子中學學生報到表

初中一年級第二學期甲組

姓名	湯亜美	性別	女	籍貫	~~丹陽~~ 江苏省(市)丹陽縣
年齡	民國二十四年十月十六日生	填表年月日		民國三十七年二月二十四日	
現在通訊處	慧圓街二十三号	永久通訊處		仝上	
入校前 曾在	慧圓街國民學校(肄業 戌 年)畢業				
入校前 又在	學校(肄業 年)畢業				
入本校年月日	民國三十六年九月一日到校	入本校年級		初中部初上年級甲組	

家長姓名	湯哲從	字	澤民	年齡	46	性別	男	籍貫	江苏省(市)丹陽縣
職業	商	服務處所	朱雀路	與學生之關係	父女				
住址	仝上	電話		通訊處	仝上				
保証人姓名	張伯琴	字		年齡	33	性別	男	籍貫	江苏省(市)鎮江縣
職業	商	服務處所	朱雀路	與學生之關係	世誼				
在京住址	朱雀路80号	電話		通訊處	仝上				

南京市立第一女子中學學生報到表（一九四八年二月二十四日）

檔號：1009-1-1368

南京市立第一女子中學學生報到表

初中一年級第下學期甲組

姓名	馬元生	性別	女	籍貫	南京 省市 縣				
年齡	民國二十五年一月廿五日生			填表年月日	民國卅七年二月廿四日				
現在通訊處	集慶路七十五号			永久通訊處	仝上				
入校前	曾在	荷花塘國民学校學校（肄業 年）畢業							
	又在	荷花塘國民學校（肄業 年）畢業							
入本校年月日	民國卅六年八月 日到校			入校時年級	初中部一年級甲組				
家長姓名	馬壽卿	字	宗慶	年齡	卅三	性別	男	籍貫	南京 省市 縣
職業	政	服務處所	財政局			與學生之關係	父女		
住址	集慶路七十五号	電話		通訊處	集慶路七十五号				
保証人姓名	竇学勤	字		年齡	二十七	性別	男	籍貫	南京 省市 縣
職業	政	服務處所	經濟部中央地質調查所			與學生之關係	友誼		
在京住址	小九兒巷32号	電話		通訊處	小九兒巷32号				

南京市立第一女子中學學生報到表

初中一年級第二學期甲組

姓名	丁戴瑶	性別	初二甲	籍貫	江蘇 省市 宝应 縣				
年齡	民國二十三年三月二十二日生			填表年月日	民國三十七年二月24日				
現在通訊處	南京内桥湾二十八号			永久通訊處	宝应縣中山路四十八号				
入校前	曾在	宝应中心小学學校（肄業 年）~~畢業~~							
	又在	宝应斗拔镇中心国民学校學校（~~肄業~~ 年）畢業							
入本校年月日	民國三十六年9月1日到校			入校時年級	初中部一年級甲組				
家長姓名	丁伸高	字	丁引泉	年齡	四十四	性別	男	籍貫	江蘇 省市 宝应縣
職業	本市市立小学	服務處所	南京双塘13号			與學生之關係	父女		
住址	南京内桥湾二十八号	電話		通訊處					
保証人姓名	衡則祥	字		年齡	四十三	性別	男	籍貫	江蘇 省市 宝应縣
職業	本市市立小學教	服務處所	南京双塘13号			與學生之關係	師生		
在京住址	南京双塘13号	電話		通訊處					

南京市立第一女子中學學生報到表

初中一年級第二學期甲組

姓名	錢韻声	性別	女	籍貫	山東省博山縣		
年齡	民國22年7月19日生			填表年月日	民國卅七年二月二十四日		
現在通訊處	南京南捕所34号			永久通訊處			
入校前 曾在	山東省博山縣恰園力			學校(肄業五年級 年)畢業			
入校前 又在	南京評事街第一国民			學校(肄業 年)畢業			
入本校年月日	民國卅六年九月一日到校			入校時年級	初中部一年級甲組		
家長姓名	錢輔庭	字		年齡	40	性別 男	籍貫 山東省博山縣
職業	商	服務處所	昇州路2号	與學生之關係	父女		
住址	本京南捕所34号	電話		通訊處			
保證人姓名	韋星三	字		年齡	36	性別 男	籍貫 山東省博山縣
職業	商	服務處所	昇州路2号	與學生之關係	鄉誼		
在京住址	昇州路2号	電話		通訊處			

南京市立第一女子中學學生報到表

初中部一年級第 學期甲組

姓名	堵桂红	性別	女	籍貫	南京市		
年齡	民國二十四年二月十九日生			填表年月日	民國卅七年二月二十四		
現在通訊處	琥珀巷16号			永久通訊處	建康路543号		
入校前 曾在	建康路小學			學校(肄業 卅五年)畢業			
入校前 又在				學校(肄業 年)畢業			
入本校年月日	民國卅六年九月1日到校			入校時年級	初中部一年級甲組		
家長姓名	堵文奎	字		年齡	36	性別 男	籍貫 南京市
職業	商	服務處所	建康路543号	與學生之關係	父女		
住址	琥珀巷16号	電話		通訊處	琥珀巷16号		
保證人姓名	陶開鴻	字		年齡	37	性別 男	籍貫 南京市
職業	商	服務處所	白下路	與學生之關係	鄰居		
在京住址	白下路	電話		通訊處	白下路		

南京市立第一女子中學學生報到表

初中八下年級第八學期甲組

姓名	劉蕙蘭	性別	女	籍貫	南京 省市 縣				
年齡	民國22年3月25日生	填表年月日	民國37年2月26日						
現在通訊處	南京小彩霞街25号	永久通訊處	仝上						
入校前	曾在	本京私立育群中学 學校（肄業 八上年級 年）畢業							
	又在	學校（肄業 年）畢業							
入本校年月日	民國36年9月1日到校	入校時年級	初中部八上年級甲組						
家長姓名	劉建忠	字	沛泉	年齡	46	性別	男	籍貫	江蘇省 南京市 縣
職業	商	服務處所	本京戶部街1号	與學生之關係	父女				
住址	南京小彩霞街25号	電話	0	通訊處	本京小彩霞街25号				
保證人姓名	[illegible]發楹	字		年齡	45	性別	男	籍貫	南京市 縣
職業	商	服務處所	本京昇州路150号	與學生之關係	親戚				
住家住址	昇州路150号	電話		通訊處	本京昇州路150号				

南京市立第一女子中學學生報到表

初中壹年級第下學期甲組

姓名	錢祖芬	性別	女	籍貫	江蘇省 宜興縣				
年齡	民國二十年十月十日生	填表年月日	民國卅七年二月廿四日						
現在通訊處	南京毛家93号	永久通訊處							
入校前	曾在	南京市私立益世小學 學校（~~肄業~~ 年）畢業							
	又在	宜兴国民學校 學校（肄業 年）畢業							
入本校年月日	民國卅六年九月一日到校	入校時年級	初中部一上年級甲組						
家長姓名	錢少靖	字		年齡	四五	性別	男	籍貫	江蘇省 宜兴縣
職業	商	服務處所	南市白下路中國銀行	與學生之關係	父女				
住址	南京市毛家苑93号	電話		通訊處					
保證人姓名	楊学郭	字		年齡	四六	性別	男	籍貫	江蘇省 無錫縣
職業	商	服務處所	南京白下路中国銀行	與學生之關係	親戚				
住家住址	南京市毛家苑93号	電話	—	通訊處	—				

南京市立第一女子中學學生報到表

初中一下年級第二學期甲組

姓名	熊慶雲	性別	女	籍貫	江蘇 省/市 南京 縣
年齡	民國二十七年七月一日生	填表年月日	民國三十七年二月二十四日		
現在通訊處	鳴羊街56號	永久通訊處			
校前 曾在	重慶金剛寺小學	（肄業）	年畢業		
校前 又在	南京砂珠巷小學	（肄業）	年畢業		
入本校年月日	民國三十六年九月一日到校	入校時年級	初中部初一上年級甲組		
家長姓名	熊心田 字 飛	年齡	六十九	性別	男	籍貫	江蘇 省 南京 縣
職業	教育	服務處所	南京市立第一女中	與學生之關係	祖父孫女
住址	鳴羊街56號	電話		通訊處	
保證人姓名	沈坤靈 字	年齡	四十六	性別	女	籍貫	江蘇 省 南京 縣
職業	教育	服務處所	長樂路小學	與學生之關係	友誼
在京住址	集慶路76號	電話		通訊處	

南京市立第一女子中學學生報到表

初中一年級第二學期甲組

姓名	沈怡源	性別	女	籍貫	安徽 省 廣德 縣
年齡	民國23年8月26日生	填表年月日	民國37年2月24日		
現在通訊處	集慶路103號	永久通訊處	仝左		
校前 曾在	胭脂巷国民小学	（肄業）	年畢業		
校前 又在	本校	（肄業）	年畢業		
入本校年月日	民國36年9月1日到校	入校時年級	初中部一年級甲組		
家長姓名	沈鍾修 字	年齡	37	性別	男	籍貫	安徽 省 廣德 縣
職業	工程司	服務處所	津浦鉄路工務組	與學生之關係	父女
住址	浦口建築段	電話		通訊處	仝左
保證人姓名	梅振華 字	年齡	48	性別	女	籍貫	南京
職業	学	服務處所	曾公祠小学	與學生之關係	親戚
在京住址	集慶路103号	電話		通訊處	仝左

南京市立第一女子中學學生報到表

初中一年級第二學期甲組

姓名	陳仁棣	性別	女	籍貫	浙江省市鄞縣		
年齡	民國21年6月5日生			填表年月日	民國37年2月24日		
現在通訊處	秦狀元巷8號			永久通訊處	秦狀元巷8號		
入校前 曾在	同壽學校(肄業 32年)畢業						
入校前 又在	學校(肄業 年)畢業						
入本校年月日	民國36年9月1日到校			入校時年級	初中部 一上年級 甲組		
家長姓名	陳祖謹	字		年齡	57	性別	男
籍貫	浙江省市鄞縣						
職業	商	服務處所	青島	與學生之關係	父女		
住址		電話		通訊處			
保證人姓名	董甫三	字		年齡	57	性別	男
籍貫	浙江省市鄞縣						
職業	商	服務處所	本市	與學生之關係	舅甥		
在京住址	中華路二六四號	電話		通訊處	仝上		

南京市立第一女子中學學生報到表

初中一下年級第二學期甲組

姓名	董珍	性別	女	籍貫	南京省市縣		
年齡	民國二十二年六月二日生			填表年月日	民國卅七年二月二十四日		
現在通訊處	四聖堂2號			永久通訊處			
入校前 曾在	大士庙小学毕业 學校(肄業 年)畢業						
入校前 又在	學校(肄業 年)畢業						
入本校年月日	民國卅六年九月六日到校			入校時年級	初中部 一上年級 甲組		
家長姓名	董馬氏	字		年齡	56	性別	女
籍貫	南京市縣						
職業	縫紉	服務處所	四聖堂2號	與學生之關係	母女		
住址	四聖堂2號	電話		通訊處	四聖堂2號		
保證人姓名	馬玉書	字		年齡	33	性別	男
籍貫	南京市縣						
職業	教員	服務處所	培育中学	與學生之關係	舅甥		
在京住址	四聖堂2號	電話		通訊處	四聖堂2號		

南京市立第一女子中學學生報到表

初中一年級第二學期甲組

姓名	高慶芬	性別	女	籍貫	山東省博山縣				
年齡	民國21年6月17日生			填表年月日	民國37年2月24日				
現在通訊處	丁官營8号			永久通訊處					
入校前 曾在	山东博山縣進德女學校（肄業 四五年级 年）畢業								
入校前 又在	南京評事街第一國民學校（肄業 年）畢業								
入本校年月日	民國36年9月1日到校			入校時年級	初中部一年級甲組				
家長姓名	高慶祖	字	高和亭	年齡	41	性別	男	籍貫	山东省博山縣
職業	商	服務處所	昇州路2号			與學生之關係	兄妹		
住址	南京丁官營8號	電話	—			通訊處			
保證人姓名	龐嶧峯	字		年齡	42	性別	男	籍貫	山东省博山縣
職業	商	服務處所	昇州路2号			與學生之關係	親属		
在京住址	南捕廳32号	電話				通訊處			

南京市立第一女子中學學生報到表

初中一年級第下學期甲組

姓名	呂寿和	性別	女	籍貫	江苏省江寧縣				
年齡	民國廿二年三月廿日生			填表年月日	民國卅七年二月廿四日				
現在通訊處	洋珠巷14号			永久通訊處	仝上				
入校前 曾在	南京船板巷國民学校（肄業 年）畢業								
入校前 又在	（肄業 年）畢業								
入本校年月日	民國卅年七月 日到校			入校時年級	初中部一年級甲組				
家長姓名	呂國藩	字	介人	年齡	41	性別	男	籍貫	江苏省江寧縣
職業	銀行	服務處所	四联總處			與學生之關係	父女		
住址	洋珠巷14号	電話				通訊處			
保證人姓名	李	字		年齡	卅七	性別	男	籍貫	南京市
職業	銀行	服務處所	四联總處			與學生之關係	朋友		
在京住址		電話				通訊處			

南京市立第一女子中學學生報到表

初中一年級第二學期甲組

姓名	畢慧娟	性別	女	籍貫	浙江鄞縣 省/市 鄞 縣			
年齡	民國二十一年十二月 六 日生			填表年月日	民國卅七年 二月 二十四日			
現在通訊處	節子巷42号			永久通訊處	仝上			
入校前 曾在	育群中學附小 學校(肄業 年)畢業							
入校前 又在	. 學校(肄業 年)畢業							
入本校年月日	民國卅六年九月一			入校時年級	初中部一上年級甲組			
家長姓名	畢賡元	字	競新	年齡	45	性別	男	籍貫 浙江 省/市 鄞 縣
職業	銀樓	服務處所	楊慶和		與學生之關係	父女		
住址	建康路			電話		通訊處	仝上	
保證人姓名	王維勛	字		年齡	卅六	性別	男	籍貫 湖南 省/市 縣
職業	銀樓	服務處所	仝上		與學生之關係	親戚		
在京住址	仝上			電話		通訊處	仝上	

南京市立第一女子中學學生報到表

初中一年級第二學期甲組

姓名	柯綺雲	性別	女	籍貫	南京 省/市 縣			
年齡	民國23年3月1日生			填表年月日	民國37年2月24日			
現在通訊處	水西门倉巷39号			永久通訊處	水西门倉巷39号			
入校前 曾在	顏料坊國民学校 學校(肄業 五下 年)畢業							
入校前 又在	大丁家巷國民学校 學校(肄業 六下 年)畢業							
入本校年月日	民國36年9月25日到校			入校時年級	初中部一年級丙組			
家長姓名	柯振声	字	五仲	年齡	46	性別	男	籍貫 南京 省/市 縣
職業	教	服務處所	第二区中心國民学校		與學生之關係	父女		
住址	水西门倉巷39号			電話	·	通訊處	水西門倉巷39号	
保證人姓名	孫[illegible]	字	百川	年齡	32	性別	男	籍貫 南京 省/市 縣
職業	醫	服務處所	水西門倉巷37号		與學生之關係	舅甥		
在京住址	水西门倉巷37号			電話		通訊處	水西门倉巷37号	

南京市立第一女子中學學生報到表

初中一下年級第二學期甲組

姓名	萬雪珠	性別	女	籍貫	南京 省/市 縣
年齡	民國二十二年12月19日生	填表年月日	民國三十七年二月二十四日		
現在通訊處	許家巷20号	永久通訊處	許家巷20号		
入校前 曾在	孝棚小学畢業學校（肄業三十六年）畢業				
入校前 又在	本校學校（肄業三十六年）畢業				
入本校年月日	民國三十六年六月一日到校	入校時年級	中部一上年級丙組		
家長姓名	萬金生	字	國旺	年齡	46	性別	男	籍貫	南京 省/市 縣
職業	商	服務處所	協大祥布店	與學生之關係	父女
住址	許家巷20号	電話		通訊處	
保証人姓名	朱仲奎	字		年齡	六十四	性別	男	籍貫	南京 省/市 縣
職業	賦閒	服務處所		與學生之關係	親屬
在京住址	許家巷20号	電話		通訊處	

南京市立第一女子中學學生報到表

初中一下年級第二學期甲組

姓名	沈鎔	性別	女	籍貫	浙江餘姚 省/市 縣
年齡	民國二十一年十二月三十日生	填表年月日	民國三十七年二月二十四日		
現在通訊處	廚子營42号	永久通訊處	廚子營42号		
入校前 曾在	上海第十七区國民學校學校（肄業 年）畢業				
入校前 又在	上海第十七区國民學校學校（肄業 年）畢業				
入本校年月日	民國 年 月 日到校	入校時年級	初中部一上年級丙組		
家長姓名	沈振家	字	燿庭	年齡	39.	性別	男	籍貫	浙江 省/市 餘姚 縣
職業	世康銀行	服務處所	重慶	與學生之關係	父女
住址	廚子營42号	電話		通訊處	一
保証人姓名	查堯城	字		年齡	30	性別	男	籍貫	浙江 省/市 嘉善 縣
職業	中央電影製片廠	服務處所	玄武湖	與學生之關係	舅
在京住址	韋牛巷40号	電話		通訊處	韋牛巷40号

南京市立第一女子中學學生報到表

初中一下年級第二學期甲組

姓名	金漢文	性別	女	籍貫	南京 省市	縣
年齡	民國廿二年八月廿五日生	填表年月日	民國卅七年二月廿五日			
現在通訊處	丁家橋中央大學	永久通訊處	門西小船板巷19號			
入校前 曾在	本校	學校(肄業 一 年)畢業				
入校前 又在	本校	學校(肄業 年)畢業				
入本校年月日	民國卅五年九月一日到校	入校時年級	初中部一年級甲組			
家長姓名	金光煥	字		年齡 卅一	性別 男	籍貫 南京省市 縣
職業	學	服務處所	國立中央大學	與學生之關係	父女	
住址	丁家橋中央大學	電話		通訊處	丁家橋中央大學	
保證人姓名	蕭松存	字		年齡 卅三	性別 男	籍貫 南京省市 縣
職業	商	服務處所	本宅	與學生之關係	親戚	
在京住址	集慶路136號	電話		通訊處	集慶路136號	

南京市立第一女子中學學生報到表

初中壹年級第二學期甲組

姓名	王穗誠	性別	女	籍貫	南京 省市	縣
年齡	民國25年6月14日生	填表年月日	民國37年3月　日			
現在通訊處	大石埧街69號	永久通訊處	全上			
入校前 曾在	第四區中心國民學校畢業	學校(肄業 年)畢業				
入校前 又在	第一補習學校肄業	學校(肄業 年)畢業				
入本校年月日	民國　年　月　日到校	入校時年級	中部　年級　組			
家長姓名	王芷湘	字		年齡 47	性別 男	籍貫 南京省市 縣
職業	教育	服務處所	第四區中心國民學校	與學生之關係	父女	
住址	大石埧街69號	電話		通訊處		
保證人姓名	孫良驥	字		年齡 48	性別 男	籍貫 南京省市 縣
職業	教育	服務處所	金大附中	與學生之關係	師生	

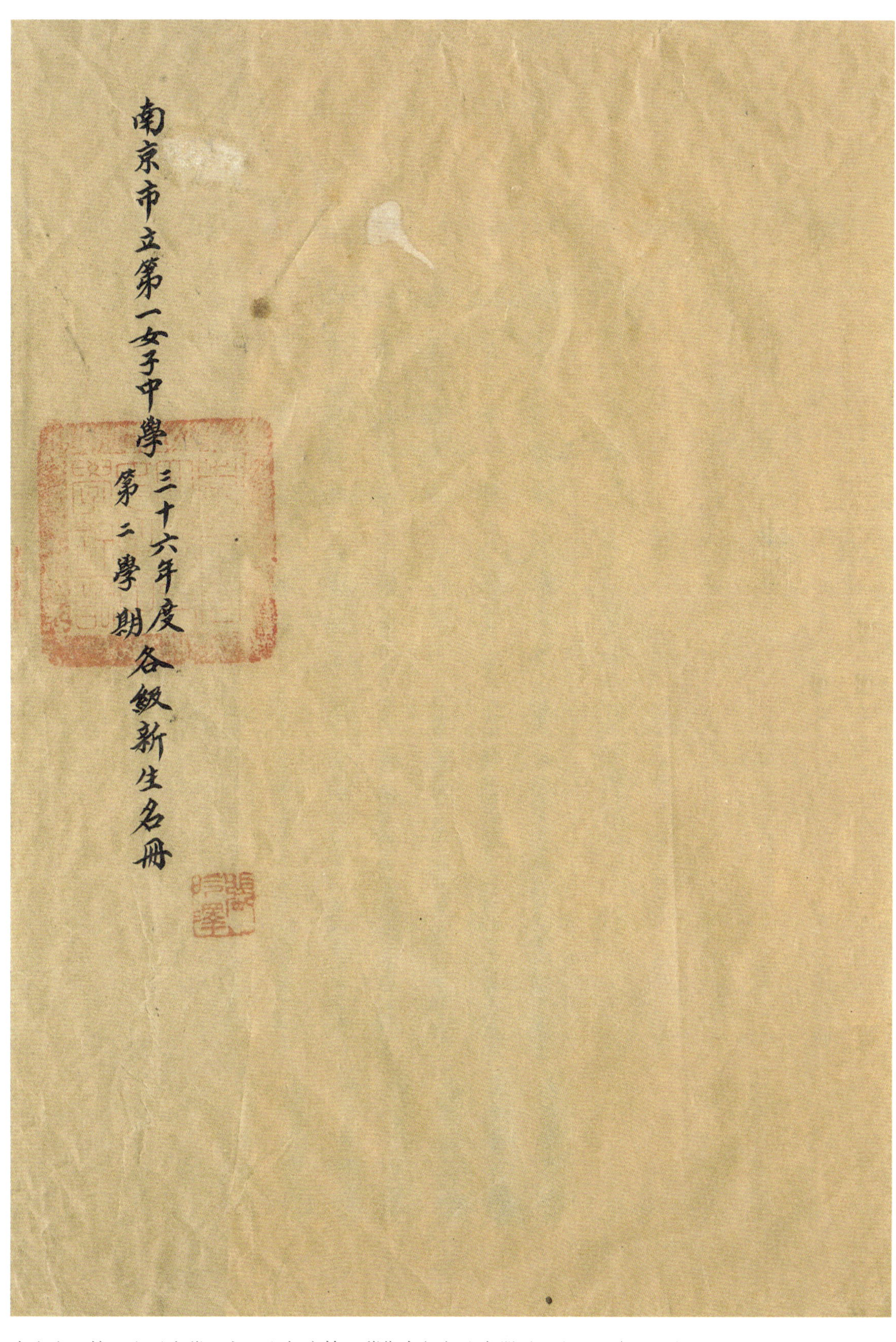
南京市立第一女子中學三十六年度第二學期各級新生名册

南京市立第一女子中學一九四七年度第二學期各級新生名册（一九四八年四月）
檔號：1009-1-274

南京市立第一女子中學三十六年度第二學期各級新生名冊

學號	年級組別	姓名	年齡	籍貫	入校年月	學歷	備考
268	高一上	吳慕琬	一七	南京	三十七年二月	南京市立一女中初中畢業	証件（高字第壹號）
271	高一上	徐明	一七	南京	三十七年二月	南京市立一女中初中畢業	証件（高字第貳號）
277	高一上	胡慧琳	一六	南京	三十七年二月	南京市立一女中初中畢業	証件（高字第叁號）
302	高一上	姚學慧	一六	南京	三十七年二月	南京市立一女中初中畢業	証件（高字第肆號）
320	高一上	許順如	一七	南京	三十七年二月	南京市立一女中初中畢業	証件（高字第伍號）
330	高一上	韋淑華	一八	南京	三十七年二月	南京市立一女中初中畢業	証件（高字第陸號）
334	高一上	王裕珍	一七	南京	三十七年二月	南京市立一女中初中畢業	証件（高字第柒號）
339	高一上	李綺賢	一八	南京	三十七年二月	南京市立一女中初中畢業	証件（高字第捌號）
349	高一上	洪金玉	一八	南京	三十七年二月	南京市立一女中初中畢業	証件（高字第玖號）
353	高一上	張國嵐	一六	南京	三十七年二月	南京市立一女中初中畢業	証件（高字第拾號）

學號	年級組別	姓名	年齡	籍貫	入校年月	學歷	備考
380	高一上	賀彩苓	十八	江蘇六合	三十七年二月	南京市立一女中初中畢業	證件（高字第拾壹號）
769	高一上	陳宗琇	十七	南京	三十七年二月	南京市立一女中初中畢業	證件（高字第拾貳號）
784	高一上	孫贊之	十五	南京	三十七年二月	南京市立一女中初中畢業	證件（高字第拾叁號）
793	高一上	施克琳	十八	南京	三十七年二月	南京市立一女中初中畢業	證件（高字第拾肆號）
795	高一上	張珍鑠	十七	安徽無為	三十七年六月	南京市立一女中初中畢業	證件（高字第拾伍號）
797	高一上	陶家祥	十六	南京	三十七年二月	南京市立一女中初中畢業	證件（高字第拾陸號）
800	高一上	朱徽琛	十六	湖南長沙	三十七年二月	南京市立一女中初中畢業	證件（高字第拾柒號）
802	高一上	張新勇	十七	河北邢台	三十七年二月	南京市立一女中初中畢業	證件（高字第拾捌號）
810	高一上	朱淑琳	十八	湖南長沙	三十七年二月	南京市立一女中初中畢業	證件（高字第拾玖號）
812	高一上	黃喬强	十七	安徽合肥	三十七年二月	南京市立一女中初中畢業	證件（高字第貳拾號）

南京市立第一女子中學三十六年度第二學期各級新生名冊

	學號	年級組別	姓名	年齡	籍貫	入校年月	學歷	備考
准	813	高一上	崔曉波	一八	河北	三十七年二月	南京市立一女中初中畢業	証件（高字第貳壹號）
准	817	高一上	李泰嫻	一七	湖北孝感	三十七年二月	南京市立一女中初中畢業	証件（高字第貳貳號）
准	820	高一上	方艷湘	一七	江西龍游	三十七年二月	南京市立一女中初中畢業	証件（高字第貳叁號）
准	821	高一上	陳文慕	一七	浙江紹興	三十七年二月	南京市立一女中初中畢業	証件（高字第貳肆號）
准	823	高一上	張夏珍	一六	浙江上虞	三十七年二月	南京市立一女中初中畢業	証件（高字第貳伍號）
准	836	高一上	許麗華	一八	南京	三十七年二月	南京市立一女中初中畢業	証件（高字第貳陸號）
准	838	高一上	金秉方	一七	南京	三十七年二月	南京市立一女中初中畢業	証件（高字第貳柒號）
准	839	高一上	徐宗英	一七	南京	三十七年二月	南京市立一女中初中畢業	証件（高字第貳捌號）
准	851	高一上	鄭衍範	一八	浙江奉化	三十七年二月	南京市立一女中初中畢業	証件（高字第貳玖號）
准	853	高一上	熊淑寶	一七	南京	三十七年二月	南京市立一女中初中畢業	証件（高字第叁拾號）

學號	年級組別	姓名	年齡	籍貫	入校年月	學歷	備考
1208 准	高一上	吳毓華	一八	江蘇阜寧	卅七年二月	南京市立八中初中畢業	証件（高字第叁壹號）
1212 准	高一上	黃行素	一七	湖北沔縣	卅七年二月	南京市立八中初中畢業	証件（高字第叁貳號）
1678	高一上	鄔麗華	一六	南京	卅七年二月	重慶市立二中小龍坎分校初三下肄業	同等學力
1679 准	高一上	袁鎮光	一四	湖北武昌	卅七年二月	中大師範學院附中畢業	証件（高字第叁叁號）
1680	高一上	張國珍	一七	浙江杭縣	卅七年二月	省立杭州初級中學畢業	証件（高字第叁肆號）
1681	高一上	蔡辰眉	一七	湖南湘潭	卅七年二月	湘潭縣立初級中學畢業	証件（高字第叁伍號）
1682 准	高一上	藍澄平	一六	南京	卅七年二月	中大師範學院附中畢業	証件（高字第叁陸號）
340 准	高一上	夏靜芝	一八	南京	卅七年二月	南京市立八中初中畢業	証件（高字第叁柒號）

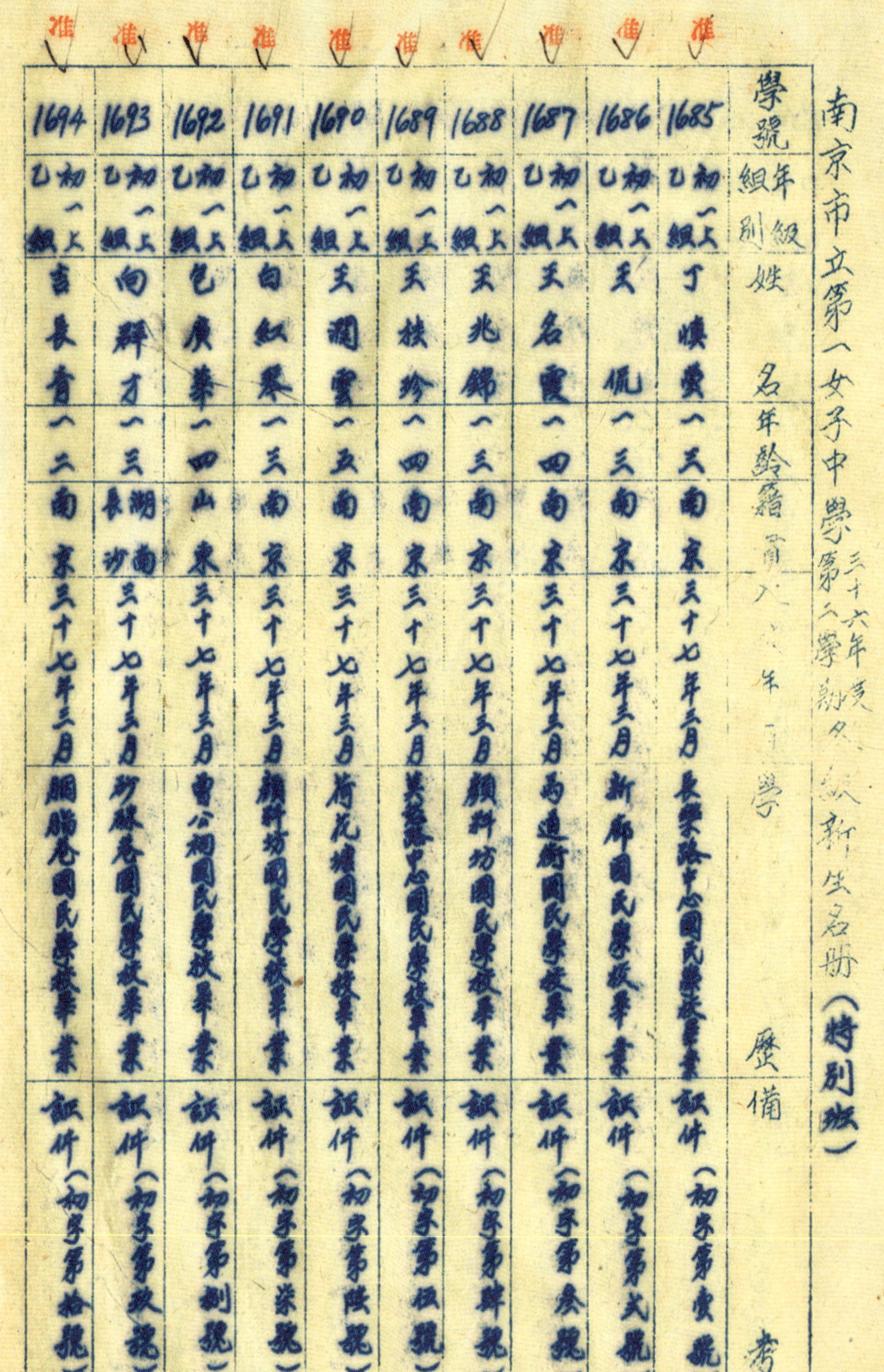

南京市立第一女子中學三十六年度第二學期　級新生名冊（特別班）

學號	年級組別	姓名	年齡	籍貫	入學年月	學歷	備考
1685	初一上乙組	丁慎賓	一六	南京	三十七年三月	長樂路中心國民學校畢業	証件（初字第壹號）
1686	初一上乙組	吳　佩	一三	南京	三十七年三月	新廊國民學校畢業	証件（初字第貳號）
1687	初一上乙組	吳名霞	一四	南京	三十七年三月	馬道街國民學校畢業	証件（初字第叁號）
1688	初一上乙組	吳兆錦	一三	南京	三十七年三月	顏料坊國民學校畢業	証件（初字第肆號）
1689	初一上乙組	吳枝珍	一四	南京	三十七年三月	莫愁路中心國民學校畢業	証件（初字第伍號）
1690	初一上乙組	吳潤雲	一五	南京	三十七年三月	荷花塘國民學校畢業	証件（初字第陸號）
1691	初一上乙組	白紉琴	一三	南京	三十七年三月	顏料坊國民學校畢業	証件（初字第柒號）
1692	初一上乙組	包庚華	一四	山東	三十七年三月	曹公祠國民學校畢業	証件（初字第捌號）
1693	初一上乙組	向群才	一三	湖南長沙	三十七年三月	砂珠巷國民學校畢業	証件（初字第玖號）
1694	初一上乙組	吉長青	一二	南京	三十七年三月	胭脂巷國民學校畢業	証件（初字第拾號）

准 准 准 准 准 准 准 准 准 准

准 准 准 准 准 准 准 准 准 准

學號	年級組別	姓名	年齡	籍貫	入學年月	學歷	備考
1695	初一上乙組	朱時行	一四	江蘇吳縣	三十七年三月	大光路國民學校畢業	證件（初字第拾壹號）
1696	初一上乙組	沃永芝	一三	江蘇江都	三十七年三月	評事街國民學校畢業	證件（初字第拾弍號）
1697	初一上乙組	何芝瑞	一三	南京	三十七年三月	顏料坊國民學校畢業	證件（初字第拾叁號）
1698	初一上乙組	李傑	一三	江蘇六合	三十七年三月	評事街國民學校六年肄業	同等學力
1699	初一上乙組	李鳳祿	一四	南京	三十七年三月	孝[illegible]國民學校畢業	證件（初字第拾肆號）
1700	初一上乙組	貝宏德	一三	南京	三十七年三月	高[illegible]國民學校畢業	證件（初字第拾伍號）
1701	初一上乙組	吳慧俠	一三	福建閩侯	三十七年三月	第六區中心國民學校畢業	證件（初字第拾陸號）
1702	初一上乙組	杭覺棨	一三	浙江蕭山	三十七年三月	信府河國民學校畢業	證件（初字第拾柒號）
1703	初一上乙組	周玉英	一三	南京	三十七年三月	第三區第三保國民學校畢業	證件（初字第拾捌號）
1704	初一上乙組	余平秀	一三	南京	三十七年三月	顏料坊國民學校畢業	證件（初字第拾玖號）

南京市立第一女子中學三十六年度第二學期各級新生名冊

學號	年級組別	姓名	年齡	籍貫	入校年月日	學歷	備考	批示
1705	初一上乙組	房曉雲	一六	江蘇寶應	三十七年三月	寶應縣[illegible]國民學校畢業	試件（初字第貳拾號）	准
1706	初一上乙組	范清心	一四	江蘇宜興	三十七年三月	承恩寺國民學校畢業	試件（初字第貳壹號）	准
1707	初一上乙組	計瑞華	一四	南京	三十七年三月	夫子廟中心國民學校畢業	試件（初字第貳貳號）	准
1708	初一上乙組	馬繼蓉	一六	南京	三十七年三月	私立育群小學畢業	試件（初字第貳叁號）	准
1709	初一上乙組	鄒秉恕	一五	江蘇江寧	三十七年三月	私立益世小學畢業	試件（初字第貳肆號）	准
1710	初一上乙組	孫秀華	一五	南京	三十七年三月	漢口路國民學校畢業	試件（初字第貳伍號）	准
1711	初一上乙組	孫美玲	一二	南京	三十七年三月	新廟國民學校畢業	試件（初字第貳陸號）	准
1712	初一上乙組	高民駒	一六	江蘇泰縣	三十七年三月	慧園街國民學校畢業	試件（初字第貳柒號）	准
1713	初一上乙組	秦國芳	一四	南京	三十七年三月	徐家巷國民學校畢業	試件（初字第貳捌號）	准
1714	初一上乙組	夏肇福	一三	江西新建	三十七年三月	第三區中心國民學校畢業	試件（初字第貳玖號）	准

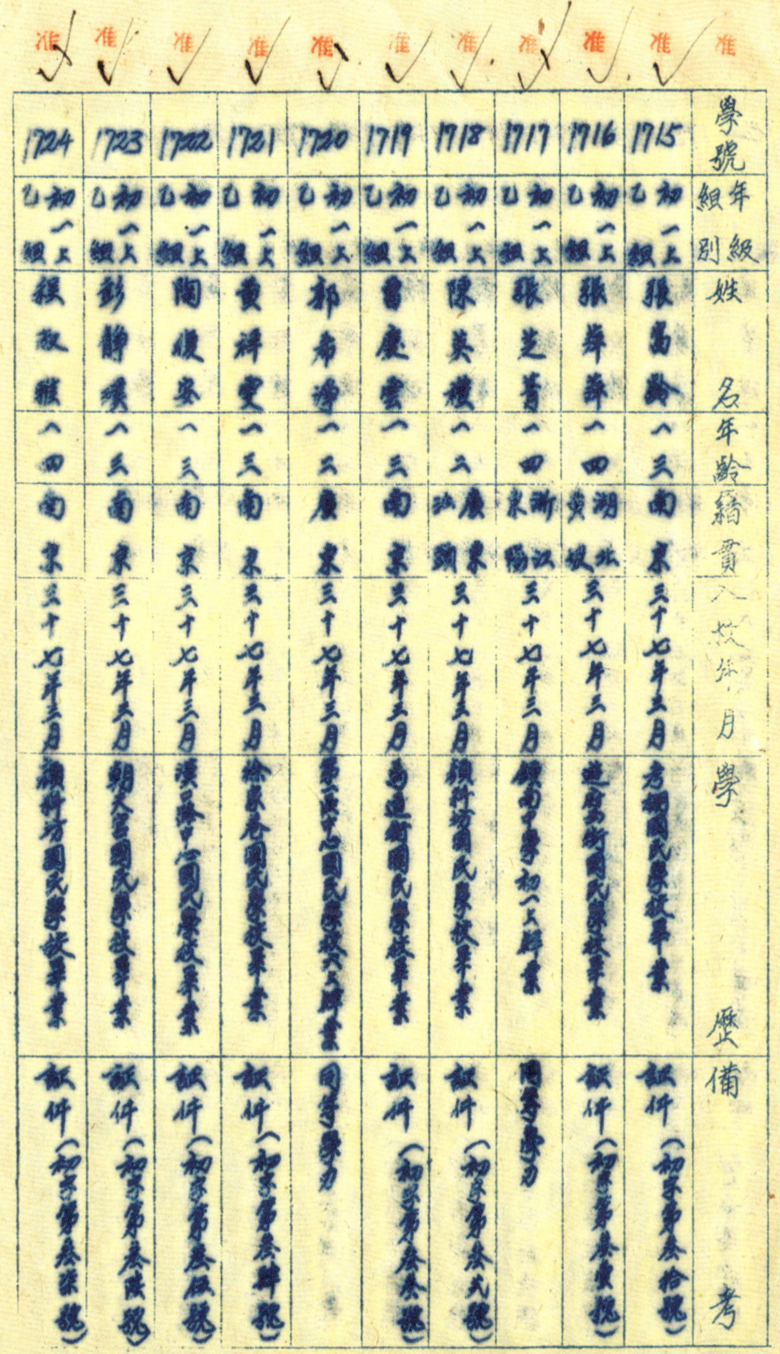

學號	年級組別	姓名	年齡	籍貫	入校年月	學歷	備考	
1715	初一(上)乙組	張昌齡	十三	南京	三十七年三月	考棚國民學校畢業	試件(初字第叁拾號)	准
1716	初一(上)乙組	張舜華	十四	湖北黃陂	三十七年三月	延[illegible]街國民學校畢業	試件(初字第叁壹號)	准
1717	初一(上)乙組	張芝菁	十四	浙江東陽	三十七年三月	鍾南中學初一(上)肄業	同等學力	准
1718	初一(上)乙組	陳英權	十六	廣東汕頭	三十七年三月	顏料坊國民學校畢業	試件(初字第叁弍號)	准
1719	初一(上)乙組	曾慶雲	十三	南京	三十七年三月	馬道街國民學校畢業	試件(初字第叁叁號)	准
1720	初一(上)乙組	郝希濤	十六	廣東	三十七年三月	東[illegible]中心國民學校六(上)肄業	同等學力	准
1721	初一(上)乙組	黃祥雯	十三	南京	三十七年三月	徐家巷國民學校畢業	試件(初字第叁肆號)	准
1722	初一(上)乙組	陶復安	十三	南京	三十七年三月	漢口路中心國民學校畢業	試件(初字第叁伍號)	准
1723	初一(上)乙組	彭靜瑛	十三	南京	三十七年三月	朝天宮國民學校畢業	試件(初字第叁陸號)	准
1724	初一(上)乙組	程淑媛	十四	南京	三十七年三月	顏料坊國民學校畢業	試件(初字第叁柒號)	准

南京市立第一女子中學三十六年度第二學期冬級新生名冊

學號	年級組別	姓名	年齡	籍貫	入校年月	學歷	備考	
1725	初一上乙組	游可華	一四	福建福州	三十七年三月	福建光澤縣女中學一年級肄業	同等學力	准
1726	初一上乙組	葛自琴	一五	安徽合肥	三十七年三月	鍋廠巷國民學校畢業	試件（初字第叁捌號）	准
1727	初一上乙組	葉治蘋	一三	南京	三十七年三月	船板巷國民學校畢業	試件（初字第叁玖號）	准
1728	初一上乙組	葉寶鳳	一四	南京	三十七年三月	六條巷國民學校畢業	試件（初字第肆拾號）	准
1729	初一上乙組	楊玉梅	一三	南京	三十七年三月	顏料坊國民學校畢業	試件（初字第肆壹號）	准
1730	初一上乙組	熊第明	一二	湖南益陽	三十七年三月	長沙市城東女學二年[illegible]國民學校畢業	試件（初字第肆貳號）	准
1731	初一上乙組	趙梅英	一五	江蘇[illegible]遠	三十七年三月	曹公祠國民學校畢業	試件（初字第肆叁號）	准
1732	初一上乙組	劉健	一三	南京	三十七年三月	顏料坊國民學校畢業	試件（初字第肆肆號）	准
1733	初一上乙組	劉春春	一三	江蘇鹽城	三十七年三月	評事街國民學校六年肄業	同等學力	准
1734	初一上乙組	潘家娣	一二	南京	三十七年三月	延齡巷國民學校畢業	試件（初字第肆伍號）	准

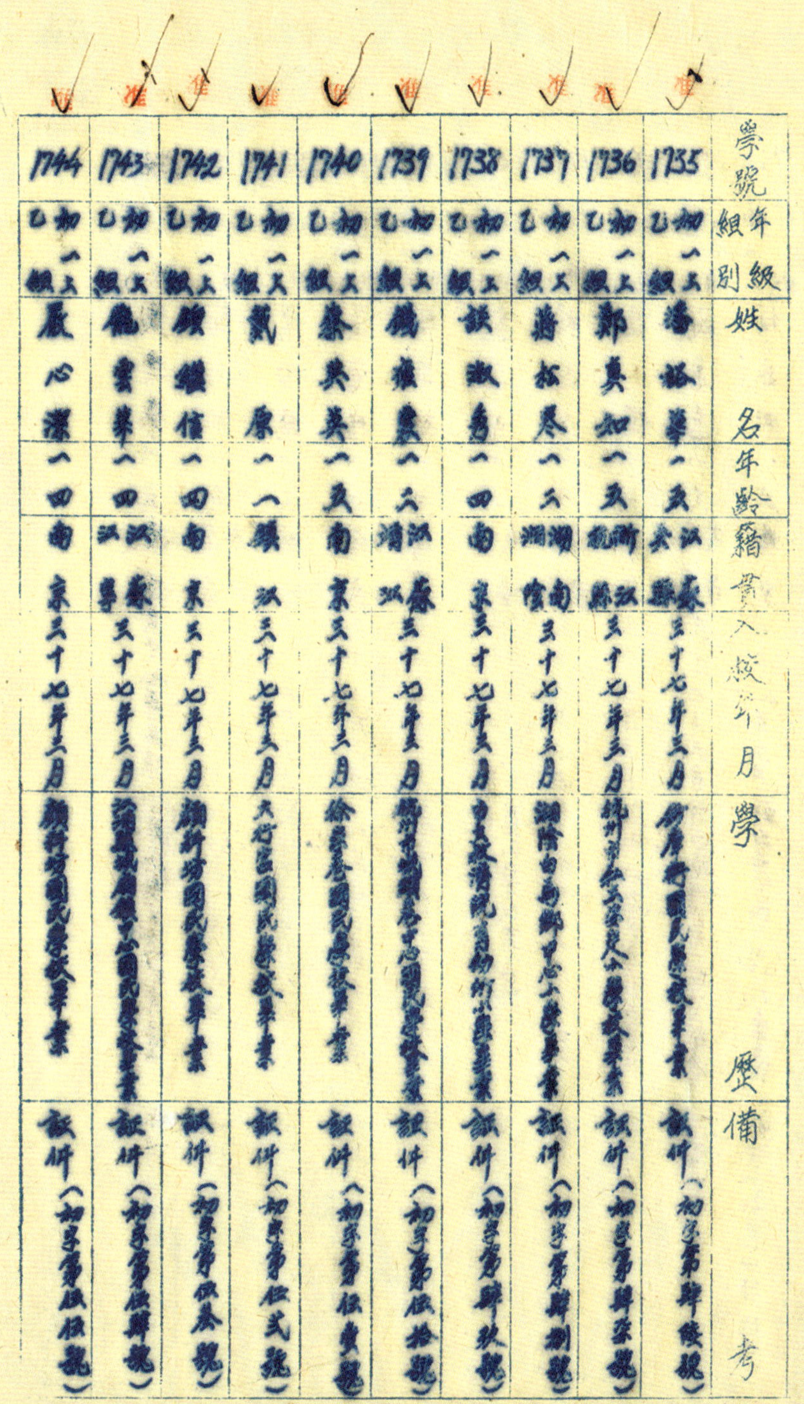

學號	年級組別	姓名	年齡	籍貫	入校年月	學歷	備考
1735	初一上乙組	潘振華	一五	江蘇吳縣	三十七年三月	[illegible]國民學校畢業	試件（初字第肆陸號）
1736	初一上乙組	鄭真如	一五	浙江杭縣	三十七年三月	杭州市私立[illegible]小學畢業	試件（初字第肆柒號）
1737	初一上乙組	蔣松泰	一六	湖南湘陰	三十七年三月	湘陰白馬鄉中心小學畢業	試件（初字第肆捌號）
1738	初一上乙組	談澂秀	一四	南京	三十七年三月	[illegible]小學畢業	試件（初字第肆玖號）
1739	初一上乙組	錢振震	一六	江蘇靖江	三十七年三月	靖江[illegible]中心國民學校畢業	試件（初字第伍拾號）
1740	初一上乙組	蔡英英	一五	南京	三十七年三月	徐家巷國民學校畢業	試件（初字第伍壹號）
1741	初一上乙組	戴康	一八	鎮江	三十七年三月	大行宮國民學校畢業	試件（初字第伍式號）
1742	初一上乙組	顧繼信	一四	南京	三十七年三月	顏料坊國民學校畢業	試件（初字第伍叁號）
1743	初一上乙組	魏雲華	一四	江蘇江寧	三十七年三月	江寧[illegible]中心國民學校畢業	試件（初字第伍肆號）
1744	初一上乙組	嚴心深	一四	南京	三十七年三月	顏料坊國民學校畢業	試件（初字第伍伍號）

准

南京市立第一女子中學三十六年度第二學期各級新生名冊

學號	年級組別	姓名	年齡	籍貫	入校年月	學歷	備考
1745	初一上乙組	黃奕華	十三	南京	三十七年三月	丁家巷國民學校畢業	貳件（初字第伍陸號）

以上高初中兩班新生計九十九名證件總計玖拾肆件

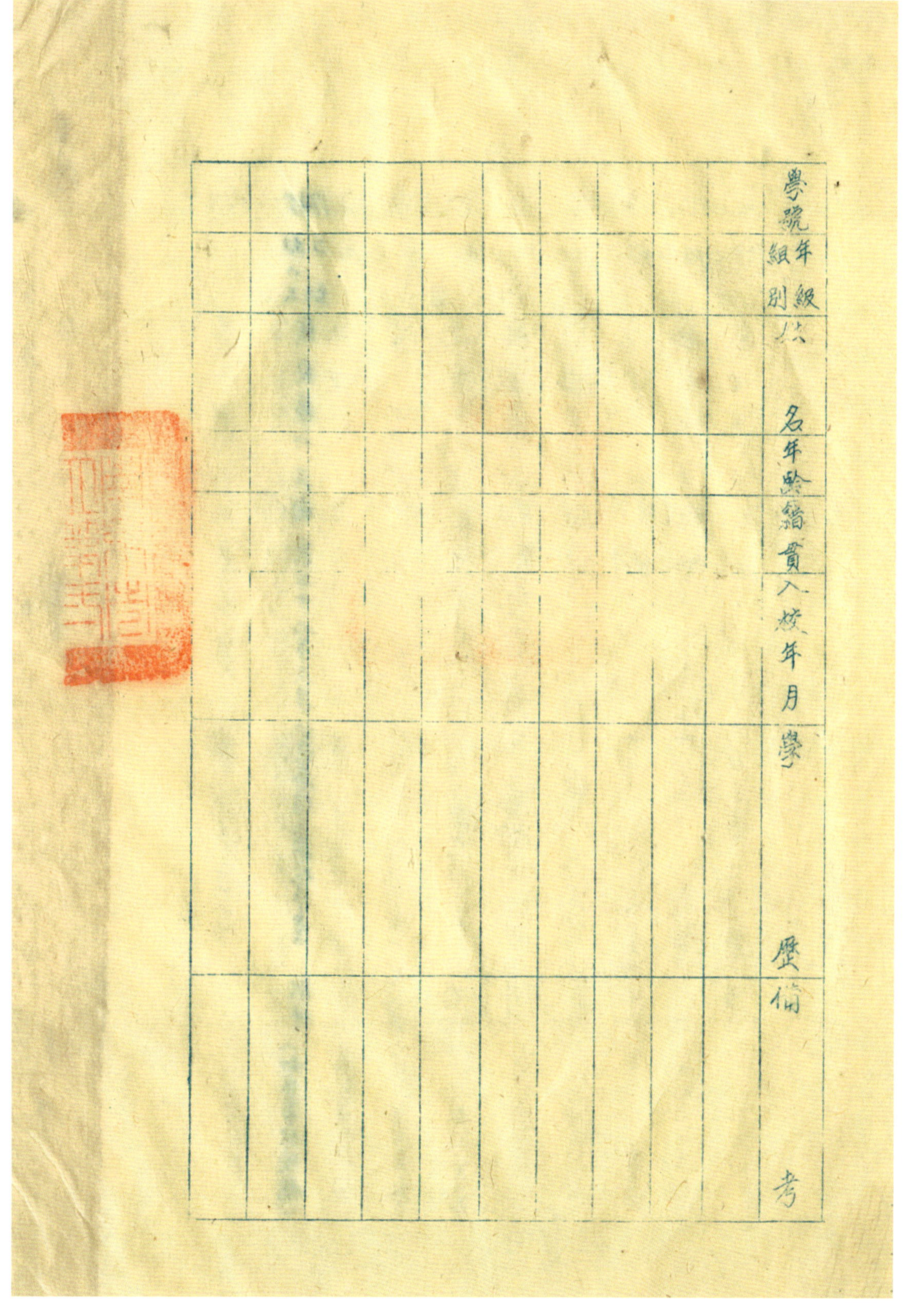

學號

年級組別

姓名

年齡

籍貫

入校年月

學歷

備考

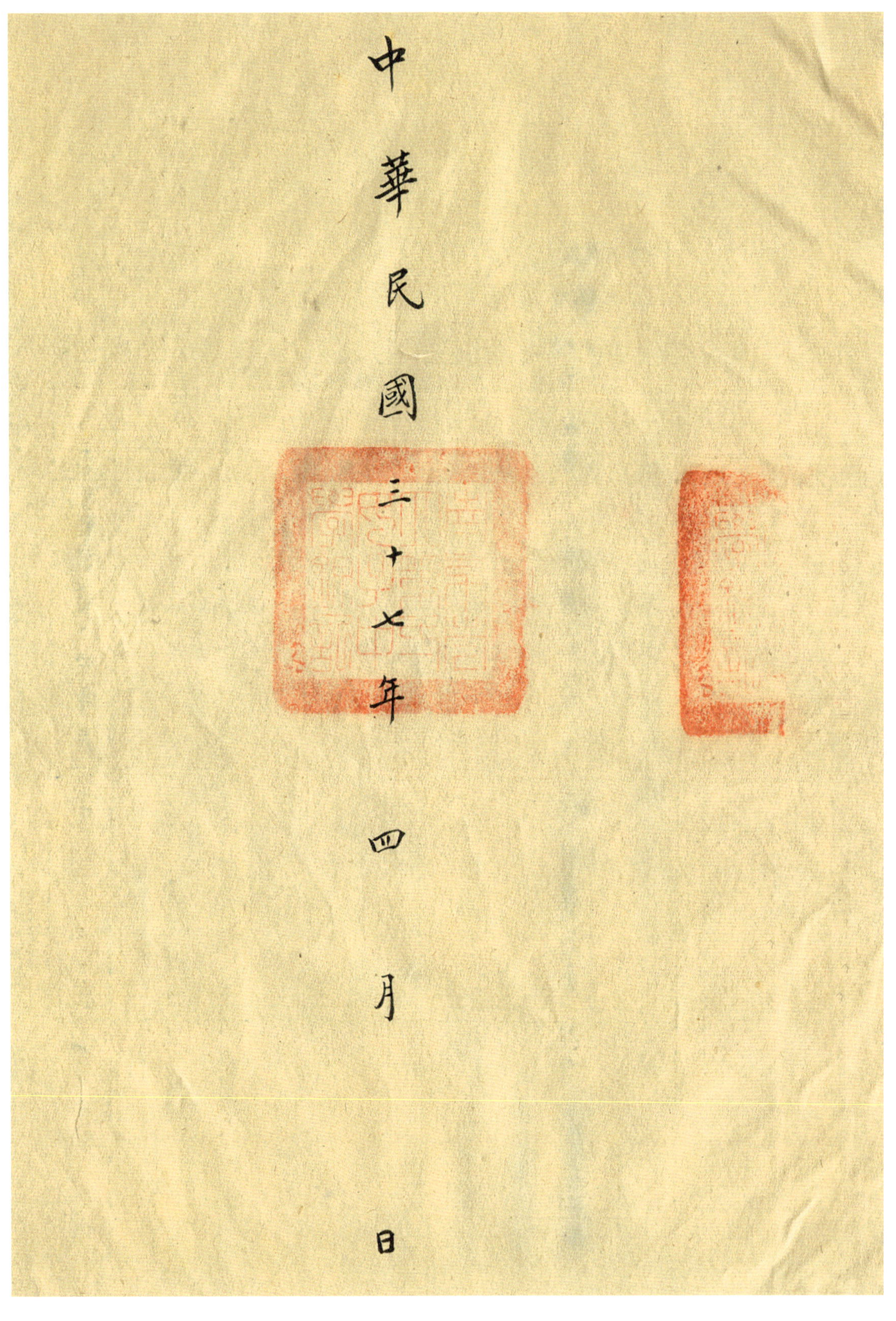
中華民國三十七年四月　日

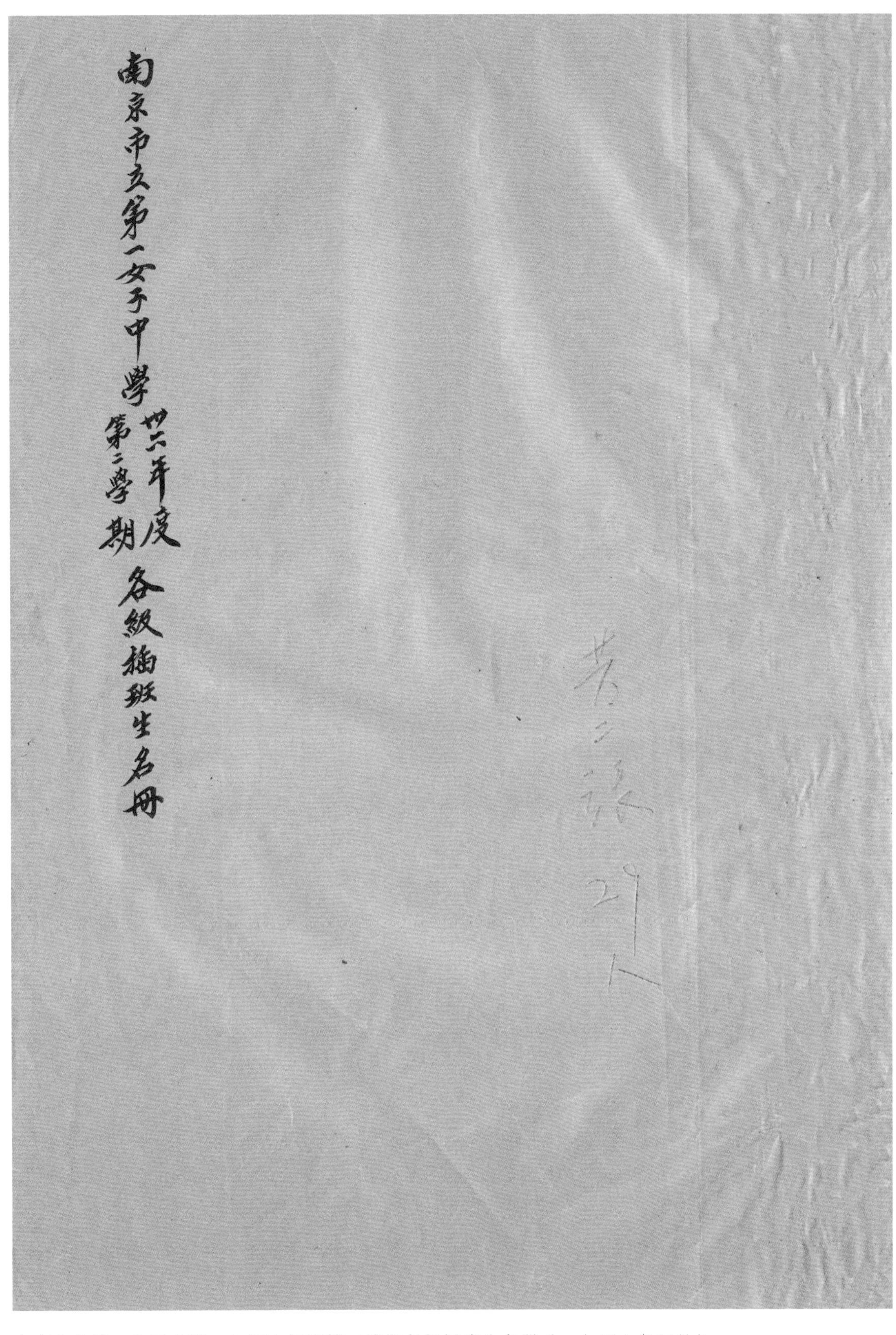

南京市立第一女子中學一九四七年度第二學期各級插班生名冊（一九四八年四月）

檔號：1009-1-1358

南京市立第一女子中學三十六年度第二學期各級插班生名冊（市校肄業之各級插班生經本市教局（卅七）京教中字第二八二四號指令核准字號）

學號	姓名	性別	年齡	籍貫	前在何校畢業或肄業	編入年級	備註
1683	胡樹靜	女	一九	南京	南京市立第六補習學校高二上肄業	高二下	證件（高插字第壹號）
1684	沈綿貞	女	一六	廣東番禺	私立金女大附中高一上肄業	高一下	證件補交
1746	劉鴻梅	女	一七	南京	南京市立第六中學初三上肄業	初三下	證件（初插字壹號）六中移來
1747	王慧芬	女	一七	江蘇淮安	南京市立第六中學初三上肄業	初三下	證件（初插字貳號）六中移來
1748	劉慧英	女	一七	江蘇吳縣	南京市立第六中學初三上肄業	初三下	證件（初插字叁號）六中移來
1749	周舜龍	女	一五	安徽合肥	南京市立第六中學初三上肄業	初三下	證件（初插字肆號）六中移來
1750	陳曾澍	女	一六	南京	南京市立第六中學初三上肄業	初三下	證件（初插字伍號）六中移來
1751	潘李義	女	一七	湖南長沙	南京市立第六中學初三上肄業	初三下	證件（初插字陸號）六中移來
1752	徐富恩	女	一七	浙江奉化	南京市立第六中學初三上肄業	初三下	證件（初插字柒號）六中移來
1753	色小惠	女	一七	湖北黃岡	南京市立第六中學初三上肄業	初三下	證件（初插字捌號）六中移來

胡樹靜收（十二月十八日）

劉慧英收（十二月九日）

陳曾澍收（十二月十八日）

色小惠收 十二、十一日

學號	姓名	性別	年齡	籍貫	前在何校畢業或肄業	編入年級	備註
1754	姚佩瓔	女	一七	浙江杭縣	南京市立第六中學初三上肄業	初三下	證件（初抽字玖號）六中移來
1755	蔣承華	女	一五	江蘇鎮江	南京市私立育群中學初二上肄業	初二下 初上話術勞作初二上英語須補考	證件（初抽字拾號） 37.11
1756	馬潤宜	女	一六	江蘇高郵	高郵縣立中學初二上肄業	初二下	證件函送該校教育主管行政機關查核
1757	趙于錢	女	一四	南京	南京市私立中華女子中學初一下肄業	初二上	證件（初抽字拾壹號） 37.11
1758	宋志霞	女	一七	南京	南京市私立治城中學初一下肄業	初二上	證件（初抽字拾貳號）
1759	周志珍	女	一四	南京	南京市私立明德女子中學初二上肄業	初二上 話術補考	證件（初抽字拾叁號）
1760	徐以燕	女	一五	江西南昌	南京市立第六中學初二上肄業	初二上 英語、話術補考。	證件（初抽字拾肆號）
1761	陸美華	女	一六	南京	南京市立第六中學初二上肄業	初二上 初上英語、話術、公民須補考。	證件（初抽字拾伍號）
1762	羅吉子	女	一三	江西南昌	南京市立第六中學初二上肄業	初二上 勞作須補考。	證件（初抽字拾伍號）
1763	樊天華	女	一五	江蘇淮安	南京市私立明德女子中學初一下肄業	初二上 國文須補考。	證件（初抽字拾陸號）

蔣承華收

世京教中字1522號復准予暫作補考英語

趙于錢收

周志珍收

羅吉子收

樊玉華收

南京市立第一女子中學三十六年度第二學期各級插班生名冊

學號	姓名	性別	年齡	籍貫	前在何校畢業或肄業	編入年級	備註
1764	吳德誠	女	一二	南京	南京市立第一補習學校初一上肄業	初一下	證件（初插字拾柒號）
1765	岳安民	女	一二	江蘇銅山	徐州市立中學校初一上肄業	初一下	證件函送該校教育主管行政機關查核
1766	謝明剛	女	一三	廣東平遠	南京市私立聖池中學初一上肄業	初一下	證件（初插字拾捌號）
1767	萬國芳	女	一三	南京	南京市私立育群中學初一上肄業	初一下	證件（初插字拾玖號）
1768	杜華云	女	一二	安徽合肥	南京市私立育群中學初一上肄業	初一下 英語仍補考	證件（初插字式拾號）
1769	李嘉玲	女	一五	南京	南京市私立育群中學初一上肄業	初一下	證件（初插字式壹號）
1770	陳關珍	女	一六	南京	南京市私立育群中學初一上肄業	初一下 英語仍補考	證件（初插字式式號）
1771	程淑芳	女	一四	安徽績溪	績溪縣立初級中學初一上肄業	初一下	證件函送該校教育主管行政機關查核
1772	張伯玲	女	一五	南京	南京市私立育群中學初一上肄業	初一下	證件（初插字式叁號）

卅七.一.廿五 清泉先生函收

卅七京教中字15[illegible]2號核准學籍

謝明剛

杜華云

程淑芳 卅七京教中字1522號核准學籍

張伯玲收

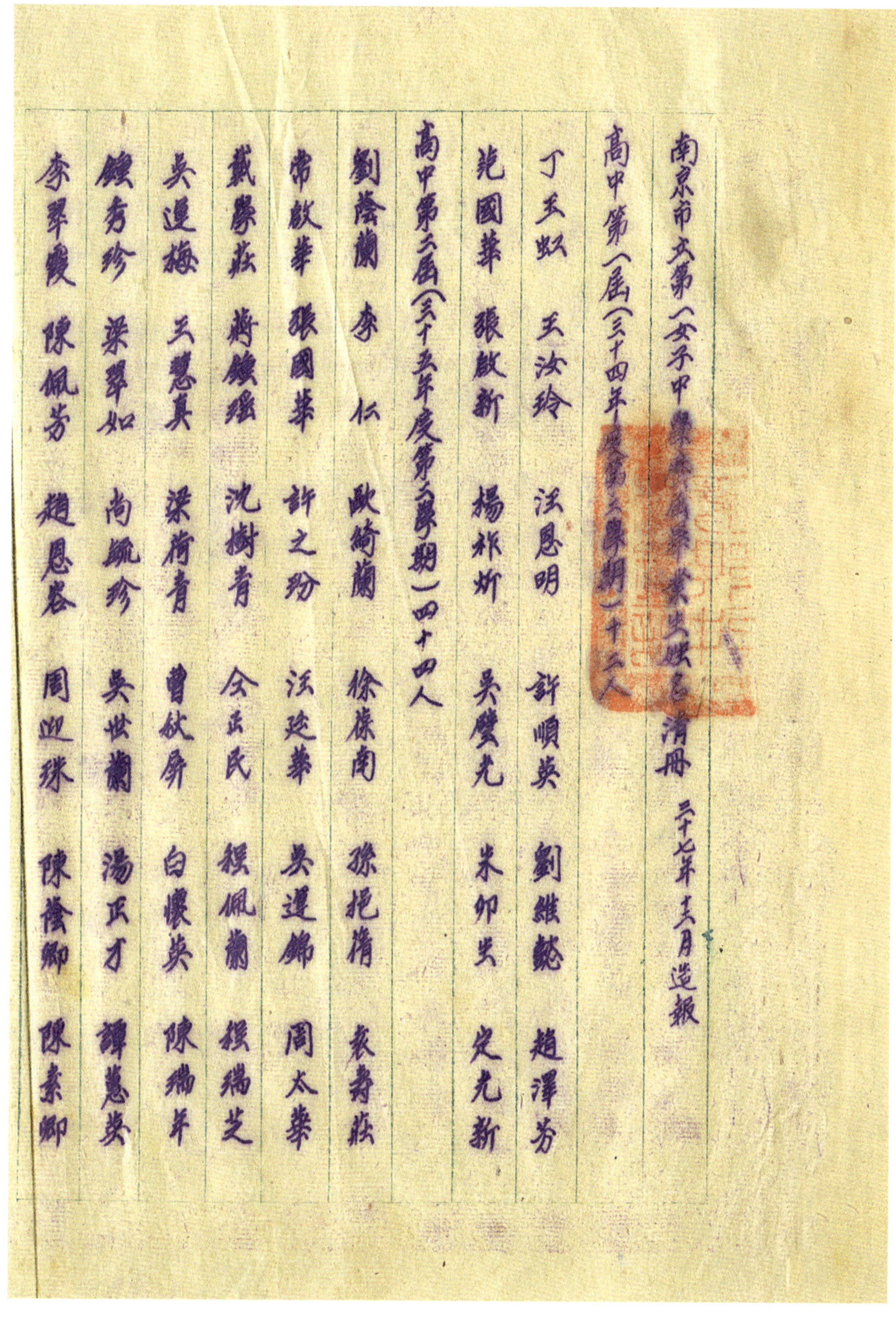

南京市立第一女子中學歷屆畢業生姓名清冊　三十七年十二月造報

高中第一屆（三十四年度第二學期）十二人

丁玉蚁　王汝玲　汪恩明　許順英　劉維懿　趙澤芳

范國華　張啟新　楊祚炘　吳賡光　朱卯先　史光新

高中第二屆（三十五年度第二學期）四十四人

劉蔭蘭　李仁　歐綺蘭　徐葆南　孫挹清　袁壽莊

常啟華　張國華　許之玢　汪延華　吳運錦　周太華

戴學莊　蔣鎮瑶　沈樹青　余正民　張佩蘭　張瑞芝

吳運梅　王慧真　梁荷青　曾斌屏　白懷英　陳瑞華

鍾秀珍　梁翠如　尚毓珍　吳世蘭　湯正才　譚慧英

李翠霞　陳佩芳　趙恩容　周迎珠　陳蔭卿　陳素卿

南京市立第一女子中學歷屆畢業生姓名清冊（一九四八年十二月二十日）

檔號：1009-1-274

賀淑端　傅必揚　姚彩霞　徐在培　韋綠玉　王履賢

洪魁卿　楊慧麟

高中第三屆（三十六年度第二學期）七十六人

于秀文　馬順雲　呂嘉德　蔣克勤　陶仁壽　陸　璞

黄達聲　李祿明　韋鏡影　端木琪　張人駿　馬名芳

李定慧　施國瑞　蔣繼俊　陳寶光　吳昌龍　周榮綸

金漢卿　魏汝雲　劉　述　曹麗陵　吳鐵玫　嚴桂修

王　澤　陳慶纓　李哲芳　盧慶娜　陶集英　祁含章

謝修芳　夏道興　朱棠妹　周翠娥　李澤琳　胡寅璣

鄭國珍　岳覺[illegible]　[illegible]　王繡文　易　雲　呂希華

楊毓明　韋懷[illegible]　談光芬　王汝靜　孫閑鈺　陳正玉

黄秀龄 羅永 古美華 黄石瑛 胡毓秋 夏文英
于婉華 吕希倫 邑慶芳 王美琳 宋錦南 王永棣
吕希瑕 張淑美 江澤繼 侯毓麗 姚以予 傅寧瑛
高瑞蓮 韋志宏 王美光 顧克恭 謝希歐 滕鴻秀

以上高中畢業生共計壹佰貳拾捌名

初中第六屆（三十四年度第二學期）（百三十九人）

曾鳳勇 王平陵 江泛舟 李家祥 惠毓貞 黄筱芳
朱玉蘭 陸秀清 余鳳珍 毛長瑛 柳克治 張秀娥
楊玉美 朱秀芳 孟寶玲 濮筱玲 陳紀華 魏祥玉
王履華 黄筱林 戚幗光 黄建華 業淑和 何肇中
周筱如 高玉珍 石蓉淑 賀芬芬 葉菊芳 徐枝珍

吳宗順　魯寶琴　吳氏蘭　孔文娟　姚為璞　徐惠琴

沈惜春　潘秀華　伍惠麗　楊順喜　濮家華　湯　娟

黃淑丞　李如蘭　周碧霞　杜家鸞　李兆珍　吳鳳如

馮貴啟　高錄蘭　張淑貞　姚彩琴　姚予文　康淑賢

高文英　李秀玲　陳丹君　馬文婷　范彩萍　侯素英

劉宗貞　高麗華　徐衍賢　梁寶英　楊森卿　陸　瑗

袁慶聯　陳舜華　吳慕聰　陳素珍　陳愛珍　沈　英

談春秀　吳秀珍　陸景俊　何寶珍　臧秀鸞　唐　俊

鄒秀蘭　於毓卿　張　好　徐順英　周志莘　朱秀英

夏傳啟　蔡玉葉　周愛珍　李家和　方淑華　李壽華

雷素蘭　張瑞芳　陳梅林　魏月英　朱鳳英　馮德英

曹瑞芬　祝蘭如　沃麗珍　[illegible]秋林　馮敏君　陳松明
徐志南　趙玉華　吳[illegible][illegible]　[illegible]秀珍　侯亦如　何美廷
夏愛如　張麗玲　蒼愛芝　岳瑪琍　徐巧香　蔣自慧
胡文儀　曹耀蘭　王秀林　孫瓊華　樊增慧　余保玉
古贊輝　王翠蘭　戴蘭英　史貴玉　蔡淑蘭　嚴明珠
陳楨琳　鄧文林　朱善美　岳眉　李思初　徐蔓如
高文華　徐月如　王愛珍
初中第二屆（三十五年度第一學期）九十九人
陳皓芬　吳贊義　管光瑜　夏祖華　謝明瀅　錢家祥
姚茀曾　駱勇翔　余龍珍　畢文琰　王叔元　王鳴珍
李祿亮　林宏桐　卞毓瑜　戴娟融　朱台初　許淑英

何文郁 李定燕 李澤蕃 徐愛雪 孫碧霞 柳惠林
劉豫綱 陳素琴 盧瑞淑 孫佩軒 鄧淑賢 殷淑貞
胡奇士 樂壽祉 何玉琳 李文英 徐德茜 徐世賢
顧蕙蓉 杜思善 張莉莉 吳繼中 黃淑媛 蘇秀芳
金毓華 高淑嫻 洪家斂 鄭鎔 樂錦華 穆淑和
沈達顯 高淑純 范廣芬 余瑾 徐國珍 尹玉清
卜國振 陸德頻 金蘭娟 石琴英 張秀英 周秀卿
貝宏勳 賀彩梅 黃南強 鄭朝容 鄧念鈺 趙澤卿
黃象達 孫澄芝 徐麗秀 趙瑞如 劉彩華 宋雪芳
邱玉綵 曾淑華 黃如珍 陶家鑅 夏惠如 陳俊誠
張明 樊嶄 曾國珠 方文華 丁高華 唐傑

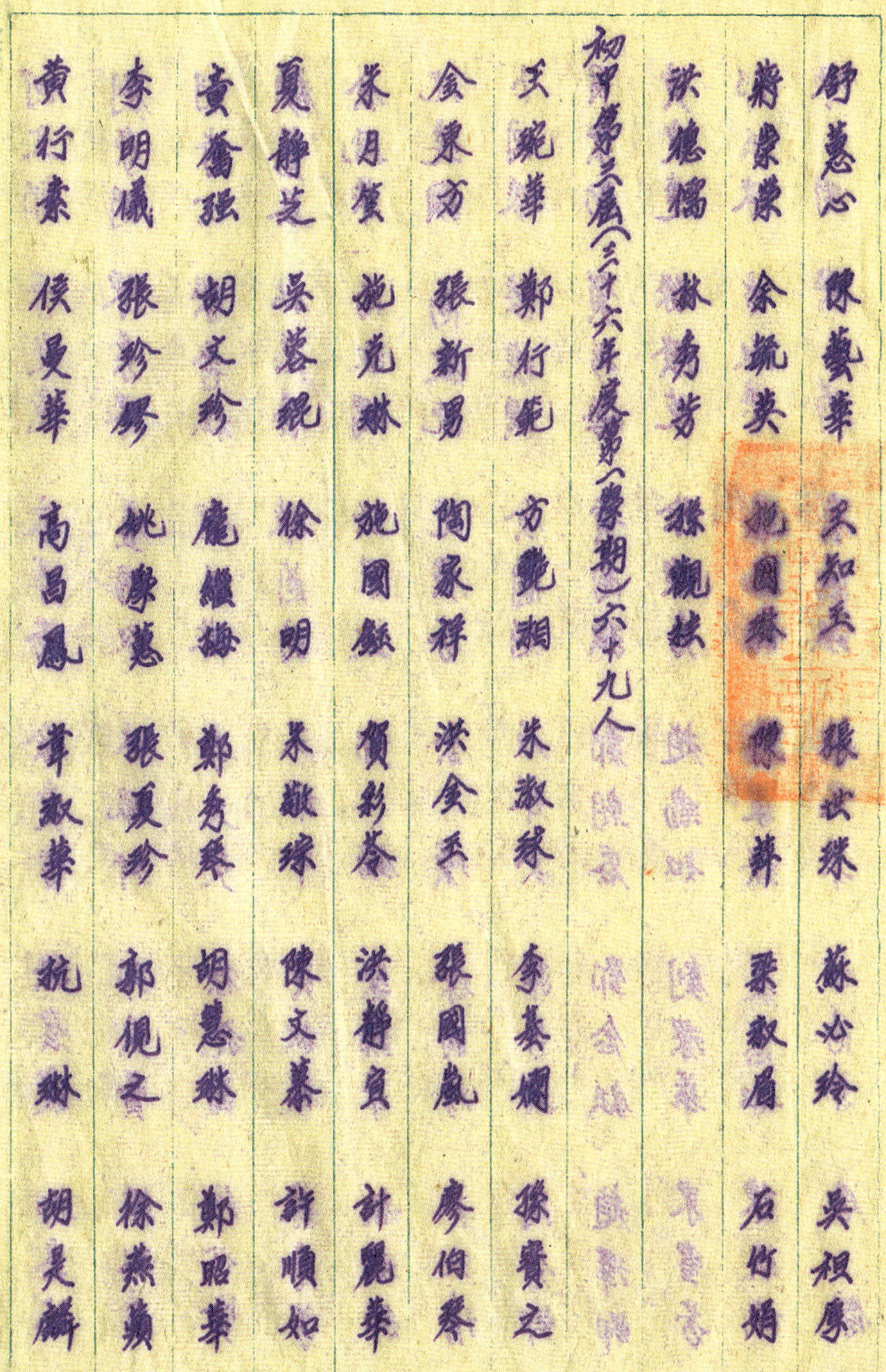

舒蕙心　陳藝華　吳知英　張世琳　蘇心玲　吳根厚
蔣崇榮　余毓英　姚國琳　陳　華　梁淑眉　石竹娟
狄聽福　林秀芳　孫觀鉞

初中第三屆（三十六年度第一學期）六十九人

吳婉華　鄭竹範　方艷娟　朱淑球　李葵娟　孫寶之
俞秉方　張新男　陶永祥　洪金英　張國鳳　廖伯琴
朱月英　施元琳　施國毓　賀彩芬　洪靜貞　許麗華
夏靜芝　吳蓉範　徐　明　朱淑球　陳文慕　許順如
黃喬强　胡文珍　龐繼梅　鄭秀琴　胡慧琳　鄭昭華
李明儀　張珍嫣　姚慕蕙　張夏珍　郭佩之　徐燕蘋
黃行素　侯曼華　高昌鳳　韋淑華　杭　琳　胡炅麟

王裕珍　陸秀英　薛曼麗　周權中　陳艷卿　徐宗美
李筱林　戴中瑜　何祚淑　陳瑞琴　彭淑婉　熊淑霞
虞婉波　馬家玉　呂美芬　汪芝陵　何祚琥　李綺賢
楊嘉珍　黄淑蘭　馮劭琴　韓怡靜　周玉華　尹吉寧
袁一鳴　陳宗秀　湯　俊

初中第四屆（三十六年度第二學期）一百三十二人

張亞蓉　黄偉英　湯亞蘭　錢文瑜　濮之瑛　馬叙珠
段汝能　田碩如　向徽懿　沈安源　金南春　李文絢
朱錦雲　王芸芳　孫序莉　謝　俊　胡智堃　劉慧英
李英白　湯　璘　劉　雲　何祚姚　劉有菊　吳貴義
衛寄英　黄家如　張小綺　姚瑞霞　鄧靜如　楊世釧

胡樹堃 陳曾澍 繆翠英 孫 彝 陳慶梧 趙 逸
孫原蘭 傅澤貺 祁芸芸 周舜龍 馬 元 石小如
葛文玉 鄧玉卿 王鶴英 袁寶珍 李 潔 陸秀紅
孫文滙 陳永淑 黃 華 施克惠 俞正芳 包小惠
潘本義 李 康 沈筱慧 朱秋霞 李素行 劉有芳
孫大鈞 劉秀珍 史嫚娜 祝秀芝 趙 琴 潘瑞成
蕭能恭 蕭善寶 孫榮芝 王慧芬 孫采薇 濮存義
吳冬華 潘秀華 戚保琴 潘武林 姚佩瑛 劉淑泉
張惠芸 楊惠芳 王美華 楊承貞 韓素娟 李淑英
支遺宏 徐富恩 傅家琴 郭建蘭 鮑業芳 鄺湘文
李 敏 朱瑞芝 祁文璜 朱蓮貴 侯慧芳 張翠珍

邊翠珍　姚明善　鄭杏林　黃燕　周序芳　劉鴻梅
葉淑英　陶崇明　徐潤蓮　何貞如　黃富文　韋麗芳
梅蓉芳　許明霞　吳洵絃　元秀霞　王淑芳　王慕娥
徐蕙玉　楊昌英　吳承美　沃新畬　邵淑賢　牟鳳仙
牟秀雯　游蘭　侯如蓮　吳蘭英　裴吉芸　沈承麗
徐小雲　王永霞　賀耀英　孫明　陳於平　李祥蚁

初中第五屆（三十七學年度第一學期）六十三人

孫祥清　胡樹馨　鄒澤儉　袁大華　潘駿成　李自勇
石守端　高宗岱　金京春　陳麗娟　周玉貞　蘇梅芳
胡寶琳　胡微微　胡瑞霞　高叔英　楊承民　康廸端
蔣光美　周治華　張九英　朱鳳仙　張瑞英　蔣起慧

葛瓊玉 王宗德 劉茵 毛有秉 郭慧禎 高玉蓉

張永英 馮月琴 張綸沖 陳似徐 左佩蘭 戴佩瑛

顧春英 侯毓華 虎世華 李明麗 王育英 方紫華

黄玉英 毛蒙貞 丁芳 舒維三 張譽貞 王寶慶

陳景雯 劉有珍 貝枝華 錢素娥 廖美如 張清芬

楊恩京 殷錦蕙 姚克麗 饒雲霞 王淑珊 李碧芸

周則年 劉蘭英 宋鶴齡

以上初中畢業生共計肆佰玖拾捌人

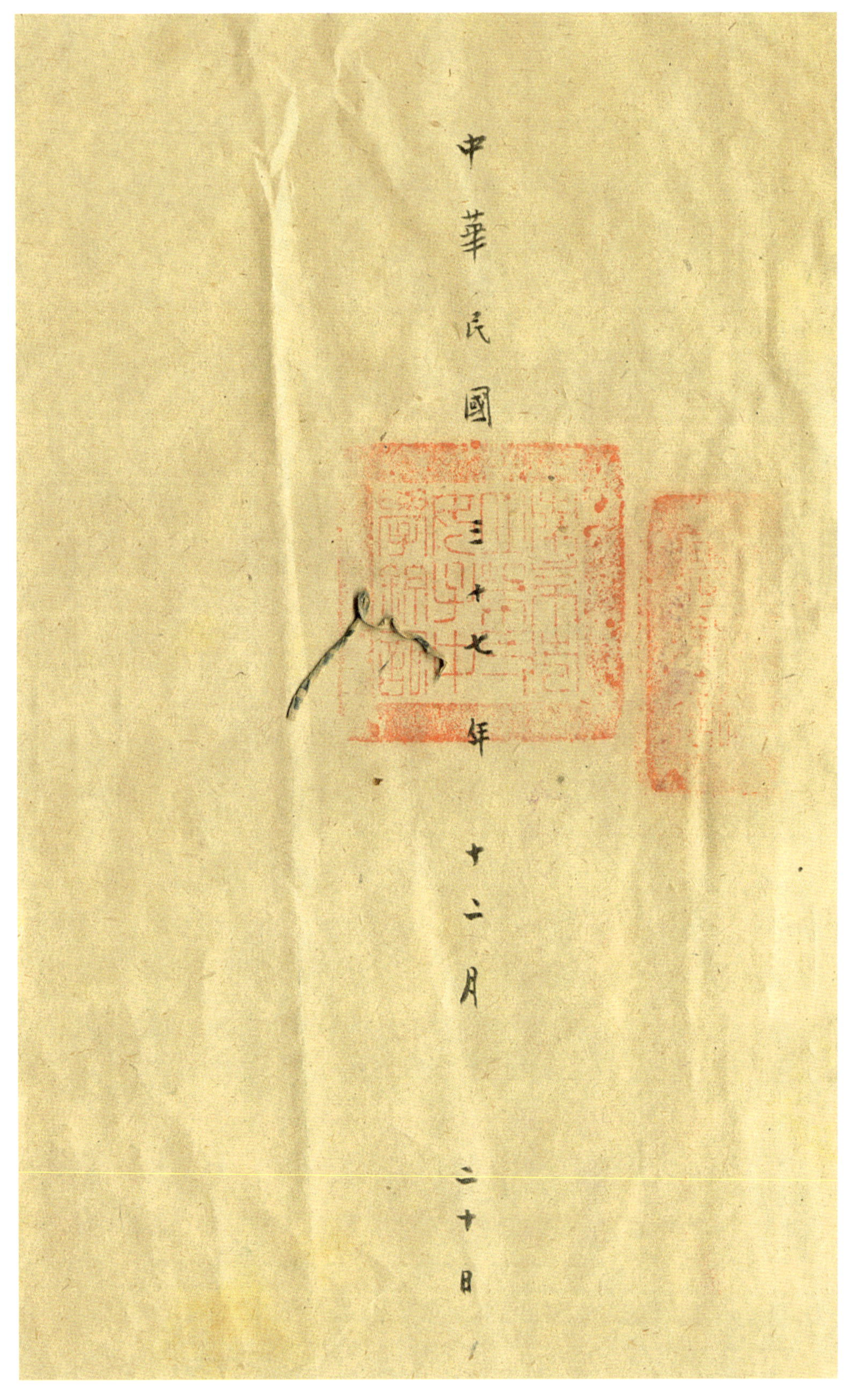
中華民國三十七年十二月二十日

南京近代教育檔案

南京市私立育群中學 / 南京市立第一女子中學

南京市立第一女子中學

肆 综合

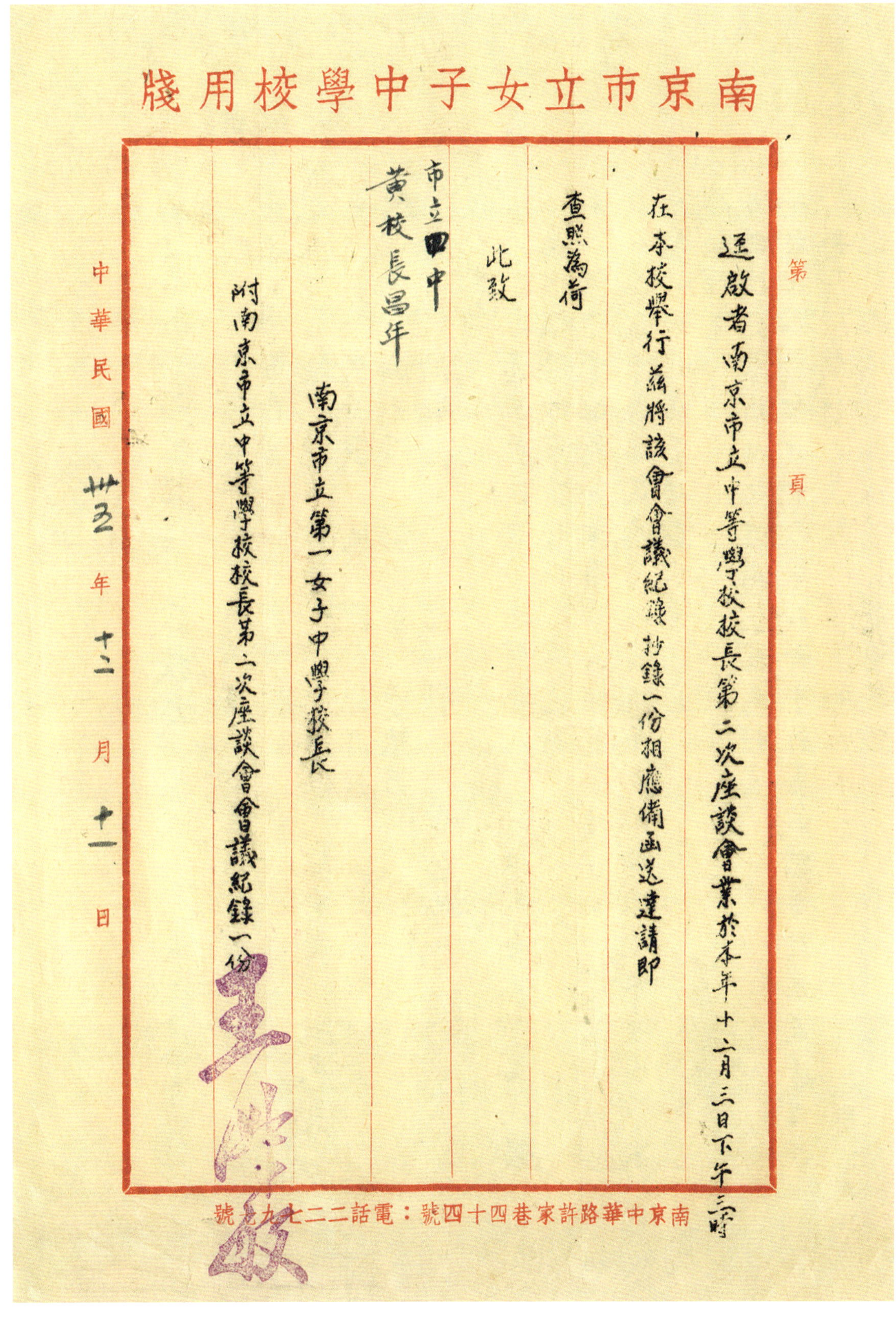
南京市立女子中學校用箋

第　頁

逕啟者南京市立中等學校校長第二次座談會業於本年十二月三日下午三時在本校舉行茲將該會會議紀錄抄錄一份相應備函送達請即

查照爲荷

此致

市立四中

黄校長昌年

南京市立第一女子中學校長

附南京市立中等學校校長第二次座談會會議紀錄一份

王學敏

中華民國卅五年十二月十一日

南京中華路許家巷四十號　電話：二二七九九號

南京市立第一女子中學校長爲送南京市立中等學校校長第二次座談會會議記録給市立第四中學校長的箋函

（一九四六年十二月十一日）

附：會議記録

檔號：1009-1-1248

南京市立中等學校校長第二次座談會

日期　三十五年十二月三日下午三時

地點　市立第一女子中學校

出席人　徐元璞　黃昌年　紀乃徐　陳重寅　王惠三
王淑敏　周行　施肖丞

上級指導　馬元放　章柳泉　邊振方

主席　王淑敏　紀錄　黃昌年

（甲）報告事項

1、王校長惠三、黃校長昌年報告本人被推為南京市立校館長聯誼會幹事，屆時出席並選為常務幹事

2、聯誼會會址設金鑾巷市立師範學校

3、公宴沈市長原定本月七日下午五時，嗣因沈市長因事不能屆時出席，另擇期公宴

（乙）局座指示

1、向校外募捐以化零為整較為相宜

2、前王臨中即四中、五中、二女中新舊教職員均要求八九月加發薪津問題已呈請　教育部核示

3、儀器已派陳主任嘯青赴滬提領

(丙)談話結果

1.健康費請　大局商同健委會提出若干款項作為醫藥及洗濯費用

2.各校薪炭水電等費激增請　大局參照蘇滬辦法於下學期增加收費

3.各校經費常在次月初旬領得請　大局酌發週轉金

4.四中五中二女中各校公費生膳食請　大局預發濟用

5.教育部所發儀器即將運京發校應用請　大局早籌設備費以便添置櫥櫃及實驗室裝置

6.春節是否休課及第一學期結束請　大局在三十六年一月初決定態度知照

7.校長薪金請　大局核定

8.寒假畢業及留級學生如本校無相當班級可互轉本市公立中等學校

9.四中五中及二女中原設之師範班級請　大局籌設市師分校容納以資教學便利

10.關於談話結果如須呈局時以下列名義行之「輪值出席某某學校校長某某」

11.下次座談會定於本月十七日(星期三)下午三時在鼓樓市立第二中學舉行

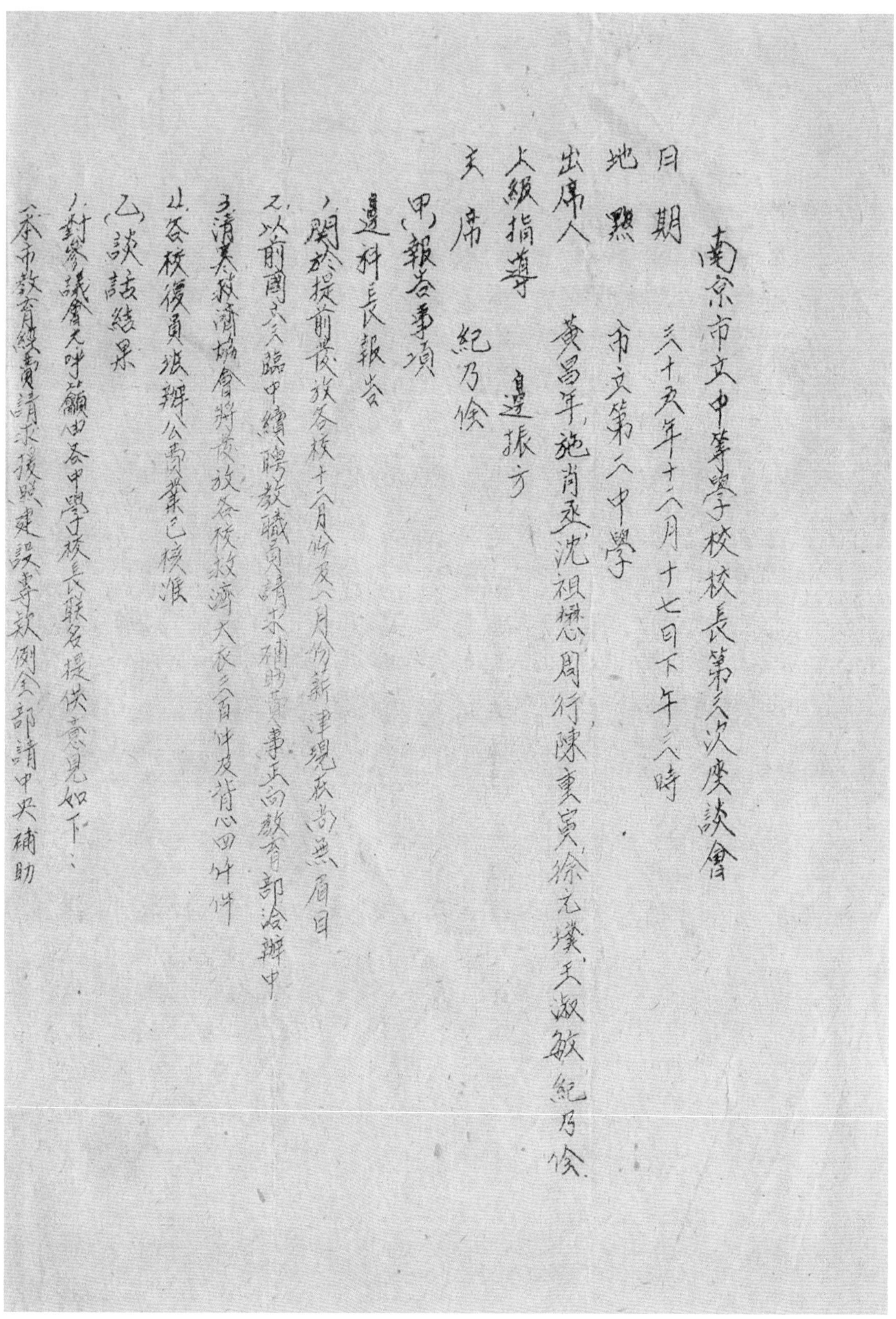

南京市立中等學校校長第三次座談會

日期　三十五年十二月十七日下午三時

地點　市立第八中學

出席人　黃昌年、施肖丞、沈祖懋、周行、陳東寅、徐元璞、王淑敏、紀乃儉

上級指導　邊振方

主席　紀乃儉

甲、報告事項

邊科長報告

1.關於提前發放各校十二月份及一月份薪津現在尚無眉目

2.以前國立之臨中續聘教職員請求補助費事正向教育部洽辦中

3.清寒救濟協會將發放各校救濟大衣三百件及背心四仟件

4.各校復員撥辦公費業已核准

乙、談話結果

1.對參議會之呼籲由各中學校長聯名提供意見如下：

1.本市教育經費請求援照建設專款例呈部請中央補助

南京市立中等學校校長第三次座談會會議記録（一九四六年十二月十七日）

檔號：1009-1-1248

二、教育局所提下學期各校收費標準除（丁）雜費外似難適應需要擬請酌予增加

（甲）學　費　高中二萬元初中一萬元

（乙）設備費　改為高中六萬元初中五萬元

（丙）雜　費　高初中各為八千元

（丁）宿　費　改為二萬元

（戊）損耗代管費　（包括講義費、材料實驗藥品、體育童子軍活動等）一萬五千元

（己）賠償費　高初中各為一萬元　（各校免費額為百分之二十）

三、請求提高教師待遇俾增加教學水準以免良師轉業

四、各校教職員請發寒衣費因市庫支絀請代向中央呼籲撥款發給

2、各校一月份薪津因寒假逼近請求於一月十日以前分發各校以便提早發放十二月份薪津請儘月內發出推黃校長沈校長紀校長面請　局長轉呈　市長提前併發俾渡難關

3、二中及二女中所增復員春季班初三畢業生升學問題向教育局請示辦法

4、各校電話機增加押機費以及各種押金因限期繳付騰挪匪易擬請教育局撥款墊付以利公務

5、各校聘請教職員規約須求一致擬請教育局頒發教職員服務規約以資遵循

6、下學期各校徵收簿本費數目尚待詳查俟下次開會決定

7、下次開會地點及時間在笑橋一女中日期定十二月二十日下午四時

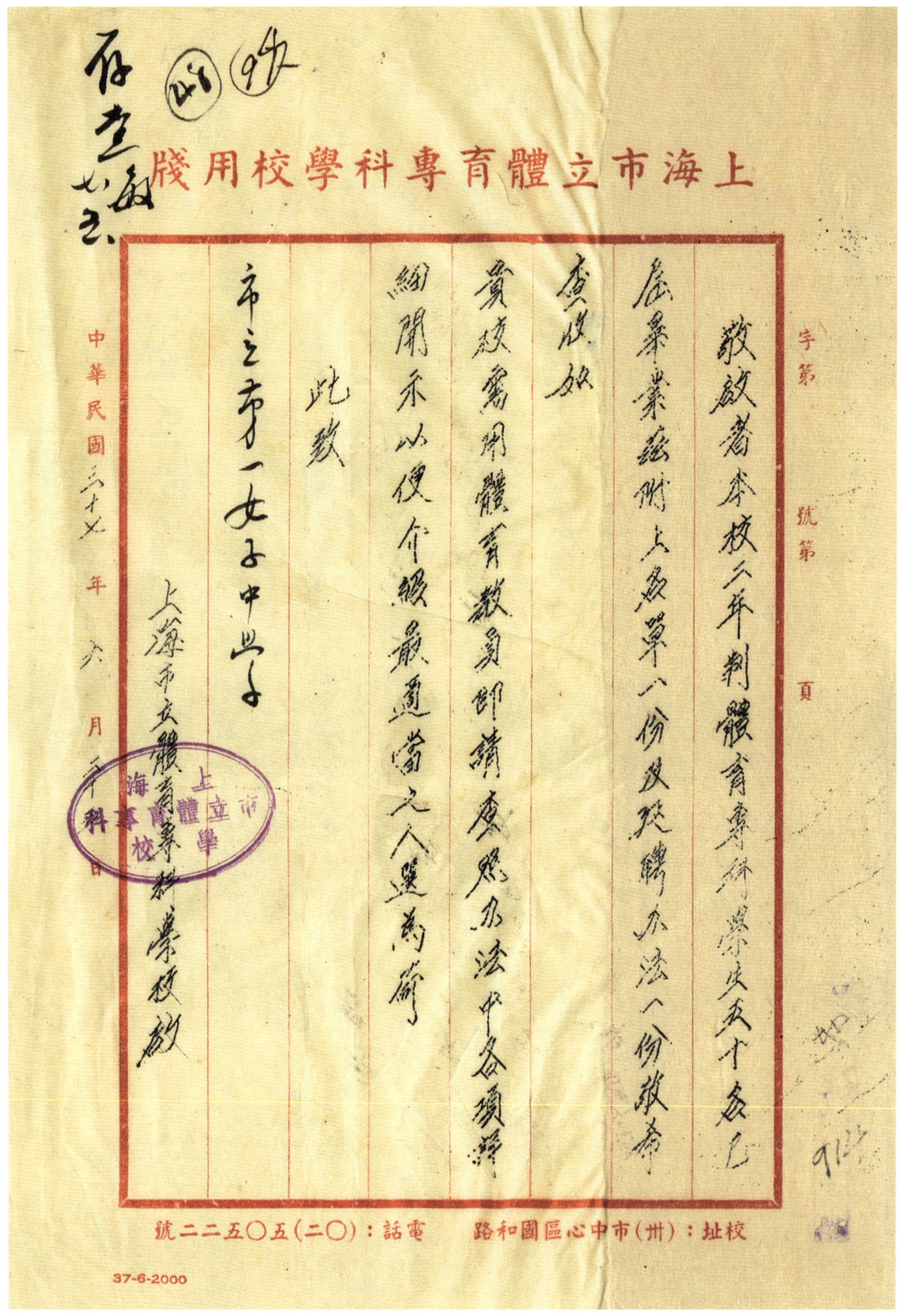

上海市立體育專科學校用牋

字第　號第　頁

敬啟者本校六年制體育專科畢業生五十名已屆畢業茲附上名單八份及聘請辦法八份敬希

查收於

貴校需用體育教員即請參照辦法中各項詳細開示以便介紹最適當之人選為荷

此致

市立第一女子中學

上海市立體育專科學校啟

中華民國三十七年六月二十五日

校址：（卅）市中心區國和路　電話：（〇二）五〇五二二號

37-6-2000

上海市立體育專科學校爲推薦本校畢業體育專科學生給南京市立第一女子中學的公函及附件

（一九四八年六月二十五日）

檔號：1009-1-1350

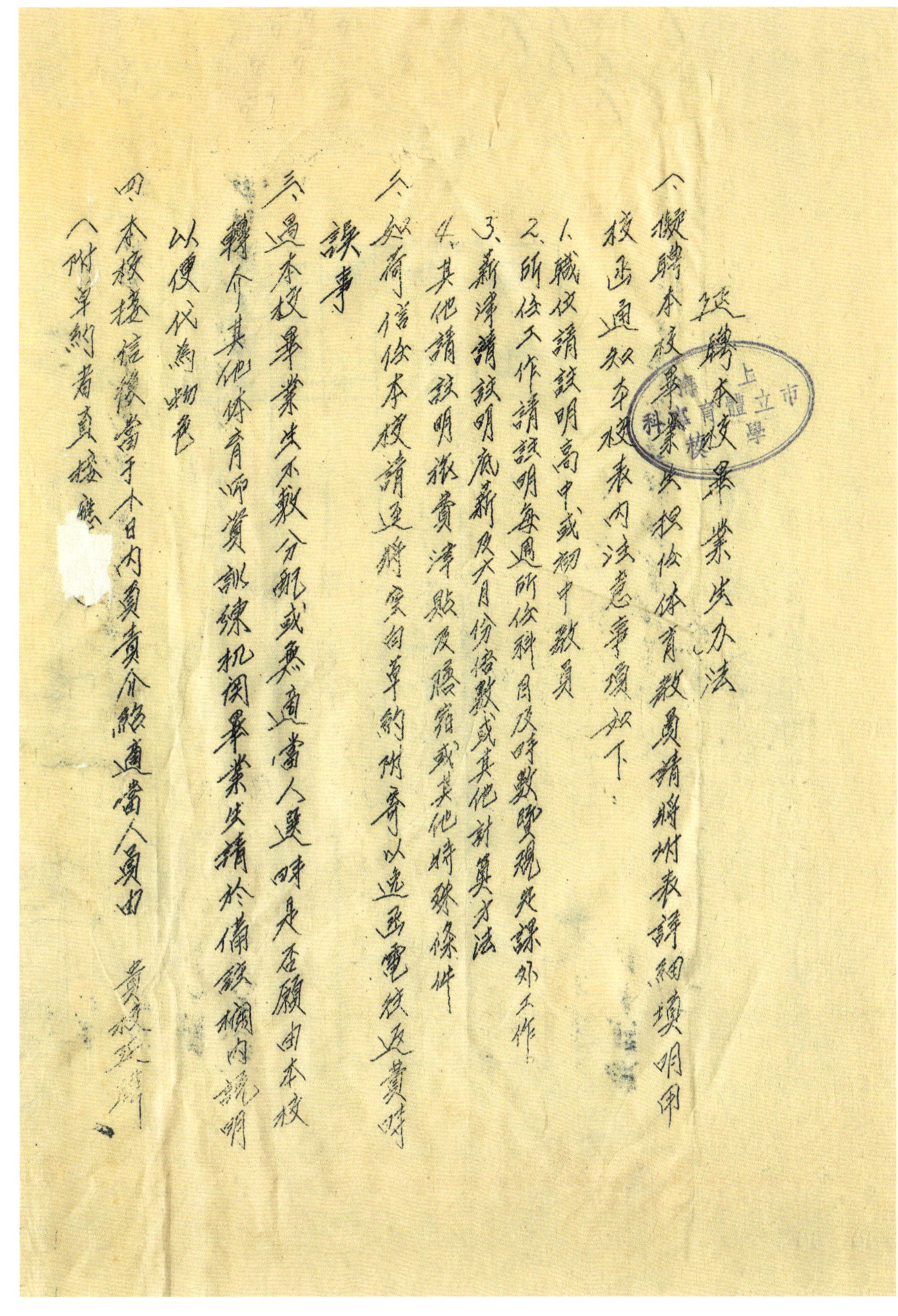

延聘本校畢業生办法

一、擬聘本校畢業生担任體育教員請將附表詳細填明用校函通知本校表內注意事項如下：

1、職位請註明高中或初中教員

2、所任工作請註明每週所任科目及時數暨規定課外工作

3、薪津請註明底薪及六月份倍數或其他計算方法

4、其他請註明旅費津貼及膳宿或其他特殊條件

二、如荷信任本校請延聘實可草約附寄以免函電往返費時誤事

三、遇本校畢業生不敷分配或無適當人選時是否願由本校轉介其他體育師資訓練機關畢業生請於備致欄內說明以便代為物色

四、本校接信後當于十日內負責介紹適當人員由貴校致送聘

（附草約者負擔）

附（一）延聘本校畢業生辦法

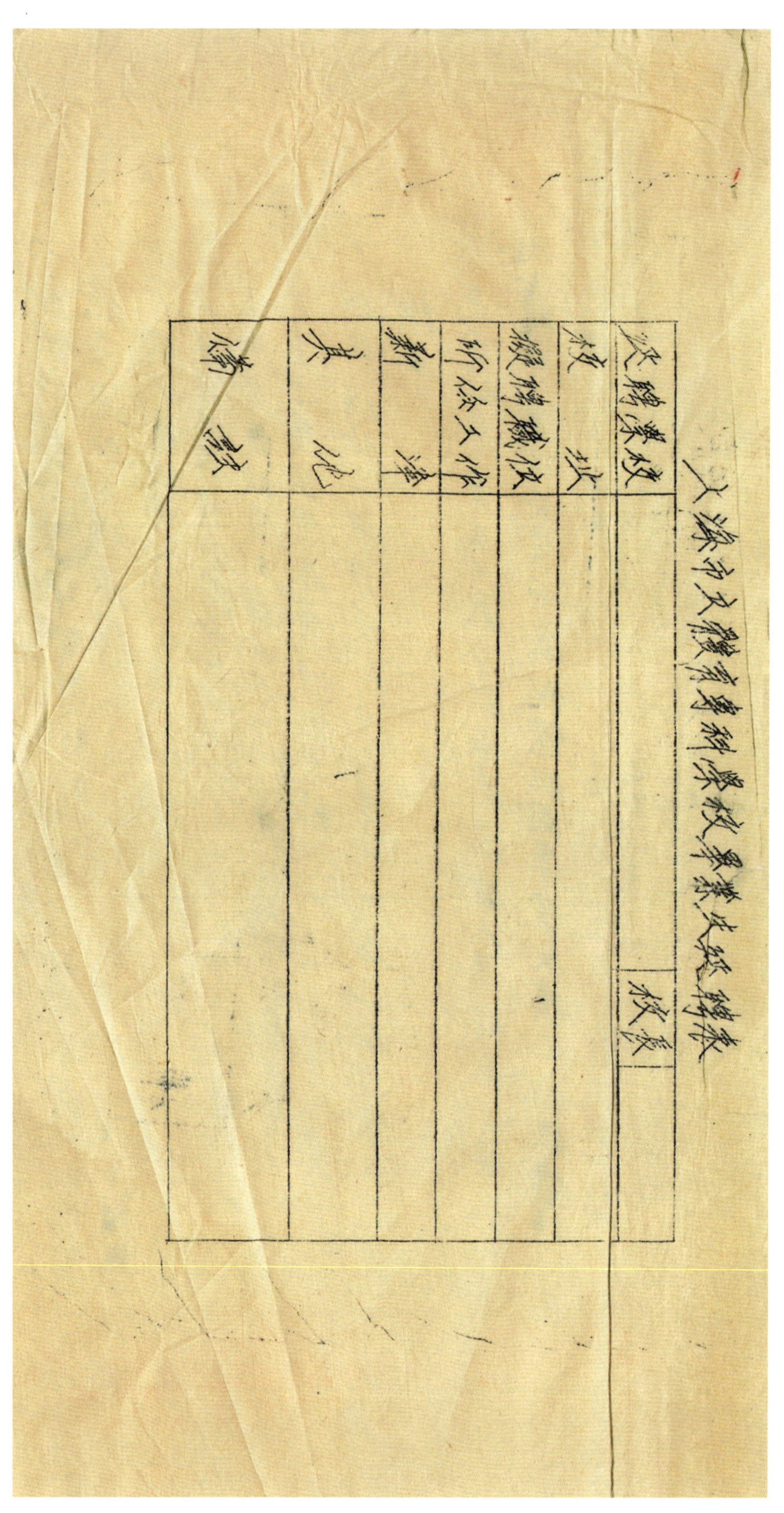

上海市立體育專科學校畢業生延聘表

延聘學校		校長	
校址			
擬聘職位			
所任工作			
薪津			
其他			
備考			

附（二）上海市立體育專科學校畢業生延聘表

上海市立體育專科學校第二屆畢業生簡表

姓名	性別	年齡	籍貫	希望工作
嚴麗娟	女	二〇	浙江上虞	体育教員
金家英	女	二三	江蘇寶應	体育、童軍教員
傅文英	女	二〇	浙江紹興	体育教員或体育行政人員
黃懷華	女	二三	江蘇崇明	同右
張惠英	女	二二	江蘇武進	体育及童軍教員
李堯鳳	女	二一	南京市	中學体育、童軍教員
吳嘉明	男	二三	浙江蘭溪	中學体育教員或体育行政人員
劉有賢	男	二三	浙江義烏	學校体育或社會体育
宋洪	男	二五	山東曲阜	体育兼文史、生物、音樂教員
張寶璣	男	二三	江蘇川沙	体育、童軍教員
耿偉慶	男	二二	浙江天台	体育教員

附（三）上海市立體育專科學校第二屆畢業生簡表

姓名	性別	年齡	籍貫	志願
吳佩衡	男	二八	江蘇吳興	体育教員
蔡逸時	男	二八	江蘇吳興	學校体育專事教員 社會体育行政人員
汪濟	男	二八	上海市	体育專事教員
吳雲峰	男	二四	安徽休寧	体育教員
史漢良	男	二五	江蘇吳興	体育教員或行政人員
孫振	男	二五	江蘇吳興	中學体育教員
趙鴻斌	男	二六	陝西沔陽	報館体育新聞採訪員 中學体育教員
舒仁康	男	二三	浙江諸暨	体育教員
吳雲鐸	男	二三	江蘇吳興	体育教員或社會体育行政人員
吳時秋	男	二六	浙江東陽	体育專事教員
鄭家亮	男	二三	江蘇無錫	同右
徐槐泉	男	二四	江蘇吳興	体育教員及社會体育指導
徐漢熊	男	二五	江蘇江陰	体育專事及訓導工作

黃葵九	男	二八	江蘇啟東	體育教員及體育場指導
徐榮生	男	二五	江蘇武進	體育、或童軍教員
許秉貞	男	二六	江蘇武進	學校體育及體育機關工作人員
鄒達中	男	二六	江蘇武進	體育教師
孫榮澍	男	二五	浙江慈谿	學校及社會體育工作
孫增蕙	男	二六	浙江富陽	體育教員或社會體育工作
張盛堯	男	二八	廣東南海	專科、或中學體育教員
陳鎮祥	男	二〇	江蘇江陰	學校、或社會體育
周錫志	男	二八	浙江東陽	體育童軍教員
張本柔	男	二四	浙江寧海	同右
史坤富	男	二四	江蘇宜興	同右
張漢炎	男	二五	江蘇武進	同右
鄒平夷	男	二四	江蘇宜興	體育教員

姓名	性別	年齡	籍貫	志願
劉東鼎	男	二四	河南太康	体育及体育行政人員
張英松	男	二三	河南洛陽	体育專業教員
陸彥彬	男	二四	江蘇武進	同
邊甲本	男	二三	浙江諸暨	体育教員或体育場行政人員 軍警体育指導員
陳長江	男	二三	浙江紹興	体育專業教員
吳士龍	男	二三	浙江諸暨	体育教員
曹建	男	二二	湖南新寧	体育專業教員
沈兆同	男	二八	江蘇松江	体育教員或推行社會体育
宋堯	男	二二	江蘇啓東	体育教員及体育机関行政人員
史瑞生	男	二三	江蘇宜興	學校及机関体育工作
孫漢初	男	二三	江蘇武進	体育專業教員
吳樓祥	男	二四	江蘇宜興	學校或社會体育
周龍	男	二七	浙江永嘉	同右

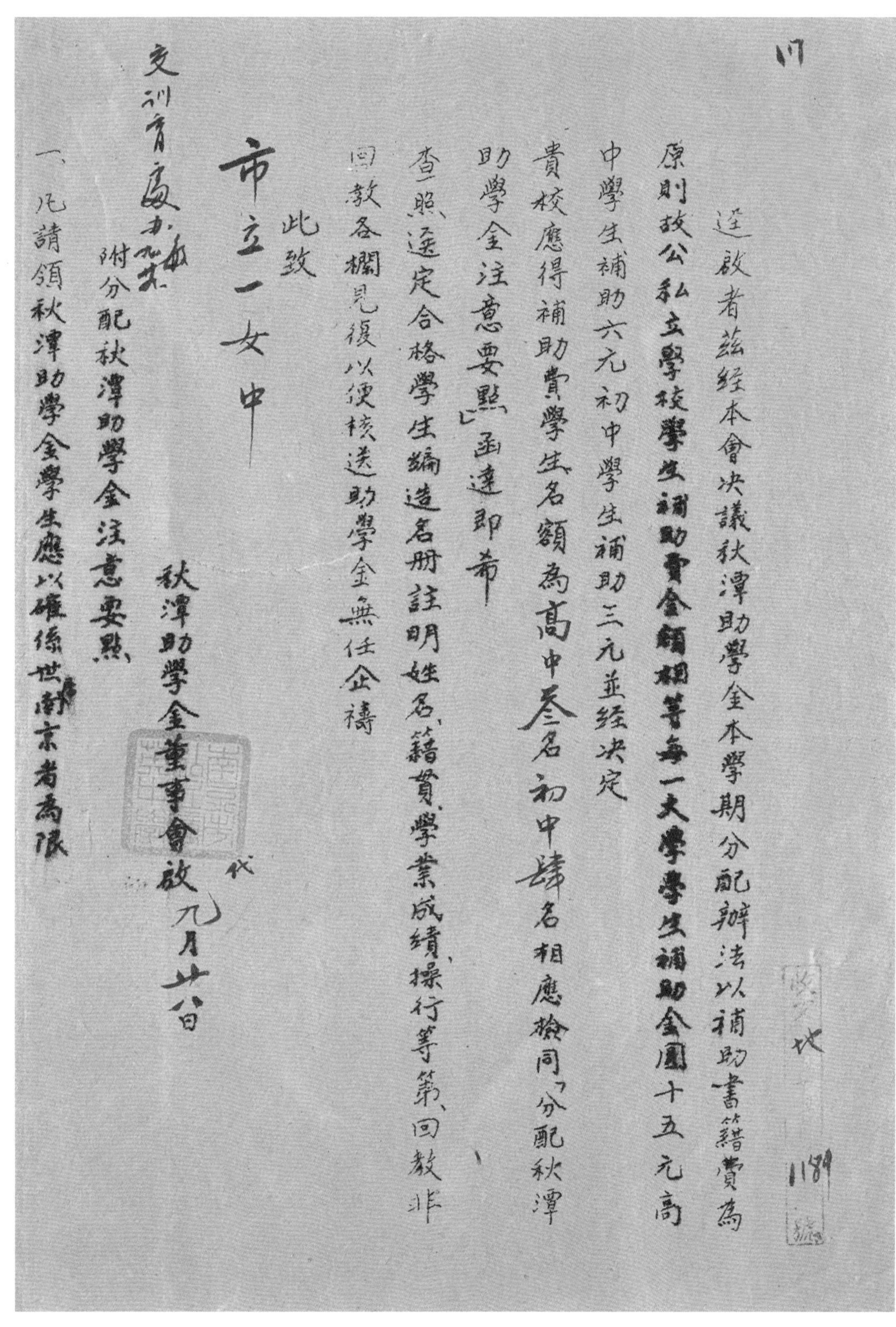

逕啟者茲經本會決議秋潭助學金本學期分配辦法以補助書籍費爲原則故公私立學校學生補助費金額規等每一大學學生補助金圓十五元高中學生補助六元初中學生補助三元並經決定貴校應得補助費學生名額爲高中叁名初中肆名相應檢同「分配秋潭助學金注意要點」函達即希查照、遴定合格學生編造名册註明姓名、籍貫、學業成績、操行等第、回教非回教各欄見復以便核送助學金無任企禱

此致

市立一女中

秋潭助學金董事會啟 代 九月廿八日

文訓育處辦

附分配秋潭助學金注意要點

一、凡請領秋潭助學金學生應以確係世居南京者爲限

關于申請秋潭助學金的一組文件

秋潭助學金董事會爲選定合格學生編造名册等給南京市立第一女子中學的公函（一九四八年六月二十五日）

附：分配秋潭助學金注意要點

檔號：1009-1-283

二、凡屬回教學生應儘先給予請領機會依次輪及非回教學生

三、凡各校分配名額表上如僅係一人者此項助學金應即以給予回教學生為限如確無回教學生得以非回教學生補之

四、凡在校已得免費或其他助學金之學生以及該生家長所服務之機關已經發給子女教育津貼者均不得給予此項助學金

五、凡請領此項助學金學生除確係家境清寒外並應以學行成績列入乙等以上者為限

六、凡各校請領學生經學校審查有不合於前項之規定者不得給予

七、凡各校實際合於請領資格之學生多於分配上名額時其多餘名額應予取消由會另行處置

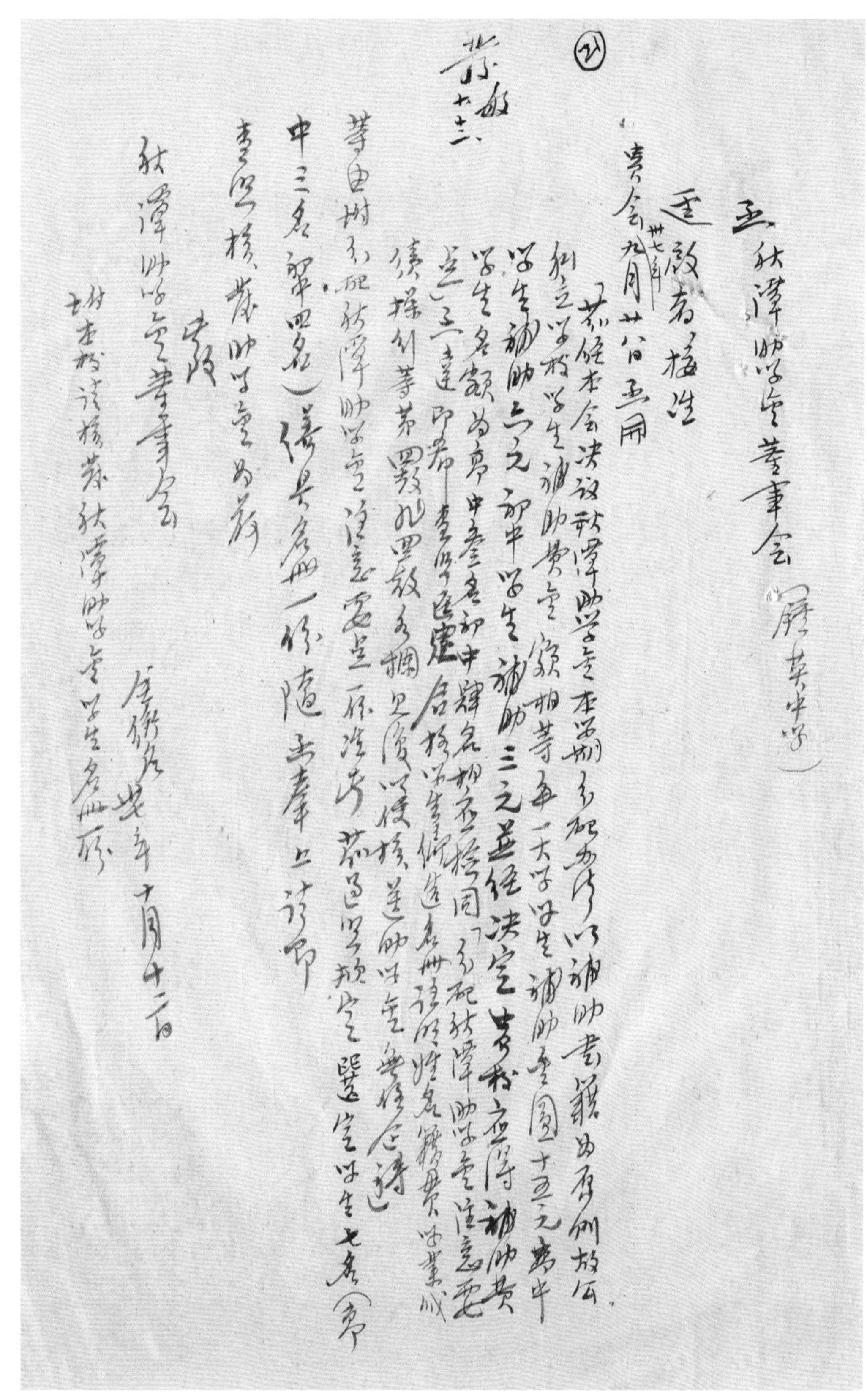

函秋潭助學金董事會

逕啟者：接准

貴會卅七年九月廿八日函開

「茲經本會決議秋潭助學金本學期分配各校以補助書籍費用，分配辦法：

私立學校學生補助費金額相等，每一大學學生補助金圓十五元，每高中

學生補助六元，初中學生補助三元，並經決定貴校應得補助費

學生名額為高中叁名，初中肆名，相應分配秋潭助學金請注意更

正。（逕印[illegible]表[illegible]合格學生繳造名冊核發[illegible]學業成

績操行等第[illegible]以便核[illegible]助學金無任[illegible]」

等由，附配秋潭助學金請注意。茲遵照分配名額造具學生七名（高

中三名，初中四名）請具名冊一份，隨函奉上，請即

查照核發助學金為荷。

此致

秋潭助學金董事會

附奉核發秋潭助學金學生名冊一份

全銜 卅七年十月十二日

南京市立第一女子中學給秋潭助學金董事會的公函（一九四八年十月十二日）

附：請核發秋潭助學金學生名冊

檔號：1009-1-283

級別	姓名	籍貫	學業成績	操行成績	宗教
高三甲	高淑清	南京	乙	乙上	無
高三乙	夏碧華	南京	甲	甲	無
高二乙	陸德楨	南京	乙	乙	無
初三下乙	古霞	南京	乙	乙	回教
初三上甲	金宏雲	南京	乙	乙	回教
初二上甲	余素如	南京	乙	甲	回教
初一下乙	馬維馨	南京	乙	乙上	回教

以上計柒名

南京市立第一女子中學報該校崇信宗教學生名冊

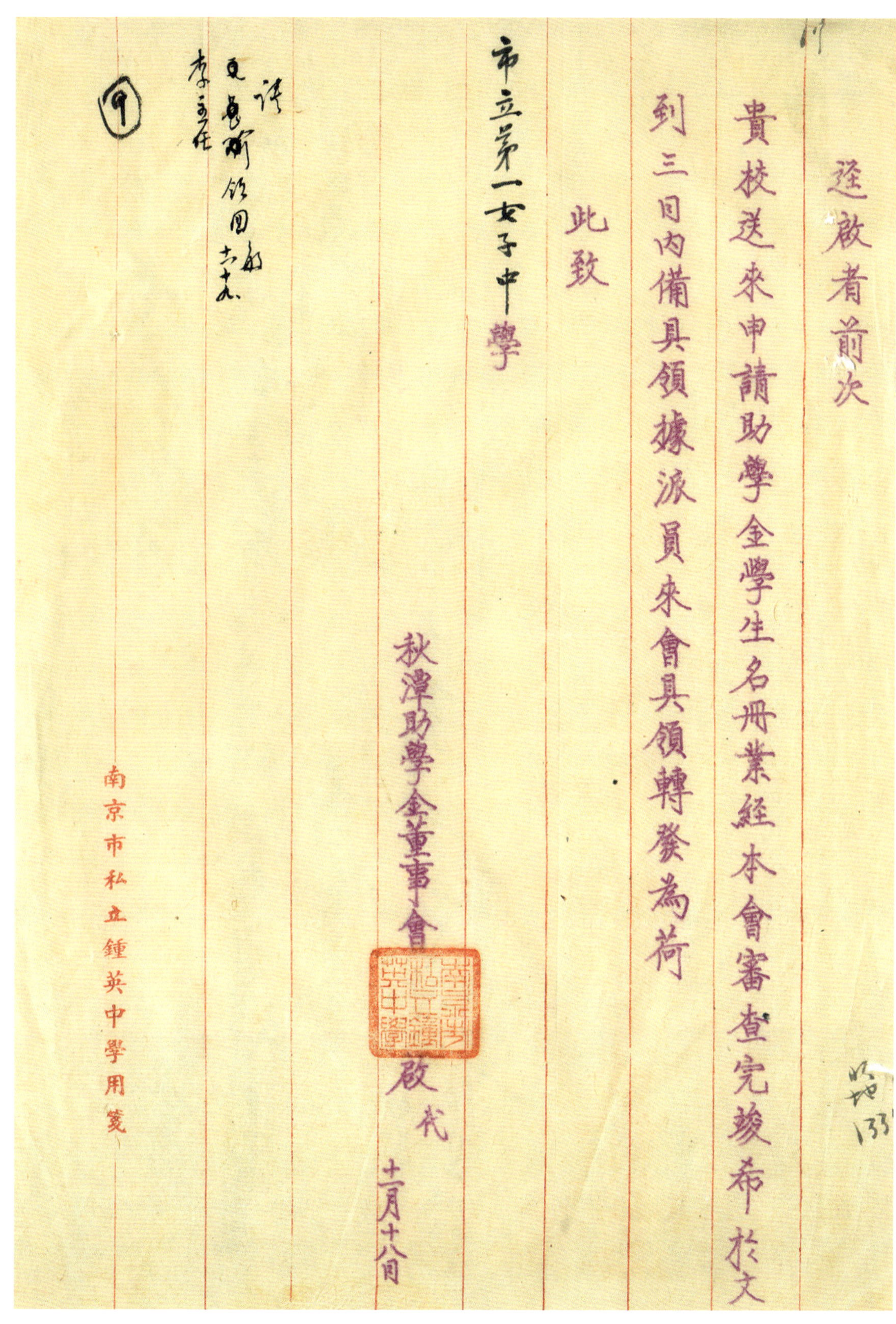

逕啟者前次
貴校送來申請助學金學生名册業經本會審查完竣希於文到三日内備具領據派員來會具領轉發爲荷
此致
市立第一女子中學
秋潭助學金董事會啟 代
十一月十八日

南京市私立鍾英中學用箋

秋潭助學金董事會爲請派員來會領取并轉發助學金給南京市立第一女子中學的公函

（一九四八年十一月十八日）

檔號：1009-1-283

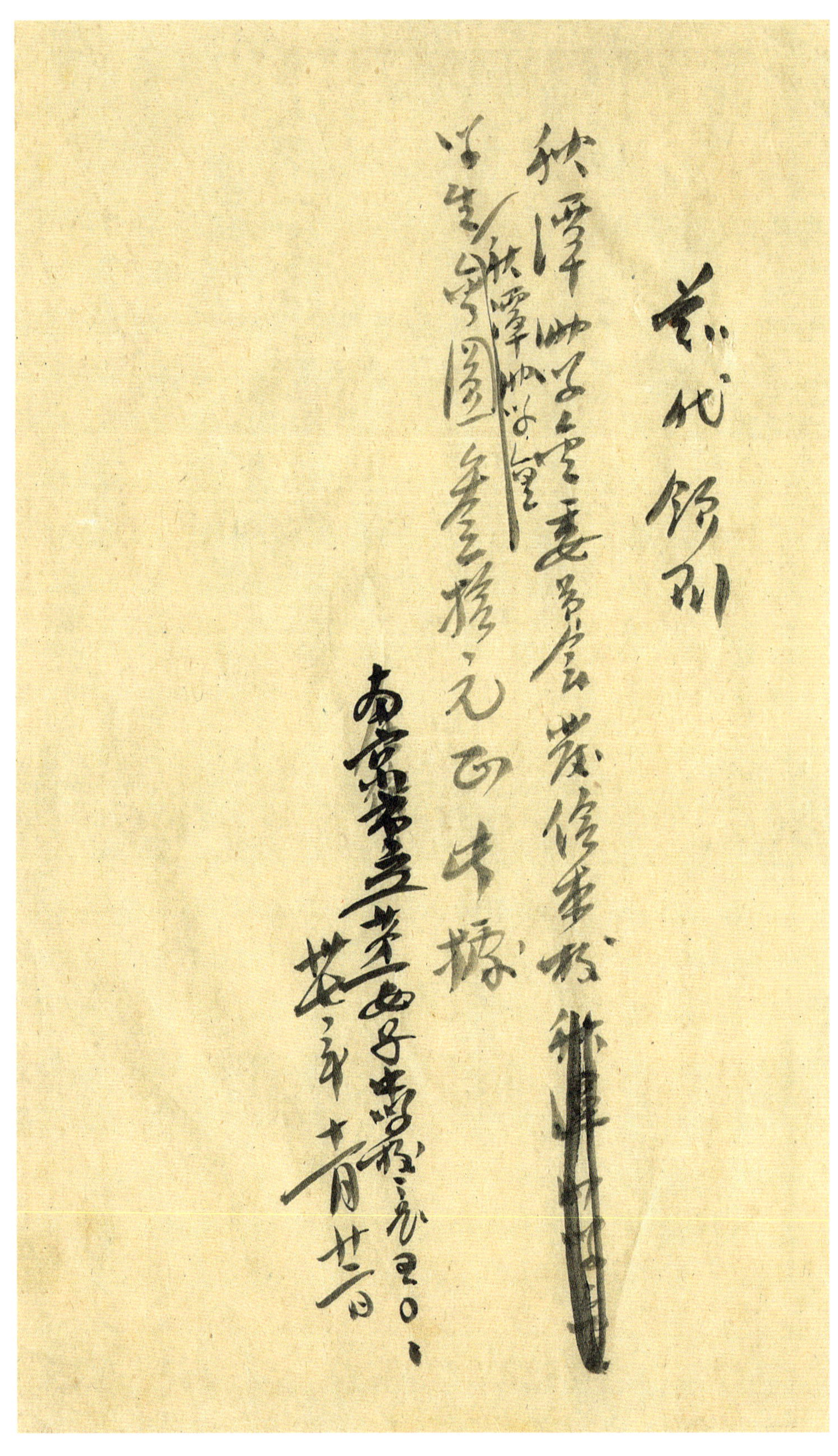
茲代領到

秋潭助學金委員會發給本校

學生秋潭助學金金圓券拾元正此據

南京市立第一女子中學校

卅七年十一月廿二日

南京市立第一女子中學領取秋潭助學金的領條（一九四八年十一月二十二日）

檔號：1009-1-283

南京市立第一女子中學校三十七學年度第一學期秋潭助學金學生印領清册

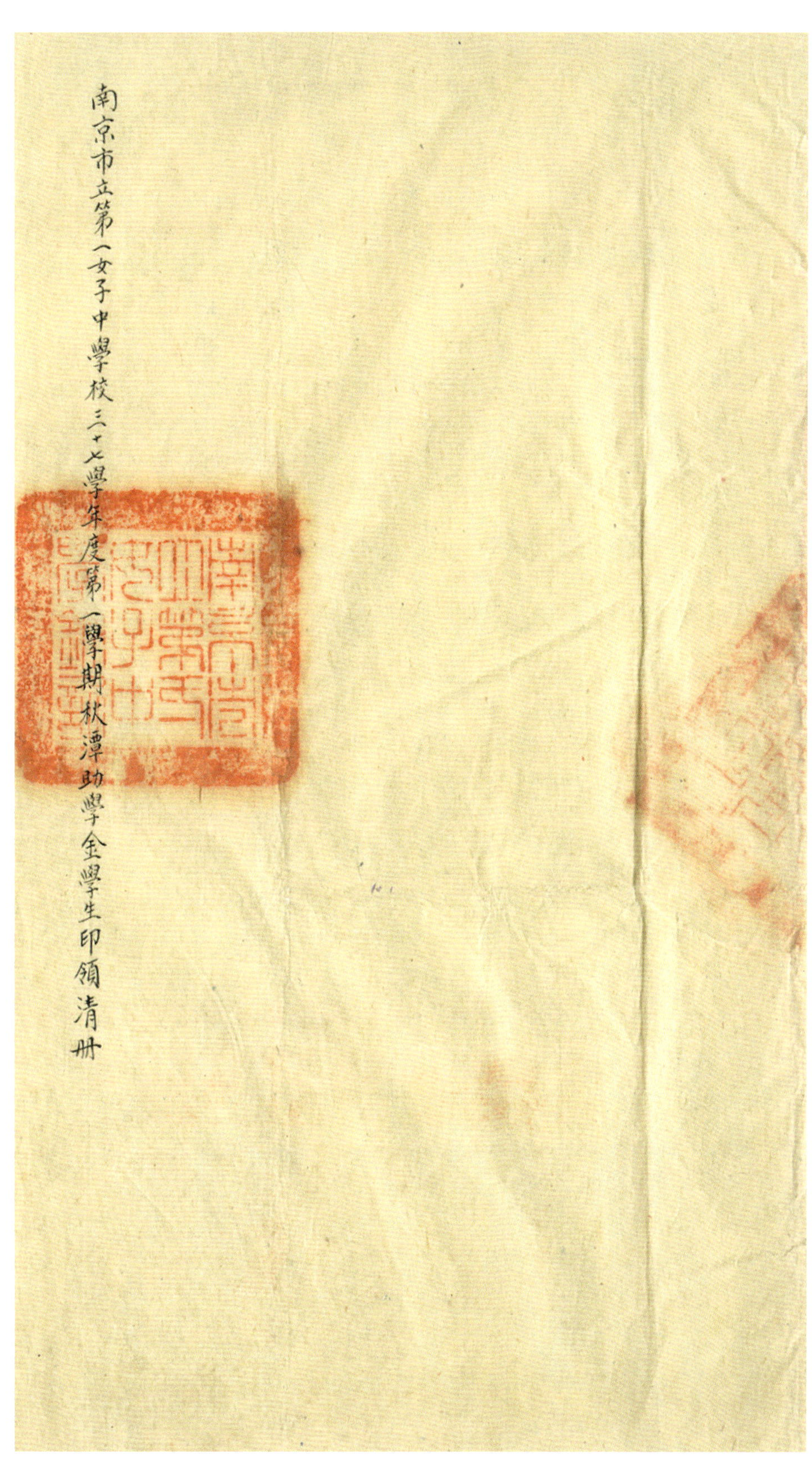

南京市立第一女子中學一九四八學年度第一學期秋潭助學金學生印領清册

（一九四八年十一月二十三日）

檔號：1009-1-283

南京市立第一女子中學校三十七學年度第一學期秋潭助學金學生印領清冊

年級	姓名	領取助學金數額（金圓）	蓋章	備註
高三甲	禹淑清	陸元		
高三乙	夏碧華	陸元		
高二乙	陸德楨	陸元		
初二下乙	古霞	叁元		
初三上甲	金宏雲	叁元		
初二上甲	余素玉	叁元		
初一下乙	馬維琴	叁元		

以上計高中三人、初中四人　計領助學金高中拾捌元、初中拾弍元　總計七人　總計助學金叁拾元

中華民國三十七年十一月二十三日

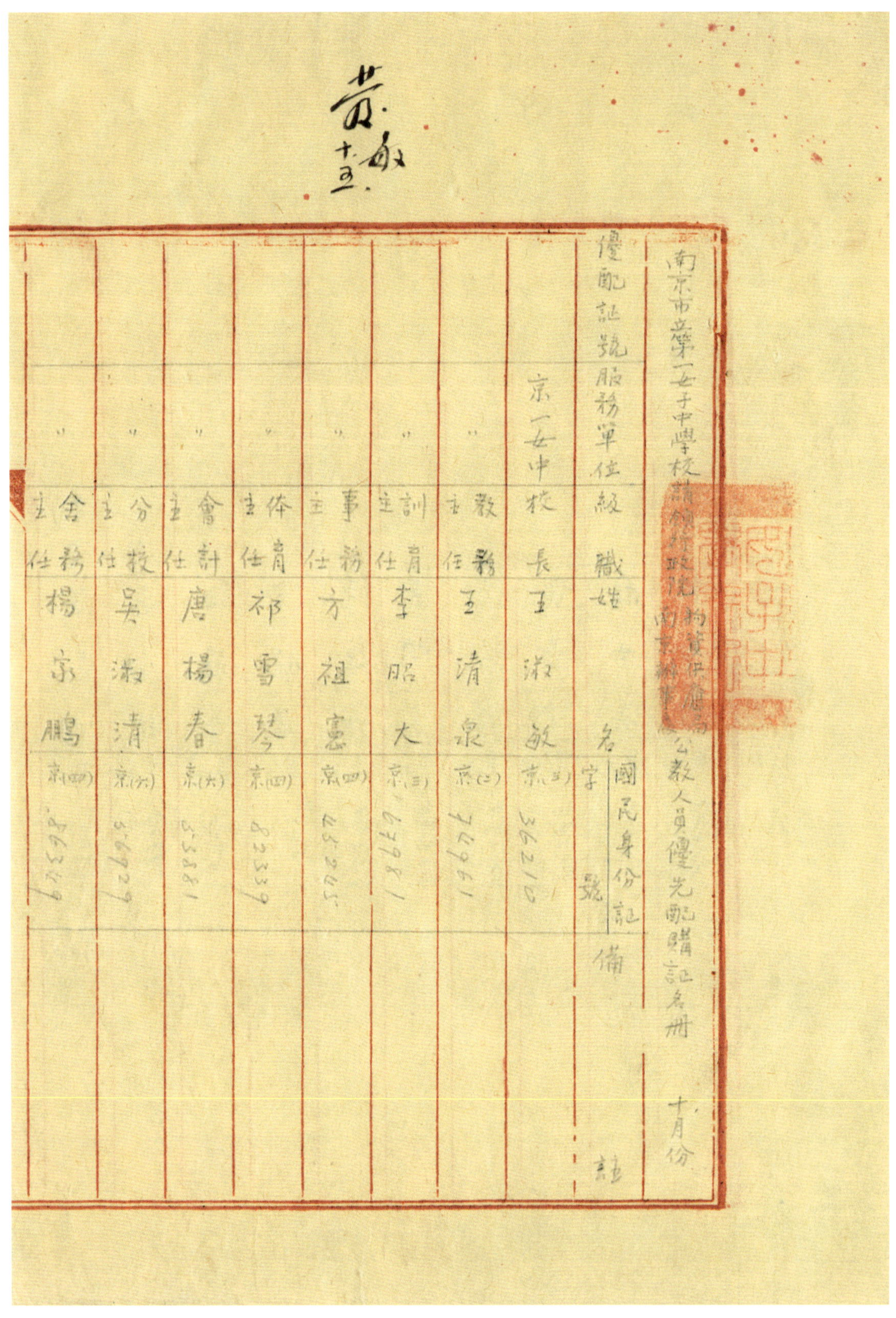

黄
敏
十五

南京市立第一女子中學校請領行政院物資供應局南京辦事處公教人員優先配購證名冊　十月份

優配証號	服務單位	級職	姓名	國民身份証字號	備註
	京一女中校	校長	王淑敏	京(三)36210	
	〃	教務主任	王清泉	京(二)74961	
	〃	訓育主任	李昭大	京(三)67981	
	〃	事務主任	方祖憲	京(四)45245	
	〃	体育主任	祁雪琴	京(四)82339	
	〃	會計主任	唐楊春	京(六)53881	
	〃	分校主任	吴淑清	京(六)56929	
	〃	舍務主任	楊宗鵬	京(四)86369	

南京市立第一女子中學請領行政院物資供應局南京辦事處公教人員優先配購證名册

（一九四八年十月五日）

檔號：1009-1-268

		姓名		號碼
〃	教員	王毅淵	京(三)	87065
〃	〃	吳金鑑	京(五)	20168
〃	〃	田冠生	京(一)	09433
〃	〃	洪錫康	京(三)	36217
〃	〃	李廷康	京(三)	16023
〃	〃	黃聞孟	京(三)	85749
〃	〃	劉章錦	京(二)	63023
〃	〃	黃長才	京(三)	36214
〃	〃	薛士英	京(三)	16022
〃	〃	應心明	京(四)	88938

市一女中	教員	李碧嬋	京(十)	35501
〃	〃	馬嶺岫	京(四)	36218
〃	〃	金心農	京(三)	15149
〃	〃	周竹漪	京(六)	38874
〃	〃	陳劍霞	京(一)	119436
〃	〃	符韞道	京(一)	154173
〃	〃	金[illegible]鸞	京(五)	100152
〃	〃	任佩芬	京(三)	717763
〃	〃	張崇基	京(三)	37649
〃	〃	王淑媛	京(四)	34185

			姓名		
	〃	〃	馮寅	京(六)	17328
	〃	〃	沈天石	京(三)	17379
	〃	〃	張蘊富	京(三)	29675
	〃	〃	張麗娟	京(三)	140563
	〃	〃	費大光	京(五)	171443
	〃	〃	殷志鐸	京(四)	66961
	〃	〃	趙先同	京(五)	37970
	〃	〃	鄭際唐	京(二)	4952
	〃	〃	何宇鳳	京(五)	163848
	〃	〃	孫盤壽	京(二)	17842

市一女中	教員	吳釗	京(五) 96172
〃	〃	馬家振	京(三) 63027
〃	〃	劉秀蘭	京(三) 83748
〃	職員	翁友梓	京(四) 65597
〃	〃	瞿琉曾	京(二) 81738
〃	〃	李思明	京(三) 85744
〃	〃	冒　振	京(六) 24973
〃	〃	陳昌穎	京(二) 18337
〃	〃	毛長榆	京(四) 13744
〃	〃	鄭玉琨	京(一) 21252

	〃	〃	姓名	
	〃	〃	徐蔚南	京(三) 140233
	〃	〃	江宗驊	京(五) 101567
	〃	〃	王士銓	京(三) 156212
	〃	〃	沈毓賢	京(三) 85746
	〃	〃	謝捷	平字 038303
	〃	〃	趙澤芳	京(四) 04808
	〃	〃	汪廷華	京(四) 21323
	〃	〃	劉瑚雲	京(一) 157546
	〃	教員	丘書紳	京(五) 147806
	〃	〃	謝道瑜	京(六) 196368

合計五十八人

中華民國十七年十月五日

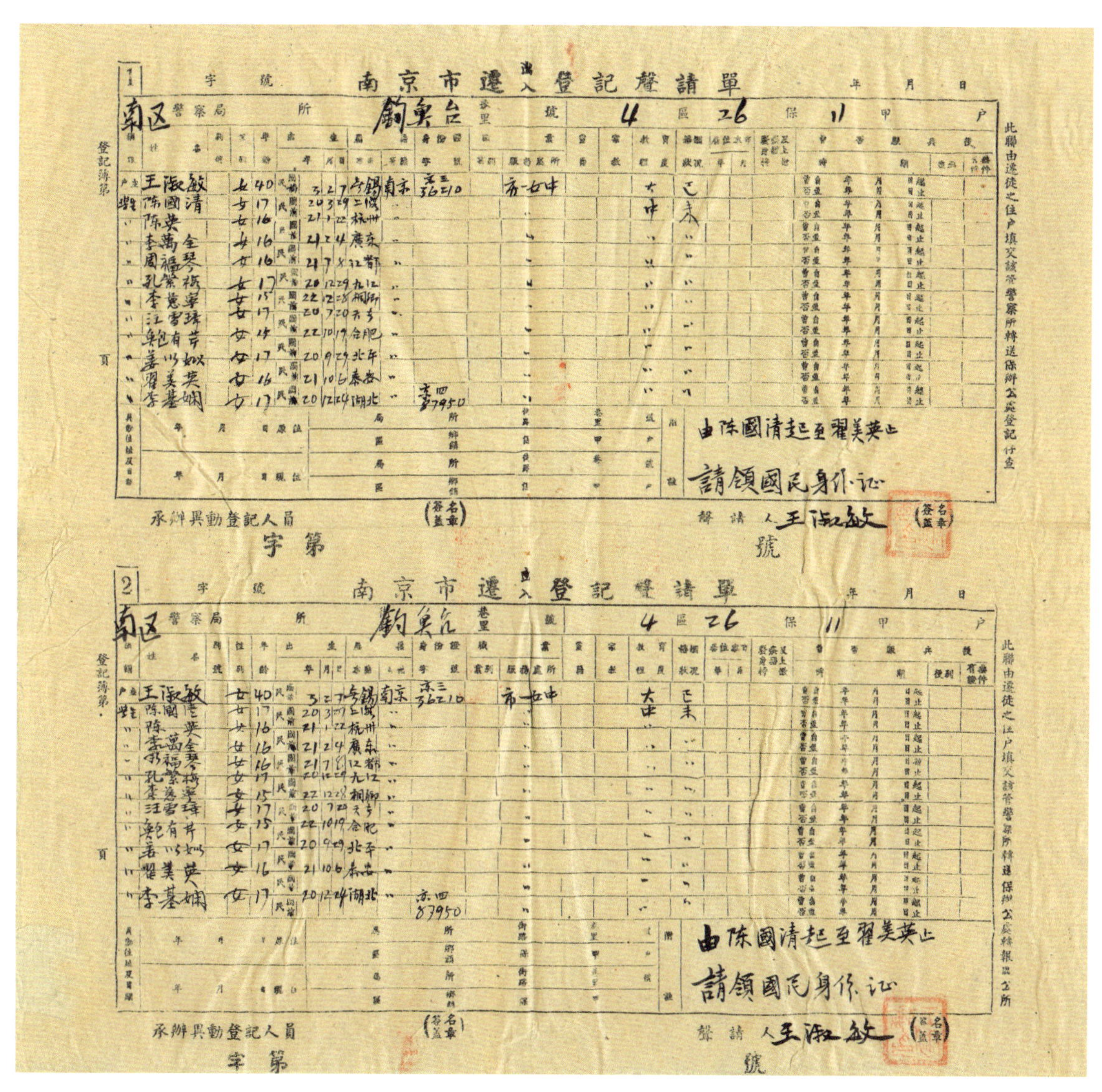

1 字 號 南京市遷入登記聲請單 年 月 日

南区警察局 蓟兴台所 巷里 號 4區 26保 11甲 户

稱謂	姓名	性別	年齡	出生（年 月 日）	籍貫	身份證號	服務處所	教育程度	婚姻狀況
户主	王淑敏	女	40	民前 3 2 7	无锡 南京	京三 36210	市一女中	大	已
學生	陈國清	女	17	民國 20 3 29	江阴	〃	〃	中	未
〃	陈英	女	16	民國 21 1 22	杭州	〃	〃	〃	〃
〃	李萬全	女	16	民國 21 2 4	廣东	〃	〃	〃	〃
〃	周福琴	女	16	民國 21 7 8	江都	〃	〃	〃	〃
〃	孔繁栋	女	17	民國 20 12 29	九江	〃	〃	〃	〃
〃	李慧寧	女	15	民國 22 12 28	桐鄉	〃	〃	〃	〃
〃	江雪琳	女	17	民國 20 7 20	无为	〃	〃	〃	〃
〃	鲍有芳	女	15	民國 22 10 19	合肥	〃	〃	〃	〃
〃	姜以娱	女	17	民國 20 9 29	北平	〃	〃	〃	〃
〃	翟美英	女	16	民國 21 10 6	泰安	〃	〃	〃	〃
〃	李基娴	女	17	民國 20 12 24	湖北	京四 87950	〃	〃	〃

附註：由陈國清起至翟美英止 請領國民身份证

承辦異動登記人員 （簽名蓋章） 聲請人 王淑敏 （簽名蓋章）

字第 號

此聯由遷徙之住户填交該管警察所轉送保辦公處登記付查

2 字 號 南京市遷入登記聲請單 年 月 日

南区警察局 蓟兴台所 巷里 號 4區 26保 11甲 户

（內容同上聯；王淑敏 京三 36210 市一女中；李基娴 京四 87950）

由陈國清起至翟美英止 請領國民身份证

承辦異動登記人員 （簽名蓋章） 聲請人 王淑敏 （簽名蓋章）

字第 號

此聯由遷徙之住户填交該管警察所轉送保辦公處歸報區公所

南京市立第一女子中學爲學生請領國民身份證填寫的“南京市遷入登記聲請單”

（一九四八年十一月三十日）

檔號：1009-1-1350

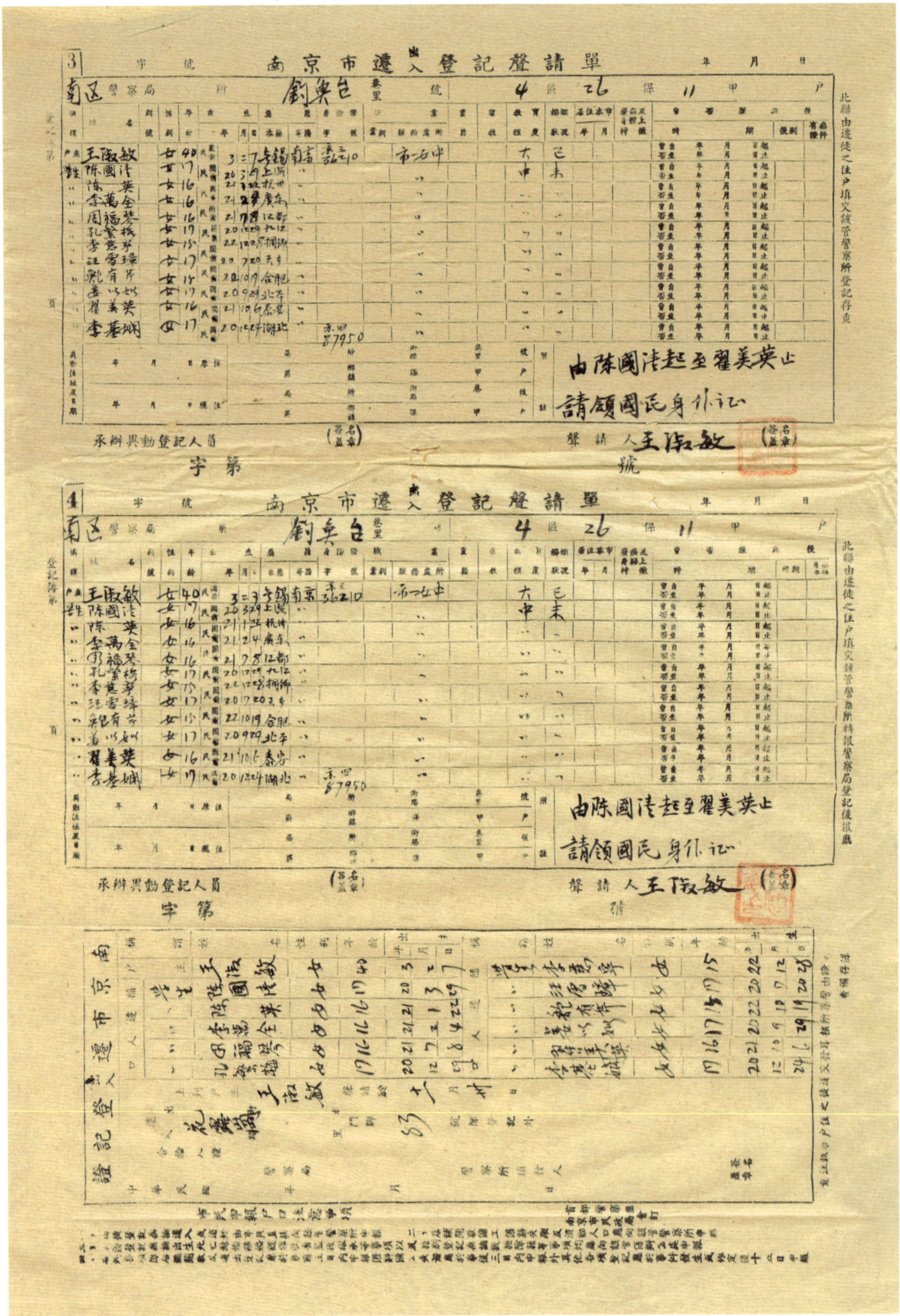

3 字 號 南京市遷出入登記聲請單 年 月 日

南區警察局 所 劉奠台巷里 號 4區 26保 11甲 戶

稱謂	姓名	性別	年齡	出生 年	月	日	籍貫	職業	教育程度	婚姻狀況
戶主	王淑敏	女	40	民3	2	7	無錫	市一女中	大	已
寄住	陈國清	女	17	20	3	24	上海	〃	中	未
〃	陈英	女	16	21	1	12	杭州	〃	〃	〃
〃	李萬全	女	16	21	2	4	廣東	〃	〃	〃
〃	周福琴	女	16	21	7	8	江都	〃	〃	〃
〃	孔繁娥	女	17	20	12	29	九江	〃	〃	〃
〃	李慧芬	女	15	22	12	[illegible]	桐鄉	〃	〃	〃
〃	汪雪瑾	女	17	20	7	20	天長	〃	〃	〃
〃	鮑有芹	女	15	22	10	19	合肥	〃	〃	〃
〃	姜以娴	女	17	20	9	24	北平	〃	〃	〃
〃	翟美英	女	16	21	10	6	泰興	〃	〃	〃
〃	李基娴	女	17	20	12	24	湖北	〃	〃	〃

京田 87950

附註：由陈國清起至翟美英止請領國民身份证

承辦異動登記人員 （簽名蓋章） 聲請人 王淑敏（簽名蓋章）

字第 號

此聯由遷徙之住戶填交該管警察所登記存查

4 字 號 南京市遷出入登記聲請單 年 月 日

南區警察局 所 劉奠台巷里 號 4區 26保 11甲 戶

稱謂	姓名	性別	年齡	出生 年	月	日	籍貫	職業	教育程度	婚姻狀況
戶主	王淑敏	女	40	民3	2	7	無錫	市一女中	大	已
寄住	陈國清	女	17	20	3	24	上海	〃	中	未
〃	陈英	女	16	21	1	12	杭州	〃	〃	〃
〃	李萬全	女	16	21	2	4	廣東	〃	〃	〃
〃	周福琴	女	16	21	7	8	江都	〃	〃	〃
〃	孔繁娥	女	17	20	12	29	九江	〃	〃	〃
〃	李慧芬	女	15	22	12	[illegible]	桐鄉	〃	〃	〃
〃	汪雪瑾	女	17	20	7	20	天長	〃	〃	〃
〃	鮑有芹	女	15	22	10	19	合肥	〃	〃	〃
〃	姜以娴	女	17	20	9	24	北平	〃	〃	〃
〃	翟美英	女	16	21	10	6	泰興	〃	〃	〃
〃	李基娴	女	17	20	12	24	湖北	〃	〃	〃

京田 87950

附註：由陈國清起至翟美英止請領國民身份证

承辦異動登記人員 （簽名蓋章） 聲請人 王淑敏（簽名蓋章）

字第 號

此聯由遷徙之住戶填交該管警察所轉報警察局登記後撤銷

南京市遷出入登記證

戶主 王淑敏；遷入人口：陈國清、陈英、李萬全、周福琴、孔繁娥、李慧芬、汪雪瑾、鮑有芹、姜以娴、翟美英、李基娴

上列戶主 王淑敏 等 十二 口 遷入 花露崗 門牌 53 號

中華民國 年 月 日 警察局 警察所 經辦人

後記

一八九九年，南京基督教會資助英籍加拿大人馬林（原名威廉姆·愛德華·麥克林）在中華路三四四號創辦了『基督中學』。一九二六年，學校更名爲『愛群中學』。同年，基督教會又在中華路三六九號創辦了『明育女中』，只招收女生。一九二九年，爲了便于學校管理，兩校决定合并，各取原校名一字，正式注册組建『育群中學』。學校設男子部（原愛群中學校址），女子部（原明育女中校址），小學部（原愛群中學校内）。

一九三七年後，爲了躲避戰火，育群中學先後遷至江寧縣湖熟鎮、上海市黄浦區、江西省贛縣辦學。一九三八年，時任校長蔡汝霖率部分師生到上海，加入基督教會『華東聯合中學』；留寧的師生由蕭德慶主持，更名爲『育德中學』繼續辦學。抗日戰争勝利後，蔡汝霖率師生返寧，育群中學復校，仍設男子部、女子部、小學部。

一九四〇年，南京市立女子中學始建，校址在中華路許家巷内。一九四六年，南京市立女子中學更名爲『南京市立第一女子中學』。

一九五一年，育群中學女子部與南京市立第一女子中學合并，定名爲『南京市第一女子中學』，校址在中華路三六九號（原育群中學女子部内）。兩校合并後，原育群中學男子部學生分流到南京市第一中學、南京市第三中學等附近學校，原育群中學男子部校址及原南京市立第一女子中學校址均爲南京市第一女子中學分校，原育群中學小學部由南京市政府接管，後更名爲『中華路小學』。

一九六八年，南京市第一女子中學更名爲『南京市東方紅中學』，男女生兼收。一九八三年，學校更名爲『南京市中華中學』，沿用至今。

本書由南京市檔案館與南京市中華中學聯合編纂。南京市檔案館朱美、華雲、王青等同志在檔案數據審核、提供等方面給予大力支持，在此一并感謝！

編者